全过程工程咨询实践与案例

组织编写　江苏天园项目管理集团有限公司
主　　编　朱化武　高长春　周　倜　刘　旻
主　　审　刘　江

中国建筑工业出版社

图书在版编目（CIP）数据

全过程工程咨询实践与案例 / 江苏天园项目管理集团有限公司组织编写；朱化武等主编. — 北京：中国建筑工业出版社，2023.9
ISBN 978-7-112-28959-2

Ⅰ. ①全… Ⅱ. ①江… ②朱… Ⅲ. ①建筑工程-咨询服务-案例 Ⅳ. ①F407.9

中国国家版本馆CIP数据核字（2023）第139524号

本书共分上下两篇，上篇为全过程工程咨询概论，共4章，分为全过程工程咨询概述；全过程工程咨询服务管理；全过程工程咨询服务策划；全过程工程咨询服务评价。下篇为全过程工程咨询案例，共5章，分为运河湾公园项目全过程工程咨询服务内容；运河湾公园项目全过程工程咨询服务模式；运河湾公园项目投资决策综合性咨询；运河湾公园项目工程建设全过程咨询；运河湾公园项目专项工程咨询。

本书具有较高的可实施性和可操作性，可用于指导全过程工程咨询服务工作的有效开展。

责任编辑：曹丹丹
文字编辑：王　治
责任校对：王　烨

全过程工程咨询实践与案例

组织编写　江苏天园项目管理集团有限公司
主　编　朱化武　高长春　周　俰　刘　旻
主　审　刘　江

*

中国建筑工业出版社出版、发行（北京海淀三里河路9号）
各地新华书店、建筑书店经销
北京鸿文瀚海文化传媒有限公司制版
建工社（河北）印刷有限公司印刷

*

开本：787毫米×1092毫米　1/16　印张：20¼　字数：504千字
2023年11月第一版　2023年11月第一次印刷
定价：**95.00**元
ISBN 978-7-112-28959-2
（41660）

版权所有　翻印必究
如有内容及印装质量问题，请联系本社读者服务中心退换
电话：(010) 58337283　QQ：2885381756
（地址：北京海淀三里河路9号中国建筑工业出版社604室　邮政编码：100037）

《全过程工程咨询实践与案例》编委会

组织编写：江苏天园项目管理集团有限公司

主　　编：朱化武　高长春　周　倜　刘　旻

主　　审：刘　江

编　　委（按姓氏笔画排列）：

王同钢　邓　敏　史东东　叶　赵　刘漫漫

陆少平　陆敬月　张震宇　魏　斌

寄语

全过程服务新业态

管理技术加经济

当建共管融信息

组织变革创效益

王早生 题

二〇二三年十月十六日

中国建设监理协会会长王早生为本书题字

前　言

工程咨询业是现代服务业的重要组成部分，是经济社会发展的先导产业，也是为建设项目投资决策和项目管理提供工程咨询服务的中介行业。工程咨询服务贯穿于建设项目的全生命周期，对节约建设投资、加快工程进度、提高工程质量、保障安全文明施工、改进项目管理方法等都发挥着至关重要的作用。

2017年2月，国务院办公厅发布的《国务院办公厅关于促进建筑业持续健康发展的意见》（国办发〔2017〕19号）中明确提出要培育"全过程工程咨询"以来，各级政府部门发布了一系列关于推行全过程工程咨询服务的政策文件，促进了全过程工程咨询服务的快速推进，引发了工程咨询行业的广泛关注，也成为投资咨询、勘察、设计、造价、监理等工程咨询企业业务拓展的重要方向。

随着国内外建设项目数量、规模、技术复杂程度的不断增加，以及融资方式和管理模式的多元化发展，建设单位迫切需要对建设项目进行连续性、全过程的控制，以此来有效促进建设项目从立项开始就向着科学可控的方向发展，这对工程咨询企业的综合服务能力也提出了更加全面、更高标准的要求，使得推行全过程工程咨询服务成为满足建设单位需求的必由之路。

特别是全过程工程咨询服务模式的提出和试点推广，以及全过程工程咨询的各项管理制度、行业标准、服务规范的相继出台，标志着工程咨询业正逐渐向着以市场机制为主导，由政府职能部门实行协调和监督的新管理模式方向转变，对促进我国工程咨询行业向专业化、现代化、国际化迈进发展，对提高工程咨询服务水平和服务能力，起到了良好的推动效果，这也标志着我国工程咨询业迈入了全过程、全方位、精细化的时代。

目前，全过程工程咨询尚处于发展的初级阶段，管理经验有待不断地总结与分享。以具体建设项目形成系统性的全过程工程咨询实施案例为基础的经验分享，更是寥寥无几。作为全过程工程咨询试点企业的江苏天园项目管理集团有限公司，着力于当下全过程工程咨询的发展现状，并针对当前公司发展战略，成立了系统研究全过程工程咨询的专门课题小组，专业从事全过程工程咨询实施过程中经验积累、实践总结和整理工作，用于编著《全过程工程咨询实践与案例》一书，达到在建设项目实际实施中应用理论和指导实践的作用，具有较强的实用价值。

《全过程工程咨询实践与案例》一书是运河湾公园项目全过程工程咨询服务成果的全景展示，也是对以投资控制为价值导向的全过程工程咨询的经验总结。凝聚着全体编审人员几年来从事全过程工程咨询的心血和汗水。本书涵盖了全过程工程咨询的理论、实务、案例等多方面内容，再现了江苏天园项目管理集团有限公司在运河湾公园项目上的专业服务与实践创新，在工程咨询行业内具有广泛的参考性、借鉴性与实操性，对助力全过程工程咨询推广和应用，具有较强的实用价值和较高的指导意义。

本书分上下两篇，上篇介绍了全过程工程咨询概论，下篇以运河湾公园项目全过程工程咨询服务成果为案例，对建设项目具体实施策划以及各个专项工程咨询实施方案予以总结。运河湾公园项目是宿迁地区首个采用全过程工程咨询的建设项目，集成了各阶段、各专业的工程咨询咨询服务融合为一个有机整体，用决策指导设计、设计指导招标、招标指导施工、施工成果符合竣工验收标准要求、工程投资得到合理控制。实现建设项目实施有计划、投资更合理、质量有保证、安全有保障、进度有提前、风险有规避的项目管理目标，并取得了良好的管理效益和社会效果，为我市全过程工程咨询推广起到了重要的示范作用。通过分析实施全过程工程咨询取得的成果，来证实推行全过程工程咨询模式，有利于科学投资决策、优化功能设计、提升工程品质、缩短建设工期。

参加本书编审的编者均来自全过程工程咨询服务一线，既有理论知识，又有实践经验，具有较高的可实施性和可操作性，可用于指导全过程工程咨询服务工作的有效开展。并通过将工作成果与同行们分享，期望与同行们一起为提高全过程工程咨询的专业化和规范化水平，做出自身不懈的努力。本书内容恐有思考不全面之处，真诚欢迎广大读者对本书提出修改补充和更新完善的意见。

目 录

上篇 全过程工程咨询概论

1 全过程工程咨询概述 ··· 2
  1.1 工程咨询概念 ··· 2
  1.2 全过程工程咨询概念 ··· 7
2 全过程工程咨询服务管理 ··· 37
  2.1 全过程工程咨询服务要求 ··· 37
  2.2 全过程工程咨询服务模式 ··· 40
  2.3 全过程工程咨询服务团队 ··· 41
  2.4 全过程工程咨询服务程序 ··· 44
  2.5 全过程工程咨询服务内容 ··· 48
  2.6 全过程工程咨询服务风险 ··· 62
3 全过程工程咨询服务策划 ··· 67
  3.1 全过程工程咨询服务管理准则 ····································· 67
  3.2 全过程工程咨询服务管理目标 ····································· 69
  3.3 全过程工程咨询服务管理责任 ····································· 71
  3.4 全过程工程咨询服务管理策划 ····································· 73
4 全过程工程咨询服务评价 ··· 77
  4.1 全过程工程咨询服务能力评价 ····································· 77
  4.2 全过程工程咨询服务绩效评价 ····································· 82
  4.3 全过程工程咨询服务持续改进 ····································· 86

下篇 全过程工程咨询案例

5 运河湾公园项目全过程工程咨询服务内容 ································· 92
  5.1 建设规划设计概况 ··· 92
  5.2 全过程工程咨询服务内容 ··· 97
  5.3 全过程工程咨询服务成果 ··· 98
6 运河湾公园项目全过程工程咨询服务模式 ································· 102
  6.1 全过程工程咨询服务模式与分工 ··································· 102
  6.2 全过程工程咨询服务人员与设备 ··································· 109
  6.3 全过程工程咨询单位岗位职责 ····································· 111

  6.4 全过程工程咨询服务人员素质 ·· 118
7 运河湾公园项目投资决策综合性咨询 ··· 119
  7.1 投资决策咨询 ··· 119
  7.2 建设条件单项工程咨询 ·· 127
8 运河湾公园项目工程建设全过程咨询 ··· 136
  8.1 全过程项目管理 ··· 136
  8.2 工程地质勘察咨询 ··· 186
  8.3 工程设计管理 ··· 192
  8.4 工程招标代理 ··· 214
  8.5 施工阶段工程监理 ··· 224
9 运河湾公园项目专项工程咨询 ·· 257
  9.1 全过程工程造价咨询 ·· 257
  9.2 全过程风险管理 ··· 300
  9.3 海绵城市设计管理 ··· 310
参考文献 ··· 315

上 篇

全过程工程咨询概论

本篇简要描述了全过程工程咨询的有关概念、产生背景、基本任务、管理优势和发展方向等，全面分析了全过程工程咨询的组织模式、团队建设、服务程序和服务内容，详细阐述了全过程工程咨询服务管理规划和服务评价。通过本篇的详细介绍，可以使读者对全过程工程咨询产生初步认识和了解。

1 全过程工程咨询概述

随着社会经济的不断发展，现代社会的分工门类更加细化，也越来越齐全。由于社会分工越来越细，职业专业化程度越来越高，咨询已不再是一种简单的社会活动，许多社会领域都发展了各自的专业咨询，如：管理咨询、心理咨询、财务咨询、法律咨询、工程咨询等。工程建设领域出现的工程咨询是专门为建设项目投资决策和建设实施服务的。在国际上，工程咨询已有一百多年历史。而在中国则是改革开放后出现的新事物、新用语、新行业。随着科学技术的加速进步和工程咨询行业的快速发展，在建设单位的工程咨询服务需求和市场的共同作用下，在激烈市场竞争中，逐渐形成了全过程工程咨询业务，进而出现了"全过程工程咨询"这一新型组织管理模式。

1.1 工程咨询概念

"咨询"（Consultation）一词的中文释义是商议、询问、咨问、咨访、征求意见等，多指行政当局向顾问类的人员或特设的机关征求意见。在古代"咨"和"询"原来是两个词，咨是商量，询是询问，后来逐渐形成一个复合词，具有以供询问、谋划、商量、磋商等诸多含义。

"咨询"在我国社会活动中有着十分悠久的历史。如：古时的咨询人士，常以"谋士""门客""军师""幕僚"等身份，为自己的"主人"或"主公"出谋划策和排忧解难等活动。

"咨询"一词的管理学释义是通过专业人士所储备的知识经验和对各种信息资料的综合加工，而进行的综合性研究开发。咨询产生智力劳动的综合效益，起着为决策者充当顾问、参谋和外脑的作用。作为一项具有参谋和服务性质的社会活动，咨询在军事、政治、经济领域中不断发展起来，已成为社会、经济、政治活动中辅助决策的重要手段，并逐渐成为一门应用性软科学。

工程咨询（Engineering Consultation）是咨询服务中一个比较重要的分支，是遵循独立、公正、科学的原则，以科学技术为基础，综合运用多学科知识、工程实践经验、现代科学技术和项目管理方法，在经济社会发展、工程建设项目投资决策与建设实施管理活动中，为建设项目投资决策和建设实施提供阶段性或全过程的工程咨询智力服务。即工程咨询企业是接受委托，将知识和技术应用于工程建设项目管理过程中，为寻求发现存在问题、解决实际问题的最佳途径而提供的服务。

按照中国国民经济分类法，工程咨询的行业类别属于第三产业中的社会服务业，在社会服务业中属于信息、咨询服务业。在我国国民经济运行过程中，尤其是工程建设投资领域中，属于不可缺少的、相当重要的中介组织机构，是依据国家相关法律、法规和政策文件，进行行业政策咨询的重要手段和主要方式。

工程咨询业是智力服务性行业，按世界贸易组织《服务贸易总协定》规定，将服务分为贸易性服务和非贸易性服务，工程咨询业属于贸易性服务中的知识密集型服务。我国已加入世贸组织，成为WTO成员，有资格参与国际贸易和经济合作，我国的工程咨询业也会有更多机会参与到国际工程咨询业务的竞争当中。

1.1.1 工程咨询基本原则

工程咨询是原则性和政策性很强的工作，既要忠实地为委托方服务，又不能完全以委托方满意度作为评价工作好坏的唯一标准。从事工程咨询活动，必须遵循独立、科学、公正的三大基本原则，工程咨询企业和从业人员必须严格遵守基本原则，恪守职业道德，不应为了单位和个人利益，丧失原则性和道德观。

独立原则。 独立性是指工程咨询企业应是与委托方没有隶属关系和利益关系的，具有独立法人地位的中介机构，不隶属或依附于任何一方，不受委托方或其他各方偏好、意图的干扰，独立自主地从事工程咨询服务工作，对自己完成的工程咨询成果，独立承担相应的行政责任和法律责任。工程咨询企业的独立性，是其从事工程咨询中介服务的法律基础和重要原则，是坚持客观、公正立场的前提条件，是赢得社会信任的重要因素。

科学原则。 科学原则是指工程咨询的依据、方法和过程均应具有科学性。工程咨询科学性的具体体现就是尊重客观规律，就是实事求是，就是要在深入调查、综合分析、充分研究的基础之上，全面而真实地反映建设项目的客观实际情况，据法评估、据规描述、据实比选、据理论证，不得弄虚作假。

工程咨询既要符合科学的标准规范、操作规程、工作程序和行为准则，又不能违背客观规律，还要体现科学发展观，在工程咨询过程中不得使用伪科学，必须运用科学的理论、方法、知识和技术，最终使工程咨询成果经得起时间的检验和历史的考验。工程咨询科学化的程度，决定工程咨询的服务水准和成果质量，进而决定工程咨询成果的可信度、可靠度和可用度。

公正原则。 公正性是指工程咨询企业在工程咨询服务工作中，必须要坚持原则，保持中立立场，在接受委托方的工程咨询服务业务时，应不受任何外界因素的干扰和干预。在向委托方提供公正的工程咨询意见和建议时，要敢于提出并坚持不同的意见和建议，甚至有可能做出否定性的工程咨询结论意见，尽全力实现委托方利益最大化和选择出最佳、最优的工程解决方案。

在工程咨询工作过程中，工程咨询企业要全面了解和掌握委托方的建设目标和真实意图，在从实际情况出发的基础上，采取客观、公正的工作态度和科学的分析方法，得出符合客观规律和科学标准的合理意见和建议，努力实现工程建设项目的预期目标，最大限度地使建设项目经济效益、社会效益和环境效益最大化。

1.1.2 工程咨询特点

工程咨询是以技术为基础，工程咨询业是现代服务业的重要组成部分和经济社会发展的先导产业，在提高投资决策的科学性、保证工程质量和投资效益、促进经济社会可持续发展等方面具有十分重要的地位和作用，其发展程度体现了国家的经济社会发展水平，具有以下八大特点：

(1) 工程咨询业务范围弹性比较大也比较宽泛，可以是宏观的、整体的、全过程的，也可以是某个阶段、某个问题、某个内容、某项工作的单项工程咨询。

(2) 每一项工程咨询的任务，都是一次性、独特性的任务，只有无数类似性，而无任一重复性。

(3) 工程咨询是高度智能化的服务，需要多学科知识、技术、经验、方法和信息的集成与创新。

(4) 工程咨询活动牵涉面比较广，涵盖政治、经济、技术、法律、文化等社会的各个领域，需要协调和处理方方面面的关系，考虑各种复杂多变的因素。

(5) 工程咨询难度取决于建设项目所涉及因素的复杂程度，不经过透彻分析和充分论证，是难以得出科学可靠的咨询结论。

(6) 建设项目投资咨询受各种条件的约束性较大，工程咨询结论是在深入调查、综合分析、充分研究各方面约束条件和可能风险后而得出的，可以是肯定性结论，也可以是否定性结论，还可以是多种选择性结论。结论为"项目不可行"的工程咨询报告，也可以是质量优秀的工程咨询报告。

(7) 工程咨询的成果带有预测性、前瞻性，工程咨询的成果除了工程咨询企业自我评价外，还要接受委托方或第三方验收评价，更要经受时间的检验和历史的考验。

(8) 工程咨询是提供智力服务，工程咨询产出成果属于非物质、非实体的产品。

1.1.3 工程咨询作用

工程咨询是以工程技术为基础，综合运用多学科理论知识，合理运用项目管理方法和实践经验，并服务于建设项目为其实现预期目标，以及为建设项目的投资决策和建设实施提供科学、合理和有效的智力服务，对提高建设项目投资决策的科学性，保证工程质量和投资效益，促进经济社会可持续发展起到非常重要的作用。

工程咨询是建设项目管理工作中的重要组成部分，是建设单位的忠实顾问，从始至终都代表着建设单位的利益，为实现建设单位利益最大化而不懈努力。工程咨询服务需要在分析建设项目具体情况和技术特点的基础上，采用系统、科学的专业理论知识和项目管理实践经验，为建设项目的实施提供持续的、专业的服务，以此来充分保证建设项目预期目标的实现。

工程咨询是一种服务产品，是工程建设的龙头和灵魂，关系到建设项目定义权及产业链话语权。如图1-1所示，从工程咨询在建设项目管理中的角色可以看出，工程咨询是其最核心内容之一，是建设单位进行建设项目科学管理的重要助手和忠实顾问，在优化和细化规划建设方案，防范和降低工程投资风险，减少和避免投资决策失误，保证实现建设项目进度、投资、质量、安全、经济和社会效益目标方面，都起着非常重要的积极作用。

从投资决策到建设实施和竣工验收再到运行维护，在建设项目实施全过程中的每个阶段、每个专业都离不开工程咨询，这直接关系到整个建设项目投资的合理程度、经济效益和使用价值，对整个建设项目实施过程中的工程质量、工程进度及工程投资都有着十分重要的影响，工程咨询可以弥补工程建设中一些容易被忽视的漏洞，为整个建设项目的有序实施，起到保驾护航的作用。

随着我国经济体制改革的不断深入，对于建设项目管理的要求也越来越规范、越来越

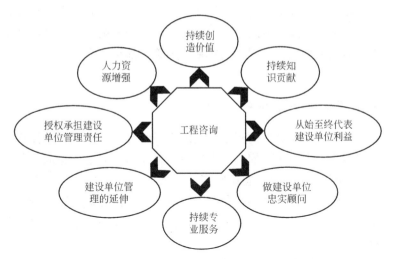

图 1-1 工程咨询在建设项目管理中的角色

标准、越来越精细，相应建设项目管理难度也越来越大，建设项目的项目法人很难做到较为全面有效的项目管理作用，引入工程咨询服务机制成为必然，运用工程咨询的专业技术服务，来提升建设项目实施中项目管理的水平和效果，确保建设项目的预期目标能够顺利实现。

1.1.4 工程咨询服务特征

1. 创造性

工程咨询服务是智力服务，是由专业人士应用其储备的理论知识、实践经验和专业技能，对各种工程信息资料进行综合研究的开发过程，工程咨询成果是专业人士使用智力劳动进行综合加工而形成的。由于工程咨询成果带有一定的预测性和前瞻性，所以具有一定的创造性。

2. 无形性

虽然建设项目的工程设计图纸，作为工程设计咨询的产出成果，看似是有形的，但建设单位所关心的不是设计图纸本身，而是设计图纸中所承载的想法和意图，这些内容是无形的，设计图纸只是无形产品的有形载体。由于工程咨询服务是无形的，所以质量评价很难用客观的指标（如数值）进行衡量，很多工程咨询服务只有等做完，甚至是做完后很长时间才能评判其质量好坏。

3. 专业性

工程咨询服务内容具有专业性，工程咨询服务主要是依赖专业技术人员的专业知识、专业技能和实践经验等来实现的。专业技术人员在使用自身知识经验的时候存在很大的自主性，特别是隐性知识的使用，如个人积累的实践经验。从某种程度上来说，工程咨询服务的管控，最终落脚点都是在专业技术人员身上，不管是建设单位，还是工程咨询单位，其出发点都是充分发挥专业技术人员的最大能量，实现建设单位的利益和价值最大化。

4. 定制性

工程咨询服务是为建设单位定制的，服务内容和成果也是独一无二的，工程咨询成果的质量形成于服务过程中，取决于建设单位和工程咨询单位之间的配合程度，且不能事先预制，这就需要建设单位不同程度的参与，包括前期工程咨询的基础资料准备、工程咨询服务需求、工程咨询成果复核、工程咨询成果应用等，都是工程咨询单位和建设单位共同努力的结果。

1.1.5 我国工程咨询业的发展方向

随着中国特色社会主义新时代的到来，我国市场经济在不断发展，投资体制改革也在不断深化。工程咨询业作为与之相配套的市场咨询服务体系的重要组成部分，必须要主动适应、深度把握、积极引领经济发展新常态，扩展新市场、新空间，开拓新领域、新业务，探索新模式、新机制，以技术创新和服务创新驱动工程咨询业转型升级，加快向价值链高端延伸，向内涵式发展转变，不断提升工程咨询业的核心竞争力和整体服务水平，实现工程咨询行业向更高层次、更远方向的发展。

（1）培养智库型工程咨询业。有条件的工程咨询企业要发挥工程咨询业的综合优势和专业特长，围绕企业体制改革、产业结构调整、产业发展规划、产业技术方向、产业政策制定、重大建设项目等，开展建设项目投资决策的工程咨询研究，提供战略性、前瞻性、操作性强的政策建议和意见，并不断提高自身的专业技术水平和综合分析研判能力。

推进智库型工程咨询业建设，加大对人员配备、资金保障、技术支撑、信息采集等方面的投入，建立健全适应智库型工程咨询业发展特点的组织体系、绩效考核、薪酬分配等体制和机制。

（2）突出工程咨询业的建设项目投资决策服务职能。工程咨询企业要强化对建设项目投资决策的服务功能，提高工程咨询的成果质量和技术水平，为委托方提供求实严谨、科学高效、认真负责、突显价值的工程咨询服务，更好地满足政府和企业的投资决策需求。

认真研究政府职能转变和建设单位新增建设项目的投资决策咨询服务需求，加强规划设计、方案实施、行政决策、战略制定、投资机会等投资决策咨询服务能力，并将其拓展为政府和企业投资决策咨询服务的领域。围绕去产能、去库存、去杠杆、降成本、补短板等政策规定，为供给侧结构性改革提供全领域、全方位、全过程的工程咨询服务。

（3）提升建设项目全过程工程咨询服务的管理水平。工程咨询企业要全力加大建设项目策划、评估、决策、准备、设计、实施、验收、移交、运行等阶段的工程咨询服务和管理能力建设，提高建设项目全过程工程咨询的管理水平，开拓国内外工程咨询市场。

加快使用现代化、信息化的工程咨询技术和方法，加强工程咨询和项目管理的深度融合，开展建设项目全过程信息化应用和管理，提高建设项目全生命周期的工程咨询集成度、协调性和管理效率，为建设项目提供优质、高效的整体解决方案。

（4）开拓工程咨询新业态。工程咨询企业要分析经济发展新常态对工程咨询业提出的新要求，把握市场需求变化的新趋势及其带来的新机遇，立足工程咨询企业的自身优势和特点，开拓工程咨询新业态，牢固树立技术创新和服务创新理念，努力把工程咨询做专、做深、做精，加快形成行业核心竞争力和品牌优势。

加强对新兴业务开发，实施有效的统筹规划和资源配置，构建内部技术创新体系，完善激励、容错等运行机制，开展技术创新，组织混合所有制探索，促进新兴业务的开拓与发展。适应建筑行业深化改革的举措，积极配合工程质量保险制度、建筑师负责制、工程总承包（EPC）制、全过程工程咨询（ECTP）、政府与社会资本合作模式（PPP）等新的制度改革试点和全面推广，促进新兴业务的开拓。

（5）加快开展工程咨询理论、方法和技术创新。工程咨询企业要牢固树立创新、协调、绿色、开放、共享的发展理念，坚持适应、把握、引领经济发展新常态，继续深化和丰富新工程咨询理念和内涵，不断调整和优化工程咨询理论、方法和体系，加快工程咨询新业态工作程序、方法、标准、规范的总结提炼和创新建设，不断补充和完善工程咨询的理论方法体系，积极借鉴国际工程咨询理论方法创新成果，结合我国工程咨询实践进行消化吸收和再创新。

工程咨询企业要充分把握市场需求导向，依托工程咨询业务加快技术创新，围绕技术创新，强化专业优势，延伸业务链条，带动创新发展。充分利用互联网、物联网等信息化技术手段，加快跨行业、跨地区、跨领域的协同创新，加快创新成果在工程咨询业务中实践和应用，促进前沿技术和创新成果及时转化和推广。

（6）实施工程咨询业"走出去"战略。工程咨询企业要注重以国内外政策咨询、工程投资咨询、建设规划咨询和工程评估咨询等业务为基础的服务，带动工程咨询服务的业务内拓外展，通过工程咨询技术标准和服务体系研究，带动我国工程咨询服务出口，走向国际市场。

加强产业规划布局、投资机会研究、国际产能合作和装备制造合营、基础设施建设、投融资咨询等领域的工程咨询服务支持，及时分析和评估有关体制机制、政策措施可能存在的风险问题，为我国工程咨询业"走出去"，提供全方位、全过程、高层次的工程咨询服务，提升我国工程咨询业在全球价值链中的竞争地位。

1.2 全过程工程咨询概念

全过程工程咨询是一种国际通用的工程建设组织管理模式，是一项建设项目新型管理制度的设计。全过程工程咨询是建设项目的一种管理服务模式，包括技术咨询服务和管理咨询服务两方面内容，两者相辅相成，且密不可分。全过程工程咨询推广应用是工程咨询业创新发展的结果，符合工程咨询行业改革创新和持续发展的指导思想，有利于破解影响工程咨询行业发展的结构性矛盾，提升工程咨询行业集中度，这不仅是国家宏观政策的价值导向，更是工程咨询行业发展的必然趋势。

1.2.1 全过程工程咨询产生背景

西方工业发达国家的工程咨询业是从19世纪中叶开始的，经历一百多年的不断发展和完善，在制度建设和管理模式上，都得到了全面完善，社会化、专业化的工程咨询服务业已是相当成熟产业。在第二次世界大战以后，工程咨询业发展势头更为迅速，逐渐从"专业咨询"发展成为"综合咨询"，从单纯的技术咨询发展成为战略咨询、管理咨询等。工程咨询市场也由其国内扩展到国际，出现了一大批国际工程咨询公司，如：美国的AECOM（艾奕康）设计集团、FLUOR（福陆）公司、JACOBS（嘉科）工程集团、瑞典的SWECO（斯维克）集团等，均已具备全面的建设项目管理和控制能力，可承担全方位的工程咨询专业技术服务，具有较强的国际市场竞争力。

其实，全过程工程咨询并不是无中生有，在我国，全过程工程咨询最早启蒙于项目管理。伴随着项目管理模式的发展从最初的建设单位自行管理，逐渐发展为委托专业机构进行专业化管理，项目管理实施主体也从最初的项目工程师发展为社会化、专业化的工程公司或项目管理企业。因其具有全过程的集成项目管理能力，能够为建设单位提供分阶段的或全过程的项目管理咨询，所以建设项目管理逐步由"建管合一"发展为"建管分离"。

在我国的建设工程领域，"全过程"一词，最早出现在1984年9月18日国务院发布的《关于改革建筑业和基本建设管理体制若干问题的暂行规定》（国发〔1984〕123号）文件中，该《暂行规定》提出"工程承包公司接受建设项目主管部门（或建设单位）的委托，或投标中标，对项目建设的可行性研究、勘察设计、设备选购、材料订货、工程施工、生产准备直到竣工投产实行全过程的总承包，或部分承包"。这里所说的"全过程"是指对项目建设的可行性研究、勘察设计、设备选购、材料订货、工程施工、生产准备直到竣工投产的整个工程建设程序。

到2003年2月13日，当时的建设部出台了《关于培育发展工程总承包和工程项目管理企业的指导意见》（建市〔2003〕30号）提出："一、推行工程总承包和工程项目管理的重要性和必要性。工程总承包和工程项目管理是国际通行的工程建设项目组织实施方式。积极推行工程总承包和工程项目管理，是深化我国工程建设项目组织实施方式改革，提高工程建设管理水平，保证工程质量和投资效益，规范建筑市场秩序的重要措施"。此文件的发布给各类工程咨询企业带来了很大的启发与指引，掀起了企业转型和更名的热潮，多数更名为"项目管理咨询"企业，且已有大部分工程咨询企业转型成功。

《指导意见》还提出"三、工程项目管理的基本概念和主要方式。（一）工程项目管理是指从事工程项目管理的企业（以下简称工程项目管理企业）受业主委托，按照合同约定，代表业主对工程项目的组织实施进行全过程或若干阶段的管理和服务"。《指导意见》提出开展对工程项目管理的组织实施进行全过程或若干阶段的管理和服务的思路，这一思路明确了工程项目管理的基本概念，这便是"全过程工程咨询"的雏形。

近二十年来，国际上的工程咨询领域也在不断推陈出新，出现了一些新型工程咨询服务模式，西方工业发达国家在工程建设领域出现了一种区别于建筑设计院和工程监理公司的新的公司类型，即国际工程顾问公司。由于国际上工程顾问公司的出现，并在建设项目的全生命周期工程管理中取得了突出成就，受工程顾问公司的项目管理实践的启发，我国也逐步开始推广全过程工程咨询。

随着我国经济进入"新常态"，周期短、规模大是建设项目的新特征，建筑功能也越来越高档、系统越来越多样、技术难度越来越复杂、参与方越来越多及建设单位对项目管理要求越来越精细化，且建设单位在项目管理中也面临着比过去更为复杂的技术、经济和管理问题，急需专业工程咨询单位运用现代化技术和科学管理知识和经验，为其提供全方位、多层次、宽领域的工程咨询服务，保证建设项目工程质量和安全，提高工程投资经济效益和社会效益。集成化管理是"实现更好效益发展，以最小投入获得最大产出，实现更高效率发展"的有力武器，在建设单位和工程咨询市场需求的双重作用下，在激烈的市场竞争中，逐渐形成了全过程工程咨询组织管理模式。

2017年2月，国务院办公厅《关于促进建筑业持续健康发展的意见》（国办发〔2017〕19号）（以下简称"19号文"）出台，明确提出在完善工程建设组织模式方面，要培育和推广"全过程工程咨询",引起了工程咨询行业的普遍关注。我国提出开展全过程工程咨询不是一朝一夕的决定,这是我国对工程设计与工程咨询关系进行长期讨论的结果,更是全面深化改革不断向前推进的结果。

"19号文"出台后,国务院有关部门及各地方政府发布了一系列关于推进全过程工程咨询的政策文件,敦促各地将全过程工程咨询尽快落地,引导建设单位和工程咨询市场的需求,早日完成全过程工程咨询的培育过程,促进了工程咨询业的改革创新和快速发展,也成为投资咨询、工程勘察、招标代理、工程设计、工程造价、工程监理、项目管理等工程咨询企业业务拓展的重要方向。政府部门很早对建筑行业组织管理模式进行顶层设计,早就提出过开展"全过程工程咨询",限于基本国情,落地较为缓慢。现在通过全面深化改革和创新发展的政策导向,全过程工程咨询再次走入人们的视野。

"19号文"的出台,重点强调"鼓励投资咨询、勘察、设计、监理、招标代理、造价等企业采取联合经营、并购重组等方式发展全过程工程咨询,培育一批具有国际水平的全过程工程咨询企业。制定全过程工程咨询服务技术标准和合同范本。国有投资工程应带头推行全过程工程咨询,鼓励非国有投资工程委托全过程工程咨询服务。在民用建筑项目中,充分发挥建筑师的主导作用,鼓励提供全过程工程咨询服务。"可以说,"19号文"在明确提出要"培育全过程工程咨询"之前,顶层设计部门已对工程咨询发展方向研究了近四十年。

随着我国经济和社会的不断发展,国家对工程建设的组织管理模式提出了更高的要求,加上"一带一路"倡议的推进,建筑业市场化、国际化程度不断提高,需要政府从工程建设的微观、直接的管理,向宏观、间接的管理职能转变,从事前监管向事中、事后监管职能转变,社会化、专业化的全过程工程咨询服务资源,可以充分发挥其在工程咨询服务市场中的专业优势和技术能力。因此,全过程工程咨询的提出适应了时代发展和行业改革的需要。

中国建筑业为什么需要"全过程工程咨询"?

我国建筑业的项目管理与工程咨询组织管理模式,经历了由"合"到"分"、再由"分"到"合"的反复演变历程。即从最初的建设单位建管一体化方式,发展到不同专业分包实施方式,再逐步发展为全过程、集成化的全过程工程咨询组织管理模式。全面推广全过程工程咨询服务,目的是深化工程建设组织管理模式改革,提升我国工程咨询行业"供给侧"的内在素质,让工程咨询回归咨询的本质,与国际上先进的建设项目组织管理模式相接轨,参与到"一带一路"倡议的建设中去。

由于经济体制问题,长期以来,我国都是不同政府部门分管建设项目的勘察、设计、咨询、监理、造价、招标代理等专项工程咨询业务的资质审批,由于资质划分和条块分割等原因,工程咨询行业出现多头主管,导致工程咨询业务遭到人为肢解,各自设置单独准入门槛,管理内容重复、交叉,难免矛盾冲突,导致工程咨询产业链长期被强行割裂成"碎片化"状态,无法提供建设项目全生命周期统一的、系统的工程咨询服务。

"碎片化"的工程咨询管理模式存在诸多弊端,如图1-2所示。首先是参与方众多,工程咨询范围涵盖的内容较多,涉及投资决策、勘察和设计、招标采购、工程施工、竣工验收、运行维护等六个阶段,而每个阶段都涵盖着不同专业的工程咨询,在一个建设项目中就能涉及好几个工程咨询单位,各单位只负责各自专业工程咨询领域,相互之间彼此独立，对信息与资源无法有效进行沟通，不同专业的工作内容缺少互补和检测。

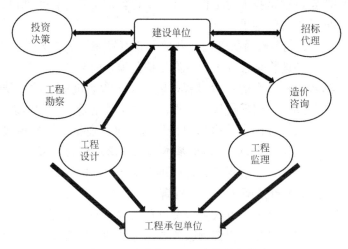

图1-2 "碎片化"工程咨询服务模式

建设项目参与方越多，组织管理和协调的难度就越大，一旦出现问题，首先就会造成责任不明确，互相推诿，均不担责。其次是各自为战，各参与方只负责自己专项工程咨询任务，彼此独立，各参与方之间对于信息与资源无法有效进行沟通和利用，不同专项之间的工作内容缺少互补和检测。由于上述弊端的存在，导致既影响项目建设的效率和质量，又增加了项目管理的难度和风险。

"碎片化"的工程咨询管理模式容易造成参建各方界面模糊、责任不清、协调不畅、效率低下，可能会产生较多的错、漏、碰、缺等质量问题，使得项目管理成本和风险因素增加，因而在工程技术、质量安全、管理效率、社会效益和经济效益等方面，根本无法实现最优效果，被广大建设单位所诟病，工程咨询服务模式需要创新和增效，也成为建筑业组织管理模式改革的必然趋势。

中国建筑业为什么要全面推广"全过程工程咨询"？

目前，我国建筑业还处于一种粗放型和数量型方式的增长状态，能耗大、成本高、投资效益比较低下，建筑产品质量提高也较为缓慢。而与粗放型经济增长方式相比，集约型经济增长方式更能显著提高投资效益，提升建筑产品质量。要想实现建筑业集约型经济增长方式，推广应用建设项目的全过程、集成化组织管理模式已成为其重要途径之一。

随着我国经济社会快速发展，国家提出适度超前开展基础设施投资建设的政策，建设项目工程数量日益增多、工程规模不断增大、技术复杂程度逐渐上升、专业工程和专业承包单位也在不断增加，建设单位对项目管理要求也越来越精细化、越来越集成化，在建设单位和咨询市场需求的共同作用下，在激烈市场竞争中，逐渐形成了全过程工程咨询业务，全过程工程咨询也就应运而生。

全过程工程咨询的提出和推广，为建设单位从建设项目全生命周期的系统管理角度出发，把全面控制建设项目实施全过程中的各种风险因素，变成为可能。全过程工程咨询单位具备的专业技术素养及集成化综合能力，将为建设项目的工期、投资、质量、安全、风险、环境等方面的系统控制，提供切实有力的技术保障。由于全过程工程咨询具有工程咨询服务覆盖面广、智力型管理策划、实施集成化管理等功能优势，势必能弥补建筑行业目前的发展短板，助力建筑行业实现快速发展。

"集成化"工程咨询服务模式下，建设单位只需要签一个工程咨询服务合同，将建设项目全部工程咨询业务承包给一家或者多家组成的联合体就可以了，这样建设单位不仅资源和费用投入减少，而且管理和协调难度也变小了，同时工作任务更具体，且管理责任更明确，对于建设单位来说，选择全过程工程咨询服务，可以给建设单位减少和降低诸多责任风险，如图1-3所示。

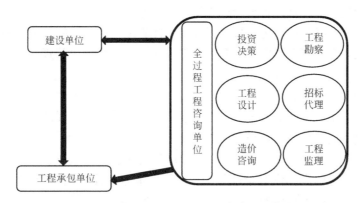

图1-3 "集成化"全过程工程咨询服务模式

"集成化"工程咨询管理模式是一个整体的、持续的、动态的管理过程，是对"碎片化"存在的问题进行有机协调和有效整合的过程，使其不断从分散走向集约，从部分走向整体，从破碎走向整合，通过协调和整合作用变得逐渐紧密与相互涉入，为建设单位提供无缝隙的、非分离的整体型工程咨询服务。全过程工程咨询作为一种集成化工程咨询，可以弥补"碎片化"工程咨询业务信息流通不畅、组织结构不完善的诸多缺陷。

"集成化"工程咨询管理模式注重不同专项工程咨询业务之间的内在联系，使它们成为一个整体服务，极大缩小各专项业务界面之间的间隙，构建完整的全过程工程咨询责任体系，最大限度地调动工程咨询单位的积极性和创造性。"集成化"工程咨询管理模式对各专项工程咨询业务实行一体化决策、一体化组织、一体化控制，且组织规则一致，管理理念一致，工作目标一致，能有效降低组织内耗，全面提高工作效率。

"集成化"的全过程工程咨询管理模式，可以让全过程工程咨询服务单位较早地介入到建设项目实施过程当中，方便其更早地掌握建设单位需求、了解设计理念、熟悉设计方案、确定建设项目管理目标、明确投资控制要点、预测可能存在风险、制定合理有效的控制措施，以有效避免或减少风险事件的发生，达到提升建设项目效率与效益的目的。

随着我国经济快速发展，建筑市场不断扩大，建设项目的数量、规模、技术复杂程度等不断增加，加之融资方式和项目管理模式的多元化，建设单位迫切需要对建设项目进行连续性、全过程、集成化的管理和控制，以促进建设项目从立项开始就朝着科学可控、有序推进的方向发展，这对工程咨询企业服务能力也提出了更高、更全和更精细的要求，使得推行全过程工程咨询服务成为满足建设单位和市场需求的必由之路。

什么是"集成化"的全过程工程咨询模式？

"全过程"的真正含义就是"集成化"，集成的对象是技术、经济、管理、组织等方面因素的整合，集成化的全过程工程咨询有多种组织管理模式，可以是建设项目全生命周期的集成化，也可以是部分实施阶段的集成化，全过程的本质就是集成化，集成化的本质就是协同工作。

"集成化"在全过程工程咨询服务整体层面上，要求项目部（服务团队）和项目负责人要做到以下四个方面集成。

（1）工程咨询目标集成。从总体目标设定到分阶段目标分解，都必须统筹考虑质量、安全、投资、工期等各种因素的影响，还要综合考虑多种因素组合对目标的影响，以管理效率为核心，为实现建设项目预期目标提供增值服务。

（2）工程咨询方法集成。为实现建设项目总体管理目标，必须集成多种科学可行方法和行之有效手段，多方案解决问题，多方法集成作战，让技术、管理、经济与组织等多种措施有效整合，充分发挥集成作用。

（3）服务团队内部集成。在全过程工程咨询服务项目负责人主导下，把来自工程咨询单位的不同部门、不同专业的技术人员打造成一个集成化的服务团队，一个有战斗力的服务团队，为一个共同目标协同作战的服务团队。

（4）服务团队价值观集成。服务团队要以竭诚为建设单位服务、以建设单位利益最大化为服务理念，满足建设单位对全过程工程咨询的需求，让建设单位省时、省心、省力、省钱，实现建设项目的提质增效。

"集成化"在全过程工程咨询服务各专项工程咨询层面，要求项目部（服务团队）和项目负责人要做到以下七个方面集成思维。

（1）设计与造价集成思维。传统工程咨询模式下，设计和造价是分离的，是由不同工程咨询单位去完成的，设计不会过多考虑工程造价问题。而在全过程工程咨询模式下，设计和造价是集成的，设计图纸是带有工程造价的图纸，设计必须有工程造价控制的意图，控制工程造价要通过设计优化来实现。

（2）设计与材料集成思维。传统工程咨询模式下，设计不需考虑材料的品牌和档次要求，法律规定也严格禁止设计推荐材料品牌。而在全过程工程咨询模式下，设计要考虑材料的可获得性、经济性和适用性，根据建设单位需求，可推荐建设项目经济适用的材料和设备品牌、档次等。

（3）设计与招标集成思维。传统工程咨询模式下，招标的前提是施工图纸必须审查合格，设计对招标不会考虑太多。而在全过程工程咨询模式下，设计必须集成考虑后期招标，因为招标可能采用方案设计，也可能采用初步设计，设计深度不同，招标要求就不同，同时还要从技术角度参与施工标段和施工界面的划分。

（4）设计与施工集成思维。传统工程咨询模式下，设计不考虑施工技术和施工方法问题，施工过程中容易造成较多设计变更。在全过程工程咨询模式下，设计必须考虑施工技术可施工性和施工方法的可运用性，要在施工图纸中对施工方案提出技术措施和安全措施的具体要求。

（5）技术与管理集成思维。传统工程咨询模式下，技术和管理是相互脱节的。在全过程工程咨询模式下，技术与管理必须得到充分集成整合，管理必须考虑技术可行性，设计必须考虑技术方案的适用性，材料检测和功能测试的可实施性，施工必须考虑运营维护管理可操作性。

(6) 法务与咨询集成思维。传统工程咨询模式下，工程咨询不过多考虑法务问题。在全过程工程咨询模式下，法务与工程咨询高度融合，在各个阶段和各个专业都要考虑合法合规，强调法务设计，防范法律风险，尤其是法务与招标策划、法务和合同策划等必须充分考虑集成问题。

(7) 全过程的集成思维。传统工程咨询模式下，工程咨询是分立式的，各个阶段和各个专业都是独立完成。在全过程工程咨询模式下，各个阶段和各个专项工程咨询都是全过程工程咨询的事，既可以是部分阶段的集成，也可以是全生命周期的集成，不仅管画图，还要管造价、工期和质量，关键是还必须要能指导施工，最终交付合格的建筑产品。

集成思维是全过程工程咨询服务的最大优势和特点，是将建设项目全过程中各个阶段和专项工程咨询有机联系起来，彻底解决工程咨询"碎片化"和"分段化"问题。全过程工程咨询服务不是建设项目各个阶段和专项工程咨询业务的简单罗列，而是把各个阶段和专项的工程咨询服务看作一个集成化的有机整体，在用决策指导设计、设计指导交易、交易指导施工、施工指导竣工的同时，使后一阶段的工程信息在前一阶段集成、前一阶段的工作指导后一阶段的工作，从而逐步深化和优化形成的工程咨询成果文件，最终实现全过程工程咨询服务管理目标。

工程咨询企业为什么一定要转型升级打造"全过程工程咨询"？

传统的工程咨询管理模式下的目标、计划、控制都是各个参建单位自己制定，各方责任主体各有不同的特点和作用，他们之间彼此独立，相互牵制，无法进行有效的整合，阶段性或局部性无形中割裂了建设项目的内在联系，导致项目管理整体性存在明显的弊端，与国际上先进项目管理模式相脱节，致使投资决策、工程设计、工程造价、工程监理、招标代理等各类专项工程咨询企业遇到了发展的瓶颈，急需要改革创新，实现突破。

在国际上，从事全过程工程咨询服务的大型企业往往都是通过兼并重组等方式，实现转型升级，拓展业务范围，延长产业链，满足建设单位多样化的工程咨询服务需求而逐渐壮大的。其中一些技术实力雄厚的公司又逐渐转型为国际工程顾问公司，既可以为建设单位提供全过程工程咨询和项目管理服务，也可以做设计、采购、施工的工程总承包。

在当前改革创新的时代背景下，各工程咨询企业均面临转型挑战，纷纷通过立足自身强势业务实现各专项工程咨询业务之间的融合，转型开展全过程工程咨询业务。转型升级和融合发展是工程咨询行业发展必由之路。要打造产业规模化、服务全程化、业务数字化、工作平台化的"值钱的工程咨询企业"，必须大力发展全过程工程咨询。未来的工程咨询行业只能是专业的人做专业的事，只有满足服务价格低、工作效率高、综合服务好的工程咨询企业，才能真正赢得未来全过程工程咨询服务市场。

工程咨询企业向全过程工程咨询企业转型升级，是工程咨询行业发展的必然趋势，中小型工程咨询企业必须提升专项业务能力，从做专、做精、做细开始。大型工程咨询企业可以通过联合经营、并购重组，发展为具有国际水平的全过程工程咨询企业，实现做大、做优、做强的目的，这是在竞争激烈的工程咨询市场中生存之道。而工程咨询企业在向全过程咨询企业转型升级的过程中，需要做的工作还很多，也不可能一蹴而就，需要企业在实施全过程工程咨询过程中不断地摸索和发展。

近年来，各级政府和建设行业主管部门连续不断发布全过程工程咨询指导意见，积极引导工程咨询企业向全过程工程咨询业务转型发展，大力支持并购重组和转型升级，鼓励提升资质等级，增加专项业务数量，打造"全资质、全专业、全资信、全能型"的综合性工程咨询企业，推动全过程工程咨询的推广应用，给工程咨询业的转型升级提供非常难得的发展机遇。

工程咨询企业一定要抓住这个难得的发展机遇，根据全过程工程咨询服务的实际需要，建立与之相对应的专业部门，加强和完善企业组织机构和人员结构，在此基础上，构建企业的核心竞争力，培育既能提供综合性、多元化工程咨询服务，又能对系统性问题提供一站式、集成化的工程咨询能力，为全过程工程咨询全面推开，做好充分资源准备。

工程咨询企业要根据企业自身的优势和特点，强化企业内部管理，建立和健全与全过程工程咨询服务相适应的规章制度和操作手册，创新管理方法和技术手段，培养和引进高素质、复合型人才，积极打造优质的专业服务团队，全力向智力密集、科技创新、管理集约、具有国际竞争力的全过程工程咨询企业转型。

综上所述，全过程工程咨询服务组织模式的提出，是提高建设项目投资决策科学性的需求；是提高建设项目投资效益和确保工程质量的需求；是工程建设实施组织方式变革的需求；是实现工程咨询企业转型升级的需求；是政府管理职能转变的需求；是转变建筑业经济增长方式的需求；是工程咨询行业向国际化发展战略的需求。

1.2.2 全过程工程咨询政策文件

2017年2月，国务院办公厅发布《关于促进建筑业持续健康发展的意见》（国办发〔2017〕19号）。《意见》明确提出培育"全过程工程咨询"。《意见》提出"三、（四）培育全过程工程咨询。鼓励投资咨询、勘察、设计、监理、招标代理、造价等企业采取联合经营、并购重组等方式发展全过程工程咨询，培育一批具有国际水平的全过程工程咨询企业。制定全过程工程咨询服务技术标准和合同范本。国有投资工程应带头推行全过程工程咨询，鼓励非国有投资工程委托全过程工程咨询服务。在民用建筑项目中，充分发挥建筑师的主导作用，鼓励提供全过程工程咨询服务"。这是我国首次在国家层面提出工程建设在项目管理中推行"全过程工程咨询"，也是在工程建设的全产业链中首次明确了"全过程工程咨询"这一理念。

全过程工程咨询和工程总承包（EPC）是国务院办公厅发布《关于促进建筑业持续健康发展的意见》（国办发〔2017〕19号）中的核心内容之一。《意见》提出"三、（三）加快推行工程总承包。装配式建筑原则上应采用工程总承包模式。国有投资工程应完善建设管理模式，带头推行工程总承包。加快完善工程总承包相关的招标投标、施工许可、竣工验收等制度规定。按照总承包负总责的原则，落实工程总承包单位在工程质量安全、进度控制、成本管理等方面的责任。除以暂估价形式包括在工程总承包范围内且依法必须进行招标的项目外，工程总承包单位可以直接发包总承包合同中涵盖的其他专业业务"。而工程总承包的推进也为全过程工程咨询推进创造了需求和条件，助力全过程工程咨询的发展。同时，从工程咨询机构核心竞争力、价值趋向及发展方向来看，推进全过程工程咨询也是势在必行。

从国家层面上看，全力推进全过程工程咨询的主要原因有三：

（1）工程咨询企业在"一带一路"倡议基础设施建设过程中起到非常重要的作用。而要参与"一带一路"倡议工程建设，我国目前的建设项目管理的行业规则、管理制度、组织实施方式等，都应与国际上的通行做法进一步接轨和融合。在此背景下，开展全过程工程咨询是适应国家要求与"一带一路"倡议建设需要的。

（2）国家推行的供给侧结构性改革，对工程咨询行业来说，就是要提供高端、附加值高的工程咨询服务，除了做好设计、监理、造价等专业服务外，全过程工程咨询也是提升服务附加值的渠道之一，这符合国家供给侧结构性改革的需求。

（3）推行全过程工程咨询，符合工程咨询行业转型升级要求。工程咨询企业通过兼并重组等方式，实现转型升级，拓展业务范围，延长产业链，满足建设单位多样化的工程咨询服务需求，把原有"专业优势"不断延伸，形成全产业链的"综合优势"。

2017年5月，住房和城乡建设部发布《关于开展全过程工程咨询试点工作的通知》（建市〔2017〕101号）。《通知》提出"一、试点目的。通过选择有条件的地区和企业开展全过程工程咨询试点，健全全过程工程咨询管理制度，完善工程建设组织模式，培养有国际竞争力的企业，提高全过程工程咨询服务能力和水平，为全面开展全过程工程咨询积累经验"。

住房和城乡建设部选择了北京、上海、江苏、浙江、福建、湖南、广东、四川8省（市）以及中国建筑设计院有限公司等40家企业，开展全过程工程咨询试点。

进一步完善工程建设管理模式，全面提高投资效率和效益，提升我国建筑行业工程质量和安全管理水平。加快工程咨询服务企业供给侧结构性改革，增强综合实力和核心竞争力，推动工程咨询服务企业加快与国际工程管理方式接轨。全过程工程咨询试点机构应通过实践创造建设项目价值，不断提升自身的综合服务能力和水平，将其作为全过程工程咨询模式能持续推广应用的关键所在。

2017年11月，国家发展和改革委员会发布《工程咨询行业管理办法》（第9号令）。《办法》提出"工程咨询是遵循独立、公正、科学的原则，综合运用多学科知识、工程实践经验、现代科学和管理方法，在经济社会发展、境内外投资建设项目决策与实施活动中，为投资者和政府部门提供阶段性或全过程咨询和管理的智力服务。"

《办法》还提出"第八条工程咨询服务范围包括：

（1）规划咨询。

（2）项目咨询。

（3）评估咨询。

（4）全过程工程咨询：采用多种服务方式组合，为项目决策、实施和运营持续提供局部或整体解决方案以及管理服务。有关工程设计、工程造价、工程监理等资格，由国务院有关主管部门认定。"

2019年3月，国家发展和改革委员会、住房和城乡建设部发布《关于推进全过程工程咨询服务发展的指导意见》（发改投资规〔2019〕515号）。《指导意见》提出"为深入贯彻习近平新时代中国特色社会主义思想和党的十九大精神，深化工程领域咨询服务供给侧结构性改革，破解工程咨询市场供需矛盾，必须完善政策措施，创新咨询服务组织实施方式，大力发展以市场需求为导向、满足委托方多样化需求的全过程工程咨询服务模式。"

《指导意见》为推进全过程工程咨询指明了发展方向和实施路径，从根本上解决了建设单位的全过程、综合性、一体化工程咨询服务的需求问题，全过程工程咨询作为一种创新型工程咨询服务组织模式，具有集成化、专业化优势，满足了建设单位的多样化需求与市场发展需求，展露出全过程工程咨询广阔的应用前景。

特别是要遵循建设项目的全生命周期规律和建设程序的客观要求，在项目决策和建设实施两个阶段，着力破除制度性障碍，重点培育发展投资决策综合性咨询和工程建设全过程咨询，为固定资产投资及工程建设活动提供高质量智力技术服务，全面提升投资效益、工程建设质量和运营效率，推动高质量发展。

《指导意见》还提出，以投资决策综合性工程咨询促进投资决策科学化，以全过程工程咨询推动完善工程建设组织模式，鼓励多种形式的全过程工程咨询服务市场化发展，来优化全过程工程咨询服务市场环境。

2020年8月，住房和城乡建设部等八部委发布《关于加快新型建筑工业化发展的若干意见》（建标规〔2020〕8号）。《意见》提出"（一）推动全产业链协同。推行新型建筑工业化项目建筑师负责制，鼓励设计单位提供全过程咨询服务。优化项目前期技术策划方案，统筹规划设计、构件和部品部件生产运输、施工安装和运营维护管理。引导委托方和工程总承包单位以建筑最终产品和综合效益为目标，推进产业链上下游资源共享、系统集成和联动发展"。

《意见》还提出"（二十一）发展全过程工程咨询。大力发展以市场需求为导向、满足委托方多样化需求的全过程工程咨询服务，培育具备勘察、设计、监理、招标代理、造价等业务能力的全过程工程咨询企业"。

从以上发展全过程工程咨询政策文件可以看出，国家自从2017年就开始布局全过程工程咨询，到2019年发改委正式立项，每一步都是在按部就班稳步前行，国家经济发展需要跟国际接轨，势必会带动工程咨询企业转型发展，那传统工程咨询企业转型升级就势在必行，否则，就会被时代的洪流淘汰。

全过程工程咨询是国家宏观政策的价值导向，是新时代创新发展的产物，也是工程咨询行业发展的必然趋势，是必然要推广和应用的。标志着我国工程咨询行业在"新时代、新思想、新使命、新征程"的时代背景下，从国家到地方诸多政策文件的出台，鼓励推行全过程工程咨询服务，推动工程咨询开始由"碎片化"向"集成化"逐渐转变，发展以市场需求为导向、满足建设单位多样化需求的全过程工程咨询服务，培育具备工程设计、工程监理、招标代理、工程造价等多个专项能力的全过程工程咨询企业。发展全过程工程咨询是我国工程咨询行业的发展提供了千载难逢的契机，也是工程咨询企业创新发展的历史机遇。

1.2.3 全过程工程咨询定义

国务院办公厅发布的《关于促进建筑业持续健康发展的意见》（国办发〔2017〕19号）中提出"鼓励投资咨询、勘察、设计、监理、招标代理、造价等企业采取联合经营、并购重组等方式发展全过程工程咨询，培育一批具有国际水平的全过程工程咨询企业。制定全过程工程咨询服务技术标准和合同范本。国有投资工程应带头推行全过程工程咨询，鼓励非国有投资工程委托全过程工程咨询服务。在民用建筑项目中，充分发挥建筑师的主导作用，鼓励提供全过程工程咨询服务。"

在完善工程建设组织模式中，《意见》提出了培育"全过程工程咨询"，"全过程工程咨询"这一概念首次正式出现在国家级政策文件中，这也是在建筑行业的全产业链中首次明确了"全过程工程咨询"这一概念。

国家发展和改革委员会、住房和城乡建设部发布的《关于推进全过程工程咨询服务发展的指导意见》（发改投资规〔2019〕515号）提出"为深入贯彻习近平新时代中国特色社会主义思想和党的十九大精神，深化工程领域咨询服务供给侧结构性改革，破解工程咨询市场供需矛盾，必须完善政策措施，创新咨询服务组织实施方式，大力发展以市场需求为导向、满足委托方多样化需求的全过程工程咨询服务模式。特别是要遵循项目周期规律和建设程序的客观要求，在项目决策和建设实施两个阶段，着力破除制度性障碍，重点培育发展投资决策综合性咨询和工程建设全过程咨询，为固定资产投资及工程建设活动提供高质量智力技术服务，全面提升投资效益、工程建设质量和运营效率，推动高质量发展。"

《指导意见》将全过程工程咨询拆分为建设项目投资决策和建设实施两个阶段，前者是"投资决策综合性咨询"，后者才是"工程建设全过程咨询"，且只局限于建设项目实施阶段。

国办发〔2017〕19号文和发改投资规〔2019〕515号文，实际上只是提出"全过程工程咨询"这一概念，提出鼓励各类工程咨询企业通过联合经营、并购重组等方式，组成具有工程咨询综合服务能力的跨阶段、一体化的全过程工程咨询服务企业，来承接全过程工程咨询业务，并没有给出"全过程工程咨询"的具体定义。

国家发展和改革委员会发布的《工程咨询行业管理办法》（第9号令）给出的"全过程工程咨询"定义是"第八条、（四）全过程工程咨询：采用多种服务方式组合，为项目决策、实施和运营持续提供局部或整体解决方案以及管理服务。"事实上，只是将原来的微观层面工程咨询，整体归类为"全过程工程咨询"。

住房和城乡建设部发布的《关于推进全过程工程咨询服务发展的指导意见（征求意见稿）》（建市监函〔2018〕9号）给出的"全过程工程咨询服务"定义是"全过程工程咨询服务是对工程建设项目前期研究和决策以及工程项目实施和运行（或称运营）的全生命周期提供包含设计和规划在内的涉及组织、管理、经济和技术等各有关方面的工程咨询服务。"

江苏省住房和城乡建设厅制定的《江苏省全过程工程咨询服务导则（试行）》给出的"全过程工程咨询"定义是"全过程工程咨询是对工程建设项目前期研究和决策以及工程项目实施和运行（或称运营）的全生命周期提供包含设计在内的涉及组织、管理、经济和技术等各有关方面的工程咨询服务。"

住房和城乡建设部全过程工程咨询研究课题组给出的"全过程工程咨询"定义是"工程咨询方综合运用多学科知识、工程实践经验、现代科学技术和经济管理方法，采用多种服务方式组合，为委托方在工程项目策划决策、建设实施乃至运营维护阶段持续提供局部或整体解决方案的智力型服务活动。"

以上"全过程工程咨询"的定义既有相似之处，又不尽相同，在实际的操作过程中大家一致认为：在一个建设项目中，获得两项以上的专项工程咨询业务，就可以称之为"全过程工程咨询"。

再看，国际上对"全过程工程咨询"是如何定义的呢？因国外工程咨询业发展时间较长，在制度建设和运营模式上已基本完善，已是一个极为成熟的行业。以瑞典的SWECO（斯维克）集团为例，它是全球知名的国际工程顾问公司之一，其对全过程工程咨询概念的理解是：提供建设项目全生命周期的工程顾问服务，以满足建设单位的需求。具体涵盖以下五方面内容：

（1）前期研究和设计，包括建设项目定义、方案设计、编制功能描述书、可行性研究、投资规划等。

（2）项目管理，包括项目集管理、设计管理、项目管理、财务管理支持等。

（3）工程设计，包括技术规格说明、设计、详细设计、施工图、工程概算等。

（4）工程施工，包括工程监督、工料测量、施工管理、合同管理等。

（5）资产管理，包括运维方案、监控、设施管理、样品测量、数据整理等。

不管全过程工程咨询如何定义？必须要厘清以下三个方面内容：

首先要厘清全过程工程咨询要做什么？全过程工程咨询是为建设项目全生命周期提供系统化的、整体的、全面的、全要素的专业工程咨询服务，设计是主导，策划是先行，造价是灵魂，重点是提供一体化工程定义交付文件，难点是把工程造价融入工程设计过程中，焦点是工程招标投标，落地点是招标文件和工程总承包合同。将工程咨询重点放在建设项目规划定位、决策分析、可行性研究等前期咨询服务，要围绕实现建设项目的功能价值、提高建设项目的投资效益和社会效益而进行工程咨询服务。

其次要厘清全过程工程咨询应该做什么？全过程工程咨询要做好建设项目投资效益和社会效益的分析和论证，为投资决策提供科学合理的依据，是建设项目投资取得成功的前提。在建设项目实施阶段要及时发现建设项目不确定性的事件和可能的风险因素，运用专业技术知识进行分析，制定处理方案，预防和减少风险事件发生。

再次要厘清全过程工程咨询要做好什么？全过程工程咨询在建设项目投资决策阶段，依据市场需求和投资效益分析来确定是否投资，协助建设单位做好科学合理的投资决策。在建设项目实施阶段，要协助建设单位预防和控制风险因素和不确定性事件发生，运用专业技术知识和创新思维，有效协调解决施工现场争议事项，确保建设项目投资、质量、进度三大目标顺利实现。

为了使全过程工程咨询参与者和相关各方，对于全过程工程咨询概念有一个相对全面的理解和准确的认识。本书将从以下六个维度，对全过程工程咨询基本概念进行全面理解和解读：

（1）服务范围维度：

1）投资决策综合性咨询。

2）工程建设全过程咨询。

3）工程专项咨询。

（2）服务内容维度：

1）投资咨询。

2）项目策划。

3）工程地质勘察。

4）工程设计。

5）工程监理。

6）招标代理。

7）工程造价咨询。

8) 项目管理。

9) 其他涉及组织、经济、技术和管理的工程咨询服务。如：绿色建筑咨询、海绵城市咨询、风险管理咨询、BIM技术咨询等。

(3) 服务阶段维度：

1) 投资决策阶段。

2) 勘察和设计阶段。

3) 招标采购阶段。

4) 工程施工阶段。

5) 竣工验收阶段。

6) 运行维护阶段。

(4) 服务内涵维度：

1) 组织。

2) 管理。

3) 经济。

4) 技术。

(5) 服务特点维度：

1) 全过程：全过程工程咨询是为建设项目提供全生命周期持续不断的工程咨询服务，把各个阶段和各个专业的工程咨询界面打破，达到相互渗透、相互融合，实现整体性、连续性的工程咨询服务。

2) 集成化：全过程工程咨询单位可以通过整合工程咨询各个阶段和各个专业的资源，打破原有组织模式的界面，既做到无缝对接又能够有序运行，实现建设项目组织、管理、经济、技术等集成化服务。

3) 一体化：全过程工程咨询服务团队是由不同专业的技术人员组建的，由项目负责人统筹安排，分工协作，为建设项目提供局部或整体的一体化解决方案，弥补了多个单项服务团队组合下可能出现的管理疏漏和缺陷。

4) 最大化：全过程工程咨询服务从始至终是从建设单位利益最大化的角度出发，为建设项目提供一个完整的、一体化的服务方案，整个服务方案是由全过程工程咨询单位策划的，也是由其具体执行的，项目管理的方向不会走偏，实现利益最大化也是肯定的。

5) 简单化：沟通简单是全过程工程咨询服务的最大优势，全过程工程咨询单位和建设单位一对一沟通，减少繁多的沟通工作量，提高工程信息处理的效率，大幅度提高建设项目的推进效率。

(6) 服务特性维度

1) 管理特性。要顺利完成全过程工程咨询业务，必须明确各专项工程咨询业务在建设项目中的组合方式，这种有效的组合必须通过采用切实有效的管理手段才能实现，只有发挥管理特性，才能够实现不同专项组合及服务方式有效融合。落实全过程工程咨询服务的实施方案，才能使各个专项工程咨询实施整合、集成与统筹，这种组织管理方式，一方面来自工程咨询企业内部的协调与组织，另一方面需要与建设单位沟通与联系。

2) 系统特性。与传统工程咨询模式相比，全过程工程咨询能够使建设项目各个阶段、各个专业间的专项工程咨询得到有效融合，打通各专项工程咨询业务之间联系通路，有利于不同工程咨询业务得到衔接和整合，达到彼此优势互补，各个专项工程咨询之间协同工作，增强了全过程工程咨询服务的系统性，为建设项目提供系统性解决方案，可以说系统特性是管理特性作用的必然结果。

3）统一特性。采用全过程工程咨询管理模式，提供全过程工程咨询服务的主体是唯一的，即工程咨询服务单位只有一个，全过程工程咨询业务的全部内容包含在一个服务合同范围内，服务合同是唯一的，目标体系及服务要求也是统一的。建设项目的全部工程咨询在同一方案指导下实施，从而使得工程咨询服务过程有序开展，形成了分工明确、高效协作的局面与氛围。统一性不仅强化了工程咨询企业内部信息沟通与传递效果，也提高了工程咨询服务效率，同时也提升了工程咨询服务质量与效果。

4）针对特性。建设项目特性不同决定了对全过程工程咨询服务需求有所差异，不同的工程咨询单位其业务发展程度不同，所能提供的工程咨询服务能力有所不同。全过程工程咨询服务的针对性是基于建设项目具体特点和工程咨询服务内容而设定的，能够采用多种组织管理模式，并提供多种"菜单式"专业组合形式，供建设单位选择和使用，将为建设项目提供深度不同的针对性工程咨询服务。

综上所述，全过程工程咨询服务就是对建设项目全生命周期提供包含组织、管理、经济和技术等方面的工程咨询服务，可对建设项目各个阶段和各个环节进行有效的管理和控制，其具有咨询服务覆盖面广、达到全生命周期融合、强调智力型策划、实施集成化管理等服务特点。

全过程工程咨询服务是采用整体化、集成化、系统化的项目管理理念，对提升建设项目投资效益和社会效益，确保建设项目质量安全，提供可靠的技术支持和管理服务。全过程工程咨询服务模式就是在传统的工程咨询服务模式基础上，通过标准化、数据化、智能化的管理服务平台，将传统领域的专项工程咨询和传统领域之外的管理服务，全面融合到全过程工程咨询服务当中，使原本割裂的工程咨询服务模式有机地融合在一起，共同"保证建设项目的成功"。

1.2.4 全过程工程咨询术语

全过程工程咨询（Engineering Consulting Services in Total Process 简称 ECTP）是工程咨询企业综合运用多学科知识、工程实践经验、现代科学技术、组织和经济管理方法，采用多种服务方式组合，为委托方在建设项目投资决策、建设实施乃至运行维护等阶段，持续提供局部或整体解决方案的智力性服务活动。全过程工程咨询包括投资决策综合性咨询、工程建设全过程咨询及工程专项咨询。

投资决策综合性咨询（Engineering Consulting Services in Decision Phase）是工程咨询企业接受委托方委托，在建设项目投资决策阶段，就投资建设项目的市场、技术、经济、生态、环境、能源、资源、安全等影响可行性的要素，结合国家、地区、行业的发展规划及相关重大专项的建设规划、产业政策、技术标准及相关行政审批要求，进行分析研究和论证，为委托方提供决策依据和建议的活动。投资决策综合性咨询包括投资策划咨询、可行性研究、建设条件单项咨询等。

工程建设全过程咨询（Engineering Consulting Services in Construction Phase）是工程咨询企业接受委托方委托，在建设项目实施阶段及运行维护阶段缺陷责任期，提供招标代理、工程勘察、工程设计、工程监理、工程造价、项目管理等全过程、一体化、综合性工程咨询服务的活动。

工程专项咨询（Special Consulting on Engineering）
是工程咨询企业接受委托方委托，提供项目融资咨询、工程造价咨询、风险管理咨询、绿色建筑咨询、海绵城市咨询、BIM技术咨询、信息技术咨询等一项或若干项全过程工程咨询服务活动。

全过程项目管理是指工程咨询企业按照客观规律的要求，在有限的资源条件下，运用系统工程的观点、理论和方法，通过对建设项目所涉及的全部管理工作内容进行策划与控制，即从建设项目的投资决策到建设实施再到运行维护的全过程进行计划、组织、指挥、协调、控制和总结评价，直至实现建设项目投资目标、进度目标和质量安全目标的专业化管理和服务活动。

建设单位（或业主单位）是指建设项目的投资主体或投资人，或实施人，或代建人等，即与承担全过程工程咨询任务的工程咨询服务单位签订全过程工程咨询服务合同的委托人，或取得该投资主体资格的合法继承人。即对该建设项目拥有产权的建设单位也称业主单位，对该建设项目拥有管理权的建设单位也称实施单位或代建单位，主要履行提出建设规划需求、建设项目功能需求、提供建设用地和建设资金的责任。

全过程工程咨询服务单位是具有相关工程咨询专项资质和服务能力，并承担建设项目全过程工程咨询服务的工程咨询企业，可以是独立工程咨询企业，也可以是两个及以上的工程咨询企业组成的联合体。

全过程工程咨询服务机构是指由全过程工程咨询单位设立组建、负责履行《全过程工程咨询服务合同》，开展建设项目全过程工程咨询服务的项目部（服务团队）。包括投资决策咨询、勘察和设计、工程监理、招标代理、造价咨询、项目管理等部门。

全过程工程咨询服务项目负责人是指具备相应资格和能力，由全过程工程咨询单位的法定代表人书面授权（联合体机构需由各联合体内单位共同授权），全面负责履行《全过程工程咨询服务合同》，主持全过程工程咨询服务项目部（服务团队）工作的专业人士。

全过程工程咨询服务专项负责人是指具备相应资格和能力，由全过程工程咨询服务企业委派，在全过程工程咨询服务项目负责人的管理和协调下，负责相应专项工程咨询服务工作，开展全过程工程咨询相关专项咨询服务工作的专业人士。

全过程工程咨询服务专业技术人员是指具备相应资格和能力，由全过程工程咨询服务企业指派，在项目负责人和专项负责人的组织和领导下，承担全过程工程咨询服务中专项工程咨询服务工作的专业人士。

全过程工程咨询服务规划大纲是为实现建设项目全过程工程咨询的总体服务目标，全过程工程咨询单位在调查研究有关建设项目信息的基础上，制定科学合理、切实可行的开展全过程工程咨询服务工作的指导性文件。

全过程工程咨询服务实施方案是全过程工程咨询服务单位对建设项目的实施从目标要求、工作内容、组织实施及工作流程等方面做出全面、具体安排的纲领性文件。

专项工程咨询服务工作计划是全过程工程咨询服务单位的专项工程咨询部门对某一专项工程咨询工作实施而制定的实施操作性文件。

工程咨询成果文件是按《全过程工程咨询服务合同》约定和技术标准要求，由全过程工程咨询服务单位向建设单位提供的阶段性工作成果和最终工作成果等文件。

1.2.5 全过程工程咨询基本任务

全过程工程咨询的基本任务：依据国家相关法律法规、标准规范及政策文件的规定，通过对建设项目全生命周期中各个阶段和各个专业的工程咨询服务进行整合，实施以全过程工程咨询服务为核心的工程建设项目管理，实现对整个建设目标的有效控制，尽可能缩小与建设目标之间的偏差，有效控制可能出现的风险，协助委托方实施对建设项目的目标管理，确保建设项目预期目标顺利实现。

（1）解决纵向信息不对称问题。就建设项目工程承发包双方来说，承包单位长期从事工程施工和项目管理工作，有相应的专业技术和管理人员，对工程建设的专业技术知识和项目管理运用都非常精通，可以说是经验丰富。对建设单位来说，特别是国有投资建设项目，多数是临时抽调人员组建的项目管理团队，对工程建设的专业知识一般掌握不完全，对整个建设项目各个阶段和各个专业投资、进度、质量的管理与控制以及专业技术和信息管理等方面也不是非常了解，对于承包单位的行为无法做出准确判断，这就导致建设单位和承包单位之间掌握的信息产生不对称，容易导致建设单位在项目管理上产生错判，带来一定管理风险。

信息不对称可能导致逆向选择和道德风险问题，且可能会导致产生交易不公平、资源得不到优化配置等后果。因此，需要建设单位聘请相应的专业技术人员，或委托工程咨询企业参与到工程建设项目管理工作中。针对于此，首选方案是建设单位委托工程咨询企业为其提供全过程、全方位、专业化的技术咨询和管理服务，借助工程咨询企业专业技术人员的专业知识和实践经验，来弥补自己掌握工程信息不足的劣势，能有效解决纵向信息不对称问题，更能加强对承包单位监督管理和实施控制。

（2）解决横向信息不对称问题。建设项目全生命周期一般划分为投资决策、勘察和设计、招标采购、工程施工、竣工验收和运营维护六个阶段。建设单位的常规做法是采用将不同阶段和不同专业的工程咨询任务，分别委托给不同的工程咨询企业来完成，签订多份服务合同，将建设项目投资决策、建设实施到竣工验收按线性方式分阶段、分专业的局部性思维展开。由于参与的单位和人员的利益诉求不同，各顾一摊、各管一段，难以做到工程咨询服务产业链和价值链的整体契合与有机统一，这种传统"碎片化"的工程咨询服务模式最大劣势表现在各工程咨询企业各自独立工作、互不沟通，加之建设单位如果协调不到位，这就很容易造成不同阶段和不同专业之间产生横向信息不对称的问题。

横向信息的不对称，会进一步导致整个建设项目信息流通不畅，加之不同工程咨询企业之间各自为战，协调沟通工作链加长，更会造成建设项目的信息和资源浪费。若把全部的工程咨询任务全部委托给一个工程咨询企业，签订一份服务合同，采用全过程工程咨询服务组织管理模式，横向信息不对称问题就迎刃而解了。采用全过程工程咨询服务可以加强建设项目各个阶段和各个专业工程咨询信息的相互衔接、相互传递，使不同阶段和不同专业的工程咨询成果更加容易被直接利用和相互检查，避免信息不通和沟通不畅问题的出现，增强建设单位对建设项目的管理和控制能力，有利于建设项目预定目标的顺利实现。

（3）解决工程咨询服务费用过高的问题。分阶段或分专业开展工程咨询服务的主要缺陷是费用过高，尤其体现在获取工程咨询信息费用上。由于上述信息不对称问题的存在，不同阶段和不同专业的工程咨询，对于其他阶段或专业的工程咨询成果信息不了解，获取难度大，而各个阶段和各个专业间的工程咨询成果信息又是紧密联系的，因此，如果想获得其他阶段或专业的工程咨询成果信息，就需要付出一定的信息费用。

采用全过程工程咨询组织管理模式可以有效解决此类问题，委托一个工程咨询企业全面参与到全过程工程咨询服务中去，不仅可以掌握建设项目全生命周期所有工程信息，而且可以全面使用各个阶段和各个专业的全部工程咨询成果信息，既可以有效地避免因横向信息不对称而产生的工程咨询成果信息交易费用问题，又能有效解决工程咨询服务费用过高的问题。

（4）解决工程咨询行业集成化程度不足的问题。随着工程咨询行业向全过程、全方位、一体化的全过程工程咨询管理模式发展，工程咨询越来越多地涉及多领域的知识、人员和组织等，进而出现工程咨询集成化的趋势。知识、人员和组织等各要素和系统不再是简单的组合，而是经过有目的、有意识的比较和选择，最终以一种能发挥全要素和集成化的最大优势，相互之间又能做到优势互补的形式聚集在一起，因此，全过程工程咨询的集成化是主动寻优的过程。

全过程工程咨询的集成化主要是经验和知识的集成。知识集成是知识要素含量的增加，而知识要素含量的增加往往是决定工程咨询任务成败的关键。工程咨询过程是一个基于实践经验，不断获取新知识的过程，也是知识在不同部门、不同员工之间转移和共享的过程，还是工程实施过程中不同阶段、不同专业之间相互合作与融合集成的过程。全过程工程咨询的集成化是由工程咨询企业不同部门、不同专业、不同层次的专业技术人员按建设项目服务需求组团来共同完成的。全过程工程咨询中的服务人员在工作目标上保持一致，在行为方式上保持协同，在运行效率上以最大的限度提高，从而更好地完成组织的计划目标。

（5）解决工程咨询行业高端人才不足的问题。强化建设项目全生命周期的投资目标、进度目标、质量目标和安全目标的规划和控制，需要培养一大批复合型人才来实施，有了人才，行业发展才有实现的可能。全过程工程咨询企业要高度重视全过程工程咨询项目负责人、专项负责人及相关专业技术人才的培养，加强技术、经济、管理及法律等方面的理论知识培训，实施工程咨询专业技术人才知识更新工程，着眼于新政策、新理论和新方法的学习运用。加大人才培养力度，积极推动行业知识更新和创新能力建设，培养一批符合全过程工程咨询服务需求的复合型人才，将为开展全过程工程咨询业务提供技术人才支撑。

提高工程咨询行业集成化的程度，有助于培育一批智力密集型、技术复合型、管理集约型的大型工程咨询服务企业，发挥行业示范引领作用。这不仅有助于培养高素质、高水平的全过程工程咨询人才，优化和提升工程咨询行业从业人员素质和水平，主动吸纳一批懂技术、懂管理、懂法律、懂经济的高端人才进入工程咨询服务行业，积极推动工程咨询行业技术进步，更有助于为工程咨询行业实施"国际化"发展和坚定"走出去"战略，打下坚实基础。

1.2.6 全过程工程咨询管理优势

全过程工程咨询是高度整体化、全面集成化的工程咨询服务管理模式，对助力建设项目以更快的工期、更小的风险、更少的投资和更高的品质等目标的实现，有着十分重要的意义。与传统工程咨询服务模式相比，全过程工程咨询服务在保障项目合规、提高工作效率、节省建设投资、加快工期、提升建设品质、降低建设风险、实现优势互补、信息集成管理等方面有着独特的管理优势。

（1）保障项目合规。建设项目行政审批手续贯穿于建设项目实施的全过程各个阶段，复杂多样且专业性较强，稍有不慎就可能出现违规违法行为，责任风险较大。实施全过程工程咨询能够有效整合各种资源和信息，为建设单位办理各种审批手续提供有效帮助，同时对建设项目的规范化实施进行有效监督，为建设项目提供强有力的全过程项目管理措施和解决方案。

为加强对建设项目行政审批手续的报审工作，由全过程工程咨询项目部成立专项工作部门，项目负责人负责统筹管理，并安排专业人员，专门负责具体联系相关行政审批业务部门，全面调查建设项目行政审批手续的种类、阶段和时限，全面梳理建设项目行政审批手续的审批部门、审批时限、审批流程和所需资料等，专门负责审批报审资料的收集和整理，及时申报和跟踪审批进度，能有效避免出现错报、迟报和漏报的情况发生，有利于建设项目的程序规范，减少违法违规行为的产生，降低建设单位违法违规的责任风险。

（2）提高工作效率。现行工程建设组织管理模式是把投资决策、工程勘察、工程设计、工程监理、招标代理及工程造价等工程咨询业务，采取"碎片化"的组织管理方式实施。即分阶段、分专业、分类别招标发包或直接发包给不同的工程咨询企业实施，造成多次招标或发包，签订多份工程咨询服务委托合同。因前期招标准备工作程序繁多且冗长，建设单位工作量大、合同管理内容多，各工程咨询单位互不干涉但又相互牵扯，形成建设项目各参建方多边博弈格局，不利于工程项目建设有序开展。所以，有必要推进工程建设组织管理模式改革创新。

采用全过程工程咨询能实现与各参建单位直接沟通，通过直接沟通能有效提升项目管理的针对性和专业性，超前解决了建设项目实施过程中经常出现的问题。集成化管理整合全过程工程咨询所有专项业务，统一委托一家工程咨询企业提供全过程工程咨询服务，既简化了招标或准备工作程序，又减少了服务合同数量，建设单位可以专注于建设项目规划定位、建筑功能需求分析、管理目标制定、投资和融资计划安排、工程建设重要节点计划等核心工作，提高建设项目资源整合效果，提升项目管理效率，加快建设项目建设有序实施。

（3）节省建设投资。采用传统"碎片化"工程咨询业务组织方式，会造成多次发包或招标，签订多份工程咨询服务合同，多个工程咨询企业参与其中，造成工程费用增加难计其数，同时加大建设项目的投资风险。而建设单位将全部工程咨询内容一次性发包给一个工程咨询企业，签订一个工程咨询服务合同，采用全过程工程咨询组织管理模式实施，其工程成本大大低于传统模式下将投资决策、工程勘察、工程设计、工程监理、招标代理及工程造价等分阶段、分专业、多次发包的工程成本，可以有效降低管理成本，减少工程建设费用支出，节约工程建设投资。

全过程工程咨询服务覆盖了建设项目的全生命周期，整合了各个阶段和各个专业的工程咨询服务内容，有利于实现建设项目全生命周期的工程投资控制。通过采用限额设计、价值工程、优化细化设计和实施精细化管理等技术和管理措施，有利于降低"三超"风险，提高工程投资效益，确保建设项目预期目标的实现。

(4) 加快实施进度。建设项目工程进度管控工作，具有极强的复杂性和系统性，在任何环节出现疏漏，都有可能致使建设项目工程进度出现滞后。在委托一个工程咨询企业提供全过程工程咨询管理服务的情况下，可以简化工程咨询服务合同关系，优化项目管理组织构架和工作界面，及时排除信息不畅的障碍，使工程咨询机构全身心投入到建设项目管理工作中去，最大限度地减少建设单位处理和协调内部关系，很大程度上帮助建设单位有效地解决工程施工中各种技术难题，减少建设单位日常管理人员投入和资源投入，防止信息"漏斗"产生，有效解决投资决策、工程勘察、工程设计、工程监理、招标代理、工程造价和项目管理等相关工程咨询企业责任分离、相互脱节的矛盾，对缩短建设项目工期起着十分重要的作用。

(5) 提升建设品质。建设项目的建设品质，一直以来都是建设项目最为关键的内容之一，同时也是建设单位最为注重的环节之一。唯有确保建设品质达到相关规范标准，满足使用功能要求，才可以放心地将建设项目投入运行和使用。若工程咨询业务采取传统的"碎片化"组织模式实施，将会导致建设项目相关责任主体职责不清、相互扯皮、前后脱节的后果，给建设单位组织协调和监督管理造成极大困难，进而影响建设项目的建设品质。

全过程工程咨询的有效实施和应用，有利于建设项目在投资决策、工程设计、工程监理、工程造价、项目管理等不同阶段和不同专业工程咨询的相互衔接和相互补充，有利于简化建设单位与工程咨询企业之间的关系，分清职责，划清界面，方便管理，既能注重建设项目的微观质量，又能重视建设品质和使用功能等宏观质量，更能重视工程咨询服务质量。有利于提前规避和弥补传统工程咨询模式下，可能出现的项目管理疏漏和缺陷，从而提高建设项目全生命周期的项目管理水平，有利于调动工程咨询企业的主动性、积极性和创造性，促进新材料、新技术、新工艺、新方法等"四新"技术在建设项目上的推广和应用，全面提升建设项目的建设品质。

(6) 降低责任风险。在住房和城乡建设部出台的《建筑工程五方责任主体项目负责人质量终身责任追究暂行办法》（建质〔2014〕124号）、《关于落实建设单位工程质量首要责任的通知》（建质规〔2020〕9号）和《工程质量安全三年提升行动方案》等政策文件的背景下，建设单位及其项目负责人的责任风险明显加大，尤其技术层面风险较为突出。

在传统工程咨询服务模式下，各个专项工程咨询服务的业务是相互独立的，需要建设单位分别与各个单项工程咨询服务团队谈判和对接，必须具备相当的建设项目相关的专业技术知识，对于建设单位来说，承担了较高的工作负担和较大的责任风险。采用全过程工程咨询组织管理模式，建设单位将全部工程咨询内容一次性发包给一个工程咨询企业，减少了谈判和对接，简化了合同关系，大大低于传统模式下建设单位的责任风险。

全过程工程咨询单位作为建设项目的主要参与方和重要责任方，势必要发挥出全过程工程咨询的服务优势，通过强化全过程、全方位、全专业的责任风险管控和预防，减少甚至杜绝质量和安全事故的发生。通过全过程、系统化的项目管理，将建设项目的各种潜在风险消除在萌芽状态，确保建设项目的有序开展，从而最大限度地降低或规避建设单位及项目负责人的责任风险。同时，可有效避免因多层复杂的管理关系而伴生的廉洁风险，有利于规范建筑市场秩序，减少违法、违规事件和行为的出现。

（7）实现优势互补。一般规模较大的国有投资建设项目，都会抽调相关人员组建项目管理团队，其中不乏有人缺少工程建设项目管理的知识及经验，满足不了工程建设项目管理的实际要求。委托专业工程咨询企业进行全过程工程项目管理是必然选择，工程咨询企业拥有各类专业技术人员，具有丰富的工程建设项目管理知识和经验，熟悉整个建设项目的建设流程，通过制定全过程建设项目实施计划，编制风险管理预案，协调参建单位关系，合理安排工程进度，极大地提升建设项目管理水平和工作效率。

借助全过程项目管理团队的专业知识、管理工具和实践经验，促进项目定义、投资决策、工程设计、招标采购、投资控制、施工质量等达到最优效果，同时全过程工程咨询服务机构还可按建设项目管理需要，按阶段、按专业、按需求，快速组建与项目建设相匹配的现场项目管理机构，提高专业化的工程咨询服务能力。

对建设单位而言，可以节省人员、精力和时间，将主要精力和时间放在新技术应用、建设项目功能定位、建设资金筹措和使用、各方关系协调等项目管理的核心工作上，在建设项目实施上，仅需投入少量的管理人员，就可保障对建设项目的管理和控制，不必考虑建设项目结束至项目管理队伍解散后，出现人员再上岗、再分流等工作安排的棘手问题，既节约了项目管理成本，又提高了项目管理工作效率，达到优势互补的双赢局面。

（8）利于信息集成管理。建设项目的前期准备和竣工收尾阶段工作繁琐、千头万绪。前期准备阶段，由于建设单位对履行基本建设程序缺乏了解，工作无从下手，只能边学边干，致使工作效率低下。到了竣工收尾阶段，由于建设项目临近结束，各参建单位之间相互推诿扯皮、配合不佳，剩余工作能省则省，能推就推，需要协调的事情确很多，工程资料也是千方百计能拖则拖、能少则少，无法及时存档备案，导致建设工期最终拖延。

采用全过程工程咨询服务管理模式，工程咨询企业可向现场派驻熟悉国家基本建设审批程序的专业人员，在建设项目开工准备阶段，专门承担建设审批程序的一站式申报工作，统一协调各相关单位，提供各种审批所需的申报资料，明显缩短前期审批手续的办理周期。在建设项目竣工收尾阶段，工程咨询企业能够统一组织协调，开展竣工验收、结算审核、工程交付、竣工决算、资料移交、存档备案等工作，保证建设单位在档案移交及时、资料齐全、内容完整，实现信息集成化管理，有利于快速完成后期交接手续。

全过程工程咨询服务具有多阶段交互、多专业融合和多要素参与的重要特点，可以实现建设项目全生命周期的全面洞察和全局策划的思维转变，为建设项目工程咨询服务实现全过程、多维度整合提供了有利条件。同时为建设项目提供了从全过程的长视角全景洞察的窗口，通过全过程数据和资源的开放和共享，辅助完成全过程工程咨询的基础性工作，通过信息数据全过程获取，全面消除工程信息孤岛和信息不对称情况，通过支持对工程不同阶段现实场景中各业务间动态交互的刻画，缩短工程信息获取、处理和共享周期，实现信息数据融合。通过工程信息的实时捕捉和及时反馈，实时处理非线性、非单向的状态变化。帮助全过程工程咨询优化管理决策，并及时实施、动态调整和绩效评价，实现对工程项目的多维度全局性策划。

总之，全过程工程咨询的全面推广，打破了传统模式下工程咨询服务松散状、碎片化的管理现状，实现了建设项目的全过程、集成化组织管理模式，提升了建设项目建造品质和投资效益的管理效果，完善了建设项目组织管理模式，促进了工程咨询行业转型升级。这不仅有利于工程咨询企业技术水平和服务能力的提升，也有利于工程咨询行业人才队伍的建设和综合素质的高水平提升，更有利于集聚和培育出适应新形势、抓住新机遇的全过程工程咨询服务企业。全过程工程咨询的全面推广，对加快我国建设项目管理服务模式与国际建设项目管理服务方式的全面接轨，提升工程咨询行业的服务价值，塑造工程咨询行业的服务形象都有着十分重要的作用。

1.2.7 全过程工程咨询推广存在问题

我国工程建设领域在顶层设计的指导下，积极探索工程咨询行业改革和创新发展之路，在工程咨询行业推广全过程工程咨询。全过程工程咨询可以说既是一个新型组织管理服务模式，又是一个传统的行业，在推广应用过程中，必然会受到传统观念、惯性思维和市场因素的影响，全过程工程咨询能否得到建设单位采用，很大程度取决于政府部门和建设单位的态度，还有要受法律地位及管控对象接纳与否的问题困扰，由于全过程工程咨询服务模式正处于探索和起步阶段，在推广过程中，仍存在诸多现实问题：

（1）法律地位层面。目前与建设项目密切相关的《建筑法》《招标投标法》等法律中，均找不到采用全过程工程咨询法律依据，在建设工程相关五方责任主体中，也没有全过程工程咨询的身影。没有法律地位的全过程工程咨询，在一定程度上，很难得到强制采用，"可有可无"的法律地位，决定了其难以成为一个单独的行业。

随着全过程工程咨询单位的全面推广应用，建议建设行业主管部门应及时组织研究这一新课题，研究全过程工程咨询发展过程中出现的各类问题，从法律层面维护全过程工程咨询单位的合法权益，明晰全过程工程咨询单位的法律定位。同时，期待出台发展全过程工程咨询的规定性文件，最好能带有一定的强制性。

（2）政府部门层面。全过程工程咨询在我国尚处在推广和探索阶段，缺少实际应用经验，建设单位对此虽表示欢迎，但存有顾虑，以观望者居多，国务院办公厅发布《关于促进建筑业持续健康发展的意见》（国办发〔2017〕19号）中要求"（四）培育全过程工程咨询。国有投资工程应带头推行全过程工程咨询，鼓励非国有投资工程委托全过程工程咨询服务。在民用建筑项目中，充分发挥建筑师的主导作用，鼓励提供全过程工程咨询服务"。《意见》是以鼓励为主，但不是刚性的。

全过程工程咨询作为工程咨询行业变革的重大举措，政府部门应给予大力倡导和全力支持，建议在落实现行"一推行二鼓励"的全过程工程咨询的政策方面，先行落实国有投资建设项目带头推行全过程工程咨询服务的政策，制定国有投资建设项目带头推行全过程工程咨询服务的强制性个数和金额比例，从政府层面确定几项国家级全过程工程咨询试点建设项目，对其实施效果及效益进行综合评价，以试点积累经验，形成典型案例，再以典型案例推动全过程工程咨询服务市场的发展。

地方区域性限制和市场准入壁垒的存在，是当前发展全过程工程咨询市场化进程的最大障碍之一，这也是国务院办公厅发布的《关于促进建筑业持续健康发展的意见》（国办发〔2017〕19号）中强调"（八）建立统一开放市场。打破区域市场准入壁垒，取消各地区、各行业在法律、行政法规和国务院规定外对建筑业企业设置的不合理准入条件；严禁擅自设立或变相设立审批、备案事项，为建筑业企业提供公平市场环境。"的原因所在。建议从政府层面在工程建设领域加快"放管服"改革步伐，就是对全过程工程咨询推广应用的最大推动力。

(3) 行业协会层面。行业协会应根据相关政策导向，组织有关专家对全过程工程咨询政策进行深入解读，鼓励有关工程咨询企业积极开展全过程工程咨询课题研究。充分发挥行业协会与政府部门及工程咨询企业之间的桥梁纽带作用，协助政府部门开展相关政策文件研究，引导工程咨询企业提升全过程工程咨询服务能力。积极宣传全过程工程咨询优秀案例和先进做法，促进有关工程咨询企业间的经验交流，形成行业服务标准，并逐步与国际接轨，最终形成实用的全过程工程咨询服务规程。

通过市场调研及综合评估发布全过程工程咨询服务酬金或人员薪酬等信息，开展服务标准研究，制定全过程工程咨询服务技术标准体系，促进全过程工程咨询服务科学化、标准化和系统化发展，发布全过程工程咨询合同示范文本，保障全过程工程咨询服务合同各方的合法权益，为全过程工程咨询服务规范化和科学化，提供科学可靠管理依据。

建议发挥行业协会组织作用，利用行业协会在行业中的声望和权威，通过行业协会进行工程咨询服务自律性管理，加强行业诚信和自律体系建设，规范工程咨询企业和从业人员的市场行为，维护行业内的公平竞争，避免出现全过程工程咨询业务的不正当竞争现象。逐步建立工程咨询服务行业诚信评价体系，把真正优秀的全过程工程咨询企业挖掘出来，向社会、行业和建设单位进行推荐和宣传，对于那些不具备能力，服务又差的企业，要由建设单位进行评价打分，予以曝光，交由市场进行选择和淘汰。

(4) 建设单位层面。建设单位对全过程工程咨询心存芥蒂，不积极采用，是否采用全过程工程咨询根本上取决于建设单位的态度。首先是建设单位担忧全过程工程咨询单位的权力过大，顾虑可能会削弱自己的主体地位，甚至失去对建设项目的管理和控制权，故仍然习惯继续沿用传统管理模式，感觉比较得心应手。其次是对全过程工程咨询服务管理模式不是十分熟悉，不能与时俱进、顺应变革、畏手畏脚、不敢放权，过多地干预现场项目管理工作，严重限制了全过程工程咨询单位的应有作用。最后是由于全过程工程咨询服务成果多数无法用直观的指标数据进行定量评价，建设单位对全过程工程咨询的服务质量和效果如何，心中没底，不能放心使用。

建议建设单位应全面了解全过程工程咨询服务的内涵和优势，充分认识到全过程工程咨询单位是其忠实顾问，是代表其行使建设项目集成化管理的得力助手，摒弃"谁出钱，谁说了算"的传统观念，应全面放权和彻底放心，真正将专业的事情交给专业人去做，充分发挥全过程工程咨询单位综合性管理的优势，实现建设项目总体效率和效益的最大化。

(5) 管理对象层面。全过程工程咨询服务是受建设单位委托，负责建设项目全过程管理的，在建设项目上具有"准二业主"的身份和地位。管理对象中除工程总承包单位外，还包括工程设计单位、工程地质勘察单位和专业工程咨询单位等参建单位。这些单位与建设单位之间存在着直接合同关系，在传统模式下，这些参建单位提供的工程咨询成果文件，建设单位往往"照单全收"。而在全过程工程咨询单位的加入后，在一定程度上出现了"专业的人管理专业的队伍，且专挑专业人的毛病"的情况，将这些不合理的内容提出来，虽然有理有据，但都涉及管理对象的"隐性利润被压缩"问题，必然会遭到管理对象的反对，成为不受管理对象欢迎的人。因此，管理对象的是否接纳问题，将是全过程工程咨询推广的又一个障碍。

建议管理对象要摒弃"一夜暴富"和"利用特殊身份牟取暴利"的幻想，回归到获得合理、合法利润的路径上来，积极配合全过程工程咨询单位的工作。建设单位可将全过程工程咨询服务单位参与建设项目的工程咨询工作内容和服务要求的有关条款，列入参建单位的工程承包合同中，让全过程工程咨询服务不是合同执行过程中"半路杀出来的程咬金"，让管理对象了解全过程工程咨询服务内容和其应承担的义务。

(6) 工程咨询单位层面。市场是全过程工程咨询能否持续健康发展的决定性因素，全过程工程咨询服务模式起到的效果将是建设单位是否愿意持续选择的唯一条件，而不是靠政策强制来推动。如何做好全过程工程咨询服务，并真正体现其自身价值，是工程咨询行业共同关注和期待的事情，也是这一新型组织管理模式能否得到社会认同、市场认可、建设单位采用并持续健康发展的关键因素。行与不行，好与不好，市场说了算，服务效果好，自然有其发展的空间，服务效果不好，自然会面临"自生自灭"的境地。

建议全过程工程咨询单位应积极开展企业转型升级和资源整合，培养一批既有技术、又懂管理的复合型专业人才，造就几支有经验、有素质、有责任的精干服务团队，完善企业组织架构、质量体系和服务标准，提升全过程工程咨询服务能力和服务质量，赢得建设单位的信任。

全过程工程咨询推广和应用已进入关键阶段，大多数工程咨询单位还持观望态度，且其全过程工程咨询服务资源整合不足，还不能完全胜任。除少数工程咨询服务单位专项资质较齐全、咨询业务全覆盖，绝大多数的工程咨询企业专业资质单一、业务覆盖面狭窄、缺乏实践经验、整体性服务能力薄弱，无法提供全专业、一站式、多样化的工程咨询服务。

国家推广应用全过程工程咨询，冲击最大的是工程咨询服务行业。对工程咨询企业来说，这既是一次重新洗牌的挑战，更是一次实现发展壮大的机遇，在这场工程咨询业供给侧结构性改革大潮中，挑战与机遇不期而至。采用联合经营、并购重组及拓展业务等方式，快速整合，做大做强企业，满足工程咨询市场需求，是当前工程咨询单位抢占市场的快捷途径，也是国家鼓励的。

(7) 市场需求层面。工程咨询市场对全过程工程咨询服务的需求，还不是很迫切。目前，全过程工程咨询在我国是一种新型的组织管理模式，市场接受度还不足，对于全过程工程咨询的推广应用，还只停留在政府部门的宣传和鼓励层面上，在实践中应用还不多，实践经验还不足，还不能跟上工程咨询市场的服务需求。

受到实践与发展经验等因素限制，多数工程咨询企业在管理体系建设、专业团队建设、资源整合建设等方面还存在一定的问题，尚未做到对建设项目全部管控和工程咨询业务关键节点的有效梳理。虽然市场对全过程工程咨询的需求情况尚不明确，但决不能偏离市场的实际需求，主动适应工程咨询市场变化，向建设单位提供集成化、多元化的工程咨询服务。

全过程工程咨询单位应积极推动工程咨询业的转型升级和持续发展，以优质工程咨询服务成果，打消建设单位的心中疑虑。工程咨询服务的输出产品为智力型成果，工程咨询成果水平高低决定着项目管理的成败。因此建设单位在选择工程咨询单位时，要以全过程工程咨询团队人员的技能水平和服务能力为优先原则，为提高项目管理效率和效益创造优先条件。

(8) 标准体系层面。全过程工程咨询标准体系的构建，尚未全面完成。建立健全标准体系及管理体系是全过程工程咨询组织管理工作的基础。目前，各地政府部门颁布的全过程工程咨询相关政策多为宏观指导意见，配套的支持文件、管理办法、标准规范尚未落地，使得全过程工程咨询应用缺乏具有可操作性的配套政策引导。因此，各工程咨询企业应注重完善自己企业的全过程工程咨询服务标准体系及管理体系，最大程度提高现有资源的利用率。

政府宏观引导、业主放下包袱、行业规范发展、市场激发需求、企业积极参与，是建立和完善我国全过程工程咨询服务市场的前提和条件。政府、建设单位及运行单位等应充分认识到全过程工程咨询是一种高性价比的管理服务，对于提升工程质量，实现投资效益最优具有十分重要的作用。推动我国工程咨询行业转型升级，培养具有国际视野、熟悉国际规则和惯例的全过程工程咨询高端人才，同时也是丰富和健全中国特色现代工程咨询服务理论体系、促进我国建筑工程咨询行业持续、健康发展的有力保障。

从国务院办公厅发布的《关于促进建筑业持续健康发展的意见》（国办发〔2017〕19号）出台至今，已经六年多的时间了，全过程工程咨询虽然至今并没有一个清晰明确的法律定位，也没有一个政策规定作保障，但已经成为工程咨询行业的发展趋势，且势不可挡。工程咨询行业都珍惜这一机会，积极主动作为，共同营造一个健康发展的市场环境，更希望全过程工程咨询服务单位做好自己练好内功，只有内强素质，外树形象，在实干中体现自身价值，全过程工程咨询才有美好的明天。

1.2.8 全过程工程咨询发展建议

目前，全过程工程咨询市场还处于发展和培育的初级阶段，无统一标准、无标杆项目、无标杆企业。虽然各地政府纷纷出台关于发展全过程工程咨询政策和文件，但大多数也只是以政策鼓励为主，效果不太明显。在工程咨询市场信用体系尚未完全建立的情况下，全过程工程咨询企业要未雨绸缪、超前谋划、制定对策，落实全过程工程咨询服务能力的提升，待全过程工程咨询市场培育成熟后，必将赶上政策红利，市场竞争力将明显提高。

1. 厘清面临问题

问题1：技术复杂性。全过程工程咨询服务是一种把组织、管理、经济和技术等融合为一体的工程咨询服务模式，因此，开展全过程工程咨询服务是综合性的管理技术与专业能力的较量，需要各类专业技术人员组成精干的服务团队，解决工程咨询服务中的复杂技术和管理创新等问题。

问题2：目标复杂性。全过程工程咨询服务有时间跨度较大、内容丰富繁杂、目标复杂多样等特点，建设单位会对全过程工程咨询服务提出多样化的需求，需求越多越容易产生相互冲突和矛盾的问题，加剧了工程咨询目标复杂性，工程咨询企业要充分考虑建设单位多样化的需求，采取有效的应对措施，全面完成目标任务。

问题3：信息复杂性。全过程工程咨询服务不是简单的线性管理系统，因为全过程工程咨询中参建各方、业务阶段、服务内容等既存在共同点又存在差异性，相互作用后产生信息的复杂性，所以工程信息内容丰富且冗余。积极应用物联网、BIM等先进信息技术，改变工程信息的获取和整合方式，全面提高工作效率。

问题4：环境复杂性。全过程工程咨询服务是市场发展的产物，随着市场需求不断一体化和集成化，建设单位对全过程工程咨询服务的需求，也越来越表现出精细化和专业化的倾向。同时，随着我国市场经济国际化程度的越来越高，工程咨询行业"走出去"步伐加快，全过程工程咨询的培育环境随之发生更加复杂的变化。

2. 建立管理理念

理念1：建立发展战略管理理念。工程咨询企业转型升级承担全过程工程咨询业务是一个企业发展战略的问题，必须建立健全企业的发展战略规划。主要从市场定位和资源整合两个方面着手，市场定位是指工程咨询企业必须拥有差异化的市场优势，才能在激烈的市场竞争中得以生存，核心思想是使其服务能力拥有强于其他竞争对手的差异化的市场优势。市场定位是建立发展战略的基础，只有定位准确，才能找准企业发展战略方向。资源整合是指工程咨询企业对不同内容、不同来源、不同层次、不同结构的资源进行识别与选择、汲取与配置、激活和融合的过程，使其具有比较强的条理性、系统性和价值性，并能创造出崭新资源的一个复杂动态过程，资源整合就是资源的优化配置，是实现发展战略管理理念的保障和手段，最终实现资源利用的整体最优。

理念2：建立市场开发管理理念。当前工程咨询企业普遍存在员工对全过程工程咨询业务不太懂，跟建设单位说不清楚，难以在短时间内拿出专业的、合理的、完整的全过程工程咨询服务实施方案。工程咨询企业必须建立市场开发管理理念，成立专门全过程工程咨询服务中心，收集和汇总有关全过程工程咨询的政策文件、业务资源和典型案例，能够及时为建设单位制定出有针对性的全过程工程咨询服务方案，解决建设单位提出的技术咨询和项目管理问题。

理念3：建立专家智库管理理念。建立工程咨询企业自己的全过程工程咨询专家智库。专家智库是由各类项目管理、工程技术、法律专业、经济管理及相关专业有较高理论水平和丰富实践经验的专业人士组成的，要充分发挥专家智库的专家作用，要激励专家智库多出技术成果，及时解决工程咨询过程中疑难问题，为工程咨询企业的全过程工程咨询业务的开展，提供坚强有力的保障。

理念4：建立项目运行管理理念。建设项目的运行管理是一门跨学科、多专业交叉的新兴学科，其综合利用管理学、建筑学、经济学、行为学和工程技术等多学科理论知识，将人员、环境、空间与技术相融合，通过对工作环境和设施设备的规划和控制，形成高质量的工作环境，支持建设单位更好地完成建设项目运行管理工作计划和战略目标，创造更好的社会效益和经济效益。

理念5：建立信息技术管理理念。现代信息技术的迅速发展，彻底改变了项目管理的方法和手段，提高了建设项目管理的效率，也提升了建设项目管理的水平，对建设项目管理产生了巨大的影响。建设项目信息管理目前正在朝着普及化、网络化、集成化等方向发展。工程咨询企业应建立信息技术管理理念，提供高质量的服务、畅通的协作平台、高效的应用操作工具和完整的工程资料管理和应用，应用信息技术进一步提升项目管理效率，实现增值服务。

理念6：建立人才战略管理理念。工程咨询企业转型升级开展全过程工程咨询服务，不仅需要投资咨询、工程勘察、工程设计、工程监理、招标代理、工程造价咨询等专业技术人才，更需要"技术＋管理"的复合型人才。采取内部培养和外部引进等两个渠道实现人才战略管理，有了优秀人才，才有做大做强的可能。内部培训包括：内部培训、外派学习、成果交流、大咖讲学等。外部引进包括：对引荐人才者的奖励、对引进人才的奖励等。

3. 制定发展对策

对策1：创新工程咨询模式。传统的工程咨询企业可以通过联合经营、并购重组等方式，扩大企业实力和专项资质范围，增强规划设计技术力量，强化技术服务能力，提升集成化管理水平，为建设单位提供高性价比的全过程工程咨询服务。创新工程咨询模式，让工程咨询回归本质，上规模、上档次、做大做优做强企业，促进工程咨询公司由单一模式，发展成多元化模式。

对策2：优化公司组织结构。从事全过程工程咨询服务的企业规模都比较大，人员和部门比较多，工程咨询业务开展时间也比较长，整体综合实力都比较强。全过程工程咨询企业应根据自身特点和业务内容，合理设置组织层次和管理部门，明确各部门管理职责，制定专业化管理流程，建立一个适应全过程工程咨询业务特点的企业管理组织结构。

对策3：引进和培养复合型人才。市场竞争主要是人才竞争，全过程工程咨询又是高智力的知识密集型工作，加大人才引进和培养的力度成为重中之重。通过引进一批"精专业、懂法律、会管理、能协调"综合型高素质人才，培养一批集技术、经济、管理、法律等知识结构于一身的复合型人才，优化人才知识结构，提升企业综合管理服务能力，提高工程咨询企业的"含金量"。

对策4：加快先进信息技术应用。现代信息技术的高速发展和广泛应用，为全过程工程咨询服务提供了强有力的信息技术支持。精细化的管理服务离不开先进信息化技术应用，掌握先进科学的工程咨询技术和项目管理方法和手段，综合应用大数据、云平台、物联网、BIM等技术，加大工程咨询及项目管理平台的开发和应用力度，优化升级项目管理信息化平台。做到全程化、制度化、流程化、表单化、信息化，能有效地提高项目管理效率，为建设单位提供优质全过程工程咨询服务。

对策5：注重知识管理平台搭建。知识经济时代，创建知识管理平台，积累、共享、融合和升华显性和隐性知识，基于互联网的数据库、知识库、方法库等搭建工程信息管理平台，共享不同建设项目和工程咨询服务团队间先进信息，解决工程咨询中遇到的各种难题，为全过程工程咨询顺利开展，提供重要技术支撑。

对策6：注重先进技术和手段应用。增强全过程咨询单位的总体服务能力，提升企业的工程咨询总体技术水平。创建和完善责任体系，让单位全体员工都具有高度的责任感，从细节做起，以点带面，提升工程咨询服务成效。全过程工程咨询单位要主动学习先进技术，采用先进管理手段，提升全过程工程咨询服务水平，为建设单位提供更加优质的工程咨询服务。

对策7：注重监管一体化服务。在项目管理统筹管理下，将工程监理服务纳入项目管理工作范畴，发挥工程监理的技术优势，全面参与到项目管理工作中，进行全过程、一体化、精细化的项目管理服务。同时，项目管理与工程监理共同实施管理工作，进行建设项目实施全过程的监督和检查，从源头抓起，重在过程控制，严格实施结果的检查和验收。通过项目管理与工程监理的一体化管理服务，大大提高项目管理的效率，提升工程质量，为提供优质的全过程工程咨询服务打下良好基础。

4. 提升服务品质

提升1：以技术创新驱动全过程工程咨询服务品质提升。全过程工程咨询企业应以市场需求为导向,加强责任体系、示范项目、标准化服务、动态绩效考核等管理和创新,设立专门的全过程工程咨询技术创新中心,用技术创新提升企业核心竞争力,设立技术研发和生产经营一体化平台,为工程咨询服务团队提供与建设项目相关的技术资料和信息,实施最佳实践,优化管理流程,树立标杆项目,组织专门服务团队或选择合作伙伴研究与创新工程咨询业务,达到提升创新提质目的,引领全过程工程咨询市场的发展。

提升2:以管理创新推动全过程工程咨询服务品质提升。开展全过程工程咨询服务必须要有先进的技术能力和管理手段,自然就需要引入新技术、新方法等来促进管理创新。通过开发BIM、大数据和虚拟现实等先进信息技术,来提高工程咨询的精细化管理水平,提升建设项目的安全性、耐久性、可建造性和维护便利性,增强工程投资效益。借助这些创新管理方法和先进技术手段,可为高效地完成全过程工程咨询工作打下坚实的基础,切实提升全过程工程咨询单位的综合能力,为全过程工程咨询建设项目创造价值。

提升3:以人才战略支撑全过程工程咨询服务品质提升。从长远发展来看,人才培养是关键,是企业核心竞争力。开展全过程工程咨询服务,必须拥有大量复合型专业技术人才,全过程工程咨询企业应根据建设单位和市场的实际需求,加强全过程工程咨询人才队伍建设,特别要重视对项目负责人和专业负责人的培养,加强组织、技术、经济、管理及法律等方面知识的培训,培养一批符合全过程工程咨询服务需求、统筹管理能力强的复合型人才,为提升全过程工程咨询服务品质提供人才支撑。

提升4:以品牌影响力促进全过程工程咨询服务品质提升。品牌影响力是工程咨询企业开拓市场和占领市场,并获得丰厚回报的必要条件,也是建设单位选择全过程工程咨询服务单位的相当重要因素之一。每个企业品牌影响力都是建立在品牌价值之上,这是一个长期在建设单位心中建立起来的一种信任感和依赖性。要将企业品牌推广出去,必须进一步提升企业品牌的影响力,提高企业的知名度,树立"品牌意识",以业绩塑造品牌,以品牌赢得市场。

提升5:以服务硬实力推进全过程工程咨询服务品质提升。全过程工程咨询服务企业要以建设项目全生命周期服务为主线,树立专业化、集成化、一体化的服务核心理念,制定全过程工程咨询企业服务规范和服务标准,提高服务能力。加强企业的信用体系建设,构建全过程咨询服务企业的诚信体系,明确全过程工程咨询服务范围、服务内容、工作流程、团队建设、行为准则、绩效考核等,增强全过程工程咨询企业的服务硬实力。

提升6:以风险防控促进全过程工程咨询服务品质提升。面对建设项目可能出现的政治、经济、社会、技术和市场等可能存在各类风险因素,需进一步完善风险防控的机制、体系和措施,采取事前控制的风险管理机制,形成风险识别、风险分析、风险评估、风险防控等专题研究报告,提交建设单位内部决策,有效强化风险防控的过程管理,排查化解各类风险因素,保障建设项目的顺利实施,以促进全过程工程咨询服务品质提升。

提升7:以提升工程品质引领全过程工程咨询服务品质提升。技术领先是工程品质领先的前提条件,全过程工程咨询单位应全面整合技术力量、发挥技术优势,将新技术、新材料、新工艺、新方法应用于建设项目上,创建品质工程,提升建设项目附加值。从设计和管理的角度,应遵循因地制宜、合理布置、生态化、人本化的设计和管理的原则,利用有效项目管理手段,实现工程品质的提升。从环境保护的角度,应减少对自然环境的索取,实现人与生态的和谐发展,实现建设项目社会和经济效益的最大化,有效地提升工程品质，从而引领全过程工程咨询服务品质提升。

提升8：以国际化视野强化全过程工程咨询服务品质提升。建立健全我国工程咨询业参与国际市场的体系机制，注重国际化运营顶层设计，完善适应国际市场生产经营网络管理平台，打造我国全过程工程咨询在全球工程咨询业的国际品牌。发挥全过程工程咨询技术、经济、管理和法律等优势，为建设单位量身定制最佳工程咨询方案，以国际化发展眼光，持续做优全过程工程咨询市场。

5. 全过程工程咨询（ECTP）与工程总承包（EPC）融合发展

全过程工程咨询（ECTP）与工程总承包（EPC）都是建设项目的一种组织管理模式，发展工程总承包模式和培育全过程工程咨询服务市场，是目前国家在政策上鼓励和推广的工程组织管理模式。全过程工程咨询与工程总承包是作为完善工程建设组织模式的两个重要方面，两种组织模式既存在区别又相互联系，实现两者融合发展是建设行业发展的主要方向。

区别1：工作内容。全过程工程咨询是对建设项目各个阶段、各个专业的工程咨询服务的有效整合，能够为建设项目提供全过程、集成化的工程咨询管理服务，有利于打破建设项目各个环节业务壁垒，提高项目管理的效率。

工程总承包指对合同约定建设内容实行设计、采购、施工总承包，实现建设项目各个环节内容深度融合，能充分发挥设计的统筹作用，有效针对采购和施工环节的工作重点，实现控制质量、降低投资、缩短工期等目标。

区别2：工作成果。全过程工程咨询是"包服务"，系工程咨询服务类，不涉及有形建筑产品的施工和建造，提供的是智力型服务，工作成果是标准、规范、流程、图纸、方案、报告、建议等无形的智力内容。

工程总承包是"包工程"，系工程建设施工类，是将无形的智力成果与有形的建筑材料、机械设备和人力资源相融合，物化为有形的建筑产品，并形成固定资产的行为，提供的工作成果是实体化的建设项目。

区别3：服务属性。全过程工程咨询在本质上属于一种工程咨询管理服务，其特点是将原有工程咨询行业独立和分散的工程咨询内容加以集成和融合，形成覆盖建设项目全生命周期的工程咨询服务，因此，全过程工程咨询的工作属性更倾向于无形的管理服务。

工程总承包在本质上是一种打通了设计、采购、施工等各个环节的工程建设组织方式，其特点是将无形的投资决策、设计图纸和标准规范的要求，通过机械设备、建筑材料、施工工艺、人力资源的有效融合，在规定的时间内转化为合格的建设项目实体产品。

区别4：风险承担。全过程咨询服务单位为建设项目提供一整套工程咨询服务，并按照服务合同约定收取一定服务报酬，承担一定管理责任，往往风险较小。

工程总承包单位按合同约定价款，负责整个建设项目施设计和施工活动，对建设项目设计和施工的质量、安全、工期、投资等全面负责，通常风险较大。

联系1：管理关系。全过程工程咨询与工程总承包单位之间存在管理与被管理的关系。全过程工程咨询单位受建设单位委托，按照合同约定对建设项目提供全过程、集成化的工程咨询服务，并在授权范围内代表建设单位对工程总承包单位进行监督和管理。

联系2：促进关系。全过程咨询服务单位利用其管理、技术、法律等方面资源和能力，对工程总承包单位开展一体化设计、采购和施工提供需要与之相适应的全过程工程咨询服务，从而促进全过程工程咨询市场需求与发展。

联系3：制约关系。全过程咨询服务单位受建设单位委托，利用其多方面综合优势，对工程总承包单位监督、管理和工程咨询服务，以达成控制建设项目质量、安全、工期、投资的目的。工程总承包单位通过建设项目设计和施工活动，反作用于投资决策、招标代理、勘察和设计、工程监理、工程造价、项目管理等工程咨询管理服务，检验全过程工程咨询的水平和成效。

融合1：融合发展是趋势。从全过程工程咨询与工程总承包的区别与联系来看，二者并非完全对立和互斥，仅是承接建设项目的主体工作角色不同而已。纵观国际上著名的工程公司，往往既能开展全过程工程咨询，亦能承担工程总承包。可以预期，在不久的将来，中国会涌现一大批既能开展全过程工程咨询，亦能承接工程总承包的全能型管理公司。

融合2：融合发展是必然。全过程工程咨询和工程总承包有着天然的互补性，实现两者在建设项目全过程的不同环节有效融合，无论是建设单位为了加强建设项目管控，还是对工程总承包单位顺利完成建设任务，都发挥着十分重要的作用，能够有效提高建设项目管理效率和工程质量，保证建设项目顺利实施，促进建设项目目标全面高效的实现。

全过程工程咨询是围绕实现建设项目管理目标和工程投资价值，而提供的全过程、全要素、系统化、专业化的工程咨询服务，应当在遵循科学决策、规范管理、注重绩效、公开透明原则的基础上，积极适应建设领域高质量发展对工程咨询服务的需求。相信全过程工程咨询企业通过市场竞争和磨炼，企业的发展战略、组织构架、管理理念、管理体系、创新能力、服务能力、技术能力、人才管理、信息化管理等方面，都能得到逐渐完善和不断发展，并在工程咨询行业中形成一批从事全过程工程咨询服务的骨干企业，引领我国工程咨询行业的持续发展。

1.2.9 全过程工程咨询发展方向

全过程工程咨询今后的发展趋势，行业内均持乐观态度。目前，发展区域已由经济发达、先试先行的东南沿海和南方地区，逐步向经济欠发达的北方和西部地区渗透，且发展趋势明显。当然，发展的过程不会一帆风顺，其间肯定会经历怀疑、徘徊、观望、争论甚至否定等状况，相信经过各地政府正确引导和出台配套法律法规、先试先行区域的示范作用、及广大工程咨询行业人员的共同努力，全过程工程咨询一定会在全国范围内循序渐进、由浅入深地逐步进入健康发展轨道，从而使我国工程咨询行业和企业不断做大做强，并与国际接轨，参与国际市场竞争。

全过程工程咨询服务要以建设单位需求为导向，即以建设单位体验满意度与运转顺畅度为前提，实现稳步推进。建设单位对建设项目全过程优质服务的工程咨询需求，需要工程咨询企业具备全生命、全方位、多专业工程咨询优质服务资源的综合集成能力，能为建设单位提供全过程、一体化、全方位的工程咨询服务解决方案、降低建设投资成本、规避建设投资风险，实现建设项目投资价值的最大化。这既要求工程咨询企业内部达到多专业的高效协同与价值创造，又需要复合型专业技术人员参与，更需要工程咨询行业优质资源的高效组合集成与价值创造。

在这飞速发展的信息化时代，先进信息技术在全过程工程咨询中有着不能忽视的重要作用。工程咨询企业为保证全过程工程咨询的服务品质，必须要采用先进的项目管理方法和手段，而要落实先进的项目管理手段，自然离不开先进的信息化技术和工具的参与，利用多媒体计算机技术、电子信息通信技术等，构建全过程工程咨询数据库，使全过程工程咨询与信息技术完美结合，将充分激发工程咨询企业发展潜力和内在动力。

近几年，随着信息化技术的快速发展和应用，像产业互联网、数字工程、云计算、智能化、大数据和BIM等最新技术也不断地成熟起来，还有建筑行业ERP、WMS、CRM、指标云工程造价数据分析积累系统、智慧工地等先进信息化工具，也在工程咨询行业中不断地应用开来。拓展工程咨询服务广度和深度，完善组织形式、工作方式和服务模式，实现全生命周期数据共享和全过程信息化管理，为提升建设项目管理效率和科学决策提供可靠依据。以信息技术为支撑，建立工程咨询企业的信息化管理体系和管理标准。借助这些先进的信息化工具和技术，提高项目管理工作效率，减少投资浪费，降低工程成本，使得工程咨询行业能高效地完成复杂的全过程工程咨询服务工作，从而为全面推行全过程工程咨询服务打下良好的基础。

全面推行全过程工程咨询服务，工程咨询企业迫切需要的是复合型和开拓型的工程咨询技术人才，通过培养复合型和开拓型的工程咨询技术人才，来提高全过程工程咨询企业服务能力和水平。"复合型"主要指知识结构要"软""硬"结合，既有坚实的专业技术基础，又要通晓经济管理，还必须有广博的知识储备，同时还要对有关融资、外汇、外贸、财会、法律、保险等知识有一定的了解。"开拓型"主要指要有远见卓识和对工程咨询事务的敏感性，有正确的判断能力和快速应变能力，掌握社交公关技巧，有进取精神的，能主动寻找机会，有强烈市场意识的，敢于开拓市场，更有风险意识，不怕困难，百折不挠的专业人士。

市场竞争归根到底就是人才竞争，人才是立业之基，人才是创新之本。作为以人才为主要资源的知识密集型工程咨询企业，要想开拓和占领全过程工程咨询服务市场，就必须要有一大批"复合型"和"开拓型"的工程咨询专业技术人才，通过内提外引、专业提升、专门训练、轮岗学习等方式，培养一批工程咨询的项目负责人、专项负责人及专业技术人员，拥有一批合同专家、财务专家、造价专家、招标投标专家、技术专家、管理专家、保险专家、索赔专家以及融资专家等专业人士，才能有能力承揽规模较大的建设项目全过程工程咨询业务，才能完成技术复杂的建设项目全过程工程咨询业务，才能获得好的经济效益和社会效益。

全过程工程咨询是国家在深化工程领域咨询服务供给侧结构性改革过程中，为满足建设单位对工程咨询服务日益增长的需求，创新工程咨询服务组织实施方式而提出并推行的新型工程咨询服务模式，在国外的发展相当成熟，而国内目前正处在大力推广应用和探索发展的阶段，也给工程咨询行业带来了一次历史性发展的机遇，会是未来的工程咨询主流模式。

总而言之，全过程工程咨询和传统工程咨询模式相比具有科学性和前瞻性，优势比较明显，建设单位也倾向于全过程工程咨询服务管理模式。加快推进工程总承包，培育全过程工程咨询，完善工程建设组织模式，已成为现阶段具有战略意义的重大任务和未来发展趋势，所以说，全过程工程咨询市场未来可期。

2 全过程工程咨询服务管理

全过程工程咨询是行业改革和创新发展的产物,是一种能满足建设单位多样化需求的崭新工程咨询管理模式。这种管理模式可以根据建设单位的需求,结合建设项目不同实施阶段和涵盖不同专业方向的特点,采用模块化的灵活组织管理形式,有效实现建设项目全程化、专业化、程序化、集成化、一站式的工程咨询服务,对建设项目整个管理系统中的有序运行和过程控制方面发挥着十分重要的作用。

2.1 全过程工程咨询服务要求

全过程工程咨询服务是高端的、新型的工程咨询服务模式,涉及建设工程各个阶段和各个专业的技术、管理、经济和法律等专业工程咨询内容,所以对从事全过程工程咨询业务的企业基础条件和专业技术人员的基本能力要求都比较高,要求工程咨询企业要具备专业或综合资质、专业能力、专业特长等背景,要求专业技术人员不仅具备较高的职业道德,还要具备工程咨询的相关专业资格、理论知识、实践经验、技术技能、信息工具应用能力等,特别是对全过程工程咨询团队项目负责人的要求更高,如果这些专业技术人员缺少相关专业资格,则全过程工程咨询单位就要承担专业工程咨询服务存在质量问题所导致的法律和合约风险。

2.1.1 企业从业资质要求

"资格"通常是指从事某种活动所应具备的资质、条件、身份等,建设项目行业事关公共安全和公共利益,因此对从事建设项目活动的施工、勘察、设计、监理企业及其人员的素质、管理水平、资金数量、业绩情况进行审查后,授予相应的资格证书,这是我国法律对企业和个人进入建设工程行业所规定的强制性前提条件。开展全过程工程咨询服务的企业主要有工程咨询单位、工程设计单位、工程监理单位、工程造价咨询单位、工程总承包单位、施工总承包单位等,其应当具有与工程规模及委托工程咨询内容相适应的一项或多项专业资质或综合资质条件。

全过程工程咨询服务企业应当自行完成自有资质证书许可范围内的业务内容,在保证整个建设项目工程咨询服务完整性的前提下,按照服务合同约定或经建设单位同意,可将自有从业资质证书许可范围外的工程咨询业务,依法依规择优分包给具有相应从业资质条件或业务水平能力的其他工程咨询企业,全过程工程咨询企业应对分包工程咨询业务质量负总责。

2.1.2 企业服务能力要求

具备相应的工程咨询服务能力应为工程咨询企业承接全过程工程咨询服务业务的实质

性条件,是需要重点关注的一项基础性指标。全过程工程咨询单位应当建立与其工程咨询业务相适应的专业部门及组织机构,配备组织结构合理的专业工程咨询人员,应当在技术、经济、管理、法律等方面具有丰富经验,具有与全过程工程咨询业务相适应的服务能力。

国家发展和改革委员会、住房和城乡建设部《关于推进全过程工程咨询服务发展的指导意见》(发改投资规〔2019〕515号)第四条第(三)款提出:"全过程工程咨询单位应当在技术、经济、管理、法律等方面具有丰富经验,具有与全过程工程咨询业务相适应的服务能力,同时具有良好的信誉。全过程工程咨询单位应当建立与其咨询业务相适应的专业部门及组织机构,配备结构合理的专业咨询人员,提升核心竞争力,培育综合性多元化服务及系统性问题一站式整合服务能力。"

由此可见,全过程工程咨询企业必须具备提供全过程工程咨询服务所必备的组织、管理、经济、技术和法律等方面的服务能力,具体包括:前期策划和设计管理能力、合同管理和投资控制能力、现场质量安全的管控能力、协调配合服务能力等,而且要具有优良的市场信誉、健全的组织机构、规范的管理体系和相当的风险控制能力,而且具有与承接建设项目类似建设项目业绩,有类似项目管理经验。

2.1.3 企业资信评价要求

资质管理改为资信管理,是国家对工程咨询行业管理的重大改革。资信评价是一项崭新工作,是国家发展和改革委员会加强工程咨询行业管理的一项新举措。在具体实施过程中,全过程工程咨询企业除具备相应的从业资质条件外,还需满足有关的信用评价标准规定。全过程工程咨询单位应具有良好的资信等级,建设单位在选择工程咨询单位时,资信评价也将是一项重要评价指标。

国家发展和改革委员会发布的《工程咨询行业管理办法》(第9号令)第23条提出"工程咨询单位资信评价等级以一定时期内的合同业绩、守法信用记录和专业技术力量为主要指标,分为甲级和乙级两个级别"。国家发展和改革委员会关于印发《工程咨询单位资信评价标准》的通知(发改投资规〔2018〕623号)对工程咨询企业有关信用评价标准及相应的信用管理制度作了明确规定。

2.1.4 人员从业资格和能力要求

(1)项目负责人。担任全过程工程咨询服务项目部(服务团队)项目负责人,应当具有与工程规模及委托服务内容相符的注册咨询(投资)工程师或注册土木工程师(岩土)、一级注册结构工程师、注册监理工程师、一级注册造价工程师、一级注册建筑师、一级注册建造师等建设工程类注册执业资格,具有工程类或工程经济类高级技术职称,并具有类似建设项目的工程咨询服务实践经验,且在工程咨询企业注册。

对于法律法规强制实行工程监理的建设项目,由工程咨询企业履行《全过程工程咨询服务合同》的约定,依据相关法律法规的规定,委派具备注册监理工程师执业资格并在工程咨询企业注册的人员,担任项目负责人兼总监理工程师,履行项目总监理工程师职责,承担总监理工程师的法定责任。也可以由工程咨询企业另外指定项目部(服务团队)内符合要求的、具备注册监理工程师执业资格并在工程咨询企业注册的人员,担任项目总监理工程师，履行总监理工程师的法定职责。

项目负责人任职能力和条件如下：

1）**法律政策能力**：能正确理解和严格遵守相关法律、法规、规章、规范性文件和标准规范。具备运用法律法规、政策文件和标准规范，来正确分析和判断实际工作中遇到的问题，及时处理工作中的争议和纠纷，提出合法可行的解决方案或工程咨询建议的能力。

2）**组织管理能力**：掌握和遵循项目管理的基本原理、规则、方法和工具，按照建设单位价值趋向和项目管理目标定位，科学分析建设项目的工程咨询服务范围和技术特点，具有良好的策划、组织、领导、沟通、协调和指挥能力，还有实施动态控制投资效益、工程质量、安全管理、工程进度、技术应用、财务风险等目标的能力。

3）**专业技术能力**：具有所在行业的基本专业技术知识。了解总体规划、控制性规划、国土规划和产业规划等层面的知识，掌握建设项目的功能用途、规模、性能、质量、工期、安全、节能、环境等技术指标和验收标准，熟悉工程地质勘察设计、工程造价、招标采购、工程监理、运营维护等技术经济指标、评价指标及方法的能力。

4）**经济分析能力**：具备一定的经济学、统计学等专业知识，掌握工程造价编制、财务会计核算、数据统计分析等方面的技能，还要有一定的投资和融资知识或经验，借助于成熟的经济学基本理论和分析工具，有更好处理工程咨询服务中出现的问题和困难的能力。

5）**职业道德条件**：应当具备优秀的职业素养和职业水平，坚持诚信守法、客观公正、专业科学和经济高效的行为准则。遵纪守法、廉洁奉公、作风正派、责任心强，执业信用记录良好。

6）**承担业务条件**：项目负责人应在同一时间内只能担任一个建设项目的全过程工程咨询服务项目负责人，当在同一时间内担任一个以上建设项目的全过程工程咨询服务项目负责人时，应取得建设单位的书面同意。

建设项目成功与否很大程度上依赖于项目负责人的管理能力，尤其是在从传统的业态向全过程工程咨询行业转型的过程中，项目负责人的能力建设就显得尤为重要。项目负责人必须具有一定工程咨询技术能力和项目管理知识体系，有类似建设项目的项目管理经验，具备良好的策划、组织、领导、沟通、协调和指挥能力，具有良好的职业操守和个人信誉，才能对全过程工程咨询项目部进行全面统筹和组织管理，顺利实现建设单位的预期管理目标。

（2）**专项负责人**。委托内容中包含前期投资决策咨询内容时，其工程咨询团队中的投资咨询专项负责人，应当具有注册咨询（投资）工程师的执业资格，以及工程类或工程经济类中级技术职称，并在工程咨询企业注册。

委托内容中包含工程地质勘察或工程设计服务内容时，其工程咨询团队中的工程地质勘察或工程设计专项负责人，应当具有注册土木工程师（岩土）或一、二级注册结构工程师和一、二级注册建筑师执业资格，具有工程类或工程经济类中级技术职称，并在工程咨询企业注册。

委托内容中包含招标代理或工程造价咨询内容时，其工程咨询团队中的招标代理专项负责人或工程造价咨询专项负责人，应当具有一、二级注册造价工程师或招标师执业资格，具有工程类或工程经济类中级技术职称，并在工程咨询企业注册。

（3）专业技术人员。全过程工程咨询单位应根据建设项目管理需要，配备具有相应数量的具有专业能力的专业技术人员和管理人员，服务团队的专业技术人员资格应符合国家、省（市）现行相关工程咨询行业的规定。

2.2 全过程工程咨询服务模式

全过程工程咨询服务模式共有"1＋X"、总承包、总分包和联合体四种。

2.2.1 "1＋X"服务模式

全过程工程咨询业务体系就是"1＋X"服务模式下所形成的完整的工程咨询服务业务，如图2-1所示。全过程工程咨询的内涵和外延是"1＋X"，"1＋X"是指由项目管理牵头与各专项工程咨询业务通过融合实现综合管理过程的咨询服务模式，是由一家具备工程设计、施工总承包、工程监理等至少一项专项或综合资质的工程咨询企业，承担全过程项目管理及一项或多项专项工程咨询服务。

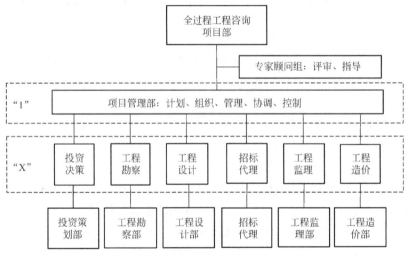

图2-1 "1＋X"全过程工程咨询服务模式组织架构

"1"是指全过程项目管理，是贯穿于建设项目全过程工程咨询的服务链，是对建设项目投资决策、工程实施和项目运行等各个阶段，进行策划、组织、控制、协调的集成化管理模式，是全过程工程咨询最基础、最核心的工程咨询业务，服务范围包括建设项目投资决策、勘察和设计、招标采购、工程施工、竣工验收、运行维护六个阶段中的一个或多个阶段，具体服务范围由建设单位根据建设项目的内容和特点自主确定。

"X"是全过程工程咨询中的各专项工程咨询服务，可以根据建设单位的实际需求，选择承担其中的一项或多项的专项工程咨询服务，包括但不限于：投资决策、规划咨询、融资咨询、工程勘察、工程设计、造价咨询、招标代理、工程监理、运行维护咨询等专项工程咨询服务。

一般来说，"1"是体现管理主导，就是代表建设单位的"管"。"X"是表达全面落实，就是工程咨询中的"做"，"1＋X"就是"管"和"做"的有机结合，"＋"就是服务平台，

"管"和"做"有"＋"这个平台支撑，才能真正地实现全面提升工程咨询服务能力，实现建设项目总体目标和价值，实现增值和共赢，而进行"1"的整合和"X"个单项工程咨询的集成化管理，"1"即项目管理，是尤为重要的，是全过程工程咨询的基础和灵魂，在建设项目实施过程中，具有不可替代的统筹和协调作用。

因此，"1＋X"全过程工程咨询服务模式构成了全过程工程咨询的基本框架、组织模式和主要工作内容。重点在于将建设项目各个阶段、各个专业的工程咨询业务有机整合为一个整体，着眼于建设项目的总体目标和整体价值，全面提升工程咨询服务的标准、能力和理念，对建设项目的整个实施过程进行全面的、系统的优化和管理。

2.2.2 总承包服务模式

由一家具有综合服务能力的工程咨询企业，承担建设项目的全过程工程咨询的所有专项工程咨询服务工作，实现综合性、集约型、跨阶段和一体化、一站式的工程咨询服务。全过程工程咨询企业应具备国家法律法规要求的相应专项工程咨询资质。

2.2.3 总分包服务模式

由一家工程咨询企业对全过程工程咨询服务总承包，承担全过程工程咨询服务主要工作内容，其他工程咨询工作或不需要专项资质的工程咨询工作，按照《全过程工程咨询服务合同》的约定，并经建设单位同意，可进行分包。工程咨询分包单位对全过程工程咨询服务总承包单位负责，总承包单位对建设单位负总责。

2.2.4 联合体服务模式

由两家或两家以上工程咨询企业组成联合体，承担全过程工程咨询服务业务，联合体内各工程咨询企业应具备国家法律法规要求的相应专项资质，联合体内各方应签订《联合体共同投标协议》，明确约定各方拟承担的工程咨询工作内容和责任，并以一家作为牵头企业，以一个投标人的身份共同投标。中标后，联合体内各方应当共同与建设单位签订《全过程工程咨询服务合同》，就建设项目工程咨询成果质量向建设单位承担连带责任。

总之，全过程工程咨询服务组织管理模式不同，工程咨询服务的内容就不同，管理产生的效果也不同。建设单位在选择全过程工程咨询组织管理模式时，须全面考察、仔细研究、慎重决定。不仅要充分考虑建设项目的资金来源、工程规模、技术复杂程度、项目类型以及建设单位自身的管理能力等，还要考虑在工程咨询服务市场情况，全过程工程咨询单位的服务能力和技术水平的均衡性。

2.3 全过程工程咨询服务团队

全过程工程咨询服务项目部（服务团队）是由工程咨询企业内部不同部门、不同专业、不同层次的专业技术人员组成的，是按建设项目工程咨询服务需求组建的，应加强服务团队建设，明确服务团队管理原则，规范服务团队正常运行，来共同完成全过程工程咨询服务任务。服务团队人员要在工作目标上保持一致，在行为方式上保持协同，在运行效率上以最大限度提高，从而更好地完成建设项目的预期目标。

2.3.1 服务团队组建原则

全过程工程咨询单位应根据《全过程工程咨询服务合同》的约定服务内容和期限，结合建设项目的具体特点、工程规模、技术复杂程度及环境因素等，遵循"职能健全、结构合理、精干高效"的原则，设计组织构架和职能部门，设置人员构成和专业配置确定团队规模和人员。选派具有相应执业资格、专业能力和服务水平的专业技术人员，由项目负责人确定服务组织形式和服务人员构成，组建全过程工程咨询项目部（服务团队），并报建设单位批准。

2.3.2 服务团队组织架构

全过程工程咨询项目部（服务团队）应在建设项目工程咨询服务启动前组建完成，明确服务团队管理原则，规范服务团队运行，在建设项目工程咨询服务工作完成后或按合同约定时间解散或撤离。全过程工程咨询项目部是由项目负责人、专项负责人、专业技术人员和其他行政管理人员组成，服务团队应根据工程咨询服务内容，配备专业技术人员，做到人数满足要求、专业配套齐全。

全过程工程咨询项目部（服务团队）实行三个级别架构模式，第一级为"项目负责人"，受全过程工程咨询单位委托，对整个建设项目的工程咨询负总责，对全过程工程咨询服务进行全面统筹和组织管理；第二级为"专项负责人"，在项目负责人的领导下工作，协助项目负责人对全过程工程咨询服务进行组织和管理，对其负责的专项工程咨询进行统筹和组织管理；第三级为"专业技术人员"，负责建设项目工程咨询服务的具体工作。

全过程工程咨询单位应在工程咨询服务启动前，向建设单位报送授权委派的项目负责人、专项负责人及其他专业技术人员等服务团队主要人员组成名单。并将全过程工程咨询项目负责人的《授权委托书》送达建设单位，经建设单位批准同意后，组织人员进场。全过程工程咨询单位应保持服务团队的相对稳定，以保证建设项目全过程工程咨询服务工作的连贯性。全过程工程咨询项目部组织架构如图 2-2 所示。

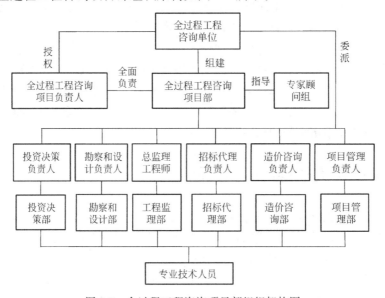

图 2-2 全过程工程咨询项目部组织架构图

2.3.3 实行项目负责人负责制

全过程工程咨询服务项目部（服务团队）设项目负责人一名，实行项目负责人负责制，负责全面履行《全过程工程咨询服务合同》的权利和义务。项目负责人应根据全过程工程咨询单位的授权范围和内容，履行总体管理职责，对建设项目全过程工程咨询服务进行全面的协调和控制，并承担相应的管理责任，各专项负责人在项目负责人的领导下开展工作，根据建设项目的具体特点及实际需要，组建专项工作团队，负责本专项相关工程咨询服务工作。

全过程工程咨询项目负责人应对全过程工程咨询服务团队建设和管理负总责，确定团队管理目标和管理任务，保证团队围绕管理目标和任务协同工作。制定合理高效的运行程序和系统完善的工作制度，明确服务团队管理原则，规范服务团队正常运行。建立团队管理机制和工作模式，统一团队思想，增强团队观念，和谐团队氛围，提高团队运行效率，定期或不定期考核团队工作绩效。

全过程工程咨询服务团队项目负责人应负责服务团队内部的协调工作，加强服务团队建设，明确服务团队管理基本原则，建立服务团队管理机制和工作制度，规范团队运行秩序。注重不同专项工程咨询业务之间的内在联系，促进一体化和集成化工作机制，减小各工作界面之间的间隙。对全过程工程咨询业务实行一体化决策、一体化组织、一体化控制，做到团队理念相同、团队规则统一、团队目标一致，从而使团队减少摩擦、交流通畅、提高效率。

2.3.4 签订《目标管理责任书》

全过程工程咨询项目负责人在得到全过程工程咨询单位任命和授权之后，应与全过程工程咨询单位签订《目标管理责任书》。

《目标管理责任书》的具体内容如下：

（1）明确全过程工程咨询服务目标和目标实现的评价原则、内容和办法。
（2）明确各专项工程咨询服务目标和目标实现的评价原则、内容和办法。
（3）明确全过程工程咨询单位与项目部（服务团队）的责、权、利。
（4）明确项目部（服务团队）与各专项工程咨询部门及部门之间的责、权、利。
（5）明确全过程工程咨询单位对项目负责人的授权范围、期限和内容。
（6）明确全过程工程咨询单位对项目部（服务团队）开展工程咨询工作所需要的人力、材料、机具、设备和资金等资源配置和工作的要求。
（7）明确全过程工程咨询单位对项目部（服务团队）及项目负责人的绩效考核办法和奖惩办法。
（8）明确全过程工程咨询服务建设项目实施过程中产生的责任问题的评判原则和处置方案。
（9）明确全过程工程咨询服务建设项目实施过程中突发的重大事件的处置原则和处置方案。
（10）明确全过程工程咨询服务建设项目执行完毕或提前终止情况下的项目部（服务团队）的解散或撤离方案。

2.3.5 一个团队负责到底

全过程工程咨询单位应根据服务合同内容约定和建设项目具体特点，结合单位自身组织特点，选派具备符合条件的人员承担项目负责人、专项负责人和专业技术人员，组建人员相对稳定的全过程工程咨询项目部（服务团队），实行项目负责人牵头、一个团队为建设单位提供全过程工程咨询服务，这对全过程工程咨询人员素质及稳定性要求较高。由项目负责人根据全过程工程咨询业务开展情况及进度，以任务单形式向各专项工程咨询部门下达任务，明确涉及部门、工作内容描述、工作标准要求、工作成果、时间节点等，并负责对各专项工程咨询部门进行监督和考核，各专项工程咨询部门安排人员，提交成果，完成工作目标。

2.3.6 构建服务团队责任体系

构建完整的全过程工程咨询服务团队责任体系，最大限度地调动全过程工程咨询服务团队的积极性。各专项工程咨询服务团队必须围绕全过程工程咨询管理目标协同工作，步调一致，充分加强有效沟通。围绕实现建设项目预定目标而整合资源和优化管理，用工作制度管人，用工作流程管事，以服务团队完成任务，用管理手段实现目标。加强服务团队内部和成员之间的协调和沟通，还可采用工程例会、专题会议、QQ群、微信群、联系函等沟通方式，建立畅通无阻的信息沟通渠道，搭建参建各方共享的信息平台，避免在工程咨询服务过程中，出现障碍或发生冲突。

构建集成化的全过程工程咨询服务团队，首先是构建统一的项目管理总目标，不同专项工程咨询业务必须符合项目管理工作总目标，而不是阶段性目标。其次是构建责任体系的一体化，注重不同专项工程咨询之间的内在联系，实现工程咨询一体化和集成化，减少界面之间的间隙。最后是建立管理责任排查机制，按建设项目实施进度的时间节点，对各专项工程咨询的工作绩效进行验证性评价，排查出存在问题，及时整改。

2.4 全过程工程咨询服务程序

建设项目全过程工程咨询服务的基本程序，是从获得到完成全过程工程咨询业务的整个过程，整个过程共分为准备、策划、实施、收尾四个阶段，全面展示了全过程工程咨询服务在建设项目全生命周期中的实施过程，如图2-3所示。

2.4.1 取得全过程工程咨询服务业务

工程咨询企业需开展各项准备工作，通过搜集建设项目全过程工程咨询服务业务信息，获取全过程工程咨询服务业务信息和要求，接受建设单位的业务洽谈邀请，提供《全过程工程咨询服务规划大纲》等文件，参与全过程工程咨询服务业务投标，提交全过程工程咨询服务投标文件等途径，来取得全过程工程咨询服务业务。

2.4.2 服务合同准备

通过招标投标获得中标资格或接受建设单位直接委托取得全过程工程咨询服务业务，

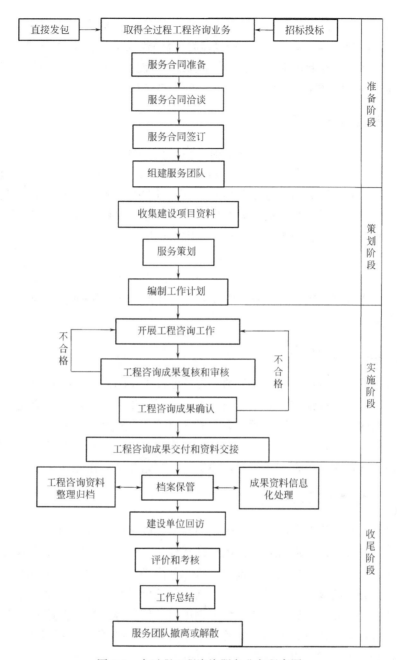

图 2-3 全过程工程咨询服务业务程序图

按建设单位的服务需求或招标文件的技术要求，在了解建设项目及全过程工程咨询服务业务的基本情况后，初步拟定《全过程工程咨询服务合同》的协议书、有关专用条款和有针对性补充条款，提供给建设单位，为双方合同洽谈做好必要准备。

2.4.3 服务合同洽谈

通过踏勘现场、搜集资料、走访调查等方式，了解建设单位及建设项目参与方的相关情况，熟悉建设项目所在地有关工程咨询业务的文件规定，掌握拟委托建设项目的工程概况、工作范围、服务阶段、管理目标、管理要求、质量和进度要求、责任模式、资金来源等情况，为合同谈判取得主动，打下坚实基础。合同洽谈分为技术性谈判和商务性谈判，谈判的目的就是将双方在此前形成的初步协议条款具体化和条理化，对服务合同条款予以法律认证，为服务合同或协议的签订，做最后的准备工作。

2.4.4 服务合同签订

通过与建设单位的持续交流和信息反馈，确定其工程咨询服务具体需求，并明确全过程工程咨询服务标的、目的及相关事项，最终双方签订《全过程工程咨询服务合同》，以便为在工程咨询服务合同履行过程中，解决可能产生的纠纷提供依据。《全过程工程咨询服务合同》应确定全过程工程咨询服务的合同标的、管理目标、服务范围、服务内容、责任模式、服务时间、服务收费等相关事宜。考虑到全过程工程咨询服务工作范围和工作内容一般为智力型或无形成果的特点，明确具体的工作范围和工作内容是厘清服务合同双方责任和义务的核心依据，同时也是确定服务合同费用报酬的计算基础。因此，工程咨询服务工作范围和工作内容是服务合同双方需要重点关注的事项。书面服务合同签订后，根据法律规定报有关主管部门备案。

2.4.5 组建服务团队

根据《全过程工程咨询服务合同》的约定及建设单位的需求，结合全过程工程咨询专业情况、人员经验、业务性质、完成时间、工作强度等相关信息，确定全过程工程咨询组织管理模式，组建全过程工程咨询项目部（服务团队），任命项目负责人，确定服务团队组成人员，做到人数配足、人员精干、专业配齐、满足要求。并明确各自的岗位职责、工作权限和沟通方式，确定由谁完成任务，确定何时开始和结束任务，完成哪些任务等。

2.4.6 收集建设项目资料

收集全过程工程咨询服务必需的、建设项目所在区域的基础资料，如：国民和地方经济发展规划、行业部门的发展规划，国民经济建设的方针政策、任务和技术经济政策，国家有关的产业、土地、环保、税收、金融、资源利用等政策，法律法规和政策规定以及有关工程技术经济方面的规范、标准、定额、指标和评价参数，与建设项目有关的各种市场信息资料或社会公众要求，以往类似工程咨询项目的信息等。在确保这些工程咨询基础资料真实性和时效性的前提下，方可将其作为开展工程咨询业务的依据开展工程咨询工作，对于一些重点和难点问题要重点分析和研究，并提出相应解决方案。

2.4.7 服务策划

在全面掌握全过程工程咨询服务建设项目的服务内容、工程规模、业务性质、咨询要求、资源配置、工作过程和进度安排等基本信息后，根据《全过程工程咨询服务合同》的约定和相关标准规范要求，由项目负责人对所接受的全过程工程咨询服务业务进行服务策划，并编制全过程工程咨询服务规划大纲和实施方案。"规划大纲和实施方案"经工程咨询单位和建设单位审核批准后，全过程工程咨询服务团队即按照此规划大纲和实施方案实施，开展该建设项目的全过程工程咨询服务工作。

2.4.8 编制工作计划

根据《全过程工程咨询服务合同》的约定和"规划大纲和实施方案"的具体要求，在全过程工程咨询服务团队进场后、建设项目实施前，各专项工程咨询服务团队应根据项目负责人提出的具体工作要求，结合建设项目的具体情况和本专项工程咨询的特点，由专项负责人组织编制本专项工程咨询的工作计划，并经项目负责人的审核批准后，付诸实施。

2.4.9 开展工程咨询工作

根据专项工程咨询的工作计划安排，结合建设单位的具体要求和提供的工程资料清单、工程咨询依据等资料，严格按照国家有关法律、法规、标准、规范和政策文件规定，依照专项工程咨询工作计划的要求，结合建设项目的实际情况，开展全过程工程咨询服务工作，形成工程咨询初步意见和工程咨询记录表，供企业内部三级复核及征询有关各方的意见使用。

2.4.10 工程咨询成果文件复核和审核

为确保工程咨询成果文件的真实性、科学性和有效性，在工程咨询成果文件初步意见编制完成后，采用传阅的方式在服务团队内部进行分散讨论和集中研究，需服务团队成员分别提出改进意见和建议，专项负责人根据服务团队成员提出的改进意见和建议，复核和调整工程咨询成果文件初步意见，交由项目负责人和企业技术负责人审核，完成三级审核工作。

各级审核的重点是看成果文件是否符合《全过程工程咨询服务合同》约定的编制要求和标准规范规定，工程咨询成果文件内容是否齐全、指标参数是否正确、计算方法是否可行，经济效益、社会效益和环境效益的分析方法是否正确，是否符合建设项目实际情况和建设单位要求，工程咨询成果结论是否可靠。完成三级审核后的工程咨询成果文件交由项目负责人签发，并对其工程咨询成果质量负责。

2.4.11 工程咨询成果确认

工程咨询企业应按时序、分阶段、分专项编制和完成工程咨询成果文件，并提交给建设单位确认。建设单位可通过组织的评审或审查会，对工程咨询成果文件审定或签批，由项目负责人负责整理会议记录，经建设单位签认的工程咨询成果文件及相关会议纪要均作为工程咨询成果确认的证据。也可以通过收集该建设项目的相关批准文件或者评估报告，作为工程咨询成果确认的证据。必要时，还可以召开相关方参加的工程咨询成果的征询意见会或审定会，来确认工程咨询成果文件。

2.4.12 工程咨询成果交付

编制完成的工程咨询成果文件，应及时和建设单位沟通，在得到建设单位的确认后，及时交付工程咨询成果文件，并将所有工程咨询相关资料一并交接。交付和交接要办理书面手续，所交付的工程咨询成果文件的数量、规格、形式等应满足《全过程工程咨询服务合同》的约定。

2.4.13 工程咨询资料归档

在工程咨询成果得到确认后 30 天内，由项目负责人将建设项目全部有关工程咨询成果文件和资料，移交本单位档案室归档，并按档案管理规定编号和保存，便于保存以及后期查阅和调用。

2.4.14 档案保管

保管期限分为短期（10 年）、长期（20 年）和永久三类，工程咨询档案一般定为短期，有特殊要求的可定为长期或永久。

2.4.15 工程咨询成果资料信息化处理

对工程咨询过程中所形成的建设项目价格、特征、状态及其变动的信息，进行信息化处理，便于后期调用和审查，可作为后期工程咨询质量改进的重要参考。

2.4.16 建设单位回访

全过程工程咨询工作完成后，要由工程咨询企业对建设单位进行满意度回访，掌握全过程工程咨询服务质量和服务效果，作为对全过程工程咨询服务团队的绩效考核和评价依据。

2.4.17 评价和考核

建设项目全过程工程咨询服务工作结束后，由建设单位和工程咨询企业对全过程工程咨询服务团队服务质量和绩效进行评价、考核和奖惩。

2.4.18 工作总结

由项目负责人进行该全过程工程咨询服务业务的工作总结，主要是对全过程工程咨询服务过程中的进度、服务团队成员分工、评审情况、最终结果、存在的问题以及取得的经验进行总结，对今后类似建设项目全过程工程咨询服务工作提出建议等。

2.4.19 服务团队撤离或解散

全过程工程咨询服务工作全部完成后，由工程咨询企业对服务团队进行评价、考核与奖惩。工程咨询企业按服务合同约定，解散或撤离全过程工程咨询服务团队。

2.5 全过程工程咨询服务内容

推行全过程工程咨询服务是行业改革的趋势，是工程咨询市场的内在需求，是工程咨询行业规模化、高质量、可持续发展的必然趋势，是提高工程咨询行业技术水平和服务能力的基本途径。全过程工程咨询服务贯穿于建设项目全生命周期的实施过程中，是对整个建设项目全生命周期的工程咨询服务，是对建设项目管理目标的全过程控制和管理。

2.5.1 全过程工程咨询服务清单

全过程工程咨询服务是有明确目标的管理模式，是为建设单位提供一体化工程咨询服务，是高度集成化的工程咨询服务，是将各类专业技术人员全面融合的工程咨询服务。在实现统一与分工良好融合的同时，要做好全过程的规划、实施、管理、沟通等工作，提高建设项目全生命周期工程咨询服务质量。

建设项目的全生命周期共有投资决策、勘察和设计、招标采购、工程施工、竣工验收、运行维护六个阶段，各个阶段具体工程咨询工作内容如下。

1. 投资决策阶段

该阶段的工程咨询服务内容包括但不限于：项目策划、规划咨询、投资机会研究、项目建议书、可行性研究报告、环境影响评价及各专项工程咨询评价报告、项目申请报告、资金申请报告、投资估算、方案比选、项目报批等。

投资决策阶段是对建设项目投资与否、投资可能取得的效益做出分析的阶段，其核心是可行性研究，可行性研究应统筹考虑影响建设项目可行性的各种因素，增强投资决策论证的协调性，就拟投资建设项目的市场、技术、经济、生态、环境、资源、安全等影响其可行性的要素，结合国家、地方、行业发展规划及相关重大专项建设规划、产业政策、技术标准及相关审批要求，进行充分分析研究和科学论证，为建设单位提供投资决策的依据和建议。要在全面了解建设项目利益相关方的需求，掌握更全面的建设项目信息，确定合理的建设项目的目标，通过详细研究投资机会，确定建设项目建设规划，通过对建设项目可行性进行科学有效的研究，形成《建设项目可行性研究报告》的工程咨询成果文件，为工程地质勘察和工程设计阶段提供坚实的技术基础，为建设单位的投资决策提供科学的技术指导，为投资决策的顺利进行奠定科学合理的基础，减少因主观因素影响而造成的投资决策失误。

在投资决策阶段，全过程工程咨询单位要充分发掘建设单位的真正需求，越早介入越好。由于全过程工程咨询单位都是专业技术人员，具备专业的知识、技能和经验，对于建设项目实施的理解与建设单位会有所不同，及早介入不仅能将专业技术优势落实到建设项目的决策过程中，而且能够为建设单位提供更加合理的意见和建议，及时对在投资决策过程中出现的偏差进行纠正，在此阶段就开始管控即可有效降低风险。

2. 勘察和设计阶段

工程地质勘察的工程咨询服务内容包括但不限于：工程地质勘察管理、工程地质勘察设计任务书、初步勘察、详细勘察、补充勘察等。工程设计的工程咨询服务内容包括但不限于：工程设计管理、工程设计任务书、方案设计、初步设计、初步设计概算、设计方案经济比选与优化、施工图设计、施工图设计审核与优化、施工图预算等。

勘察和设计阶段是指为组织建设项目实施所做的技术性准备工作阶段。勘察和设计的质量对于建设项目投资、工期和质量起着决定性作用，需要从设计适用性、可行性、经济性等方面，进行多种技术方案的综合评估、分析论证和优化设计方案。通过分析论证和优化设计逐步修正和完善工程咨询成果，满足建设单位的功能需求，在遵循工程设计要求和标准规范的基础上，将市场风险和工程变更风险融入其中，保证工程设计完整性和正确性，让工程设计的经济和技术手段得到有效应用。根据建设项目的整体和阶段性目标，通过设计图纸、技术文件、书面报告等形式，提供最详实、最科学、最客观的工程技术数据资料。

勘察和设计阶段是在建设项目实施过程中起到承上启下作用的重要阶段，以设计为引领并贯穿建设项目全过程，实现建设项目的功能、安全、工期、质量、成本等管理目标。也是对投资决策阶段形成的工程咨询成果进行进一步深化、修正和完善，将建设项目利益相关方的需求及建设项目管理目标转化成工程设计图纸、初步设计概预算等工程咨询成果文件，为招标投标阶段择优选择工程总承包单位提供指导方向。

勘察和设计阶段也是建设项目投资控制的关键阶段，要充分调动各专业技术力量、加强各专项工程咨询之间的合作与配合，将专业技术、投资控制、施工实施等方面的知识，贯穿到工程设计过程中，在设计环节和施工环节之间发挥着桥梁作用。在施工图设计阶段，全过程工程咨询单位应积极推进设计人员在符合初步设计总概算条件下优化施工图设计，使施工图在满足技术要点和建设单位使用要求的前提下，做到工程造价最省、技术设计方案最优。

3. 招标采购阶段

该阶段的工程咨询服务内容包括但不限于：招标采购管理、招标采购策划、市场调查、招标方案、资格预审文件、招标文件（含工程量清单和招标控制价）编审、合同条款策划、合同管理、施工和服务招标、主要材料和设备采购咨询、服务采购咨询、招标投标过程管理等。

招标采购阶段是指建设单位根据已经确定的招标或采购需求，结合投资决策和设计阶段的工程咨询成果，通过招标策划、合约规划、招标过程服务等工程咨询工作，对建设单位择优选择工程总承包人的资质、条件和能力等指标进行策划，并形成招标文件、合同条款、工程量清单、招标控制价等工程咨询成果文件，为实施阶段顺利开展工程施工，提供控制和管理依据。确定中标人后，进入合同签订阶段，在完成有关招标采购准备工作后，全过程工程咨询单位应以前期工程咨询成果为参照，把握招标策划和合约规划之间的关系，策划出对潜在投标人的具体要求，并对其综合能力进行客观评价和评定，形成最全面完整的工程咨询成果。

在招标采购阶段，全过程工程咨询单位要在公正、公平、公开和诚实守信的前提下，选择报价较合理、技术实力强、信誉良好和管理水平较高的工程总包单位，使建设项目的投资和回报更趋合理。在充分理解建设单位意图的基础上，发挥工程咨询机构的技术专业性和服务集成性，合理编制工程量清单和招标控制价，编制招标文件，确定评标、定标的基本原则和方式，对投标报价进行科学合理分析，为建设单位择优选择中标单位提供理论和事实依据，并协助建设方签订和履行工程总承包合同。

4. 工程施工阶段

该阶段的工程咨询服务内容包括但不限于：投资控制、进度控制、质量控制、合同管理、信息管理、安全施工管理、内部和外部关系组织协调、勘察及设计现场配合管理、工程变更、工程索赔及合同争议处理、技术咨询、工程资料管理、文明施工与环境保护等。

工程施工阶段是指建设项目从开工至完成工程实体再到竣工验收的阶段。全过程工程咨询服务团队对招标阶段所形成的招标和合同文件进行分析，结合施工现场情况和合同条款内容，督促和监督参建各方全面履行合同，确保施工现场能按照合同约定、设计和施工方案有序进行。严格控制施工阶段的投资、安全、质量和进度管理目标，将各种信息和资源进行综合管理和开发，激发各个参建单位的参与积极性，综合把控，全面提高建设项目品质。

在工程施工阶段，全过程工程咨询单位要与设计单位保持密切联系和良好沟通，促使设计与施工良好衔接，确保建设项目设计意图在施工阶段得到充分体现和反映。根据合同约定进行成本、质量、安全、进度的控制，合同和信息的管理，全面组织、协调各参与方最终完成建设项目实体。及时处理工程承包单位提出的各种问题，积极协调好各利益方的关系，对工程建设过程中产生的设计变更要严格把控，制定工程投资控制预案，严格控制投资目标。

5. 竣工验收阶段

该阶段的工程咨询服务内容包括但不限于：工程收尾管理、竣工验收策划、竣工验收管理、竣工资料管理、竣工结算审核、竣工移交、竣工决算编制、保修期管理等。

竣工验收阶段是指建设项目按合同约定工程内容已全部完成，工程总承包单位提出的竣工验收申请，建设单位组织竣工验收阶段。依据工程总承包合同的约定，严格履行合同中的各项条款内容，将竣工验收合格的建设项目实体及工程资料移交建设单位，为运行维护阶段提供保障。

在竣工验收阶段，竣工验收是建设项目实施的最后一个环节。全过程工程咨询单位要核对建设项目是否符合合同条件和要求、是否符合竣工验收标准等。由于工程咨询单位是全过程项目管理，对建设项目实施过程中发生的变更、客观环境的变化等因素已经比较熟悉。因此，在这一阶段，工程咨询单位负责的工程竣工结算和工程竣工决算等工作，更容易做到合理、公平和公正，也更容易得到参建各方的认可。

6. 运行维护阶段

该阶段的工程咨询服务内容包括但不限于：质量保修管理、项目后评价、运行管理、项目绩效评价、设施管理、资产管理、运维技术咨询、运维管理咨询、人员技术培训等。

运行维护阶段是指建设项目建成后，并投入正常运行一段时间的阶段。运行维护阶段主要是及时办理工程竣工结算，总结整个实施过程中的经验教训，全面评价建设项目品质优劣，最终体现出建设项目的价值。

运行维护阶段对建设项目进行评价，评价其是否实现决策阶段设定的建设项目管理目标，并结合建设项目运行需要，通过运维管理咨询、资产租售及融资咨询等手段，为建设单位实现建设项目价值最大化。尽管目前能够提供运维管理咨询服务的工程咨询企业还比较少，但形成共识的是运维管理咨询必将成为工程咨询企业可拓展的工程咨询服务内容。

全过程工程咨询工作范围和服务内容是一种清单式的服务，即为建设单位提供一份覆盖建设项目全过程各个阶段、各个专业所需工程咨询的《服务清单》，即是涵盖建设项目实施所需要的全部技术管理和工程咨询服务内容的清单。全过程工程咨询服务合同双方当事人自行约定工作范围和服务内容，具体到项目管理工作或专项工程咨询服务内容，既可以是整体解决方案和管理服务，也可以是局部解决方案和管理服务。

《服务清单》在简化、优化服务流程的基础上，将所有工程咨询服务内容以标准形式固定下来，发挥其服务建设单位的"导航""指南"作用，让建设单位在享受优质服务的同时，有更多的获得感和更高满意度。全过程工程咨询服务清单的具体内容详见表2-1。

全过程工程咨询服务清单

表 2-1

序号	服务内容			实施阶段					运行维护
				投资决策	勘察和设计	招标采购	工程施工(EPC)	竣工验收	
1	投资决策综合性咨询	投资咨询		(1)投资机会研究;(2)建设规划咨询;(3)项目建议书;(4)可行性研究;(5)方案经济比选;(6)项目申请报告;(7)资金申请报告	概念方案设计	—	—	—	—
2		建设条件单项		(1)建设项目选址论证;(2)压覆矿产资源评估;(3)环境影响评估;(4)节能评价;(5)防洪影响评价;(6)生产建设项目水土保持方案;(7)社会稳定风险评价;(8)水资源论证;(9)地质灾害危险性评价;(10)交通影响评价;(11)文物影响评价;(12)土壤污染物调查	绿色建筑评价	—	—	—	—
3	工程建设全过程咨询	工程地质勘察		初步勘察	(1)工程地质勘察方案编制、审查;(2)详细勘察;(3)工程地质勘察报告编制、审查	—	(1)补充勘察;(2)地基验槽、基础分部验收,主体结构验收。	参加单位工程竣工验收	—

2 全过程工程咨询服务管理

续表

序号	服务内容		投资决策	实施阶段				运行维护
				勘察和设计	招标采购	工程施工(EPC)	竣工验收	
4	工程建设全过程咨询	工程设计	—	(1)方案设计优化,审查;(2)初步设计优化,审查	复核建设标准说明	(1)施工图设计优化,审查;(2)施工图设计技术审查;(3)设计交底和图纸会审;(4)危险性较大的分部分项工程(简称危大工程)施工方案的合理化建议;(5)关键工序施工方案合理化建议;(6)设计变更管理;(7)施工现场技术服务工作;(8)地基验槽,基础分部验收和主体结构验收	参加单位工程验收	—
5		招标采购	编制招标采购方案	—	工程勘察和设计,工程施工,材料设备,相关服务招标代理	工程量清单和合同条款审核	配合竣工结算审核	—
6		项目管理	市场调查,收集招标项目资料,招标采购策划,编制和备案招标采购方案,发布招标(资格预审)公告,组织现场踏勘,组织答疑和澄清,编制和备案招标文件,编制和备案工程量清单和招标控制价,组织开标,协助编制评标报告,协助处理异议、质疑和投诉,中标候选人公示,中标人公告,发送中标通知书,协助合同谈判和签订等	—	—	项目策划管理,项目报批,勘察管理,设计管理,合同管理,进度管理,投资管理,招标采购管理,组织协调管理,质量管理,安全生产管理,信息管理,风险管理,收尾管理,后评价,运营维护管理等		
7		工程监理	—	—	—	(1)编制工程监理规划和实施细则;(2)进度、质量、投资控制;(3)合同管理和信息管理;(4)履行安全生产监理法定职责;(5)协调工程建设相关方关系;(6)设备监造	(1)工程验收策划;(2)审查竣工验收申请、组织竣工工程预验收、提出质量评估意见;(3)参与单位工程验收;(4)参与试运行;(5)竣工资料收集与整理;(6)竣工移交;(7)审核竣工结算申请	(1)检查工程质量缺陷,调查分析原因,确定责任;(2)审核修复方案、监督修复、验收;(3)审核修复费用

续表

序号	服务内容		投资决策	实施阶段			运行维护
				勘察和设计	招标采购	工程施工(EPC)	竣工验收	
8	工程专项咨询	工程造价	(1)投资估算编制、审核；(2)项目经济评价报告编制、审核	(1)初步设计概算编制、审核；(2)参与限额设计；(3)施工图预算编制、审核；(4)参与项目投资风险管控；(5)设计方案经济分析；(6)参与设计方案经济优化建议；(7)设计文件经济分析	(1)工程量清单编制、审核；(2)最高投标限价编制、审核；(3)制定合同造价条款；(4)协助合同谈判；(5)编制项目资金使用计划	(1)工程量清单和合同价分析、咨询；(2)造价风险分析及建议；(3)审核工程预付款及进度款、签证及索赔管理；(4)变更、签证及索赔管理；(5)材料设备的询价、核价；(6)审核中间工程结算；(7)项目动态造价分析	(1)竣工结算审核；(2)竣工决算报告编制、审核；(3)配合竣工结算审核；(4)工程技术经济指标分析	—
9		信息技术(BIM)	(1)编制BIM实施规划；(2)BIM人员配置和培训；(3)采用BIM优化设计方案财务分析；(4)及时获得项目各阶段投资收益指标	(1)编制BIM模型深度标准；(2)编制BIM协同平台操作手册；(3)制定BIM考核办法；(4)参与设计BIM模型审核工作；(5)投资控制	(1)采用BIM进行自动化算量及错漏处理；(2)基于BIM的快速询价	(1)审核BIM进度计划和BIM模型；(2)参与BIM施工方案复核模型；(3)参与三维技术交底；(4)基于BIM平台的质量、安全、进度、成本管理；(5)BIM模型辅助变更管理；(6)BIM模型辅助变更管理；(7)BIM模型更新维护	(1)采用BIM进行竣工结算审核；(2)项目BIM工作总结	采用BIM进行运营信息的管理、修改、查询、调用工作
10		项目融资	(1)设计融资模式和方案；(2)设计融资担保；(3)参与融资谈判	—	—	—	—	—
11		风险管理	(1)风险管理规划；(2)风险识别、评估和应对	风险识别、评估和应对	风险识别、评估和应对	风险识别、评估和应对	风险识别、评估和应对	风险识别、评估和应对

续表

序号	服务内容	投资决策	实施阶段				运行维护
			勘察和设计	招标采购	工程施工(EPC)	竣工验收	
12	工程保险	—	—	—	(1)保险种类和评价; (2)保险方案设计; (3)保险合同谈判	—	—
13	工程专项咨询 项目后评价	—	—	—	—	—	(1)过程总结与评价; (2)项目效果与目标评价
14	绩效评价	—	—	—	—	—	项目绩效评价报告
15	设施管理	—	—	—	—	—	(1)编制设施管理方案; (2)设施管理人员培训

55

2.5.2 全过程项目管理服务清单

全过程项目管理是指全过程工程咨询单位按照建设单位的要求,在有限的资源条件下,运用系统工程的观点、理论和方法,通过对建设项目全寿命周期所涉及的全部管理内容进行策划与控制,即从建设项目的投资决策、建设实施到竣工验收全过程进行计划、组织、指挥、协调、控制和总结评价,直至实现建设项目投资目标、进度目标、质量目标和安全目标的专业化管理和服务活动。

在全过程工程咨询服务管理模式下,以全过程项目管理为核心的管理模式,才能真正发挥全过程工程咨询服务的积极作用,项目管理具有管理与咨询的双重作用的特性,即在建设单位授权下,对建设项目实施管理过程的同时也提供专项工程咨询服务,在管理过程实现了各专项工程咨询业务融合统一。全面实现各专项工程咨询范围边界和责任边界的有机整合,实现工程咨询专业人员和专项工程咨询业务的有机整合,实现技术与管理的有机整合,实现建设项目全生命周期有机整合的核心价值。

有了全过程项目管理对各专项工程咨询模块进行资源整合和整体规划,并进行实施过程协调和管理监督,使得参建各方能以建设项目目标为共同目标、以建设项目风险为共同风险,而形成的有机融合共同体,发挥集体合力优势,体现全过程工程咨询管理模式的核心价值。项目管理对实现全过程工程咨询管理模式核心价值起到了关键性作用,是全过程咨询服务的最核心业务模块。

全过程项目管理服务内容是一种清单式的服务,即为建设单位提供一份覆盖建设项目全过程各个阶段、各个专业所需项目管理的《服务清单》,即涵盖建设项目实施所需的全部技术管理和项目管理服务内容的清单,如表 2-2 所示。《服务清单》在简化、优化服务流程的基础上,将所有项目管理服务内容以标准形式固定下来,发挥其服务建设单位时的"导航""指南"作用,让建设单位在享受优质服务的同时,有更多的获得感和更高的满意度。

全过程项目管理服务清单 表 2-2

序号	服务范围	服务内容	备注
1	策划管理	(1)制定项目管理制度体系; (2)策划项目建设总目标; (3)策划项目建设组织模式; (4)策划项目招标采购方式	
2	项目报批	(1)项目建议书报审; (2)项目立项批复; (3)建设项目选址意见书报审; (4)建设项目用地预审; (5)建设用地批准手续办理或划拨手续; (6)绿化用地报告报审; (7)节能评估报告报审; (8)可行性研究报告审批; (9)环境影响评价报告书(表)报审; (10)建设项目核准备案和规划设计条件核实;	

续表

序号	服务范围	服务内容	备注
2	项目报批	(11)人防异地建设报批; (12)项目配套建设手续报审(交通和防洪影响评价、水土保持方案取水许可、用电许可、用气许可); (13)获取建设用地规划许可证; (14)设计方案报审; (15)初步设计和设计概算报审; (16)施工图审查; (17)超限抗震设防审查; (18)人防设计审查; (19)招标方案备案; (20)招标文件备案; (21)工程总承包合同备案; (22)污水排入市政管网许可; (23)获取建设工程规划许可证; (24)办理建设工程质量安全监督手续; (25)获取建设工程施工许可证; (26)临时用水和用电申请; (27)组织联合验收; (28)办理竣工验收备案	
3	合同管理	(1)策划项目合同框架; (2)拟定合同文件; (3)合同评审; (4)协助合同谈判和合同签订; (5)组织合同交底; (6)合同履行过程管理; (7)参与合同争议处理; (8)组织工程保修和回访; (9)开展合同管理后评价; (10)编制合同总结报告	
4	勘察管理	(1)协助审查和确定工程勘察单位; (2)编制工程勘察任务书; (3)审核工程勘察方案; (4)工程勘察工作过程管理; (5)审核工程勘察报告	
5	设计管理	(1)决策阶段 ①协助审查和确定设计单位; ②编制设计任务书。 (2)方案设计阶段 ①明确设计范围; ②划分设计界面; ③审核项目设计方案; ④审核投资估算; ⑤督促设计单位按时完成方案设计。	

57

续表

序号	服务范围	服务内容	备注
5	设计管理	(3)初步设计阶段 ①督促设计单位完成初步设计任务； ②完成设计概算； ③组织评审初步设计，提出评估意见。 (4)施工图设计阶段 ①组织完成施工图设计和审查工作； ②提出图纸优化意见； ③完成施工图预算； ④制定施工图收发制度。 (5)施工阶段 ①编制施工总计划； ②督促设计单位提供驻场技术服务； ③组织设计交底和图纸会审； ④组织设计变更控制和深化设计； ⑤根据施工需求组织或实施设计优化工作； ⑥施工现场的技术协调和界面管理； ⑦工程材料设备选型和技术管理； ⑧处理设计变更、工程洽商和签证的技术问题； ⑨组织关键施工部位的设计验收管理。 (6)竣工验收阶段 ①组织项目竣工验收； ②要求设计单位对设计文件进行整理和归档； ③要求设计单位完成竣工图编制、归档和移交。 (7)后评价阶段 ①组织设计工作总结； ②对设计管理绩效开展后评价	
6	投资管理	(1)决策阶段 ①论证项目总投资目标； ②编制项目总投资规划； ③编制项目资金使用计划； ④开展建设项目经济评价。 (2)设计阶段 ①编制设计任务书中的投资控制； ②审核方案设计估算，提出投资评价； ③审核设计概算，提出投资评价； ④审核施工图预算，提出投资评价； ⑤参与限额设计和采用价值工程。 (3)招标采购阶段 ①组织审核工程量清单； ②组织审核最高投标限价； ③协助开展清标工作。 (4)施工阶段 ①编制项目资金使用计划并动态调整； ②审核工程计量、合同价款和支付申请； ③协助进行加工材料和设备的询价与核价工作； ④审核工程变更、工程索赔和工程签证；	

续表

序号	服务范围	服务内容	备注
6	投资管理	⑤动态管理项目投资工作,提供分析报告; ⑥必要时调整投资目标和计划。 (5)竣工阶段 ①审核竣工结算; ②开展工程技术经济指标分析; ③审核竣工决算报告; ④配合竣工结算审计工作; ⑤编制投资控制最终报告。 (6)后评价阶段 编制项目投资后评价报告	
7	招标采购管理	(1)开展招标策划工作; (2)落实招标采购条件; (3)审核招标采购计划; (4)审核招标文件; (5)监督招标采购实施过程; (6)参与合同谈判、签订和备案工作	
8	组织协调管理	(1)组织技术交底; (2)协助办理各项审批手续; (3)建立项目各参建单位沟通机制; (4)协调参建各方及外部单位关系; (5)参加现场检查和评比,提出处理建议; (6)制定管理细则明确对承包人的管理要求	
9	质量管理	(1)决策阶段 ①分析和论证项目的功能; ②协助委托方确定项目质量的标准和要求。 (2)设计阶段 ①参与验收勘察成果; ②审核设计文件是否符合建设单位要求; ③审核设计文件是否符合设计规范和标准; ④组织有关专家对设计文件进行分析和论证; ⑤对设备材料的选用提出意见或建议。 (3)招标采购阶段 确定招标质量标准和要求。 (4)施工阶段 ①协助完成施工场地条件准备工作; ②组织图纸会审和技术交底; ③审核施工组织设计和质量保证体系; ④督促工程监理控制进场原材、构配件和设备等的质量; ⑤督促工程监理检查和监督施工质量及资料的收集整理情况; ⑥协助处理设计变更和技术核定工作; ⑦参与阶段性验收和对重点工序、关键环节的质量检查; ⑧参与处理工程质量问题。 (5)竣工阶段 协助委托方组织竣工验收和整理工程竣工验收资料。	

续表

序号	服务范围	服务内容	备注
9	质量管理	(6)后评价阶段 质量后评价	
10	进度管理	(1)决策阶段 ①分析和论证项目总进度目标； ②编制项目实施的总进度计划。 (2)设计阶段 ①审核设计进度计划并控制其执行； ②协助对设计文件及时做出决策和审定。 (3)招标采购阶段 ①编制招标采购详细进度计划并控制其执行； ②明确招标项目工期总目标。 (4)施工阶段 ①审核项目施工进度计划并控制其执行； ②定期进行进度计划值与实际值比较并分析偏差原因； ③根据施工条件的变化适时调整和优化进度计划； ④协调各参建单位的施工进度矛盾； ⑤处理工期变动及停、复工事宜。 (5)竣工阶段 编制进度控制最终报告	
11	安全生产管理	(1)编制项目安全生产管理工作方案； (2)组织对设计文件进行安全评价； (3)组织对施工现场安全生产条件审查； (4)督促施工单位建立健全安全保证体系并执行； (5)督促施工单位建立安全生产责任制并落实； (6)检查安全专项施工方案的审编和执行； (7)组织安全生产检查，提出处理意见； (8)审核安全文明措施费专款专用； (9)参与安全隐患和安全事故处理	
12	信息管理	(1)合理分类、准确识别项目信息； (2)制定信息管理制度并组织实施； (3)建立专题会议、文件传递等信息沟通途径； (4)按时提交项目咨询报表和记录； (5)督促参建单位做好信息管理； (6)开展信息技术应用管理； (7)收集、整理和归档各类项目信息资料； (8)完成竣工档案的收集、整理、验收和移交	
13	风险管理	(1)编制项目风险管理规划； (2)风险识别； (3)风险分析和评价； (4)风险应对和监控； (5)风险管理效果评价和改进	

续表

序号	服务范围	服务内容	备注
14	收尾管理	(1)编制收尾工作计划； (2)组织各类专项验收和竣工验收； (3)办理项目移交； (4)督促完成竣工结算和决算； (5)组织项目保修期管理； (6)编写项目管理工作总结	
15	后评价	(1)调查和收集项目相关资料； (2)进行项目实施过程总结与评价； (3)进行项目效果评价； (4)进行项目目标评价； (5)编制项目后评价报告	
16	运营维护	(1)编制运营维护方案； (2)进行人员培训； (3)配合运营系统调试； (4)编制运营绩效评价报告	

2.5.3 全过程工程咨询服务内容确定

全过程工程咨询是创新的工程咨询服务组织管理模式，是以市场需求为导向、满足建设单位多样化需求的工程咨询服务模式，全过程工程咨询服务内容包含统筹管理和专业咨询服务。

统筹管理是指以建设项目质量品质、投资目标和实施方案完成度为前提，以招标前精细定义为基础，以建设项目投资目标控制为主线，集成了投资决策咨询、工程设计、工程造价、工程监理、招标代理等专业工程咨询服务，统筹提供整体性的工程咨询服务，以基于流程的价值创造，实现各专业工程咨询的横向协同，建立面向多参与方的协同管理工作平台，共同完成建设项目的预期目标。

统筹管理的内容包含：投资策划管理、报批报建、工程地质勘察管理、工程设计管理、质量管理、投资管理、招标采购管理、合同管理、进度管理、组织协调管理、安全文明施工管理、数字化管理、风险管理、竣工验收管理、后评价与运行维护等方面的管理服务。

专业咨询的内容包含：投资决策咨询、勘察和设计咨询、招标采购咨询、工程造价咨询、工程监理、运行维护咨询、数字建造咨询和其他专业咨询等内容。

《全过程工程咨询服务清单》和《全过程项目管理服务清单》覆盖了建设项目全过程的各个阶段，建设单位可根据建设项目的具体情况和项目管理需要，从《服务清单》中选择自身所需的工程咨询服务内容和成果，《服务清单》只作为选取相应工程咨询服务内容的指导依据。

建设单位应根据建设项目的具体特点、工程规模、技术复杂程度、环境等因素，从《服务清单》中选择需要的工程咨询服务内容，与工程咨询单位进行服务合同洽谈，并签订《全过程工程咨询服务合同》。建设单位和全过程工程咨询单位也可以在服务清单之外，增加其他工程咨询服务项目。全过程工程咨询单位应当根据《全过程工程咨询服务合同》约定的服务内容，提供相应的工程咨询成果。

全过程工程咨询服务可交付成果，提供可交付成果的工程咨询服务过程就是服务内容。确定全过程工程咨询服务内容应经历业务内容识别过程、业务内容定义及规划过程、业务内容管理计划制定、业务实施过程以及业务内容的变更管理等。全过程工程咨询服务内容确定过程如图2-4所示。

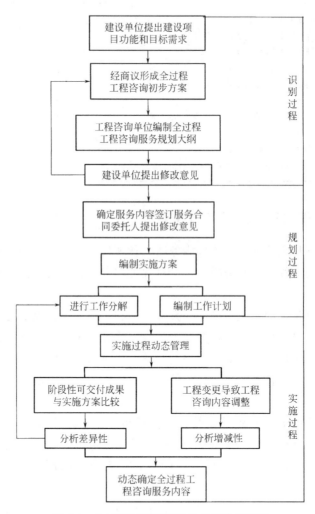

图2-4 全过程工程咨询服务内容确定流程

2.6 全过程工程咨询服务风险

全过程工程咨询单位在建设项目管理中的法律角色定位为"项目管理人"，其主要任务是协助建设单位对建设项目涉及的进度、安全、投资、质量等目标，进行管理和控制，以维护建设单位利益最大化为宗旨，保障建设单位的权益不受损害。因此，全过程工程咨询服务风险大小与其履行管理职责的到位与否息息相关。

《全过程工程咨询服务合同》属于有偿的委托合同，根据《民法典》第九百二十九条规定"有偿的委托合同，因受托人的过错造成委托人损失的，委托人可以请求赔偿损失"、《民法典》第九百三十三条规定"委托人或者受托人可以随时解除委托合同。因解除合同造成对方损失的，除不可归责于该当事人的事由外，无偿委托合同的解除方应当赔偿因解除时间不当造成的直接损失，有偿委托合同的解除方应当赔偿对方的直接损失和合同履行后可以获得的利益"，全过程工程咨询服务单位如因委托事项完成有过错或完成不到位，将面临建设单位行使合同解除权，并追究造成建设单位损失赔偿责任的法律风险。

2.6.1 违约责任风险

在工程咨询服务过程中，全过程工程咨询单位没有全面履行服务合同约定的义务，或者履行服务合同义务不符合约定，或因自身过错出具质量不合格的工程咨询成果文件，致使建设单位利益受损，必须承担不利的后果，根据《民法典》及有关法律法规的规定，面临法律责任主要是合同违约责任。

（1）违约责任

《民法典》实行严格履行责任原则，只要有违约行为，同时无免责事由，就要承担违约责任，全过程工程咨询单位最常见的违约行为有：

1）履行迟延。对履行期已满而能够履行的服务合同，因可归于工程咨询单位的事由未能全部或部分履行。

2）履行不当。工程咨询单位没有完全按照服务合同约定的内容履行。

（2）承担违约责任形式

《民法典》第三百五十八条规定："技术咨询合同的受托人应当按照约定的期限完成咨询报告或者解答问题，提出的咨询报告应当达到约定的要求。"

《民法典》第三百五十九条第2款规定："技术咨询合同的受托人未按期提出咨询报告或者提出的咨询报告不符合约定的，应当承担减收或者免收报酬等违约责任。"

全过程工程咨询服务单位承担违约责任几种形式：

1）工程咨询单位没有提交工程咨询成果的，工程咨询单位不仅无权收取费用报酬，而且应当向建设单位返还已支付的报酬或者赔偿损失费用。

2）工程咨询单位迟延提交工程咨询成果，建设单位有权解除合同，并要求工程咨询单位返还已支付的报酬和支付合同约定的违约金或者赔偿损失。

3）工程咨询单位所提交的工程咨询成果质量不符合合同的约定，建设单位有权拒绝支付报酬，并要求工程咨询单位支付合同约定的违约金或赔偿由此造成的损失。

4）工程咨询单位所提交的工程咨询成果基本符合合同的约定，但还存在着一定的瑕疵，则工程咨询单位应当减收报酬，已经收到全部报酬的，应当向建设单位返还一部分已支付的报酬。

（3）工程咨询成果质量负责制

《工程咨询行业管理办法》第十四条规定"工程咨询单位对咨询质量负总责"和"实行咨询成果质量终身负责制"。即全过程工程咨询单位作为参与建设项目的责任主体之一，依法应当承担工程咨询成果质量终身责任。工程咨询单位提交的工程咨询成果质量存在重大缺陷，不符合服务合同或委托书的质量要求，工程咨询单位对工程咨询成果质量负责。工程咨询单位应承担履行不当的违约责任，对实施工程咨询成果发生损失的责任。

2.6.2 管理责任风险

（1）建设手续报批法律风险

全过程工程咨询单位在提供建设项目行政审批手续报批服务时，若未能熟悉报批流程，或未能协助建设单位准备好符合要求的报批材料，从而导致建设项目行政审批手续未能通过，建设单位因此而需承担相应行政法律责任时，全过程工程咨询单位则需对建设单位承担因工程咨询服务不到位，而产生过错损失赔偿责任。

（2）合同管理法律风险

全过程工程咨询单位应协助建设单位做好合同拟定、合同评审、合同洽谈、合同订立、合同交底、合同履行到合同总结的全过程合同管理工作。对于合同管理过程中存在的风险因素，全过程工程咨询单位应协助建设单位采取有效规避措施。若全过程工程咨询单位未能全面履行合同管理义务，建设单位因此而产生一定损失，建设单位可据此追究全过程工程咨询单位的违约责任。

（3）投资控制法律风险

全过程工程咨询单位要做好建设项目投资决策阶段工程投资控制，坚持"充分论证、审慎决策"原则，减少工程建设过程中的重大调整，从而实现建设项目投资控制目标。关注工程投资的政策变化，避免政策风险，重视可行性研究和投资匡算、方案设计和投资估算、初步设计和初步设计概算，以及施工图设计及预算等投资控制重要环节，做好市场调查，了解市场行情，严格执行招标投标制度，认真编制招标文件，提高工程量清单和招标控制价的质量，积极应对工程变更、现场签证和工程索赔工作，做好全过程工程造价咨询和竣工结算审核，合理合规地争取建设单位损失最小化，实现参建各方共赢。如因全过程工程咨询单位工作不力造成投资失控或经济损失，全过程工程咨询单位将承担履约不利的过错责任。

（4）进度管理法律风险

全过程工程咨询单位进行建设项目进度管理时，首先应制定建设项目的整体进度计划，对实施过程中存在的进度偏差，应及时发现，并采取纠偏措施。若涉及工期变更，全过程工程咨询单位应进行综合评估，并及时上报建设单位，同时协助建设单位处理工期变更，进而保证建设项目按时完成。其次要履行进度管理职责，督促参建各方明确进度职责，积极落实进度计划。若因全过程工程咨询单位管理不到位而导致建设项目无法按期完成，或是建设单位因全过程工程咨询单位协助不当而产生工期延误损失，全过程工程咨询单位将承担履约不利的过错赔偿责任。

（5）质量安全管理法律风险

建设项目质量安全是全过程工程咨询单位最为核心的管理内容。首先是全过程工程咨询单位需要通过对建设项目的人、材、机、法、环等进行全过程管理，从而确保质量安全满足标准规范和合同约定。其次是全过程工程咨询单位还应督促各参建单位加强质量安全管理，建立健全质量安全保证体系和有关管理制度，落实质量安全管理职责，确保建设项目质量安全目标的实现。若全过程工程咨询单位质量安全管理不到位，未能协助建设单位有效避免因自身原因出现质量缺陷或安全事故的不利情形，全过程工程咨询单位除应承担相应的违约赔偿责任外，还应承担质量安全管理的主体责任。

2.6.3 知识产权保护

《民法典》对于工程咨询成果知识产权保护的处理原则有二：第一，谁完成谁拥有原则，存在两种情形：一种是如果受托人利用委托人的工作条件完成的新的技术成果，属于受托人。另一种是委托人利用受托人的工作成果完成的新的技术成果，属于委托人。第二，约定在先原则，双方另行规定除外，按照约定执行。

在工程咨询过程中，知识产权保护的一般原则应是避免侵犯他人的知识产权，积极保护自身的知识产权，重视工程咨询成果知识产权的归属问题，关注工程咨询成果知识产权保护和管理工作。工程咨询单位对已完成的或在准备的设计方案、技术方案、设计图纸、建设规划、审核报告及评审报告等有关建设项目的工程咨询成果文件拥有所有权，所以，工程咨询成果文件在没有经过工程咨询单位同意的情况下，任何人不得用于其他建设项目。

2.6.4 风险应对措施

（1）坚持全过程工程咨询服务的动态性原则

建设项目大多数都投资周期较长，且易受工程规模、现场环境、实施周期等因素影响，导致实施过程中问题频出，为保证建设项目顺利实施，在工程咨询服务过程中，必须坚持动态性原则，充分考虑建设项目所在区域环境变化、市场竞争、发展趋势等关键性因素，超前收集、研究相关数据和资料，识别和分析风险因素，有针对性地制定风险应对措施，防止和减少潜在风险发生。坚持全过程工程咨询服务的动态性原则，可以保证有针对性、有准备性地对工程咨询过程中存在的风险因素进行具体分析，及时调整风险应对措施，保证全过程工程咨询服务的真实性、可靠性、可控性。

（2）坚持对全过程工程咨询服务全面规划

从全过程工程咨询服务的动态性原则出发，工程咨询单位须对全过程工程咨询服务编制具体规划大纲和实施方案，深入考察市场环境，精确定位建设项目发展趋势，重点研究建筑材料、人力资源等因素对工程投资风险影响程度，同时还要对建设项目施工条件、交通状况、施工周期等因素对投资进行有效控制，以建设项目投入产出比为核心，科学合理地制定投资风险应对措施，以全过程工程咨询服务的有效管理，保证风险应对措施具有全局性、动态性。

（3）坚持创新全过程工程咨询服务管理方式

工程咨询企业应重视企业风险控制文化建设，强调全过程工程咨询服务风险防控的重要性，树立工程咨询风险防控意识，积极应对可能出现的风险问题，坚持动态化处理和综合化预防。工程咨询企业应建立健全内部风险管理制度，明确风险责任，以调动工程咨询人员工作积极性，定期开展全过程工程咨询服务风险应对知识培训，对工程咨询过程中出现的风险问题进行全面分析，重点是在提高工程咨询服务质量和强化工程咨询人员业务水平的基础上，加强对全过程工程咨询服务进行风险识别和对风险因素进行定量定性分析工作，制定具备可操作性、动态性的全过程工程咨询服务的风险应对措施。

全过程工程咨询服务的工作量大，需要工程咨询人员具备专业知识储备和出色的应变能力，保证在复杂变化的市场环境下，提高建设项目资源分配效率，根据建设项目的特点制定出科学有效的全过程工程咨询服务风险应对措施，确保建设项目管理目标实现，以期为全过程工程咨询服务稳步发展提供可靠保证。

3 全过程工程咨询服务策划

全过程工程咨询单位应根据《全过程工程咨询服务合同》的约定，结合建设项目的实际情况和工程特点，进行全过程工程咨询服务管理策划，制定管理准则和管理制度，明确管理目标和管理流程，确定管理权利和管理责任，编制全过程工程咨询服务规划大纲和实施方案，用以指导全过程工程咨询服务工作的实施，编制专项工程咨询工作计划，用以指导特定的专项工程咨询工作开展。

3.1 全过程工程咨询服务管理准则

全过程工程咨询服务必须坚持"独立、科学、公正"的工程咨询基本原则，全面履行《全过程工程咨询服务合同》约定的权利和义务，采用全过程、一站式、集成化的组织管理模式，有计划、有秩序、适时地进行工程咨询服务工作，根据建设单位的具体需求，充分考虑建设项目全过程工程咨询的重点、难点等各种不利因素，促进建设项目全生命周期整体价值的实现，确保建设项目取得最大的经济效益和社会效益。全过程工程咨询服务管理准则如下。

3.1.1 坚持以建设单位的基本需求为前提

全过程工程咨询服务必须以满足建设单位的合理需求为根本，树立以建设项目管理效益为目标、规划设计为主导、项目管理为主线、合同管理为基础、质量管理为保障、整体价值创造为核心的工程咨询服务管理理念，在建设项目的不同阶段，依据相关法律法规、标准规范、政策规定和合同约定，结合建设项目具体情况和特点，充分考虑建设单位的诉求和利益，编制真实可靠工程咨询成果文件，提高全过程工程咨询服务品质。

坚持以投资控制为抓手，以提高工程质量、保障安全文明施工和满足合理工期的要求为基点，全面落实全过程工程咨询服务管理责任制，推进绿色建造与环境保护，促进科技进步与管理创新，实现工程建设项目的经济效益和社会效益最大化。总之，全过程工程咨询管理服务的宗旨就是要以建设单位的需求为根本。

3.1.2 坚持以建设项目全生命周期的价值实现为目标

建设单位采用集成化的全过程工程咨询服务，来提高项目管理的整体能力和管理效率，将建设项目全部工程咨询服务内容作为一个整体进行一体化管理，通过对多种不同工程咨询服务内容的有效组合，形成具有连续性、系统性、集成化的全过程工程咨询服务管理系统，提高建设项目全生命周期的投资效率和经济效益。

全过程工程咨询单位是在建设项目的全生命周期内，充分利用自身的组织、管理、经济、合同、技术等方面的理论知识和实践经验，以建设项目全生命周期的整体价值最优作为工程咨询服务基本目标,将相对独立的各个阶段各个专业运用集成化管理思维,在管理理念、管理目标、管理组织、管理方法、管理手段等各方面进行有机融合,注重建设项目全生命周期的安全可靠和高效运行,做到资源节约和费用优化,确保建设项目的经济效益和社会效益最大化,实现建设项目全生命周期的价值。

3.1.3 坚持以建立与建设单位相互信任合作关系为根本

全过程工程咨询服务是为建设单位量身定制的,建设单位将不同程度地参与到全过程工程咨询实施过程中,许多拍板定案的工作都需要建设单位行使最终决定权,工程咨询服务质量形成于服务过程中,工程咨询成果质量的好坏,取决于建设单位和全过程工程咨询单位之间的互相协调和配合的默契程度。因此,需要构建建设单位与全过程工程咨询单位相互信任的合作关系,培育良性的工程咨询市场环境。重点要做好以下几项工作。

(1)建设单位对于全过程工程咨询单位要充分信任,尽可能全面授权。不宜通过服务合同或其他方式约束和监督、制衡和控制全过程工程咨询单位权力,尽量避免再采用第三方来监督全过程工程咨询单位的行为,追求全方位的伙伴关系和团队精神。

(2)尽量减少使用加大处罚和过分苛求的方式,制约和约束全过程工程咨询单位的行为,尽可能地通过业务延续和增加未来合作的机会,来激发全过程工程咨询单位的工作激情和内在动力,通过信用约束和声誉制约的方式,监督全过程工程咨询单位的行为。

(3)尽量减少单纯按照工程绩效评价的方式设置奖励和处罚。不能单纯地依赖经济激励与约束机制,还要从制度上形成激励和约束条件,更需要重视思想认识、企业文化和职业道德等非制度因素的激励和约束作用,要综合采用制度安排因素与非制度安排因素相结合的措施解决。

(4)在建设项目实施过程中,建设单位必须加强与全过程工程咨询单位的沟通,增进双方互相了解,建立双方单位及个人层面良好的相互信任关系,保持与全过程工程咨询单位持续不断业务联系。全过程工程咨询单位顾及后续的工程咨询业务,必然会全力维护建设单位权益。

3.1.4 实行对全过程工程咨询成果质量终身负责制

国家发展和改革委员会、住房和城乡建设部发布的《关于推进全过程工程咨询服务发展的指导意见》(发改投资规〔2019〕515号)中明确规定"全过程工程咨询单位要切实履行合同约定的各项义务、承担相应责任,并对咨询成果的真实性、有效性和科学性负责"。国家发展和改革委员会发布的《工程咨询行业管理办法》也明确规定了"实行咨询成果质量终身负责制"和"形成工程咨询成果质量追溯机制"。

全过程工程咨询单位在开展业务时,必须严格遵循独立、公正、科学的工程咨询基本原则,作出信用承诺,依据法律法规、区域发展建设规划、产业政策以及政府部门发布的标准和规范等要求,编制工程咨询成果文件,在建设项目设计使用年限内,因工程咨询成果质量问题,导致建设项目产生重大损失的,应倒查工程咨询成果质量责任,形成工程咨询成果质量追溯机制,全过程工程咨询单位应对工程咨询成果质量终身负责。

从建设单位角度出发,全过程工程咨询是以建设项目全生命周期价值体现为导向的全过程、整体性的解决方案,以满足建设单位需求为目标,提供以高质量完成工程咨询成果为最终目的。全过程工程咨询单位不仅要承担起建设项目管理的主体责任，还要为建设项目全过程提供系统性、集成化、多专业融合的工程咨询服务，更要承担起"对工程咨询成果质量终身负责"的责任。

"对工程咨询成果质量终身负责"是以对工程咨询成果质量终身负责为前提，提供系统性和集成化全过程工程咨询服务为特性，以全过程项目管理为主线，多专业工程咨询协同工作，实现对建设项目工期、成本、质量、安全的系统性总体控制，通过简化管理界面，明确管理责任，制定管理流程，来提升项目管理绩效，达到加快工期、节省投资、提高质量和保障安全的预期目标。

3.2 全过程工程咨询服务管理目标

在国家层面的顶层设计推动下，在各级政府和行业主管部门的全力推广和大力宣传下，以及广大工程咨询企业及行业同仁的共同努力下，全过程工程咨询得到逐步推广和应用，不少地方政府在国有投资的建设项目上开展先行先试，在建设项目管理中全部或部分采用了全过程工程咨询的组织管理模式，这为全过程工程咨询的正向发展，做出了积极有益的探索。

3.2.1 管理目标确定

全过程工程咨询服务管理目标是：坚持以建设单位的需求为根本，以实现建设项目的预期目标为核心，提高建设项目投资决策科学性，实现项目管理集成化，提升建设项目投资效率和效益，从而打造品质工程，实现建设项目增值服务，达到完成建设项目管理目标的最佳效果。

全过程工程咨询单位应在识别建设单位的基本需求，以及建设项目工程咨询服务内容的基础上，全面了解建设项目的投资性质、技术特点、工程规模、技术复杂程度和周边环境因素后，根据自身全过程工程咨询服务能力、服务合同约定及全过程工程咨询服务目标之间的内在联系，确定全过程工程咨询服务管理目标。遵循策划、实施、检查、处置的动态管理原理，持续改进管理绩效，确保工程咨询服务管理目标的实现。

全过程工程咨询服务管理目标的确定是建设项目组织策划的一部分，通常应将承发包方式和工程咨询模式做统一的策划，最终形成目标统一的合同文件和项目手册，如图3-1所示。

3.2.2 打造品质工程

打造品质工程既是全过程工程咨询服务的管理目标，也是其要实现的最好结果，同时也是建设单位想要的结果，更是实现可持续发展的必然要求。品质工程是在常规标准建设项目的基础上提升的更高标准，是指反映当地文化特色和地域特点的建设产品，是实现全生命周期整体价值最优的建设项目。

评价品质工程主要是对为实现优质耐久、安全舒适、管理先进、经济环保、社会认可等工程建设成果，而采取的措施及取得的成效等方面进行综合评价。

品质工程的评价标准，具体内容如下：

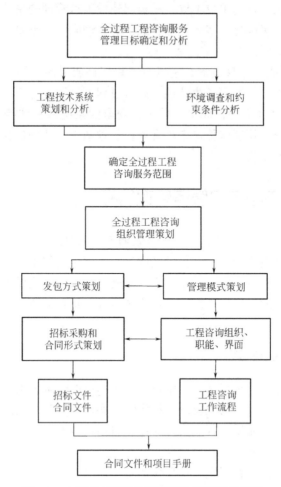

图 3-1　全过程工程咨询服务管理目标确定流程

（1）建设理念。追求建设项目内在质量和外在品位的有机统一。

（2）技术创新。包括工程设计、管理举措、技术应用等方面都有技术创新。

（3）建设项目立项的规范性。包括申报合规性、项目建议书和可行性研究评审的投资决策必要过程。

（4）绩效目标合理性。包括绩效目标依据充分、合法、合规和目标可行性。

（5）绩效目标明确性。包括绩效目标的投资目标、功能目标、规模目标、技术目标、环境目标、节能目标、社会满意度目标的可衡量性。

（6）建设项目实施准备情况。工程地质勘察和设计的合规性及程度，招标投标组织实施的合规性。

（7）建设资金筹措的合规性，建设资金的筹措渠道正规，资金到位率和及时率好。

（8）建设项目有关管理制度全面执行的合规性和落实性好。

（9）建设项目合同管理的可控性强，减少合同条款可变性。

（10）建设项目质量标准和质量控制措施的健全性和落实到位。

（11）安全文明和绿色施工管理措施的充分性和执行的完全性。

(12) 施工现场安全、卫生、消防、环保目标实现程度高。
(13) 财务管理制度的健全性、建设资金使用的合规性和财务监控的有效性。
(14) 建设项目质量、安全、工期、投资目标的实现程度高。
(15) 建设项目采用技术的先进性、适用性、经济性、安全性。
(16) 建设项目对所在区域经济和企业效益的作用和影响性高。
(17) 建设项目对所在区域周边自然环境和社会环境的作用和影响性高。
(18) 建设项目具有较好的社会效益、生态效益，且可持续发展。

3.3 全过程工程咨询服务管理责任

3.3.1 各责任主体关系

目前，国有投资的建设项目有部分带头是采用全过程工程咨询的组织管理模式，实行部分先行先试，再行全面推广应用。采用全过程工程咨询服务即建立了"建设单位-全过程工程咨询单位-工程总承包单位"三方主体的"铁三角"责任关系，如图 3-2、图 3-3 所示。这种新型组织管理模式界面清晰、责任明确、关系密切。

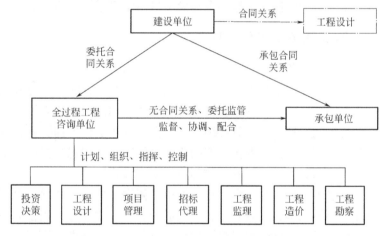

图 3-2 施工总承包模式下三方或四方主体责任关系

全过程工程咨询单位最早可在建设单位有投资意向时，就介入到建设项目的工程咨询服务，越早参与对建设项目了解就越多，服务程度就越深。一般情况下，建设单位会在建设项目投资策划发起或建设项目开工的任一阶段实施前，选择全过程工程咨询单位对建设项目进行工程咨询服务。建设单位和全过程工程咨询单位之间应建立一种公正、合理、相互信任的委托合同关系，《全过程工程咨询服务合同》中应明确约定委托双方的权利义务、服务范围、工作内容、工程咨询成果文件表现形式、成果质量与工期目标、服务酬金（或计费方式）、变更程序、违约处理等内容。全过程工程咨询单位在工程咨询服务过程中，必须提出科学合理、客观公正的专业意见和建议，采取符合建设项目最好结果和最大利益的行动，维护参建各方合法权益。

依据各方合同，确定全过程工程咨询单位、建设单位、参建各单位之间的责任关系，

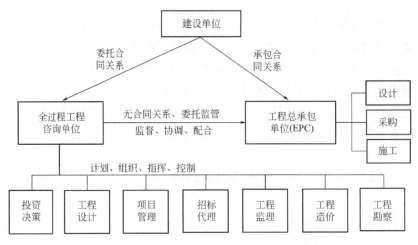

图 3-3 工程总承包（EPC）模式下三方主体责任关系

明确各方的工作内容、工作界面和管理流程，并形成建设项目全生命周期一体化的管理过程，即"投资决策-勘察和设计-招标采购-工程施工-竣工验收-运行维护管理"一体化。这种管理模式将建设单位、工程承包单位、全过程工程咨询单位、勘察和设计单位、运行维护单位等组合成一个完整的整体，保持整个建设项目组织责任体系的连续性和一致性。

3.3.2 全过程工程咨询单位管理责任

以服务合同明确管理责任。全过程工程咨询单位应切实履行服务合同约定的各项权利和义务，承担相应管理责任，对工程咨询服务成果的科学性、真实性、有效性负责。应遵循策划、实施、检查、处置的动态管理原则，确定服务管理流程，建立服务管理制度，实施服务系统的管理与控制，持续改进管理绩效，确保全过程工程咨询服务管理目标顺利地实现。同时全过程工程咨询单位应保持高度的职业责任感和道德感，提供高水平、专业化的工程咨询服务，促进双方建立良好的工作环境和工作模式。

以责任制度落实管理责任。全过程工程咨询单位依据有关法律法规，对其完成的投资决策、勘察和设计、招标采购、项目管理、工程造价、工程监理等工程咨询服务，依法承担相应管理责任。根据服务合同约定对建设项目全过程工程咨询进行协调、控制和统筹管理，并对涉及的工程质量、工程进度、安全文明施工及投资控制等工程咨询，依约承担相应管理责任。落实全过程工程咨询服务项目负责人责任制，对全过程工程咨询服务及咨询成果负总责，根据服务要求、条件与能力，组织各专项工程咨询部门承担相应的工程咨询任务，按照工程咨询服务内容承担相应的责任。

以管理制度监督管理责任。全过程工程咨询单位应根据建设项目控制目标、工程特点以及建设单位的需求，编制全过程工程咨询规划大纲、实施方案以及专项工作计划，明确界定参建各方的管理责任和管理边界，制定各个阶段和各个专项工程咨询管理制度和操作流程，做到操作流程清晰，工作路径合理，责任与义务明确，奖励与惩罚并行，为建设项目的顺利实施奠定坚实基础。

以优质服务履行管理责任。全过程工程咨询单位应组建一支优秀的服务团队，明确管理人员和管理责任，全面履行服务合同权利和义务，是落实管理责任的前提。全过程工咨询服务团队必须选择最优秀的专业技术人员组成，充分发挥服务团队整体的专业技术优势，全面履行全过程工程咨询服务管理责任，是全过程工程咨询服务成功的基础。

全面实现建设项目预期目标，是全过程工程咨询单位不可推卸的责任。根据全过程工程咨询服务规划大纲和实施方案，全过程工程咨询单位要充分明确自身的管理责任、管理目标及管理要求。并根据管理任务分解和归类，明确组织结构。根据组织结构，确定岗位职责和权限及人员配置，严格执行管理制度、履行管理程序、实施计划管理，保证资源的合理配置和有序流动，注重全过程工程咨询服务在管理过程中的指导、监督、考核和评价，确保管理责任落实到位，确保实现建设项目管理目标。

3.4 全过程工程咨询服务管理策划

管理策划是指全过程工程咨询服务实施前的策划，全过程工程咨询单位要在分解工程咨询具体任务的基础上，做好各专项工程咨询的组织管理工作计划，做到工作有任务、实施有计划、操作有流程、行动有制度、管理有措施。确保策划的《全过程工程咨询服务规划大纲》《投资决策综合咨询服务实施方案》《工程建设全过程咨询服务实施方案》《专项工程咨询服务工作计划》及各项管理制度和工作流程等具有指导性、可操作性和可行性，并指导建设项目有序顺利实施。

3.4.1 管理策划要求

管理策划需围绕组织及资源、制度及流程、方法及措施、工程信息管理等四个方面入手：

1. 组织及资源策划

应根据建设项目的建设内容和技术特点，在全面掌握建设单位及各参建单位、外部环境和专业技术人员等方面基本资源情况下，解决组织管理模式的优选、组织内部的分工和资源匹配的合理三方面关键性问题，是全过程工程咨询服务工作能否顺利实施，及有序开展的关键因素。

2. 制度及流程策划

要明确全过程工程咨询服务的行动准则和办事规则，以及操作步骤和工作流程。依据建设项目具体特点及参建各方的工作职责，进行管理制度及工作流程的策划，并逐步形成科学实用的标准化管理制度和工作流程，以保证建设项目管理目标能够顺利完成。

3. 方法及措施策划

全过程工程咨询服务的有序开展，是基于方法、工具、技能、知识等现有资源条件，建设项目管理目标的实现，需要用管理策划的措施和方法作为保障，根据建设项目的特点和参建各方的职责，进行工程咨询工作方法和管理措施的策划，并逐步形成针对性较强、有效性较高的工作方法及管理措施，提升工作效率和服务质量。

4. 工程信息管理策划

建立和完善建设项目全过程工程信息管理系统，作为参建各方实现工程信息交流和共享的平台，必须保证各个阶段和各个专业的工程信息传递的及时性和准确性。进行工程信息管理策划，首先是要重视先进信息管理技术的应用，用信息化技术收集、传递和处理工程信息，形成数字化档案，完成数字化移交。其次是充分利用管理信息系统，进行工程信息交流和沟通，实现工程信息交流无障碍，辅以针对性的协同工作机制，降低获取工程信息不对称的风险产生。

3.4.2 管理策划内容

为了确保建设项目的投资、进度、质量、安全等管理目标顺利实现，有必要在建设项目各个阶段实施前，根据不同阶段项目管理的工作特点，有针对性地进行全过程工程咨询服务管理策划，提高建设项目全过程工程咨询服务的科学性和针对性。

全过程工程咨询服务团队应根据《全过程工程咨询服务合同》的约定，结合建设单位的需求和建设项目实际情况，进行全过程工程咨询服务管理策划，编制《全过程工程咨询服务规划大纲》，依据该规划大纲的要求，编制《投资决策综合咨询服务实施方案》《工程建设全过程咨询服务实施方案》及相关《专项工程咨询服务工作计划》。

1. 编制《全过程工程咨询服务规划大纲》

由全过程工程咨询项目负责人在了解建设单位的实际需求、分析建设项目的具体特点、掌握建设项目的实施环境条件、熟悉相关的法律法规和规范标准的基础上，组织有关人员编制《全过程工程咨询服务规划大纲》，所编制的规划大纲将在获取业务过程中，作为投标文件的组成部分或合同谈判的基础资料。《全过程工程咨询服务规划大纲》编制内容如下。

(1) 建设项目基本概况。
(2) 工程咨询业务范围及内容。
(3) 工程咨询管理目标。
(4) 工程咨询组织模式及人员安排。
(5) 工程咨询工作重难点及总体思路。
(6) 工程咨询工作任务（进度、质量、安全、投资控制等）和计划安排。
(7) 工程咨询管理制度。
(8) 各阶段工程咨询服务方案。
(9) 工程咨询工作成果内容和形式等。

《全过程工程咨询服务规划大纲》需经全过程工程咨询单位技术负责人审批后，将报送建设单位审核通过，再付诸实施。项目部应对规划大纲进行持续改进，根据实施情况适时调整，重新调整后的规划大纲应按程序审批后实施。

2. 编制《投资决策综合咨询服务实施方案》

全过程工程咨询项目部中的投资决策专项负责人，主要负责组织编制《投资决策综合咨询实施方案》，这是满足全过程工程咨询服务管理目标的实际需要，也是对《全过程工程咨询服务规划大纲》具体内容的深化和细化，更是对全过程工程咨询服务组织管理模式和管理措施的优化。必须与规划大纲的组织管理模式与管理措施，保持协调相一致，同时具有可操作性。《投资决策综合咨询实施方案》编制内容如下。

(1) 工作范围。
(2) 工作内容。
(3) 工作目标。

(4) 工作流程。
(5) 组织方案。
(6) 服务措施。
(7) 重点、难点及薄弱环节分析。
(8) 可交付咨询成果及其表达形式。

《投资决策综合咨询实施方案》经项目负责人审批，付诸实施。

3. 编制《工程建设全过程咨询实施方案》

全过程工程咨询服务项目部中勘察和设计部、招标代理部、项目管理部、工程监理部、工程造价部等专项负责人，应根据《全过程工程咨询服务合同》的条款约定，同时结合不同类型建设项目的具体特点，编制有针对性的《工程建设全过程咨询实施方案》，确定全过程工程咨询单位与建设单位、各参建单位之间的管理界面和工作流程，与各参建单位的工作步调保持协调一致。各个专项工程咨询服务的组织管理模式和管理措施，应结合专项工程咨询服务任务的特点，必须与规划大纲的组织管理模式与管理措施，保持协调一致，同时具有可操作性。《工程建设全过程咨询实施方案》编制内容如下：

(1) 建设项目基本概况。
(2) 工程咨询服务范围和内容。
(3) 组织管理方案。
(4) 建设项目策划方案。
(5) 工程设计方案。
(6) 工程监理方案。
(7) 招标采购方案。
(8) 进度、质量、投资计划。
(9) 安全生产计划。
(10) 资源需求计划。
(11) 信息管理计划。
(12) 风险管理计划。
(13) 项目收尾计划。
(14) 目标控制计划。
(15) 重点、难点和薄弱环节分析及改进措施。
(16) 工作流程和服务措施。

《工程建设全过程咨询实施方案》经项目负责人审批，付诸实施。

4. 编制《专项工程咨询工作计划》

在每个专项工程咨询服务活动开始前，专项负责人应组织本部门的专业技术人员，根据规划大纲、实施方案和工程咨询活动具体要求，编制相应的《专项工程咨询工作计划》，指导专项工程咨询工作合理开展。《专项工程咨询工作计划》编制内容如下：

(1) 工程咨询工作目标和任务。
(2) 工程咨询工作依据。
(3) 工程咨询工作组织机构。
(4) 人员配备及岗位职责。

(5) 工程咨询工作制度及流程。
(6) 工程咨询工作进度安排。
(7) 可交付咨询成果及其表达形式。

《专项工程咨询工作计划》应经专项负责人审批后，付诸实施。

全过程工程咨询服务规划大纲、实施方案和专项工程咨询工作计划是开展全过程工程咨询服务的纲领性文件，对于全过程工程咨询的工作指导有着十分重要的作用。在全过程工程咨询服务活动实施前，全过程工程咨询服务团队要对规划大纲、实施方案和工作计划进行技术交底，并形成交底记录。当工程实际情况或实施条件发生重大变化时，规划大纲、实施方案和工作计划应按变化情况，及时修改和完善，并重新履行审批手续。

4 全过程工程咨询服务评价

工程咨询服务既包括智力服务内容，如：工程地质勘察设计、工程设计、技术措施、技术解决方案、工程咨询成果文件等，还包括失误补救、技术培训、客户沟通、技术培训等隐性服务内容。智力服务与隐性服务是相互联系、相互支撑的，共同构成整体性的工程咨询服务全部。工程咨询服务的智力服务内容是基础，隐性服务内容是条件。智力服务的优劣，表现在全过程工程咨询单位人才专业素质、管理经验、服务能力、专业技术水平的强弱上；隐性服务的优劣，体现在工程咨询企业文化、协调能力及其企业员工对服务观念的理解与重视程度上。全过程工程咨询服务评价分为能力评价和绩效评价，以及为了提升服务能力和提高绩效价值而进行的持续改进。

4.1 全过程工程咨询服务能力评价

全过程工程咨询是一个全过程、集成化、一站式的综合服务管理模式，服务能力是专业技术能力的延伸和拓展，这就要求全过程工程咨询单位必须具备多个阶段、多个专项的专业技术服务能力，全过程工程咨询服务并不是各专项工程咨询服务的简单相加，而是真正的服务能力有效整合和化学反应。可以说，具备多阶段、多专项专业技术能力是原材料，通过全过程工程咨询集成能力的合成，才能形成真正合格的集成化服务能力。

工程咨询市场对全过程工程咨询服务能力的需求，是客观存在的，一个建设项目在全生命周期里需要的工程咨询服务能力，或者集成能力也是客观存在的。那么服务能力如何具体化和形象化，需要从企业规模、资产状况、人员配置、资质条件、资信等级、业绩情况、内部架构、管理制度、服务流程、用户评价等多个维度，来体现全过程工程咨询服务单位的服务能力。

服务能力评价的总体思路：通过考察工程咨询企业是否具备开展全过程工程咨询业务的基础条件，全过程工程咨询服务团队是否具备相应的服务能力或执业能力，全过程工程咨询服务企业完成的工程咨询成果质量，是否令建设单位满意等评价内容，综合评判全过程工程咨询服务团队，有无提供全过程工程咨询服务的技术条件、管理能力和服务水平，能否提供有效的工程咨询服务，工程咨询服务成效的优劣，服务能力的强弱等。

要评价全过程工程咨询服务团队的服务能力，就要根据全过程工程咨询服务内容和特点的不同，设置相对应的评价指标，具体可从工程咨询单位的基础条件、团队交互能力和服务成果质量三个评价指标，再细分若干项定性和定量评价内容，此为多维度、多层次的服务能力评价体系。服务能力评价方法是以评审专家现场考察和阅读研究相关文件资料后，通过对定性指标评定和定量指标评估的形式，最后给出全过程工程咨询服务能力的综合评价意见。全过程工程咨询服务能力评价维度框架如图4-1所示。

目前，全过程工程咨询服务是属于新型服务管理模式，服务能力评价的内容和指标，

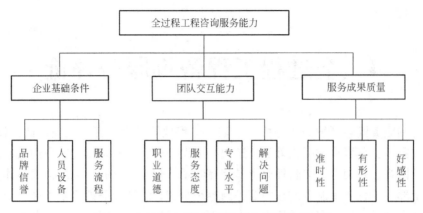

图 4-1 全过程工程咨询服务能力评价维度框架

在工程咨询行业内还没有统一标准和规范。本书提出的全过程工程咨询服务由相互联系、相互支撑的智力服务与隐性服务组成，共同构成整体性的工程咨询服务。对应建立工程咨询企业基础条件、团队交互能力、服务结果质量等三个维度的评价体系，是作为考察工程咨询企业有无提供全过程工程咨询服务的技术条件和管理基础、能否有效提供服务、服务成效如何，进而使得评价组织能正确地向工程咨询市场和建设单位作出推荐。同时，为全过程工程咨询服务单位提升专业技术服务水平和服务能力，提供强有力的支持和帮助。

具体评价指标介绍如下：

（1）企业基础条件：重点是考察工程咨询企业完成全过程工程咨询业务，所必须具备的硬件条件和基本能力，评价指标有企业信誉、人员设备和服务流程等。

企业信誉属于强制性的评价指标，是根据工程咨询行业的市场反馈情况，考察工程咨询企业的服务能力能否为建设单位所接受。

人员设备是有形性的评价指标，是根据现场核实和考察工程咨询企业开展全过程工程咨询服务人员和投入设备情况，能否满足建设单位的需求。

服务流程是品质性的评价指标，是评价工程咨询企业在规范化和标准化方面的服务水平，根据申报资料考察工程咨询企业服务的有效性如何。

这三个指标考察的目的，在于考察全过程工程咨询企业的工程咨询业务是否是有能力的人（人员）在做，有硬件（设备）的支撑，有软件（服务流程）的配套，市场可接受或反映良好（品牌信誉），这就解决了工程咨询企业能从事全过程工程咨询业务问题，即具备了企业基础条件。

（2）团队交互能力：重点是考察工程咨询服务团队能否有胜任全过程工程咨询服务业务，及所必备的服务水平或执业能力，评价指标有职业道德、服务态度、专业水平和解决问题的能力等。

职业道德是基础性评价指标，工程咨询人员遵守职业道德是提供优质服务、体现交互能力的基础条件。

服务态度是决定性评价指标，是服务的前提条件，具体体现在工程咨询服务过程中交互能力的高低。

专业水平是技术性评价指标，既是技术基础，又是提供相应工程咨询服务和实现交互能力的前提条件。

解决问题的能力是效果性评价指标,是体现交互能力所带来的工程咨询服务的效果。

这四个指标考察的是全过程工程咨询企业及其人员能否让建设单位感知到优质全过程工程咨询服务,即工程咨询企业有意愿(职业道德)、可实现(服务态度)、有能力(专业水平)、有效果(解决问题)。

(3) 服务成果质量:重点是考察全过程工程咨询单位提供工程咨询服务成果的有效性,所必须具备的服务水平和执业能力,能否提供令建设单位满意的服务成果或服务质量,是展示其工程咨询服务能力的重点体现。评价指标有准时性、有形性和好感性等。

准时性是时间性评价指标,是考察全过程工程咨询企业能否按建设单位要求的时间,及时提交工程咨询成果文件,以便实现工程咨询的价值。

有形性是实体性评价指标。是考察全过程工程咨询企业能否提交简洁、明了,且富有价值的工程咨询过程文件与工程咨询成果文件,能否在工程咨询企业的指导和管理下,实现建设项目的预期目标,并获得优质工程咨询成果。

好感性是主观性评价指标,是考察全过程工程咨询企业能否被建设单位所认可,能否建立良好的合作关系,还可借此达成后续合作意愿,甚至是获取后续工程咨询业务。

这三个指标考察的是全过程工程咨询企业是否具备按建设单位要求,提供全过程工程咨询的服务能力。

全过程工程咨询服务能力评价指标具体内容如表 4-1 所示。

全过程工程咨询服务能力评价指标　　表 4-1

序号	评价维度	评价指标	定性部分			定量部分		
			评价内容	评价意见(优、良、中、差)	备注	评价内容	得分	备注
1	企业基础条件 60%	品牌信誉	社会责任	党建工作			企业品质	企业规模(注册资金或净资产)		
				企业文化				年营业收入		
				以人为本、关爱员工				年合同金额		
			社会影响	国家、省、市表彰情况			企业信用	第三方信用评价、良好行为		
			行业影响	市场占有率			业务范围	业务覆盖的领域		
				行业协会的获奖情况			服务质量	ISO9000 体系认证 行业协会信用评价		
			品牌影响	品牌影响力						
			需方评价	参与全过程工程咨询情况			企业业绩	数量和规模		
2		人员设备	组织机构	三总师及管理部门配置			人才结构	硕士和本科、高级和中级职称、有注册人员占专业技术人员比例		

续表

序号	评价维度	评价指标	定性部分			定量部分			
			评价内容	评价意见(优、良、中、差)	备注	评价内容		得分	备注
2	企业基础条件 60%	人员设备	办公设备	配置设备的质量、数量			设备价值	资产净值	
			信息配置	人员操作能力			软件价值	资产净值	
3		服务流程	业务运行组织机构	全面、可行、合理					
			业务流程	全面、可行、合理			质量管理	有三级复核	
			管理制度	全面、可行、合理			档案管理	有档案室、档案内容齐全	
			服务规划	全面、可行、合理			规划目标	质量、投资、进度规划目标合理性,实际情况和规划目标对比	
			实施细则	全面、可行、合理					
4	团队交互能力 30%	职业道德	坚持原则	守法、诚信、公平、科学					
			客观公正	不对双方当事人隐瞒有利和不利因素			团队成员个人信用	个人良好行为记录	
			团队协作	团队意识强,维护集体利益					
			忠诚企业	热爱企业,关心集体					
			廉洁自律	维护建设单位的合法权益,严格执行回避制度			项目负责人信用	个人良好行为记录	
5		服务态度	积极工作	积极承担一般的额外任务					
			主动建议	主动提出好的思路和建议					
			沟通协调	与委托方和相关方保持良好的工作关系					
			尽心所托	服务有保障,目标全实现					
			建设单位评价	工作具有针对性,关注建设单位价值目标					
6		专业水平	团队运行组织机构	可行、合理、先进			人员素质	团队注册人员类型与数量	
								团队技术和管理人员类型和数量	
			项目负责人能力	工程建设类注册执业资格、技术职称			项目负责人业绩	数量和规模	
			各专业人员的能力	项目包含的各专业人员的职业资格或水平、技术职称			专业人员数量	满足工程需要	

续表

序号	评价维度	评价指标	定性部分			定量部分			
			评价内容	评价意见(优、良、中、差)	备注	评价内容		得分	备注
7	团队交互能力 30%	解决问题	技术水平	发现问题能力、面对问题态度			专家顾问	具有和满足全过程工程咨询服务的专家顾问团队	
			处理问题	解决方案			研发机构	国家、省、市级研发中心或机构	
			问题解决	执行实现			研发费用	年研发费用投入占营业收入比例	
			总结推广	经验总结,典型案例			咨询成效	完成咨询结果和计划目标比较效果明显	
8	服务成果质量 10%	准时性	移交资料	准时接受委托和交接资料					
			进度计划	完成任务,时间无弹性					
			响应时间	按时提供咨询成果文件					
9		有形性	成果时效	及时有效			及时调整	按时间要求,接受反馈并调整	
			硬件支撑	服务设施的现代化程度			硬件数量	满足现场使用要求	
			成果规范	内容完整规范,结论论证充分			典型成果	典型咨询成果报告评分	
			延伸服务	增值服务使建设单位利益最大化					
10		好感性	尽职尽责	完成咨询合同和计划全面性					
			客户满意度	服务高效优质,值得建设单位信赖			客户回头率	近三年同类项目或同一建设单位的项目数占总项目数比	
			同行评价	同行的好感性评价					
			行业主管部门评价	政府的好感性评价					
定性评价:						定量评价:			
综合评价:									

说明:(1)定性评价分值:优:90分、良:80分、中:70分、差:60分;
(2)定量评价分值:由评审专家按实际情况评分;
(3)综合评价分值=定量评价分值×60%+定性评价分值×40%。

4.2 全过程工程咨询服务绩效评价

绩效是组织或个人为了实现某种预期目标，而采取的各种行为的结果。绩效评价是组织依照预先确定的评价标准和评价程序，运用科学的评价方法，按照确定的评价内容和评价标准，对评价对象的能力、业绩和成果进行定期和不定期的考核和评估。

组织应通过监视、测量、分析、评价和内部审核以及管理评审等活动，对全过程工程咨询服务绩效进行评价，确定和选择改进机会，并采取必要改进措施，以满足建设单位需求，同时提升建设单位满意度。实施全过程工程咨询服务绩效评价应明确具体评价的内容、范围和频次，并分阶段、多维度地组织对全过程工程咨询服务的中间成果和最终成果实施检查。采取经验总结、统计分析、调查对标等方式，确定改进的需求并实施改进措施，以不断提升建设单位的满意度作为绩效评价目的。

全过程工程咨询服务绩效评价的作用：一是确保建设单位及时获知和检查建设项目的实施进展情况，满足建设单位检查全过程工程咨询服务情况的需求。二是确认全过程工程咨询服务团队对建设单位服务承诺的实现程度，并将其作为预测建设项目最终绩效评价的考核依据。三是尽早发现建设项目在实施过程中可能存在的问题，以便采取相应的控制措施。四是将其作为考核全过程工程咨询服务工作成果，以及实施奖惩的依据。

在全过程工程咨询服务工作开始前，建设单位和全过程工程咨询单位必须按照《全过程工程咨询服务合同》的约定，共同制定全过程工程咨询服务的绩效评价制度，规定建设项目参建各方的工作职责和工作程序，吸收建设项目参建各方关于绩效评价的合理建议和意见，定期对全过程工程咨询服务团队的服务绩效进行评价和考核，促进全过程工程咨询工作的持续改进。

全过程工程咨询服务的绩效评价，是建设单位从选择工程咨询服务单位，到实施过程中工作情况，再到最终获得工程咨询服务成果的全过程评价，需要根据建设单位具体委托服务内容、咨询成果标准、服务质量要求等设置相对应的评价项，可在工程咨询服务过程中或建设项目完成后组织实施。绩效评价应是科学、公开、公平、公正的体现，绩效评价结果应当符合绩效评价制度的规定。

全过程工程咨询服务的绩效评价应采用适合建设项目特点的评价内容、评价方法和评价指标体系，采用过程评价与结果评价相配套，定性评价与定量评价相结合的方式。绩效评价的结果应与建设项目预期目标的相关内容进行对照，根据建设项目预期目标实现情况，予以验证。

1. 全过程工程咨询服务的绩效评价依据

（1）《全过程工程咨询服务合同》。
（2）《全过程工程咨询服务绩效评价制度》。
（3）《全过程工程咨询服务规划大纲》。
（4）建设项目相关批准或核准文件等。

2. 全过程工程咨询服务绩效评价范围

（1）项目实施的基本情况。
（2）项目管理分析与策划。
（3）项目管理方法与创新。
（4）项目管理效果与验证。

3. 全过程工程咨询服务绩效评价指标

(1) 工作计划的编制情况。
(2) 工作计划的完成情况。
(3) 工程质量、安全、工期、投资等目标完成情况。
(4) 工程承包商项目管理的有效程度。
(5) 合同履约率和相关方满意度。
(6) 风险预防和持续改进能力。
(7) 项目管理优化控制情况。
(8) 建设项目综合效益。

4. 全过程工程咨询服务绩效评价内容

(1) 项目管理内容和特点。
(2) 项目管理理念和模式。
(3) 项目管理主要对策、调整和改进。
(4) 承包合同履行与相关方满意度。
(5) 项目管理过程检查、考核和评价。
(6) 项目管理取得成果和目标完成情况。
(7) 建设项目风险控制的效果。
(8) 建设项目质量、进度和投资控制的效果。
(9) 建设项目实施过程中是否发生工程质量、职业健康、安全和环境事故的情况。
(10) 建设项目资料的完整性及整理归档的及时性。
(11) 参建单位对全过程工程咨询服务的评价等。

4.2.1 全过程工程咨询服务的改进

1. 确定改进需求

(1) 收集和整理各类检查中发现的项目管理典型问题，进行归类、统计和原因分析，确定需要改进的内容。
(2) 收集建设项目实施过程中发生的招标、设计、造价、施工等质量的事件，进行原因分析，确定改进需求。
(3) 在建设项目实施过程中通过与外部相关方沟通，收集与项目管理有关的意见和建议，确定改进的需求。
(4) 通过回访建设单位，调查和收集建设单位或相关方的意见，进行统计分析，确定改进的需求。
(5) 通过调研、交流、学习，或开展同行业对标，查找项目管理的差距，确定改进的需求。
(6) 通过项目管理经验总结，对项目管理中的知识经验、创新思维进行总结和积累，对出现的问题或教训认真分析原因，确定改进的需求。
(7) 对合同履行情况进行总结和评价，查找问题，确定改进的需求等。

2. 确定改进措施

(1) 对工程咨询成果质量抽查或复查中发现问题，外部审查和服务回访发现的质量问题，进行统计和分类，分析发生原因，确定改进措施。

(2) 对工程咨询成果质量事故、事件的调查分析，分析发生原因，制定改进措施。

(3) 对工程咨询服务过程或咨询成果验收中发现的质量不合格情况，进行原因分析，确定改进措施。

3. 实施改进措施

(1) 改进管理方法。

(2) 提高工程咨询管理和技术人员的能力、水平。

(3) 调整或增加工程咨询建设项目资源配置，如：技术人员、管理软件、标准规范、作业指导文件、检测设备等。

(4) 完善管理体系、管理制度、管理流程、管理界面、技术和管理接口等。

(5) 编制工程咨询服务模板和标准化流程等。

(6) 必要时，可考虑工程咨询业务的调整等。

(7) 确定改进措施的实施。

(8) 验证改进措施的有效性和实施效果。

4.2.2 全过程工程咨询服务绩效评价结果

全过程工程咨询服务绩效评价结果，以百分制形式进行绩效评价的等级划分，分为优秀（90分以上）、良好（80～90分）、合格（70～80分）、不合格（70分以下）四个等级。全过程工程咨询服务绩效评价具体考核内容如表4-2所示。

全过程工程咨询服务绩效评价考核表　　　　表4-2

序号	考核项目	考核内容	考核标准	分值	扣分原因	得分	备注
1	综合管理	强制性指标（符合一款该项得分为0）	(1) 未按规定执行建设项目核准、用地审批、建设规划许可、可行性研究、方案设计、初步设计、施工图设计与审查、重大设计变更等审批程序； (2) 开工前未办理质量安全监督手续和施工许可； (3) 未按规定履行招标投标程序； (4) 有转包、违法分包或违规指定分包的； (5) 未经竣工验收交付使用				
2		招标投标	招标投标程序存在问题。如：招标方案备案、评标报告备案、评标过程、公示、公告、质疑和投诉处理等				
3		合同管理	允许参建单位降低投标承诺，并与其签订承包合同				
			承包合同签署不规范、不严谨				
			未按规定履行合同备案程序				
4		项目管理	管理制度未建立，或相关制度没有针对性				
			管理制度不健全、人员配备不满足、专业不配套				
			未按绩效考核规定开展实施过程评价				
5		竣工验收	竣工验收不符合规范规定				
			竣工验收滞后造成不利影响				
			*已竣工验收项目未达到验收标准及技术规定				
			*未经竣工验收或验收不合格即投入使用				
			未落实竣工备案程序				

续表

序号	考核项目	考核内容	考核标准	分值	扣分原因	得分	备注
6	质量管理	强制性指标（符合一款该项得分为0）	(1)发生一般工程质量事故； (2)发生工程质量问题或事故，瞒报或未按规定及时上报				
7	质量管理	质量管理制度和体系	质量目标不明确				
			质量管理制度无针对性				
			质量管理体系未建立				
			质量管理体系运转不正常				
8		质量控制	质量管理制度和措施未落实				
			质量缺陷未及时督促相关单位进行处理				
9		质量事故	发生的质量缺陷或问题未及时督促整改				
			发生的质量问题影响工程进度				
10	进度管理	进度计划	无总进度计划、年度和阶段进度计划				
			未按工程实际进展情况调整进度计划				
11		完成情况	开工滞后影响工程总进度				
			因非不可抗拒因素未按进度计划完成阶段目标				
			*无正当理由要求压缩工期或拖延工期				
			建设进度滞后未采取有效措施				
12	投资管理	投资计划	无总建设资金计划与年度建设资金计划				
			*投资控制不力超初步设计概算				
13		计量与支付	无工程计量与工程款支付的程序及规定				
			未认真执行工程计量与工程款支付程序				
			*无故拖欠工程款支付				
			建设资金审批不及时影响工程进度				
14		变更与索赔	未按承包合同约定程序处理变更与索赔				
			*未执行相关规定处理变更与索赔				
			变更与索赔费用未及时结算				
15	安全管理	强制性指标（符合一款该项得分为0）	(1)发生了安全事故； (2)发生了安全事故未按规定及时上报				
		安全制度	未建立安全责任制度或制度无针对性				
			未严格落实安全规章制度				
			未落实安全教育和安全交底制度				
		应急预案	未制定安全管理应急预案				
			未按规定进行应急演练				
		安全检查	未落实定期和不定期安全检查制度				
			安全隐患整改不到位				
		安全事故处理	未及时处理安全事故				
			未落实"四不放过"处理原则				

85

续表

序号	考核项目	考核内容	考核标准	分值	扣分原因	得分	备注
16	廉洁建设	廉洁制度	*未签订廉洁合同				
			未制定廉洁建设规章制度				
		执行情况	*有违反廉洁规定情况				
17	工程资料	管理制度	未按有关规定建立档案管理制度				
			管理制度未落实				
		工程资料情况	工程资料内容不齐全				
			工程资料收集整理不符合规定				
			*工程资料未按规定移送城建档案馆				
合计得分							

说明:(1)当强制性指标累计扣分超过该项目分值时,该项目容得分为零;
　　　(2)当带"*"号事项发生时,对应内容得分为零;
　　　(3)当考核事项累计扣分超过对应考核内容得分值时,该考核内容得分为零。

4.3 全过程工程咨询服务持续改进

"持续改进"是《质量管理体系要求》GB/T 19001—2016 的基本精神。在《质量管理体系要求》GB/T 19001—2016 中,"持续改进"的含义是:"组织应利用质量方针、质量目标。审核结果、数据分析、纠正和预防措施以及管理评审,持续改进质量管理体系的有效性"。全过程工程咨询服务的"持续改进"是增强满足建设单位要求的服务能力循环活动,它要求全过程工程咨询单位要不断寻求改进机会,以改善工程咨询成果或服务质量特殊性,提高完成工程咨询成果或服务过程的有效性和工作效率。

1. 持续改进内容

"持续改进"说白了就是不断改进,就是要在实际工作中,不断总结经验教训,不断发现存在问题,不断分析问题原因,不断制定改进措施和目标,从而不断实现改进的目标,在不断改进管理体系的过程中,不断提高产品质量和服务质量。

"持续改进"的主要内容有:

(1) 把"持续改进"明确成为企业和每一位员工的工作目标。
(2) 从理论方法开始进行改进。
(3) 改进过程必须实行严要求、达到高标准。
(4) 总结经验教训,发现问题,不断改进。
(5) 不断改进管理方法和管理制度。
(6) 改进措施以预防为主。
(7) 加强每一位员工的教育和培训。
(8) 制定改进措施和目标,并不断更新。

2. 持续改进方式

"持续改进"就是要不断寻找进一步改进的机会,策划和管理持续改进活动,并采取适当的改进方式,重点改进产品质量和服务质量的特殊性,提高质量管理体系过程的有效性。采取有效措施,以消除不合格的原因或潜在不合格的原因,防止不合格的产品再发生。充分利用内部和外部信息,对内部发生的事件根据其重要性分类处理,对于重要事件进行根本原因分析,并有针对性地制定和实施纠正行动,避免重大事件的再发生。

主动收集和吸收国内外同行的经验反馈信息,以及行业监管部门、上级单位发布的经验反馈信息,及时开展适用性分析和学习反馈,举一反三,并及时调整和完善相关制度文件及过程管控措施,持续改进服务管理体系,实现不断提高持续改进的效果。

"持续改进"主要有以下五项活动:

(1) 评审质量方针,企业可通过更新和实施新的质量方针,来激励企业员工不断努力,营造一个不断改进的气氛与环境。

(2) 评审质量目标,明确改进方向。企业可通过不断更新质量目标,调整改进方向。

(3) 对现有过程的状况(包括已发生的和潜在的不合格),进行数据分析和内部审核分析,确定改进的方案,不断寻求改进的机会。

(4) 实施纠正和预防措施以及其他适用的措施,实现持续改进。

(5) 组织管理评审。

3. 持续改进程序

"持续改进"也称为管理循环,寻找到产生问题的根源,通过制定或者改进流程来消除,这一过程被称为PDCA循环,如图4-2所示。PDCA循环是能使任何一项活动有效进行的一种合乎逻辑的工作程序,特别是在产品质量和服务质量管理中,已经得到了广泛的应用。

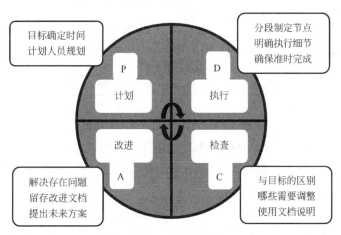

图 4-2 PDCA 管理循环

"持续改进"是企业连续改进某一或某些运行的质量过程,是以提高顾客满意度为目标的过程,是制定改进目标和寻求不断改进机会的过程,如图4-3所示。该过程使用审核发现和审核结论、数据分析、管理评审或其他方法,其结果通常是实施纠正措施或预防措施,不断提高质量管理体系的有效性,以不断提升顾客的满意度。

P、D、C、A 四个英文字母所代表的意义如下:

P(Plan)—计划。计划包括方针和目标的确定以及活动计划的制定。

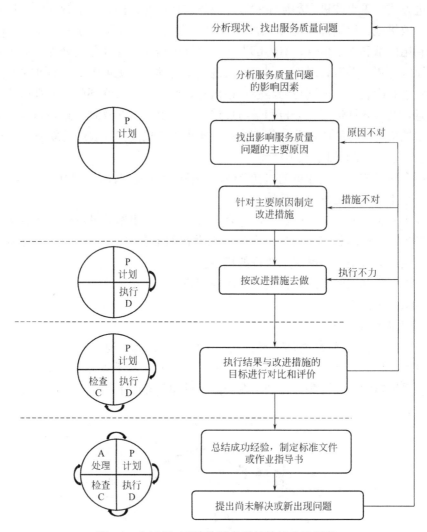

图 4-3　全过程工程咨询服务质量持续改进程序

D（Do）—执行。执行就是具体运作，实现计划中的具体内容。

C（Check）—检查。检查就是总结执行计划的结果，分清哪些是对了，哪些是错了，明确执行效果，找出执行中存在问题。

A（Action）—处理。处理就是对总结检查的结果进行处理，对成功的经验加以肯定，并予以标准化，或制定作业指导书，便于以后工作时遵循，对于失败的教训也要总结，以免重现。

显然，PDCA 循环强调改进是一种试探性的行为，结果被确认达到了目标，才会被引入流程中来固化，形成标准文件或作业手册，并进行推广和应用。对效果不明显或效果不符合要求的，以及尚未能解决和新出现的问题，要提供给下一个 PDCA 循环中去解决，持续改进是循环不止进行下去的科学管理程序。真正做好持续改进是需要非常强的工作能力，不怕起点低，只要能够持续改进下去，就能做到很强。应利用管理目标、评估结果、纠正措施和预防措施，通过 PDCA 循环，持续改进服务质量管理体系的有效性。

4. 全过程工程咨询服务质量持续改进的方法

全过程工程咨询单位的服务质量持续改进，应在组织内部采用下列持续改进的方法：

（1）对已经发现的不合格工程咨询过程或成果文件，采取有效措施，予以纠正。

（2）针对不合格工程咨询过程或成果文件产生的原因，采取纠正措施，予以消除。

（3）对潜在的不合格工程咨询过程或成果文件产生的原因，采取措施，防止再发生。

（4）针对建设单位提出的全过程工程咨询服务的增值需求，必须采取措施，予以持续满足。

全过程工程咨询单位应确保工程咨询服务的持续改进，并在此过程中将外部需求与内部管理相互融合，加强信息化管理技术手段和先进服务工具的推广使用，以满足全过程工程咨询服务风险预防和组织发展的需求。在提供建设项目全过程工程咨询服务过程中，不断做好全过程工程咨询的经验积累、数据积累和技术积累，不断提升全过程工程咨询的服务能力和服务水平。

全过程工程咨询单位应根据建设项目的实际需要，构建和提升企业全过程工程咨询管理的核心竞争力，通过开发利用科学决策、集成管理、统计评价等工程咨询管理工具，建立健全具有企业自身特色的工程咨询服务管理体系及技术标准。另外，还要高度重视项目负责人、专项负责人及相关专业技术人才的培养，筑牢与建设单位相互信任的合作关系，全面提升建设单位的满意度。

全过程工程咨询管理服务单位在工程咨询服务实施前，应对各项改进措施的风险进行评审，以保证改进措施的有效性和适宜性。另外，还应对专业技术人员在持续改进意识和改进方法等方面进行强化培训，使持续改进成为全员的岗位目标。同时，应对全过程工程咨询的管理服务做好持续改进，通过持续跟踪指导和监督，使"持续改进"成为提高全过程工程咨询服务能力和服务水平的"加速器"。

下 篇

全过程工程咨询案例

本篇选取江苏省宿迁市运河湾公园项目全过程工程咨询服务成果作为实例，全面展示全过程工程咨询中的投资决策综合性咨询、工程建设过程咨询和专项工程咨询的相应内容。阐述对建设项目全过程工程咨询实施策划、管理措施、工作内容、工作方法、操作流程及重点和难点等内容进行详细分析，将理论探讨和工程实践有机结合，有利于全过程工程咨询的推广和发展。

5 运河湾公园项目全过程工程咨询服务内容

5.1 建设规划设计概况

2019年2月中办、国办印发了《大运河文化保护传承利用规划纲要》，提出要科学配置和优化调度水资源，重塑大运河"有水的河"现实载体。运河湾公园项目是宿迁市委、市政府贯彻落实新时代党中央、国务院作出的一项重大决策部署的具体体现，也是充分挖掘大运河丰富的历史文化资源，要统筹保护好、传承好、利用好大运河这一祖先留给我们的宝贵遗产，打造京杭大运河文化带的一个具体行动，是促进宿迁市区域经济可持续发展的需要，是改造区域交通设施和提升城市周边景观环境的需要，是传承京杭大运河文化内涵的需要，是宿迁京杭大运河文化带建设的一个重要建设项目，更是一项政府为民办实事的民生工程。

为彰显古运河生态修复保护意识，深入挖掘京杭大运河的生态、经济、文化等资源优势，全面打造宿迁特色的大运河文化，同时推进"江苏生态大公园"建设。根据宿迁市《中心城市运河修建性详细规划》（简称修规）及《市政府关于印发宿迁市2019年度中心城市建设重点工程计划的通知》（宿政发〔2019〕2号）要求，运河湾公园应运而生。

5.1.1 运河湾公园项目原始状况

运河湾公园项目原状是原运河堤路至京杭大运河水线弯弯曲曲的狭长区域，原运河堤路是一条宽约7m、年久失修的混凝土面层道路，如图5-1～图5-6所示。道路建设在京杭大运河防洪大堤之上，沿京杭大运河防洪大堤方向蜿蜒曲折，道路线型较差，且道路宽度均不统一，在多个路段上的路面宽窄不一、变化较大，加之原运河堤道路年代已久、较为老旧，道路为双向单车道，未单独设计慢车道和人行道，导致会车较为困难，道路局部较窄地段会车更是需要靠边停车才能实现。此外，由于道路未区分机动车道及非机动车道，导致道路上机动车、非机动车与行人混行，存在极大安全隐患。

运河湾公园项目规划建设区域是原宿迁沿京杭大运河工业走廊，是宿迁近代工业摇篮，最繁荣之时该区域聚集了玻璃、水泥、化工等工业企业达二十余家，现均已搬迁至新的工业园区。建设区域内的大部分工业建筑已拆除，只留下拆除难度较大的杨庄码头及龙门吊料场、江苏玻璃厂油罐区及码头等几处老工业建筑，还有一百多棵未移除的老树木。

5.1.2 运河湾公园项目规划设计概况

运河湾公园项目是按照《市政府关于印发宿迁市2019年度中心城市建设重点工程计划的通知》（宿政发〔2019〕2号）要求规划建设的，该项目旨在进一步改善和健全区域的城市道路交通功能和园林景观功能，满足不断增长的城市交通需要，同时深入挖掘京杭大运河的环境、生态、经济、文化等资源优势，全面打造宿迁特色的"大运河文化带"。

5 运河湾公园项目全过程工程咨询服务内容

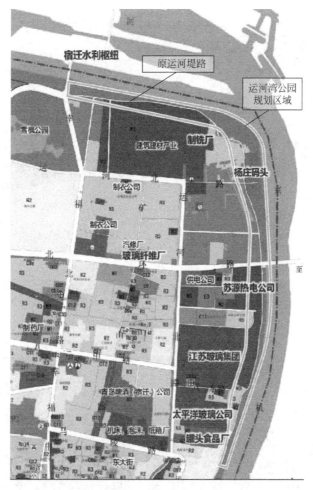

图 5-1 运河湾公园原状平面图

图 5-2 运河堤路原状一

图 5-3　运河堤路原状二

图 5-4　地堡原状

图 5-5　龙门吊料场原状

5 运河湾公园项目全过程工程咨询服务内容

图 5-6 油罐区原状

运河湾公园项目位于京杭大运河中运河的河湾处，整体规划方案分为滨河大道和三闸水岸、城市阳台、河岸工坊三大景观核，有十三个景区，配套建设健身场所、休憩设施、游乐场地、游客服务中心、公共厕所等公共设施，其余景观设施围绕着总体规划方案层层展开，合理布局，既保障了滨河景观空间的便利性与舒适性，又进一步提高了运河观光带观赏性，为宿迁市民提供了高品质的滨河休闲空间。该项目既丰富了京杭大运河文化观光带建设，又为周边居民休闲娱乐提供了更多选择，具有明显的社会效益，如图 5-7～图 5-10 所示。

图 5-7 运河湾公园全景规划效果图

图 5-8 设计方案效果展示

图 5-9 地堡效果展示

图 5-10 龙门吊光影乐园

滨河大道是运河湾公园项目此次规划建设的重点内容,该道路是全长3500m、宽24m、两侧宽4.5m人行道加双向四车道宽15m机动车道的城市次干道,是在原有运河堤路线型基础上,进行进一步提升优化,对场地内现有设施和桥墩进行重新定位与合理退让,局部交叉重合,优化路型线形,重点保障建设项目的可实施性。

沿着滨河大道配套建设园林景观,将原有的京杭大运河观光带向北延伸,主动对接融入大运河文化带建设。慢行绿道与滨河大道有机衔接,有分有合,局部借用滨河大道的线形并与外部绿道有机衔接,可有效疏解滨河大道非机动车通行的问题。

运河湾公园项目是沿京杭大运河岸线而规划建设的,一侧是京杭大运河,一侧是滨河大道,西至宿迁水利枢纽,南至马陵路,沿着京杭大运河和滨河大道之间狭长地带,全长约3.5km,规划设计总面积约42公顷,工程总投资4亿元,建设单位为宿迁市住房和城乡建设局。

5.2 全过程工程咨询服务内容

根据运河湾公园项目《全过程工程咨询服务合同》条款的约定,运河湾公园项目全过程工程咨询的服务内容、服务期限和服务目标如下。

5.2.1 全过程工程咨询服务内容

(1) 全过程项目管理:建设项目行政审批手续报批、工程地质勘察管理、工程设计管理、合同管理、投资管理、进度管理、招标采购管理、施工现场管理、参建单位管理、验收管理、运行保修管理以及质量、计划、安全、信息、沟通、风险、人力资源等管理与协调。

(2) 投资决策:编制项目建议书和可行性研究报告,复核环境影响评价、洪水影响评价等建设条件专项评估报告,负责办理各项评审内容的报审。

(3) 工程地质勘察管理:进行地形测绘并提供地形图。完成工程地质详细勘察,提供《工程地质勘察报告》。完成《工程地质勘察报告》申报和审查工作,取得《工程地质勘察成果审查报告》,配合工程设计和分部及竣工验收等后续服务工作。

(4) 工程设计管理:工程设计管理是一项筹划和监控的活动过程,落实建设单位的意图和需求,满足建设项目使用功能要求,确定建设项目的建设标准和规模,实施工程设计进度、质量、安全及投资控制和有效管理,实现建设项目的预定目标。

(5) 招标代理:招标策划、市场调查、招标文件编制、合同条款策划、招标投标过程管理等。

(6) 施工阶段工程监理:对工程进行进度、质量、投资等进行控制,实施合同管理、安全管理、信息管理,协调内部和外部各方面关系。

(7) 全过程工程造价咨询:

1) 投资匡算、投资估算、方案和初步设计概算、初步工程量清单及招标控制价编制和备案。

2) 跟踪审计:复核投标报价,分析合同价款,确定工程造价控制目标,编制建设资金使用计划,审核工程计量与价款支付,审核工程变更、现场签证与索赔费用,审核工程价款调整，主要材料设备询价与核价，分析工程投资偏差，制定工程投资控制措施，调整工程投资控制目标。

3) 工程竣工结算审核、工程竣工决算编制和保修期工程造价控制等。

5.2.2　全过程工程咨询服务期限

运河湾公园项目实施全过程的各个阶段，包括：投资决策、工程地质勘察、方案和初步设计、招标采购、工程施工、竣工验收、缺陷责任期管理等。

5.2.3　全过程工程咨询服务目标

1. 投资控制目标：运河湾公园项目批准的初步设计概算总额为38654万元（其中工程费用26491万元），确保建设项目实际投资不超过经批准的初步设计概算费用。

2. 进度控制目标：2019年9月20日开工至2020年10月31日前竣工，完成建设项目全部施工内容，于同日开园并投入运行，工期为400日历天，责任缺陷期24个月。

3. 质量控制目标：

（1）工程设计要求的质量标准：符合建设单位意图和需求，满足现行的国家、地方、行业技术标准和设计规范。

（2）工程施工要求的质量标准：重点控制材料和工序质量，符合现行建设工程施工质量验收规范和标准及施工图纸要求，所有分部分项工程一次性通过验收合格率达到100%，工程竣工验收合格。

4. 安全文明施工创建目标：确保安全施工，杜绝死亡事故，不发生一般安全事故、重大机械设备损坏责任事故和重大火灾事故，确保安全施工无事故。确保文明施工标准化，做到现场规范化管理，场容场貌达一流，达到市级安全文明标准化工地要求。

5.3　全过程工程咨询服务成果

在宿迁市政府全力支持下，通过建设单位、全过程工程咨询单位、工程总承包单位三方责任主体共同努力，全过程工程咨询服务单位实施以强化管理为手段、以控制质量为核心、以控制投资为根本、以控制进度为前提的管理策略，全面完成运河湾公园项目的目标任务，经济效益和社会效益显著。

5.3.1　整体完成效果

运河湾公园项目采用全过程工程咨询组织管理模式，实施全过程项目管理服务。将零散无序的前期建设行政审批手续，交由全过程工程咨询服务单位统筹集中办理，将繁多复杂的行政审批管理流程，集中到项目管理部按程序控制，达到了规划在前、方案先行、措施保障、效率提升的效果，任务具体且责任明晰，不仅增强了办理有关行政审批事项的针对性和目的性，也减少了建设项目从《项目建议书》批复到竣工验收各项行政审批手续的办理时间，从而显著提高了项目管理工作效率，有效地缩短了建设项目实施周期，实现了比计划工期提前一个月完工全部工程内容并开园的工期目标，顺利完成了市政府交办的运河湾公园项目建设任务。

在运河湾公园项目实施准备阶段,从运河湾公园项目的《项目建议书》编制开始,全过程工程咨询服务单位就提前介入并实施全过程跟踪管理,完成建设项目可行性研究及建设条件专项评估、工程地质勘察设计和管理、方案和初步设计管理、招标投标管理和择优选择工程总承包单位。

进入工程施工阶段,项目管理和现场工程监理加强监管,两者之间的积极协同、密切配合,使建设项目工程投资更加合理、工程质量更有保证、施工安全更有保障、工程进度更有计划,从始至终都在按制定的计划方案有序开展。全过程工程咨询服务项目部的多部门统筹协作和同步落实,使建设项目的工期、质量、投资、信息、安全等项目管理内容,得到高度集成化管理与控制,圆满完成了质量、投资、进度、安全等预期目标,并取得了良好的管理效益和社会效果。

5.3.2 工程投资控制完成效果

运河湾公园项目批复的投资估算总额为 39895 万元(其中工程费用 28231 万元)。通过建设方案经济比选,优化功能配置,全过程工程咨询服务单位在设计方案、技术措施、设备选型和设计余量等方面提出合理化建议,全力为建设单位节约工程投资。申报和批准初步设计概算总额为 38654 万元(其中工程费用 26491 万元),节约工程投资 1241 万元。

通过进一步优化和细化工程初步设计,确定工程建设标准,结合主要材料价格的市场行情,确定招标控制价(招标最高限价)为 25840 万元,节约工程投资 2814 万元。通过选用工程总承包(EPC)模式和固定总价合同类型,采用公开招标方式择优选取工程总承包(EPC)单位,中标价(即合同价)为 19018.51 万元,比招标控制价下浮了 26.4%,节约工程投资 6821.49 万元。

进入工程施工阶段,通过细化合同工程造价条款,制定工程投资管理制度和工作流程,明确参建各方工程投资控制责任,强化协调配合,合理调配资源,减少人为因素干扰造成的经济损失。结合实施对施工图设计的投资控制,采取施工组织设计和施工方案的技术经济改进措施,加强工程变更、现场签证和费用索赔管理,严格按工程总承包合同的约定,进行工程计量计价和竣工结算审核,并落实建设单位反索赔等有效措施,最后的工程竣工结算价为 19219 万元,比批准初步设计概算总额中的工程费用 26491 万元,节约工程投资为 7272 万元,节约率约为 27%。

5.3.3 工程进度控制完成效果

全过程工程咨询单位实施全过程集成化管理,优化了项目管理组织结构和管理流程,简化了合同关系和管理界面,减少了建设项目信息流失和管理缺失的情况发生,有效地解决了投资决策、工程设计、招标采购、工程造价、工程监理等责任分离的问题,有效加快建设项目实施进度。2019 年 9 月 20 日开工至 2020 年 10 月 1 日完成运河湾公园项目全部施工内容,并于同日正式开园并投入运行,历时 370 天,比工程进度控制目标 400 天,提前 30 天完成。

5.3.4 工程质量控制完成效果

全过程工程咨询单位通过实施对工程设计和工程施工质量全面管控,工程设计质量符合建设单位意图和需求，满足现行的国家、地方、行业技术标准和设计规范。施工阶段重点控制材料和工序质量，消除工程质量问题和隐患，杜绝重大工程质量事故发生，确保工程质量全部达到工程施工验收规范和合同约定的合格标准，所有分部分项工程一次性通过验收的合格率达到100%，建设项目整体竣工验收合格。

5.3.5 安全文明施工完成效果

全过程工程咨询单位对施工现场各参建单位实施综合管理，确保安全施工，提高安全施工督查、检查和巡查的频次，确保各项安全管理措施落实到位，杜绝死亡事故，未发生一般安全事故、重大机械设备损坏责任事故和重大火灾事故，确保无人员伤亡和财产损失的事件发生，做到了施工安全零事故。严格按照有关安全文明施工的管理规定，抓好安全文明标准化建设，加强安全文明施工管理力度，落实安全文明管理责任，确保安全文明施工标准化，做到现场规范化管理，场容场貌达一流，荣获市级安全文明标准化工地。

5.3.6 工程咨询服务质量效果

采用全过程工程咨询服务，有效助力工程设计、招标采购、工程施工、工程造价、工程监理等，在对应的不同环节、不同专业间实现无缝对接，提前规避和弥补传统单一服务模式下容易出现的管理漏洞和缺陷，提高建设项目的工程质量和品质。

5.3.7 责任风险规避方面效果

全过程工程咨询单位通过实施对全过程、全方位、全专业的责任风险预防和管控，做到投资决策科学合理、工程设计安全经济、建设手续完备齐全、施工过程标准规范、工程收尾堪称完美、责任风险降至为零的效果。有效地规范了建设项目管理秩序，减少了违法违规行为发生，降低了建设单位的责任风险。

运河湾公园项目完成实景效果如图5-11～图5-14所示。

图5-11 运河湾公园主入口

图 5-12 湿地生境

图 5-13 耐候钢板景墙地堡

图 5-14 龙门吊光影乐园

6 运河湾公园项目全过程工程咨询服务模式

全过程工程咨询服务模式是建筑行业深化改革和创新发展的产物，是一种崭新的工程咨询服务管理模式，是完善建设项目组织管理模式的需要，是适应培育新型工程咨询服务市场新需求的需要。全过程工程咨询服务可以实现建设项目全程化、专业化、程序化、集成化和一站式的工程咨询服务，可以根据建设单位的需求，结合建设项目不同实施阶段，涵盖不同专业技术内容的特点，采用模块化、专业化的组织管理模式，来弥补建设单位无法全面覆盖建设项目全部专业管理内容的不足。

6.1 全过程工程咨询服务模式与分工

6.1.1 运河湾公园项目服务模式

运河湾公园项目采用工程总承包（EPC）和全过程工程咨询组织管理模式，即建立"建设单位-全过程工程咨询单位-工程总承包（EPC）单位"三方责任主体的"铁三角"关系，这种新型组织管理模式具有界面清晰、责任明确、关系密切的特点，如图6-1所示。

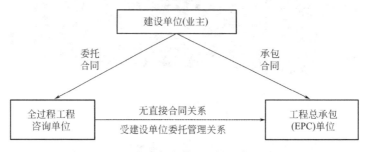

图 6-1 三方责任主体的"铁三角"关系

运河湾公园项目采用工程总承包（EPC）和全过程工程咨询组织管理模式，可以充分体现"专业人干专业事"的理念，便于发挥专业技术人员的专业优势，提升建设项目的综合管理能力和服务水平，减轻建设单位自行开展项目管理的风险和责任，更便于将建设单位从纷繁复杂的管理事务中解脱出来，把工作重心放在建设项目的管理目标、建设标准、功能定位等重大事项决策上来，对实现"质量优、成本省、工期短、效率高"的建设项目管理目标，起到至关重要的作用。运河湾公园项目组织管理模式如图6-2所示。

6.1.2 运河湾公园项目主要参建单位职责分工

运河湾公园项目主要参建单位有建设单位、全过程工程咨询单位、工程总承包（EPC）单位及前期方案和初步设计单位等。在全过程工程咨询管理模式下，该职责分工

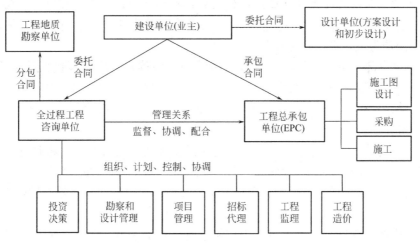

图 6-2 运河湾公园项目组织管理模式

由全过程工程咨询单位负责制定,报建设单位审核后,成为指导运河湾公园项目管理实施的作业指导书。

1. 各主要参建单位分为决策层、管理层和执行层三个层次。

(1) 建设单位是建设项目的决策层,为最高管理者和决策者。负责对建设项目的目标管理、功能定位、建设标准、品质工程、重大方针、实施方案等重大事项的决策,进行宏观控制。及时高效地处理建设项目实施过程中遇到的各种重大决策性问题,对建设项目计划目标的顺利实现,起到至关重要的作用。

(2) 全过程工程咨询单位是建设项目的管理层。是受建设单位委托,代表建设单位对建设项目参建各方进行组织管理和协调,负责把决策层制定的目标和方针,贯彻到各项具体管理工作中去,对工作进行组织、管理和协调,确保计划目标顺利实现。

(3) 方案和初步设计单位是建设项目的执行层。是受建设单位委托,负责建设项目的方案和初步设计,在决策层的领导和管理层的管理和协调下,实现建设单位对建设项目的功能需求和管理目标,完成方案和初步设计。

(4) 工程总承包(EPC)单位是建设项目的执行层。负责完成工程总承包(EPC)合同约定范围内的施工图设计和工程施工内容,满足工程总承包(EPC)合同约定的质量、安全、进度和投资目标要求。在决策层的领导和指挥下,在管理层的管理和协调下,通过各种技术手段和措施,把建设投资转化为工程实物资产,全面完成合同约定的任务和目标。

2. 各主要参建单位的职责分工

(1) 建设单位:负责建设项目管理目标、建设标准、功能定位、实施方案等重大事项的决策。

(2) 全过程工程咨询单位:为建设项目提供投资决策、项目管理、勘察和设计管理、工程监理、招标代理、工程造价咨询等专项工程咨询服务,代表建设单位对各参建单位进行总体管理和协调,确保建设项目预期目标的实现。

各专项工程咨询部门职责分工如下:

① 项目管理部：负责建设项目全过程的总体沟通、协调、组织和管理。协助建设单位办理有关建设项目行政审批手续，代表建设单位对各参建单位进行督促、协调与评价等，工作以协调为主，实施综合管理。

② 投资决策部：负责建设项目投资决策综合性咨询，工作内容包括投资机会研究、投融资策划、项目建议书、可行性研究报告及建设条件专项工程咨询评估报告、建设项目申请报告、建设资金申请报告等专项报告的编制，以及投资决策阶段项目管理所需的各种专业技术服务。

③ 勘察和设计部：负责建设项目工程地质勘察和工程设计管理。根据建设项目勘察和设计管理目标与流程，制定详细的勘察和设计管理工作计划，并组织落实。督促勘察和设计单位运用一切合理的专业技术和措施，履行服务合同的权利和义务，配合勘察和设计工作，对勘察和设计的质量、进度、变更等实施管理。

④ 招标代理部：负责建设项目工程招标管理。遵循公开、公平、公正、诚实守信的招标基本原则，依法依规完成建设项目的整个招标投标流程，办理相关审批和备案手续。参与招标策划，编制招标方案，编制资格预审文件和招标文件，协助建设单位完成资格预审，组织好投标、开标、评标和定标工作，为建设单位及工程总承包单位的合同洽谈和签订，做好准备工作。

⑤ 工程监理部：负责施工阶段工程监理工作。依据有关法律法规、标准规范和操作规程，按照工程地质勘察报告、工程设计文件及有关合同文件，对施工阶段的工程质量、进度、投资进行控制，对合同、信息进行管理，对各参建单位的关系进行组织协调，并履行建设项目安全文明施工管理法定职责。

⑥ 工程造价咨询部：负责对建设项目工程造价进行全过程跟踪管理，对工程投资的确定与控制提供全过程服务。包括：投资估算、方案和初步设计概算和建设项目经济评价报告的编制。配合设计方案比选、优化设计、限额设计等工程投资分析与控制。审核投标报价、确定合同价款、审核工程款支付、审核工程结算、编制竣工决算报告，提供全过程工程造价咨询和信息服务等。

（3）方案和初步设计单位：负责前期方案设计和初步设计工作，不参与后期施工阶段设计服务工作。根据已批复的建设项目规划、可行性研究报告及工程设计任务书，进行建设项目方案和初步设计，编制方案和初步设计概算，报政府有关投资部门评审和批复，经批复后的初步设计概算总额作为工程投资控制目标和依据，同时配合建设单位完成各项招标工作。

（4）工程总承包（EPC）单位：在建设单位监督下，在全过程工程咨询单位的监督和管理下，实施工程总承包（EPC）合同约定范围内的施工图设计和工程施工内容，满足工程总承包合同约定的工程质量、进度、投资和安全的目标要求等。

3. 全过程工程咨询单位和主要参建单位的关系

（1）建设单位与全过程工程咨询单位：建设单位负责建设项目重大事项决策，对全过程工程咨询单位工作进行监督、检查和考核，同时按照服务合同约定支付服务费用。全过程工程咨询单位依据与建设单位签订的《全过程工程咨询服务合同》，为建设单位提供贯穿建设项目全过程的工程咨询服务、管理服务或综合性服务，并对工程咨询服务和管理服务的成果质量终身负责。

（2）全过程工程咨询单位与工程总承包单位：全过程工程咨询单位代表建设单位对工程总承包单位进行管理，对工程总承包单位的工作内容、工作过程、工作质量、工作成果等履行管理、监督和审查职责。工程总承包单位应服从全过程工程咨询单位的管理，对其承担的建设项目履约成果质量负责。

（3）全过程工程咨询单位与方案和初步设计单位：全过程工程咨询单位代表建设单位对方案和初步设计单位进行管理，对方案和初步设计单位的工作内容、工作过程、工作质量、工作成果履行管理、监督和审查责任。方案和初步设计单位应服从全过程工程咨询单位的管理，对其提供的设计成果质量负责。

（4）全过程工程咨询单位和工程地质勘察单位：是总包和分包的合同关系，根据建设单位的需求和服务合同的约定，必须查明、分析、评价建设场地的地质情况、环境特征和岩土工程条件，编制工程地质勘察文件。结合工程设计、地基基础处理及现场施工条件等要求，进行科学的技术论证和分析评价，提交处理岩土工程问题及解决施工技术问题的决策性建议，为工程设计提供工程地质勘察资料，现场核实施工过程中发现的未明或有争议地质情况，进行地形测绘并提供地形图。

（5）全过程工程咨询单位和施工图设计单位：运河湾公园项目合同类型采用工程总承包（EPC）模式，施工图设计及施工阶段设计服务由工程总承包（EPC）单位自行负责，全过程工程咨询单位负责对施工图设计及服务质量、投资、安全、投资等目标进行监控。

运河湾公园项目主要参建单位职责分工，如表6-1所示。

运河湾公园项目主要参建单位职责分工表　　　　　表6-1

序号	工作分解	参建单位			工程咨询成果文件
		建设单位	全过程工程咨询单位	工程总承包单位	
全过程项目管理					
1	前期调查研究	S	P	—	《建设项目情况调查报告》
2	编制全过程工程咨询服务规划大纲	—	P	—	《全过程工程咨询服务规划大纲》
3	项目管理策划	A	P	—	《项目管理策划方案》
4	建设项目范围管理	S	P	—	《建设项目范围说明书》
5	建设行政审批手续办理	S	P	S	审批文件及许可证照
6	沟通协调管理	S	P	S	《沟通协调制度及报告》
7	勘察和设计管理	S	P	S	《勘察和设计管理报告》
8	合同管理	S	P	S	《合同管理报告》
9	工程质量管理	S	P	S	《工程质量计划及控制报告》
10	工程进度管理	S	P	S	《工程进度计划及控制报告》
11	工程投资管理	S	P	S	《工程投资计划及控制报告》
12	安全文明施工管理	S	P	S	《安全文明检查及评审文件》
13	信息管理	S	P	S	《信息管理报告》

续表

序号	工作分解	参建单位			工程咨询成果文件
		建设单位	全过程工程咨询单位	工程总承包单位	
14	竣工验收	P	S	S	《竣工验收备案证书》
15	工程例会	S	P	S	《会议纪要》
投资决策					
1	编制工程投资方案	A	P	—	《建设项目投资方案》
2	编制项目建议书	A	P	—	《项目建议书》
3	编制可行性研究报告	A	P	—	《可行性研究报告》
4	建设用地规划许可	A	P	—	《建设用地规划许可证》
5	建设工程规划许可	A	P	—	《建设工程规划许可证》
6	土地使用权属转移	A	P	—	《土地使用证》
7	编制环评、洪评等专项评价报告	A	P	—	各专项评价报告
8	设计方案经济比选	A	P	—	《设计方案经济比选及费用测算》
9	设计方案优化论证	A	P	—	《设计方案优化论证报告》
10	工程投资控制计划	A	P	—	《工程投资控制计划书》
11	建设资金使用计划	A	P	—	《建设资金使用计划》
12	编制招标采购方案	A	P	—	《招标采购方案》
勘察和设计管理					
1	工程勘察需求管理	A	P	—	《工程地质勘察任务书》
2	工程勘察过程管理	S	P	—	《工程地质勘察报告》及审查
3	工程设计需求管理	A	P	—	《工程设计任务书》
4	设计优化分析和建议	A	P	—	《设计优化分析和建议报告》
5	方案及初步设计申报	A	P	—	《方案及初步设计批复文件》
6	监控施工图设计	S	P	S	《施工图设计监控报告》
招标采购					
1	招标采购管理	—	P	—	《招标采购管理报告》
2	编制招标采购计划	A	P	—	《招标采购计划》
3	招标和资格预审文件	A	P	—	《招标文件》《资格预审文件》
4	招标文件审核备案	A	P	—	《招标文件备案表》
5	组织开标、评标、定标	A	P	—	《开标记录》《评标报告》《定标记录》
6	中标公示和公告	A	P	—	《中标公示和公告》
7	异议和质疑处理	A	P	—	《异议和质疑回复》
8	配合投诉处理	A	P	—	《投诉处理意见》
9	发出中标通知书	A	P	—	《中标通知书》

续表

序号	工作分解	参建单位			工程咨询成果文件
		建设单位	全过程工程咨询单位	工程总承包单位	
10	合同谈判	A	P	S	《合同谈判记录》
11	合同签订	A	P	S	《合同文本》
全过程工程造价咨询(跟踪审计)					
1	投资估算	A	P	—	《投资估算》
2	方案和初步设计概算	A	P	—	《方案和初步设计概算》
3	初步设计概算申报	A	P	—	《初步设计概算批复》
4	初步工程量清单	A	P	—	《初步工程量清单》
5	招标控制价	A	P	—	《招标控制价》
6	编制阶段建设资金使用计划	A	P	—	《阶段建设资金使用计划》
7	工程量计量	A	P	S	《工程量计量报告》
8	预付款支付审核	A	P	S	《预付款支付审核报告》
9	进度款支付审核	A	R	P	《进度款支付审核报告》
10	变更、索赔的审核	A	P	S	《变更、索赔审核报告》
11	过程结算审核	A	P	S	《过程结算审核报告》
12	合同价款管理	A	P	—	《合同价款管理台账》
13	工程造价动态分析	A	P	—	《工程造价动态分析报告》
14	工程竣工结算审核	A	P	S	《工程竣工结算审核报告》
15	竣工决算编制	A	P	—	《竣工决算报告》
16	保修期工程造价管理	A	P	S	《保修期工程造价管理报告》
施工阶段工程监理					
1	工程监理规划	R	P	—	《工程监理规划》
2	工程监理实施细则	S	P	—	《工程监理实施细则》
3	开工条件审查	R	P	S	《开工令》
4	质量控制	S	P	S	制度、计划、记录和评审文件
5	进度控制	S	P	S	制度、计划、记录和评审文件
6	投资控制	S	P	S	制度、计划、记录和评审文件
7	安全管理	S	P	S	制度、计划、记录和评审文件
8	合同管理	S	P	S	制度、计划、记录和评审文件
9	信息管理	S	P	S	制度、计划、记录和评审文件
10	组织协调	S	P	S	制度、计划、记录和评审文件
11	检验批及分项工程验收	S	P	S	《工程报验单》
12	分部工程验收	S	S	S	《分部工程质量评估报告》
13	工程竣工验收计划	A	S	S	《竣工验收计划书》

续表

序号	工作分解	参建单位			工程咨询成果文件
		建设单位	全过程工程咨询单位	工程总承包单位	
14	工程竣工验收方案	A	S	S	《竣工验收方案》
15	单位工程竣工验收资料管理	S	S	S	《单位竣工验收资料汇总》
16	单位工程竣工验收	P	S	S	《单位工程质量评估报告》
17	单位工程竣工验收报告	P	S	S	《单位工程竣工验收报告》
18	工程竣工验收备案	P	S	S	《竣工验收备案表》
19	工程监理工作总结	—	P	—	《工程监理工作总结》
工程总承包（EPC）管理					
1	施工图设计管理	R	R	P	计划、记录和评审文件
2	施工图设计审核	R	R	S	《施工图设计审核报告》
3	勘察人员现场服务	—	R	S	计划、记录和评审文件
4	主要材料和设备采购管理	S	R	P	计划、记录和评审文件
5	施工成本管理	S	R	P	计划、记录和评审文件
6	施工技术管理	S	R	P	计划、记录和评审文件
7	施工质量管理	S	R	P	计划、记录和评审文件
8	工程实体质量管理	S	R	P	计划、记录和评审文件
9	安全生产和文明施工管理	S	R	P	计划、记录和评审文件
10	施工协调管理	S	R	P	计划、记录和评审文件
11	施工进度管理	S	R	P	计划、记录和评审文件
12	信息和资料管理	S	R	S	计划、记录和评审文件
竣工验收					
1	编制竣工验收计划	A	P	S	《竣工验收计划书》
2	成立竣工验收组织	P	S	S	《竣工验收小组》
3	组织工程资料预验收	S	R	P	《工程资料预验收报告》
4	组织工程实体预验收	S	S	P	《工程实体预验收报告》
5	预验收发现的质量问题清单	R	P	S	《工程质量问题清单》
6	对存在质量问题督促整改	S	R	P	《工程质量问题整改报告》
7	审核系统性能验收测试结果	S	R	P	《系统性能测试报告》
8	观感质量评定	S	P	S	《观感质量评定报告》
9	联系相关主管部门专项验收	S	P	S	《专项验收意见》
10	正式竣工验收	P	S	S	《竣工验收报告》
11	对竣工验收提出质量问题处理	S	R	P	《质量问题整改报告》
12	工程资料交档案	S	R	P	《移交手续》
13	城建档案馆工程档案备案	S	P	S	《接收手续》

续表

序号	工作分解	参建单位			工程咨询成果文件
		建设单位	全过程工程咨询单位	工程总承包单位	
14	竣工备案	R	P	S	《竣工备案表》
风险管理					
1	编制风险管理计划	A	P	S	《风险管理计划》
2	风险识别	S	P	S	《风险识别报告》
3	风险分析和评价	S	P	S	《风险分析和评价报告》
4	风险应对措施	S	P	S	《风险应对措施方案》
5	风险监控	S	P	S	《风险监控报告》
6	风险记录	S	P	S	《风险记录单》
工程移交和保修					
1	工程实体移交	A	P	S	《移交手续》
2	工程资料移交	A	P	S	《移交手续》
3	签订工程保修合同	A	P	S	《工程保修合同》
4	工程质量保修	S	R	P	《质量保修报告》
5	使用方人员培训	S	P	—	《培训计划》

注：P—主要责任/主持召集。S—支持/参与。R—审核/监控。A—批准/确认。

6.2 全过程工程咨询服务人员与设备

运河湾公园项目采用"1+X"的全过程工程咨询服务管理模式，由一家具备资质条件的工程咨询企业承担项目管理及全部或部分专项工程咨询服务。全过程工程咨询单位将各个阶段、各个专业的工程咨询业务有机整合为一体，着眼于建设项目的总体目标和价值实现，对建设项目全过程进行全面的、系统的管理。全过程工程咨询单位应配备满足全过程工程咨询服务项目部开展工程咨询所需要的人员、器具、设备和资金等资源，如图6-3所示。

6.2.1 人员配备

全过程工程咨询单位根据运河湾公园项目技术特点和工程咨询实际需要，合理安排派驻现场人员，成立全过程工程咨询项目部（服务团队），任命项目负责人，设立投资决策、勘察和设计、招标代理、项目管理、工程监理、工程造价等六个专项工程咨询工作部门，委派各专项负责人，配备数量适宜、专业配套的专业技术人员和其他辅助人员，根据分工相互配合密切协作，组建专家顾问组提供技术支持，确保建设项目的稳步推进。具体人员配备情况详如表6-2所示。

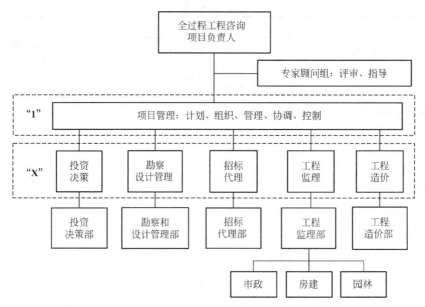

图 6-3 "1+X"全过程工程咨询服务项目部架构

运河湾公园项目全过程工程咨询服务项目部人员配备表 表 6-2

团队	职务	姓名	专业	年龄	执业资格	专业\人员配备
项目部	项目负责人	×××	土木工程	××	注册造价工程师、注册监理工程师、注册一级建造师	行政管理\2人
投资策划	投资策划负责人	×××	给水排水	××	招标师、注册监理工程师	工程咨询\1人
勘察和设计	勘察和设计负责人	×××	水利工程 土木工程	××	注册监理工程师、注册土木工程师(岩土)、注册结构工程师	房屋建筑\1人 市政公用\1人
工程监理	总监理工程师	×××	市政工程	××	注册造价工程师、注册监理工程师、注册一级建造师	市政公用\1人专监 园林绿化\1人专监 房屋建筑\1人专监 水电安装\1人专监 监理员\4人 资料员\1人
招标代理	招标代理负责人	×××	土木工程	××	招标师、注册造价工程师、注册监理工程师、注册安全工程师	招标代理\1人
工程造价	跟踪设计负责人	×××	园林工程	××	注册造价工程师、注册监理工程师、注册一级建造师	市政公用\1人 园林绿化\1人 水电安装\1人
项目管理	项目管理负责人	×××	道路工程	××	招标师、注册监理工程师	市政公用\1人 房屋建筑\1人 资料员\1人
综合部	负责人	×××	—	××	—	文秘2人

6.2.2 工器具配备表

全过程工程咨询服务使用的工器具数量应满足建设项目工程咨询服务的使用要求，按实际和使用情况配置，配置种类、数量应满足全过程工程咨询服务工作的正常开展。对需要检定和校准的工器具应定期检定和校准，涉及国家强制检定目录范围内的工器具应取得法定计量部门或法定授权组织出具的计量检定证明。具体工器具配备情况如表6-3所示。

运河湾公园项目全过程工程咨询服务工器具配备表　　　表6-3

序号	名称	型号规格	数量(个)	备注
1	游标卡尺	0～150mm	3	
2	中回牌回弹仪	ZC3-A型	1	
3	深威达激光测距仪	SW-50	2	
4	全站仪	拓普康	1	
5	经纬仪	FDTL2CA	1	
6	水准仪	X4	1	
7	白象钢卷尺	5m、30m、50m	5	
8	工程检测器	苏工	2	
9	坍落度筒	冀路	3	
10	试模	Vishay	2	
11	打印扫描一体机	惠普2048d	2	
12	卡西欧照相机	14倍变焦	2	
13	联想电脑	Be460	2	
14	工程钻机	XY-150	1	
15	双桥静力触探	LMD310	2	
16	GPS定位仪	南方S82	1	
17	三轴仪	TSZ30-20	1	
18	固结仪	WG-2A	5	
19	静力触探微机	KE-U310	2	
20	波速仪	WAVE2000	1	
21	BIM软件		1	
22	ERP软件系统		1	
23	钉钉软件		1	

6.3 全过程工程咨询单位岗位职责

全过程工程咨询单位应根据《全过程工程咨询服务合同》的约定服务内容和建设项目技术特点，制定和实施全过程工程咨询服务工作制度和岗位责任制，明确全过程工程咨询服务的技术要求和工作流程，明晰全过程工程咨询单位、项目部及各专业部门的管理界面和管理职责。

6.3.1 全过程工程咨询单位职责

(1) 全过程工程咨询单位应当以建设单位需求为根本，以实现建设项目预期目标为前提，采用全过程、集成化的管理方式，提高项目管理能力和效率。

(2) 根据服务合同的约定和建设项目特点，组建全过程工程咨询项目部（服务团队），配备满足项目部开展全过程工程咨询服务所需要的人员、设备和资金等资源。

(3) 负责对全过程工程咨询服务项目部（服务团队）的工作进行全面指导和支持，对项目部（服务团队）的管理行为和管理结果负总责。

(4) 对项目负责人授权范围、期限和内容的工作进行全过程的监督、指导和管控，对履约过程中存在的问题和不足，应及时提出解决方案和整改措施。

(5) 审批全过程工程咨询服务规划大纲，审核实施方案和专项工程咨询工作计划。

(6) 加强项目部及人员宣传教育工作，严格遵守法律法规和廉洁自律规定，遵循职业道德和工作纪律，独立、公平、科学、诚信地开展工程咨询工作。

(7) 依据法律法规标准规范的规定和服务合同的约定，对工程咨询服务承担相应的法定责任和约定责任，并对其工程咨询成果的数据真实性、有效性和科学性负责。

(8) 具有对建设项目各参建单位的组织协调权利，重要协调事项需向建设单位报告。

(9) 经建设单位同意，可将部分工程咨询业务分包给能够满足建设单位及建设项目要求的工程咨询单位，并承担连带责任。

(10) 定期对项目部的工作完成情况进行检查，审核建设项目实施过程中突发的重大事件的处置方案。

(11) 建立和完善工程咨询技术保障体系，提升关键技术问题解决能力和核心技术创新能力。

(12) 通过提高专业技术人员业务能力和风险意识，持续改进工程咨询服务质量，防范技术服务风险。

6.3.2 全过程工程咨询专家顾问组职责

(1) 充分利用本单位及社会的技术资源为本建设项目提供技术、经济等方面的专业咨询和决策支持。

(2) 参与重大技术问题的讨论和评审。

(3) 参与重要工程发包模式和合同体系策划及论证。

(4) 参与重大事项问题的决策和分析，并提供专业技术支持。

6.3.3 全过程工程咨询项目部及部门职责

1. 项目部职责

(1) 全过程工程咨询服务项目部全权代表全过程工程咨询服务单位，全面履行《全过程工程咨询服务合同》权利和义务，确保建设项目预期目标实现。

(2) 合理设置项目部的工作部门和岗位，明确项目负责人、专项负责人及专业技术人员的岗位职责，根据建设项目进展情况，做好人员调配和管理工作。

(3) 项目部的（服务团队）的管理人员要认真研读工程技术资料和合同文件，定期进行工程咨询业务技术培训学习，提高工作能力及服务水平。

(4) 服从全过程工程咨询单位对项目部跟踪、检查和督促各项工作完成情况和管理要求。

(5) 项目部成员要开展经验交流、绩效评价、业务总结等，吸取教训，以利再战。

(6) 认真做好全过程工程咨询项目部的工作总结及撤退或解体的善后工作。

2. 项目管理部职责

(1) 根据《全过程工程咨询服务合同》约定和建设项目特点，进行全过程工程咨询服务策划、执行、监督和控制，保证建设项目目标实现。

(2) 参与编制全过程工程咨询服务规划大纲和实施方案，负责编制全过程项目管理工作计划，并监督执行。

(3) 负责建设项目行政审批手续报批工作，组织整理各类申报材料，并与审批部门进行沟通协调，及时跟进和完善审批手续，满足建设项目的有序实施。

(4) 组织图纸会审和设计交底，做好开工前的施工技术和施工组织准备工作。

(5) 编制建设项目总体进度计划和阶段进度计划，实施动态管理，根据进展情况及时调整计划。

(6) 组织审批工程施工组织设计和重要的专项施工方案，指导、监督和控制施工现场活动。

(7) 对建设项目实施过程中的投资、进度、质量、环境、健康、安全等目标进行管理和控制，并采取合理有效措施，确保计划目标的顺利实现。

(8) 负责施工现场工程质量、工程投资、工程进度和安全文明施工的管理，编制周报、月报、阶段性及年度评估报告。

(9) 参加检验批、分项、分部工程质量验收，协助建设单位组织竣工验收、竣工备案及工程移交工作。

(10) 组织重大质量安全事故调查和处理，召开事故分析会，总结经验教训，预防质量安全事故发生。

(11) 负责建设项目各参建单位的沟通协调工作，及时向建设单位汇报建设项目实施情况。

(12) 制定风险管理计划，对建设项目全过程进行风险识别、分析、评估和处理，有效降低或消除风险损失。

3. 投资决策部职责

(1) 参与编制全过程工程咨询规划大纲和实施方案，负责编制投资决策工程咨询工作计划。

(2) 依据法律法规、标准规范的规定和建设单位的需求，结合专项工作计划和任务分配，全面完成投资决策阶段工程咨询工作，对出具的工程咨询成果质量负责。

(3) 出具的工程咨询成果文件应符合法律法规、标准规范规定和服务合同质量要求，并负责修改和完善，直至通过建设单位验收及有关部门评审和批复。

(4) 负责建设项目的投资机会研究与分析，编写《项目建议书》，完成《项目建议书》批复工作。

(5) 负责编写《可行性研究报告》，组织协调建设条件专项评估报告编写，完成评审批复工作。

(6) 向建设单位提供投资决策阶段工程咨询资料，并做好相关法律、法规及规章的解释工作。

(7) 对投资决策工程咨询进行过程管理，协助建设单位完成评审报批等其他工程咨询服务工作。

(8) 协助项目部有关部门办理有关行政审批手续，并提供相关技术资料。

4. 勘察和设计部职责

(1) 根据建设项目的总体进度计划要求，制定详细的工程地质勘察和工程设计任务书及工作计划，经项目负责人批准后，负责组织落实。

(2) 协助建设单位完成工程地质勘察和工程设计招标投标及服务合同签订工作，编制勘察和设计任务书，报送建设单位审批后，提供给勘察和设计单位。

(3) 督促工程地质勘察和工程设计单位应运用一切合理的专业技术手段和实践经验，尽职尽责地履行服务合同的权利和义务。

(4) 负责与工程地质勘察和工程设计单位和人员沟通协调工作，对勘察和设计的投资、质量、进度、变更等进行管理。

(5) 组织有关专家对方案设计、初步设计、施工图设计进行评审、分析和优化，在功能和投资等方面提出优化意见和建议。

(6) 实时评估勘察和设计进度计划的完成情况，对进度计划进行动态管理。

(7) 检查勘察和设计单位的服务过程和提交的成果文件，必须满足标准规范和操作规程的要求，满足勘察和设计合同及建设项目特殊性的要求。

(8) 审查勘察和设计成果文件，协调成果文件的修改和完善，并向建设单位提交成果文件评估报告。

(9) 负责勘察和设计阶段成果文件的评审和报批工作，根据有关部门评审意见，督促勘察和设计单位予以修改和完善，直至满足审批要求。

(10) 复核施工图设计，审核设计变更、工程设计洽商等，提出优化设计的建议。

(11) 组织设计交底和图纸会审工作，说明设计意图，明确技术质量要求，对工程施工技术质量提出专业意见。

(12) 督促勘察和设计单位做好施工现场的技术服务工作，解决施工中遇到的与设计有关的质量和技术问题。

(13) 根据工程施工需求组织或实施设计优化，组织关键部位的设计验收管理工作。

(14) 做好勘察和设计收尾管理，完成勘察和设计文件资料归档工作。

5. 招标代理部职责

(1) 依据岗位职责及分工，对服务合同中约定的工程招标咨询服务和管理服务进行策划、执行、监督和控制，保证建设项目的工程招标质量。

(2) 负责招标采购策划，制定招标采购方案，编制资格预审文件或招标文件并组织评审，协助建设单位通过招标，择优选定中标单位。

(3) 组织招标文件答疑，协助解决有关招标资料的技术问题，并编制《建设标准说明》。

(4) 对招标过程进行管理，发布招标公告或投标邀请函，组织潜在投标人踏勘现场，组织并协助建设单位主持开标、评标和定标等工作。

（5）协助建设单位处理异议、质疑和投诉等工作，并按招标文件和法律规定确定中标单位。

（6）协助建设单位选定合同标准文本或示范文本作为合同母本，拟定合同主要条款。

（7）协助建设单位与中标单位进行合同谈判与合同签订，并做好合同备案。

（8）协助建设单位按规定完成工程招标过程中有关审批、核准或备案事项，完善工程招标档案资料。

（9）做好后期服务，负责解释招标文件中的有关条款和内容以及解答工程招标投标事宜。

6. 工程造价部职责

（1）参与编制建设项目全过程工程咨询规划大纲和实施方案，负责编制全过程工程造价咨询（含跟踪审计）工作计划。

（2）依据岗位职责及分工，对服务合同中约定的工程造价咨询和管理服务进行策划、执行、监督和控制，保证全过程工程造价咨询的质量。

（3）对建设项目工程造价的确定与控制提供专业的工程造价咨询服务，出具工程造价咨询成果文件，严格控制工程投资，实现预期的工程投资控制目标。

（4）编制和审核建设项目的投资估算、方案和初步设计概算、工程量清单、招标控制价、竣工结算及竣工决算报告等，并提出审核意见。

（5）编制建设资金使用计划，实施动态管理，根据投资变化情况及时调整和完善建设资金使用计划。

（6）实施工程造价全过程跟踪管理，参加隐蔽工程验收，进行工程量计量，审核工程款支付申请，处理施工过程的工程变更、现场签证和费用索赔等事宜。

（7）把握工程造价动态变化情况，提供建设项目全过程工程造价跟踪审计与工程造价信息服务。

（8）做好建设项目工程投资方面的工程资料收集、整理和分析工作，在此基础上，完成工程造价咨询方面的专业分析报告。

（9）负责协助建设单位完成工程造价的相关审批、核准或备案事项。

7. 工程监理部职责

（1）根据服务合同约定和建设项目特点，进行施工阶段工程监理服务策划、执行、监督和控制，保证建设项目目标实现。

（2）编制工程监理规划及监理实施细则，对施工阶段工程监理进行统筹管理活动，全面管理、监督和落实工程监理职责。

（3）参与合同洽谈和签订，实施合同动态管理，及时处理合同履行过程中的争议，确保合同顺利履行。

（4）对建设项目施工阶段的投资、进度、质量进行控制，采取有效管理措施，确保预期目标的实现。

（5）加强投资控制，重点对工程施工过程中的设计变更、现场签证、费用索赔进行管理。

（6）按有关法律法规和工程监理规范规定，履行建设工程安全生产管理法定职责。

(7) 定期和不定期组织质量安全检查，完成建设项目安全文明施工评价，配合建设主管部门的质量安全监督检查，对发现的问题，及时督促整改。

(8) 做好建设项目相关方的组织协调工作，保证建设项目顺利实施。

(9) 参加隐蔽工程、检验批、分项、分部工程质量验收，组织竣工预验收，协助建设单位组织建设项目竣工验收、竣工备案和工程实体及资料移交工作。

(10) 加强建设项目信息管理工作，形成完整工程监理文件资料并归档。

(11) 工程监理应协助建设单位完成建设项目施工阶段的相关审批、核准或备案事项。

8. 综合部职责

(1) 负责全过程工程咨询项目部所需的办公用品、仪器设备等配置和管理。

(2) 制定档案资料及信息管理制度，并监督项目部管理人员严格执行。

(3) 负责项目部日常文件资料收发及档案资料管理工作。

(4) 编制全过程工程咨询项目部的各类报表，包括监督、收集、汇总项目部内部周报，编制全过程工程咨询项目部工作报告。

(5) 负责制定工程封存样品管理制度，做好工程封存样品的保管工作。

(6) 按照职责分工，配合建设单位办理建设项目各项行政审批手续事宜。

6.3.4 全过程工程咨询项目部人员岗位职责

1. 项目负责人岗位职责

(1) 遵守工程咨询工作的职业道德和行为规范，坚持"守法、诚信、公正、科学"的原则，全力维护建设单位的合法利益。

(2) 制定全过程工程咨询业务的工作目标，把工作目标作为信誉来实现。

(3) 项目负责人应依据《全过程工程咨询服务合同》的约定，在全过程工程咨询单位的授权范围内，代表全过程工程咨询单位全面主持项目部的工作，实现建设项目的预期目标。

(4) 参与组建全过程工程咨询服务项目部（服务团队），确定项目部各专项工作部门设置及职责，确定各专项工作部门人员配置及其岗位职责。

(5) 组织编制《全过程工程咨询服务规划大纲》《全过程工程咨询服务实施方案》和《专项工程咨询工作计划》，制定和管理全过程工程咨询管理目标。

(6) 建立健全建设项目全过程工程咨询服务的组织架构、职责分工、决策机制、管理制度、工作流程以及相关表格和成果文件模板等，组织落实和完善优化。

(7) 负责建设项目工程咨询策划与计划、组织与实施、检查与督促，以及绩效评价等工作。

(8) 建立健全项目部的质量管理体系和管理制度，通过质量管理体系运行、业务流程控制、服务标准实施等措施，保证工程咨询成果的质量。

(9) 根据工程咨询工作需要，统筹管理和调配项目部的人员、设备、资金等资源使用。

(10) 按工作计划开展工程咨询服务工作，组织监督、检查、考核和验收工作计划的执行情况。

(11) 组织和参加建设项目重大决策事项分析与研究，提出专业建议和意见。

(12) 负责与建设单位之间的定期沟通与协调，调解参建各方之间有关的争议和纠纷。

(13) 协调解决建设项目实施过程中产生的重大变更、突发的重大事件的处置。

(14) 根据建设项目实施情况，主持召开全过程工程咨询例会及其他相关专题会议。

(15) 审核和签发工程咨询成果文件，对出具的工程咨询成果文件质量负责。

(16) 负责审批全过程工程咨询管理文件、技术资料、评估报告、总结报告等文件，并及时向建设单位报告。

(17) 组织编制周报、月报、工作总结，做好工程资料管理和归档工作。

(18) 负责全过程工程咨询项目部（服务团队）建设和管理，定期组织对服务团队工作绩效进行评价。

(19) 负责授权范围内的任务分解和利益分配，妥善处理项目部解散的善后工作。

2. 专项负责人岗位职责

(1) 专项负责人负责各专项工程咨询部门的工作，对专项工程咨询的工作目标负责。

(2) 参与调研建设单位需求和所在地市场情况，制定本专项工程咨询工作目标，把工作目标作为信誉来实现。

(3) 参与编制全过程工程咨询服务规划大纲和实施方案，制定所负责的专项工程咨询工作计划。

(4) 负责组建专项工程咨询工作部，明确工作范围和内容、管理界面和责任，根据工程进展及工作需要调配专业技术人员。

(5) 制定岗位职责、管理制度、工作流程和进度计划，统一专项工程咨询技术条件，统一技术经济分析原则，并监督执行。

(6) 负责编制本专项周报、月报、工作总结等工程咨询服务过程文件及相关资料。

(7) 依据现行法律法规、标准规范、质量要求等，完成所负责的专项咨询服务工作，对所承担的任务和出具的成果质量负责。

(8) 审核专项工程咨询成果文件，对审核的专项工程咨询成果文件质量负责，定期向项目负责人汇报专项工作进展情况。

(9) 组织和参加全过程工程咨询调度会、周例会、月例会及与本专项工程咨询有关的专题会议。

(10) 针对工程咨询过程中出现的问题提出解决方案，出具《专项工程咨询联系函》，跟踪检查问题整改情况，实施动态控制。

(11) 协助项目负责人组织开展监督、检查、考核和验收工作计划执行情况。

(12) 与其他专项工作部进行技术协调和共同协作。

3. 专业技术人员岗位职责

(1) 参与编制专项工程咨询工作计划，编制所负责的专项工程咨询工作报告和工作总结。

(2) 制定其负责的工程咨询工作目标，把工作目标作为信誉来实现。

(3) 依据现行法律法规、标准规范、质量要求等，按专项工作计划和任务分配，完成所负责的专项工程咨询服务工作。

(4) 对承担的各项工程咨询工作进行认真自校，做好工程咨询质量的自主控制。

(5) 遵守工程咨询的标准与原则，对所承担的工程咨询任务和出具的工程咨询成果质量负责。

(6) 针对工程咨询过程中出现的问题提出解决方案,报专项负责人同意,并出具《专项工程咨询联系函》,后期实时跟踪检查问题整改情况,实施动态控制。

(7) 参加全过程工程咨询调度会、周例会、月例会及与本专项工程咨询有关的专题会议。

(8) 收集建设项目目标控制信息、采集影像资料、记录建设项目大事记。

(9) 协助专项负责人开展专项工程咨询服务工作,推进本专项工程咨询开展。

6.4 全过程工程咨询服务人员素质

全过程工程咨询单位对参与全过程工程咨询的项目负责人、专项负责人和专业技术人员,应进行职业道德教育和专业技术培训,提高人员技术素质和职业道德。结合时代特征和员工身心发展的特点,不断提升员工的道德素质和业务水准。良好的职业道德是每一个员工都必须具备的基本素质,良好的职业修养是每一个优秀员工必备的素质,这是企业对员工最基本的规范和要求,同时也是每个员工担负起自身工作责任的必备素质。

6.4.1 人员素质

(1) 具有符合全过程工程咨询要求的技术水平和服务能力,能够进行独立协调与沟通。

(2) 具有相应的建设项目全过程工程咨询服务实践经验和工作业绩。

(3) 具有建设项目全过程工程咨询服务需要的专业技术、经济、管理和法律知识。

(4) 具有良好的团队协作精神、遵纪守法、爱岗敬业、诚实守信、尽职尽责。

(5) 身体健康,思想状态良好,无不良嗜好。

6.4.2 职业道德

(1) 遵守国家有关法律法规和政策规定,严格执行行业自律性规定,维护公众利益。

(2) 坚持实事求是的工作作风和诚实守信的工作态度,遵循"公平、独立、诚信、科学"的基本原则,开展全过程工程咨询服务工作,不损害有关各方的合法利益。

(3) 竭诚为建设单位服务,维护参建单位合法权益,为建设项目建设增值。

(4) 遵守廉洁自律规定,不接受各种不正当的报酬。

(5) 坚持正直诚实、敬业负责的工作作风,不参与服务建设项目的经营活动。

(6) 不泄漏与建设项目相关的保密事项。

7 运河湾公园项目投资决策综合性咨询

全过程工程咨询单位应严格按照国家法律法规、政策规定及标准规范的要求,向建设单位提供投资决策综合性咨询服务,有义务向建设单位提供投资决策策划及相关工程咨询资料,做好相关法律法规和标准规范的解释工作,按时向建设单位交付工程咨询成果文件,持续进行修改和完善,达到国家及行业的技术标准和验收规范的质量要求,直至通过相关投资主管部门评审,完成建设项目投资决策阶段行政审批手续的资料和申报,并取得有关批复文件。

7.1 投资决策咨询

7.1.1 投资决策咨询服务清单

投资决策服务清单如表 7-1 所示。

投资决策咨询服务清单　　　　　　　　表 7-1

服务阶段	服务部门	服务内容	编制	评审	报批	备注
投资决策	投资决策部	(1)项目策划	▲	▲		
		(2)项目建议书	▲	▲	▲	
		(3)可行性研究报告	▲	▲	▲	

7.1.2 投资决策咨询管理要求

(1) 根据《全过程工程咨询服务合同》和建设项目特点,确定投资决策阶段的投资综合性咨询内容与范围。

(2) 进行工程投资策划,制定建设项目投资决策阶段的工作制度和工作流程,并明确责任分工。

(3) 为建设单位提供建设项目投资决策咨询的管理服务,建立参与投资综合性咨询有关人员协同工作管理机制。

(4) 建立投资决策工程咨询质量管理体系,确保工程咨询成果文件的质量。

(5) 监督和检查投资决策工程咨询管理过程,采取有效措施,确保建设项目投资决策工作的有序进行。

(6) 依据建设项目的基本情况和行政审批事项的申报要求,对投资决策综合性咨询成果文件质量进行评审。

(7) 投资决策综合性咨询成果文件质量评审要求:

1) 项目策划要切合实际,具有可操作性。
2) 工程咨询成果文件与有关法律法规、标准规范和政策文件的符合性。
3) 工程咨询成果文件与国民经济和社会事业发展的一致性。
4) 工程咨询成果文件中引用的基础资料、技术数据的准确性和可靠性。
5) 工程咨询成果文件中所采用调查研究和分析论证方法的科学性。
6) 实现建设单位需求的满意性。
7) 项目建议书评审应重点论证建设项目的必要性。
8) 可行性研究报告评审重点应是分析建设项目的可行性。

(8) 检查和监督建设项目投资决策阶段的相关审批、核准或备案完成情况,如图 7-1 所示。

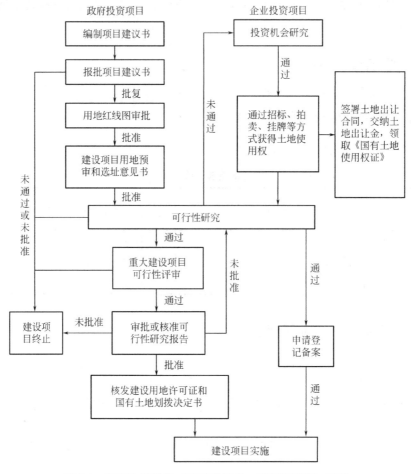

图 7-1 投资决策阶段(项目建议书、可行性研究)流程

7.1.3 《项目策划方案》编制技术要求

(1) 全过程工程咨询单位应按照服务合同约定和建设单位需求,依据法律法规和有关方针政策,结合建设项目具体条件及社会经济的发展趋势,进行项目策划。

(2) 在与建设单位充分沟通并进行市场调查研究的基础之上,围绕方案、时间、成本、组织等方面开展项目策划工作，并编制《项目策划方案》。

(3)《项目策划方案》编制要求如下：

1) 有针对性地提出建设单位在投资决策阶段需要解决的主要问题，为建设单位统一思想，征求上级主管部门意见，指导建设项目实施，提供科学决策依据。

2) 项目策划应在可行性研究或方案设计工作开始之前进行。

3) 项目策划服务应编制形成《项目策划方案》。

(4)《项目策划方案》内容如下：

1) 市场环境调查研究。

2) 建设项目基本目标的论证和分析。

3) 建设项目定义和拟建方案设计策划。包括：建设规模、建筑功能、建设标准等策划。

4) 建设项目技术策划。包括：工程进度、组织管理模式、招标采购等策划。

5) 建设项目经济策划。包括：建设投资和融资、建设资金使用计划、经济效益等策划。

6) 建设项目运行管理策划。

7) 建设项目经济性评价。

(5) 项目策划中的市场环境调查研究，可采用实地调研、网络调查、问卷调研、面对面访问等方式进行，收集相关资料和重要数据。市场环境调查研究工作流程，如图7-2所示。

(6)《项目策划方案》应包含相似建设项目案例分析，选择的案例应具有针对性较强的参考价值，可不局限于建设项目所在地。

(7) 编制形成《项目策划方案》及基础资料，并协助建设单位完成汇报和批准工作。

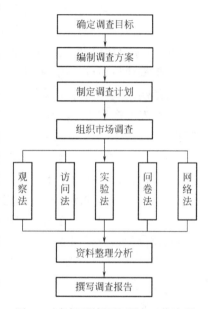

图 7-2 市场环境调查研究工作流程

7.1.4 《项目建议书》编制技术要求

(1)《项目建议书》作为国有投资建设项目立项批复的重要依据，应对建设项目的必要性进行充分论证。

(2)《项目建议书》主要对建设项目建设内容、拟建地点、建设用地、拟建规模、投资匡算、资金筹措以及社会效益和经济效益等进行初步分析。

(3) 编制《项目建议书》的依据是国民经济发展、国家和地方中长期规划、产业政策、生产力布局、国内外市场、建设项目所在地的内部和外部条件等。

(4) 编制《项目建议书》的依据如下：

1)《政府投资条例》。

2)《中央预算内直接投资项目管理办法》。

3) 国家及建设项目所在地经济社会发展规划。

4) 相关行业发展规划及专项规划。

5) 相关行业、市场调研信息及分析论证资料。

6) 建设单位对技术及经济需求等。

(5) 全过程工程咨询单位应当结合建设项目《项目建议书》的编制依据，进行初步调查研究和分析预测，开展建设项目投资决策咨询，提供投资机会研究成果。

(6) 投资机会研究是进行可行性研究前的准备性调查研究，通过对政治、经济和环境的分析来寻找投资机会、识别投资方向、选定投资项目，作为建设单位内部投资决策重要依据使用。

(7) 投资机会研究的方法，主要是根据类似建设项目、大数据、相关建设经验等进行定性预测和分析论证，可不进行详细的定量分析计算。

(8) 投资机会研究应进行多方面、多方案论证比选，并对可行的方案进行详尽分析研究。

(9) 投资机会研究可与建设规划研究同步进行，以投资机会研究结果为基础，为今后制定建设项目投资计划和开展投资可行性研究提供技术支撑。

(10)《项目建议书》编制要求如下：

1) 依据建设项目的相关资料进行编制。

2) 编制格式、内容和深度达到规定要求。

3) 由专业咨询工程师编制，经项目负责人审核，由建设单位确认后，报投资主管部门审批。

(11)《项目建议书》编制内容如下：

1) 总论：建设项目提出的背景和概况，以及存在问题与建议意见。

2) 市场调查和预测：初步选定建设项目，初步预测投资规模，初步识别可能风险。

3) 资源条件评价：资源可利用量和开发价值。

4) 建设项目规模与方案：初步确定建设规模及建设方案。

5) 建设项目建设用地选址：建设项目用地所在地区选择（规划选址）、绘制建设用地地理位置示意图。

6) 实施进度：初步确定建设工期和实施计划。

7) 投资匡算：初步匡算建设项目总投资。

8) 融资方案：建设资金的需要数额和来源计划。

9) 财务评价：非盈利性项目财务评价。

10) 国民经济评价与社会评价：初步计算国民经济效益和费用及以定性描述为主的社会评价。

11) 风险分析：初步识别主要风险因素和初步分析风险的影响程度。

12) 研究结论与建议：概括提出建设项目实施的必要性、在哪建、建什么、建多大、何时建、谁来负责实施和运行、有何风险、有何经济和社会效益等，提出是否可以进行下一步工作的明确意见和建议，并针对需要进一步研究解决的问题，提出采取哪些措施建议和意见。

(12)《项目建议书》编制程序：

1) 制定工作计划：了解建设单位具体要求和管理目标，提出《项目建议书》工作目标、工作任务、工作依据等。

2）明确岗位责任：明确组织机构、人员配备、岗位职责、进度计划安排。

3）确定《项目建议书》的编制依据、编制要求、编制内容及篇章结构。

4）确定编制条件：明确法律法规、技术规范、建设规划等基础性资料条件。

5）《项目建议书》编制：完成《项目建议书》初稿和终稿的编制。

6）评审和验收：完成《项目建议书》的企业内部评审和建设单位审查，各级评审应有工程咨询文件的分级校审记录。

7）成果提交：提交《项目建议书》及附件。

（13）《项目建议书》编制注意事项：

1）重点论证建设项目实施的必要性。

2）全面掌握宏观信息，即国家经济和社会发展规划、行业或地区规划、建设用地周边自然资源等信息。

3）根据对建设项目分析和预测的结果，并结合建设用地规划情况及与同类建设项目类比的情况，论证提出科学合理的建设投资及规模。

4）尽可能全面地勾画建设项目建设方案的整体构架，减少较大建设内容的遗漏。

（14）编制和审核完成《项目建议书》，并协助建设单位完成审批申报，取得《项目建议书》批复。

7.1.5 《可行性研究报告》编制技术要求

（1）可行性研究是投资决策综合性咨询的核心内容，重点是分析论证影响建设项目落地、实施、运行的各种影响因素，支撑建设单位投资决策。

（2）编制《可行性研究报告》是作为国有投资建设项目投资决策审批的重要依据。

（3）《可行性研究报告》编制依据如下：

1）《政府投资条例》。

2）《中央预算内直接投资项目管理办法》。

3）国家及建设项目所在地经济社会发展规划。

4）建设项目发展规划及建设规划。

5）建设项目市场调研信息及论证资料。

6）《项目建议书》及其批复文件。

7）《全过程工程咨询服务合同》的约定。

8）建设单位对技术及投资的需求等。

（4）《可行性研究报告》的编制内容如下：

1）建设单位基本情况。

2）市场调查和预测分析。

3）建设规模与建设用地选择。

4）建设方案和技术方案研究与比选。

5）节约能源（节能、节水等）措施。

6）环保、安全、职业卫生及消防等防护配套措施。

7）建设项目组织管理模式。

8）工程投资估算。

9) 建设资金来源和筹措。

10) 财务可行性评价。

11) 经济可行性评价。

12) 社会可行性评价。

13) 风险因素分析和对策。

14) 可行性研究结论与建议。

15) 附图、附表、附件等。

(5) 全过程工程咨询单位应对建设项目的技术经济可行性、社会效益好坏以及建设资金筹措等建设条件的落实情况，提供多种研究方案，经过经济分析和比选，提出建设项目实施必要性、可行性和合理性的综合论证意见。

(6) 综合论证意见主要内容如下：

1) 投资必要性。根据市场调查及分析预测情况，结合国家发展战略、宏观政策、行业及建设单位发展规划、建设单位需求等，分析建设项目实施的主要依据及重要意义，论证建设项目投资建设的必要性。

2) 技术可行性。从建设项目实施的技术角度对建设项目实施内容、规模、条件和方案、可持续发展、实施管理计划、组织结构与人员配备等方面，进行技术比选和经济评价，综合论证建设项目的技术可行性。

3) 可持续发展。以批准的《项目建议书》为依据，全面体现建设项目功能和工艺要求，充分考虑建设场地、市政配套条件等情况。通过市场综合调研和定性定量分析，进行包括环境影响分析、能耗分析、职业安全卫生、交通的响评价、安全预评价等影响项目技术可行性、合理性的专项工程咨询等内容的可持续发展技术分析，得出可持续发展的影响和结论意见。

4) 财务可行性。从建设项目投资的角度，对建设项目的建设资金筹措和使用做出计划安排，设计科学合理财务方案，进行建设项目财务评价。

5) 组织可行性。制定科学合理的建设项目实施方案和进度计划，采用先进适用的组织管理模式，选择经验丰富的管理团队和人员，建立信用良好的协作关系等，保证建设项目顺利实施。

6) 经济合理性。根据建设方案，对投资估算、投融资方案进行分析和研究，从资源配置的角度衡量建设项目的价值，评价建设项目在实现区域经济发展、改善环境、提高人民生活质量等方面的经济和社会效益。

7) 社会可行性。分析建设项目实施对社会的影响，包括政治体制、方针政策、经济结构、法律道德、宗教民族、妇女儿童及社会稳定性等。

8) 风险识别及对策。对建设项目实施和运行过程中，可能存在的市场和资源风险、技术风险、财务风险、组织管理风险、法律风险、经济及社会稳定风险等因素，进行全面风险分析和评价，合理识别出风险点和分析风险原因，制定规避或减少风险的对策和措施，为建设项目全过程的风险管理提供可靠依据。

(7) 《可行性研究报告》编制注意事项：

1) 依据国家、地方、行业的相关规划及重大建设项目计划，符合相关法律法规和产业政策，符合有关技术标准、验收规范和审批要求等。

2) 在深入调查研究的基础上，按照客观存在的实际情况进行论证和评价。

3) 在对历史及现状基础资料研究分析的基础上，对建设项目投资效果进行预测和评估。

4) 统筹考虑影响建设项目可行性的各种因素，做好与建设条件单项咨询的协调和衔接，重视建设方案的比选和优化。

5) 投资估算、财务可行性评价要力争数据精细准确，确保经济、财务分析实用有效。

6) 全面识别、分析、预测各类可能发生的风险，提出切实可行、合理有效的风险规避策略及方法。

(8) 可行性研究的内容和深度应达到相应的法律法规、标准规范的要求，必须满足决策者"定方案""定项目"的要求，根据建设单位的要求提供可行性研究工程咨询成果文件，并提出相应建议和意见。

(9) 纳入可行性研究的建设条件单项工程咨询，单独出具单项工程咨询结论，应当与可行性研究报告相关内容保持一致，可以与可行性研究报告同时进行报批，也可以提交单项申报材料单独进行报批。

(10)《可行性研究报告》编制要求如下：

1) 全过程工程咨询单位应根据确定的建设项目目标，结合建设项目特点和工程进度的总体要求，组织制定《可行性研究报告》的工作计划。

2) 工作计划应明确提出可行性研究报告编制工作的范围、重点、深度要求、完成时间和质量要求。

3)《可行性研究报告》的编制格式、内容和深度应达到有关规定的要求。

4) 对《可行性研究报告》编制全过程实施监督和管理，在可行性研究报告初步意见形成后，提出修改和完善建议和意见。

5) 组织对《可行性研究报告》的成果评审和验收，并按照国家、地方和行业的相关规定，完成报审工作。

(11)《可行性研究报告》编制程序：

1) 制定工作计划：提出可行性研究工作目标和任务、工作依据、组织机构、人员配备及岗位职责、进度安排。

2) 确定需要编制的建设条件专项工程咨询报告的编制依据、编制要求、编制内容和篇章结构。

3) 确定《可行性研究报告》的编制依据、编制要求、编制内容和篇章结构。

4) 确定编制条件：明确法律法规、技术规范、规划文件、项目建议书、基础性资料等条件。

5) 制定技术路线：编制建设方案及评价意见，制定可行性研究的技术路线。

6) 编制《可行性研究报告》：

① 建设项目的主要功能、定位、规模、选址、建设方案、投资估算等。

② 编制建设项目选址意见书、环境影响评价、防洪影响评价、水土保持方案、节能评价、社会稳定风险评价等建设条件专项工程咨询报告。

③ 完成《可行性研究报告》初稿和终稿的编制，结合各建设条件专项工程咨询报告提出的研究结论，进行综合评判，得出技术可行性结论和建议。

7) 评审和验收：完成《可行性研究报告》和专项工程咨询报告的企业内部评审和建设单位审查，各级评审应有工程咨询文件的分级评审记录，结合评审记录，进行修改和完善。

8) 成果提交：提交可行性研究报告和专项咨询报告及附件。

(12) 经修改和完善后，形成的申报材料，按照投资管理权限和规定程序，报投资主管部门或其他有关部门审批、核准或备案。

7.1.6 运河湾公园项目投资决策阶段重点和难点

投资决策阶段是建设项目投资控制的起点，主要工作目标是在对客观实际情况调查研究的基础上，对建设项目投资的必要性、可能性、可行性等方面，进行科学论证和多方案比较，从而对建设项目内容进行明确定义，将建设单位的建设需求、建设意图和建设构想，通过逐步明确的定义，转换成目标明确、内容具体、系统清晰的描述文字，即明确建设项目的投资性质、功能用途、建设规模和建设标准等。只有对建设项目进行全面、准确和清晰的定义，才能避免在建设项目工程设计阶段，出现设计方案重大变化和调整，进而造成建设项目投资大幅度变化的情况。

在运河湾公园项目建议书评估阶段，对运河湾公园项目工程内容进行了初步定义，给出了工程建设投资匡算总额为4.0亿元（其中工程费用30260万元）。

在运河湾公园项目可行性研究阶段，通过对现场考察和调研、科学分析和论证，对项目建议书评估阶段留下的一些重大问题，提出了修改和调整意见，进一步对建设项目内容进行准确定义。

(1) 保留和优化建设区域内原有遗留的部分老工业建筑和老树木设计方案

运河湾公园项目所在建设区域是原宿迁沿京杭大运河工业走廊，也是宿迁现代工业的摇篮，二十世纪八十、九十年代最繁荣的时候，聚集各类工业企业有二十多家，现均已搬迁至新建的工业园区。建设区域内的大部分工业建筑已拆除，只留下拆除难度较大的杨庄码头及龙门吊料场、江苏玻璃厂油罐区及码头等多处老工业建筑，还有一百多棵未移除的老树木。拆除和移除或保留和优化运河湾公园项目建设区域内遗留下来的部分老工业建筑和老树木问题，成为可行性研究阶段建设方案讨论的重点。

主张拆除和移除方认为，遗留下来的部分老工业建筑存在安全隐患、维修加固难度大、与建设方案融合度差，老树木树种和树形与景观不完全匹配、影响地形整理施工，且不易成活、后期补植难度大等，不如拆除这些老工业建筑和移除老树木，按现场情况重新设计最好，既能有效消除安全隐患，又能减少对现场施工影响。

主张保留和优化方则认为，保留下来的这些老工业建筑和老树木，蕴含着深厚的文化特质和文化情感，只要对老工业建筑稍加维修加固、结构改造和优化设计，有效地消除安全隐患和施工影响，就能成为具有历史记忆的景点。同时对有老树木区域进行重点设计、减少不匹配，并采取对老树木单独防护和处理，就可以确保老树木成活。这样既能让老工业建筑和老树木保存于世，也能让老工业建筑和老树木遗产凸显现代价值。

经过激烈讨论，主张保留的占大多数，报经市政府批准，确定采用保留和优化老工业建筑和老树木的建设方案，对于工程建设投资来说，既省去拆除和移除的麻烦，又节约工程建设投资，可谓一举两得。

(2) 调整城市阳台景观核心区设计方案

运河湾公园项目的城市阳台景观核心区位于京杭大运河河湾处,在现京杭大运河二号桥以北,距京杭大运河二号桥约 1.5km。根据《宿迁市城市总体规划（2015-2030）》,在京杭大运河河湾处,长远规划是一座跨越京杭大运河的景观桥梁。

为降低今后景观桥梁建设可能带来的损失,建议对城市阳台景观核心区内,对已规划的景观桥梁建设区域和影响区域的设计方案做出调整,把景观桥梁建设区域和影响区域内的景点,缩减或移出到影响区域之外。把一些永久性结构工程调整为临时性结构工程,如将现浇钢筋混凝土的挡墙调整为块石砌筑挡墙。降低园林绿化工程建设档次,如在满足景观要求的前提下,尽量不用名贵、高大景观树种,改用少量移植成活率高的普通树种、低矮乔灌木及草皮等,达到设计绿化率和景观效果的要求即可。

(3) 调整三闸水岸景观核心区设计方案

运河湾公园项目的三闸水岸景观核心区位置处在现马陵河河口泵站至三闸之间,长度约 1.0km。根据《宿迁市城市总体规划（2015-2030）》,马陵河河口泵站东侧 100m 处,长远规划是一座跨越京杭大运河,并连接运河湾半岛公园的景观步行桥梁。

为降低今后步行桥梁建设可能带来的损失,建议对三闸水岸景观核心区内已规划的步行桥建设区域和影响区域的设计方案做出调整,仅进行简单绿化,达到设计绿化率和景观效果的要求即可,不建设大型建筑物和雕塑类建筑,不影响后续跨河步行桥建设。

通过对运河湾公园项目以上工程内容进行重新定义,投资估算投资额调整为约 39895 万元（其中工程费用 28231 万元）,工程费用节省了约 7%。

7.2 建设条件单项工程咨询

7.2.1 建设条件单项工程咨询服务清单

建设条件单项工程咨询服务清单,如表 7-2 所示。

建设条件单项工程咨询服务清单　　　　表 7-2

服务阶段	服务部门	服务内容	编制	复核	评审	报批	备注
投资决策	投资决策部	(1)建设项目选址意见书	▲		▲	▲	
		(2)建设项目环境影响评价报告	▲		▲	▲	
		(3)防洪影响评价报告		▲		▲	专业机构编制
		(4)社会稳定风险评估报告	▲		▲	▲	
		(5)节能评估报告	▲		▲	▲	
		(6)建设项目水土保持方案		▲		▲	专业机构编制

7.2.2 编制《建设项目选址意见书》技术要求

(1) 全过程工程咨询单位应当依据国有土地管理等相关法律法规的规定,全面掌握国家供地政策、建设项目所在地的土地利用规划、土地使用标准、拟选地点状况等，开展建设项目选址论证。

（2）建设项目选址论证应依据国家和地方建设用地管理规定，结合建设项目用地预审与选址意见书审批的要求，有针对性地收集和掌握相关依据，作为编制建设项目选址论证报告的重要基础资料。

（3）建设项目选址论证主要法规依据如下：

1)《中华人民共和国土地管理法》。

2)《中华人民共和国城乡规划法》。

3)《中华人民共和国土地管理法实施条例》。

4)《建设项目用地预审管理办法》。

5)《建设项目选址规划管理办法》。

6) 其他相关法律法规。

（4）建设项目选址论证主要内容如下：

1) 建设项目的基本情况。

2) 选址占地情况。

3) 用地是否符合土地利用总体规划。

4) 用地面积是否符合土地使用标准。

5) 用地是否符合供地政策等。

（5）建设项目选址主要依据如下：

1)《项目建议书》及批复文件。

2) 建设项目与城市规划布局相协调。

3) 建设项目与城市交通、通信、能源、市政、防灾规划的衔接与协调。

4) 建设项目配套的生活设施与城市生活居住及公共设施规划的衔接与协调。

5) 建设项目对城市环境可能造成的污染影响情况，及与城市环境保护规划和风景名胜、文物古迹保护规划的相协调。

6) 建设项目选址、用地范围和具体规划要求。

（6）《建设项目选址意见书》编制内容如下：

1) 建设单位基本情况。

2) 拟建建设项目基本概况。

3) 土地使用性质。

4) 建设项目用地位置。

5) 建设项目用地面积与建设规模。

6) 建设项目供水与能源的需求量。

7) 建设项目废水、废气、废渣的排放处理方式和排放量。

（7）根据建设项目选址论证意见，形成建设项目用地预审和选址意见书的申报材料，协助建设单位向有权限的自然资源及规划主管部门报批。

7.2.3 编制《建设项目环境影响评价报告》技术要求

（1）全过程工程咨询单位应依据环境保护相关法律法规的规定，掌握有关环境影响评价技术标准和行业规范等，开展建设项目环境影响评价。

（2）建设项目环境影响评价是指对拟建的建设项目实施后，可能对周边环境产生的影响（后果）进行的系统性识别、预测和评估。

（3）环境影响评价明确了建设单位的环境保护责任及规定必须采取的行动，为建设项目的工程设计提出环境保护要求和建议，为环境管理者提供对建设项目实施有效管理的科学依据。

（4）结合国家、地方规定的建设项目环境影响评价审批的要求，有针对性地收集和掌握相关依据，是编制建设项目环境影响评价成果文件的重要基础资料。

（5）建设项目环境影响评价主要法规依据如下：

1）《中华人民共和国环境保护法》。
2）《中华人民共和国环境影响评价法》。
3）《中华人民共和国放射性污染防治法》。
4）《建设项目环境保护管理条例》。
5）其他相关法律法规。

（6）根据建设项目所在地区发展规划，对拟建的建设项目进行环境影响分析，预测该建设项目实施后产生的各类污染物对外环境产生的影响，并作出评价。

（7）在建设项目的规划设计和投资决策中，必须考虑环境因素带来的各种影响，最终达到更具环境相容性的工程建设活动。

（8）环境影响评价重要作用：

1）环境影响评价是一项技术，是强化环境保护和管理的有效手段。
2）为开发建设活动的决策提供科学依据。
3）为经济建设的合理布局提供科学依据。
4）为确定某一地区的经济发展方向和规模、制定区域经济发展规划及相应的环保规划提供科学依据。
5）为制定环境保护对策和进行科学的环境管理提供依据。
6）对确定经济发展方向和保护环境等一系列重大决策上都有重要作用。
7）促进相关环境科学技术的发展。

（9）环境影响评价应满足条件如下：

1）基本上适应所有可能对环境造成显著影响的建设项目，并能够对所有可能的显著环境影响因素，做出识别和评估。
2）对各种替代方案（包括建设项目不建设）、管理技术、减缓措施进行比较和分析。
3）生成内容完整、条理清晰的《建设项目环境影响评价报告书》，能使相关专家和非专家了解可能对环境影响的特征及重要性。
4）包括广泛的公众参与和严格的行政审查程序。
5）及时和清晰的结论。
6）为决策者提供真实的信息。

（10）编制《建设项目环境影响评价报告》主要内容如下：

1）建设单位基本情况。
2）建设项目基本概况。

3）建设项目周围环境现状。

4）建设项目对周边环境可能造成影响的分析预测和评估。

5）建设项目环境保护措施及技术和经济论证。

6）建设项目对环境影响的经济损益分析。

7）对建设项目实施环境监测的建议。

8）环境影响评价的结论等。

（11）根据建设项目对环境的影响程度不同，编制环境影响评价报告书、环境影响报告表或填报环境影响登记表。

（12）根据建设项目环境影响评价意见，协助建设单位向有权限的生态环境主管部门报批。

7.2.4 编制《节能评估报告》技术要求

（1）全过程工程咨询单位应当根据节能审查等相关法律法规的规定，全面掌握国家节能相关政策规定、技术标准和行业规范等，开展建设项目节能评估，编制《节能评估报告》或填写《节能登记表》。

（2）结合国家、地方规定的固定资产投资项目节能审查的要求，有针对性地收集和掌握相关依据，是编制固定资产投资建设项目节能评估报告的重要基础资料。

（3）建设项目投资节能评估主要依据是《固定资产投资项目节能审查办法》、地方相关主管部门发布的建设项目节能审查办法等。

（4）对建设项目《节能评估报告》进行审查，形成审查意见，或对节能登记表进行登记备案。

（5）将审查意见或备案的节能登记表，作为建设项目审批、核准或开工建设的前置性条件以及建设项目设计、施工和竣工验收的重要依据。

（6）《节能评估报告》主要内容如下：

1）建设单位基本情况。

2）建设项目基本概况。

3）节能评估分析评价依据。

4）建设项目的建设方案节能分析和比选。包括建设项目选址、总平面布置等方面的节能评估。

5）选取节能效果好、经济上可行的节能技术和管理措施。

6）建设项目能源消耗和能效水平分析评估。

7）能源供应情况评估。包括建设项目所在地能源和资源条件，以及建设项目对所在地能源消费的影响评估，对建设项目所在地完成能源消耗总量和强度目标影响的分析评价。

8）煤炭消费减量替代目标的影响分析评价等。

9）结论及建议。

（7）根据建设项目节能评估的结论，协助建设单位向有权限的节能审查主管部门报批。

7.2.5　编制《防洪影响评价报告》技术要求

（1）洪水通道管理范围内的建设项目的建设方案审批，需编制《防洪影响评价报告》。

（2）防洪影响评价主要依据包括《中华人民共和国水法》《中华人民共和国防洪法》《河道管理范围内建设项目管理的有关规定》等。

（3）防洪影响评价的编制单位应当依据防洪等相关法律法规的规定，全面掌握防洪影响评价标准和规范性文件的要求，开展防洪影响评价。

（4）结合国家、地方水务部门规定的防洪影响评价审批的要求，有针对性地收集和掌握相关编制依据，是编制《防洪影响评价报告》的重要基础资料。

（5）《防洪影响评价报告》中的各项基础资料应使用最新数据和信息，并具有可靠性、合理性和一致性，水文资料要经相关水文部门认可。

（6）建设项目所在地区缺乏基础资料时，建设单位应根据防洪评价需要，委托具有相应资质的勘测、水文等部门进行基础资料的测量和收集。

（7）在编制《防洪影响评价报告》时，应根据区域、流域或建设项目所在地区的河道特点和具体情况，采用合适的评价手段和技术路线。

（8）对防洪可能有较大影响、所在河段有重要防洪任务或重要防洪工程的建设项目，应进行专题研究。

（9）《防洪影响评价报告》应符合相关江河流域综合规划和防洪规划、区域防洪规划、蓄滞洪区建设与管理规划、山洪灾害防治规划、河流治理规划等要求。

（10）《防洪影响评价报告》应符合洪水调度的安排，满足防御洪水方案、洪水调度方案和相关防洪应急预案等要求。

（11）建设项目应对洪水的淹没、冲刷等影响以及长期维修养护的措施能够满足自身防洪安全要求。

（12）《防洪影响评价报告》编制内容如下：

1）建设项目基本情况。

2）建设项目基本概况。

3）建设项目对防洪的影响。

4）洪水对建设项目的影响。

5）消除或减轻洪水影响的措施。

6）防洪综合评价。

7）防治与补救措施。

8）结论与建议等。

（13）全过程工程咨询单位应根据防洪影响评价结论，协助建设单位向有权限的水行政主管部门报批。

7.2.6　编制《建设项目水土保持方案》技术要求

（1）《建设项目水土保持方案》编制单位应当依据水土保持相关法律法规规定，全面掌握国家水土保持政策标准、技术规范等，编制《建设项目水土保持方案》。

（2）《建设项目水土保持方案》编制主要依据《中华人民共和国水土保持法》《中华人

民共和国水土保持法实施条例》等。

（3）结合国家及地方规定的建设项目水土保持方案审批的要求，有针对性地收集和掌握相关依据，是编制建设项目水土保持方案的重要基础资料。

（4）水土保持方案编制的原则应符合国家对水土保持、环境保护的总体要求，水土保持方案是建设项目工程设计的组成部分，并为建设项目服务。

（5）为满足水土流失防治要求，根据国家水土保持的总体部署，结合建设项目实际情况，提出工程设计各阶段防治目标和具体部署。

（6）水土保持方案编制深度应符合工程设计各阶段的内容和设计深度要求。

（7）《建设项目水土保持方案》编制依据：

1）水土保持相关法律法规。

2）《项目建议书》及批复文件。

3）《可行性研究报告》及批复文件。

4）《环境影响评价报告书》及评审意见。

5）水土保持方案审查意见。

6）水土保持方案编制委托合同。

7）采用有关水土保持的国家标准、行业标准、地方标准等技术标准和规范。

（8）方案设计对水土保持方案内容如下：

1）建设项目区域责任范围及其周边环境概况。

2）建设项目区域水土流失及水土保持现状。

3）建设项目实施中排放废弃固体物的数量和可能造成的水土流失及其危害。

4）水土流失防治初选方案。

5）水土保持投资估算。

（9）初步设计对水土流失防治工程设计的内容如下：

1）水土保持初步设计依据。

2）水土流失防治责任范围及面积。

3）建设项目造成的水土流失面积和数量预测。

4）重点工程应有较详典型设计。

5）机构、人员、经费和技术保证等实施的保证措施。

6）水土保持工程投资设计概算。

（10）施工图设计对水土流失防治工程设计的内容如下：

1）建设单位基本情况。

2）建设项目基本概况及所在地区域概况。

3）建设项目水土保持评价与水土流失预测。

4）水土流失防治责任范围及防治分区。

5）水土流失防治目标及防治措施布局。

6）水土保持方案投资估算与效益分析等。

7）结论与建议等。

（11）全过程工程咨询单位应根据建设项目水土保持方案结论，协助建设单位向有权限的水行政主管部门报批。

7.2.7 编制《社会稳定风险评估报告》技术要求

（1）全过程工程咨询单位应当依据《重大固定资产投资项目社会稳定风险评估暂行办法》等有关法律法规规定，开展社会稳定风险评估。

（2）结合国家、地方规定的社会稳定风险评估审批要求，有针对性地收集和掌握相关依据，是编制社会稳定风险评估报告的重要基础资料。

（3）掌握评估对象的基本情况，准确把握评估重点内容，适时组织风险评估，科学论证，预测和分析可能出现的不稳定因素。

（4）组织调查论证，评估单位根据实际情况，将拟决策事项通过公告公示、走访群众、问卷调查、座谈会、听证会等多种形式，广泛征求意见。

（5）对于争议较大、专业性较强的评估内容和事项，要组织相关群众和专家进行听证或论证，为风险评估提供科学、客观、全面的第一手资料。

（6）对重大事项社会稳定风险等级，划分为A、B、C三个等级，评估为A级和B级的，必须制定化解风险的相应工作预案。

1）A级，属高风险：大部分群众对建设项目有意见、反应特别强烈，可能引发大规模群体性事件。

2）B级，属中风险：部分群众对建设项目有意见、反应强烈，可能引发矛盾冲突。

3）C级，属低风险：多数群众理解支持，但少部分人对建设项目有意见，通过有效工作可防范和化解矛盾。

（7）特别要对评估事项实施后，可能出现的不稳定因素应逐项进行分析和预测。

（8）在充分论证和评估的基础上，就评估事项、风险分析、评估结论、应对措施等，编制完成《社会稳定风险评估报告》。

（9）《社会稳定风险评估报告》编制内容如下：

1）建设单位基本情况。
2）建设项目基本概况。
3）社会稳定风险调查分析。
4）建设项目所在区域有关群众意见。
5）风险点和风险发生的可能性及影响程度。
6）防范和化解风险的方案措施。
7）提出采取相应措施后的社会稳定风险等级建议等。

（10）根据社会稳定风险评估结论，协助建设单位向有权限的行政主管部门报批。

7.2.8 建设条件单项工程咨询服务程序

建设条件单项工程咨询服务工作流程，如图7-3所示。

7.2.9 建设条件单项工程咨询逻辑关系及要求

（1）在《项目建议书》批复后，《可行性研究报告》报批前，开展用地红线图审批及建设项目用地预审和选址意见审查，并取得相应批复文件。

（2）对可能存在重大社会稳定风险的建设项目，进行社会稳定风险评估，编制《社会

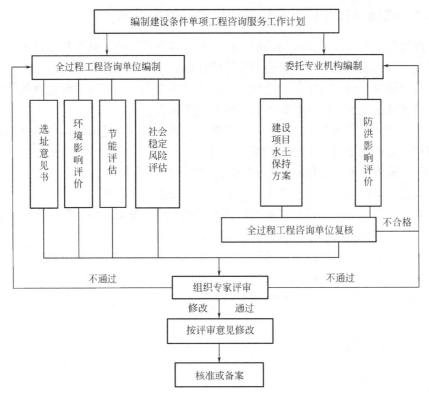

图 7-3 建设条件单项工程咨询服务工作流程

稳定风险评估报告》。

(3) 在项目建议书批复后，可根据相关法规开展的建设条件单项工程咨询，并根据批复文件内容，对《可行性研究报告》进行调整、充实和完善。

(4) 建设条件单项工程咨询成果可单独报批，也可将单项工程咨询成果纳入《可行性研究报告》一同报批。

(5) 在《可行性研究报告》报批后，全过程工程咨询单位应根据审批部门意见，对可行性研究报告进行进一步修改和完善，与批复的建设条件单项工程咨询意见保持一致。

(6) 在《可行性研究报告》审批后、初步设计报批前，完成《节能评估报告》和《社会稳定风险评估报告》，并将单项工程咨询成果纳入初步设计。

(7) 最迟在建设项目开工前，完成《环境影响评价》《防洪影响评价报告》《建设项目水土保持方案》等建设条件单项工程咨询。

(8) 经核定的初步设计概算是控制建设项目投资的依据，在初步设计时提出的初步设计概算。

(9) 超过《可行性研究报告》提出的投资估算10%时，建设单位应根据审批部门的要求重新报送可行性研究报告。

(10) 全过程工程咨询单位应根据审批意见，修改和调整《可行性研究报告》，并与批复的建设条件单项工程咨询意见保持一致。

(11) 对出具的《可行性研究报告》和建设条件单项工程咨询的结论质量终身负责。

(12) 建设条件各单项工程咨询逻辑关系，如图 7-4 所示。

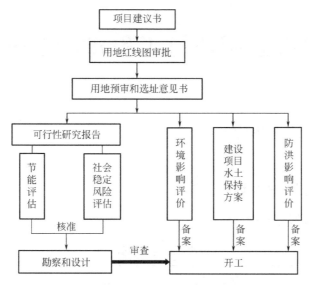

图 7-4　建设条件各单项工程咨询逻辑关系

7.2.10　运河湾公园项目建设条件单项工程咨询重点和难点

1. 原运河防洪大堤全面保留问题

京杭大运河是南水北调的东线工程，有供水、航运、灌溉、防洪等多重作用。原运河堤路是沿运河防洪大堤线型和标高逐渐形成的。为满足大运河防洪要求，原运河大堤的线型要尽可能维持，原始标高不能降低，保证运河大堤的作用不能减弱，在防洪影响评价中是作为重点解决问题之一提出来的，所以在设计运河湾公园项目中的滨河大道时，是将道路线型部分基本沿原运河堤路，主路面尽量避开原运河堤路，并向运河堤路外侧偏移，对靠近马陵路段的部分新建道路与运河堤路重合部分，在维持原线型和不降低原始标高的情况下进行重新设计。原运河堤路其他部分在不改变原始标高的情况下进行重新铺装，作为景区内的慢行道路系统，该慢行道路系统仍然作为防洪大堤使用，满足原运河大堤防洪要求。

2. 京杭大运河水污染保护问题

京杭大运河是宿迁城市供水的重要水源地之一，也是沿线城市的重要水源地。运河湾公园项目建设区域在饮用水水源地二级保护区内，禁止任何污染水体或可能造成水体污染的各类活动，因此，区内建设项目必须严格遵循"加强保护优先、防治污染并存、保障水质安全"的原则。

为减少运河湾公园项目可能造成水体污染的情况发生，在运河湾公园项目方案设计时，就尽量减少公共厕所的建设数量，仅以满足公众基本要求为限。因此，将运河湾公园项目原建设规划中建在运河大堤内的部分公共厕所，改建至滨河大道与原运河堤路的中间区域，并接入市政排污管网系统，以避免因意外发生，而导致京杭大运河水源地污染的可能性。

8 运河湾公园项目工程建设全过程咨询

8.1 全过程项目管理

8.1.1 全过程项目管理服务清单

全过程项目管理服务清单如表 8-1 所示。

全过程项目管理服务清单　　　　表 8-1

服务阶段	服务部门	服务内容	负责	协助	备注
(1)投资决策； (2)勘察和设计； (3)招标采购； (4)工程施工； (5)竣工验收及保修	项目管理部	(1)行政审批管理		▲	
		(2)质量管理	▲		
		(3)投资管理	▲		
		(4)进度管理	▲		
		(5)合同管理	▲		
		(6)安全管理	▲		
		(7)信息管理	▲		
		(8)组织协调管理	▲		
		(9)竣工验收管理		▲	
		(10)工程资料管理	▲		

8.1.2 全过程项目管理技术要求

(1) 全过程工程咨询单位应依据有关法律法规、标准规范和政策文件的规定，开展建设项目全过程项目管理工作，全力维护参建各方的合法权益。

(2) 全过程项目管理基本原则

1) 全过程项目管理应以建设项目的目标控制为目的，以合同管理为主线、以信息管理为支撑、以组织协调为手段，确保实现建设项目管理目标。

2) 运用先进理念和科学方法实施项目管理，坚持以建设单位需求为导向，追求优质服务，创建品质工程，满足建设单位的需求是项目管理的永恒追求。

3) 只要是建设单位合理的需求，全过程工程咨询单位均竭尽全力去实现，直至建设单位满意为止，为建设单位提供最满意的全过程项目管理服务。

4) 以人为本，充分发挥全体项目管理人员的潜能，以实现建设目标为动力和源泉。

5）加强沟通协调，凝聚合力，为实现建设目标营造最佳的项目管理环境。

6）严格执行凡事有人负责、凡事有章可循、凡事有据可查、凡事有人监督的项目管理基本原则。

（3）了解建设单位真实需求，结合建设项目的技术科学特点，运用系统理论和方法，进行建设项目的目标管理，全面实现建设项目的价值。

（4）依据《全过程工程咨询服务合同》约定的工作内容，结合建设项目的特点，编制《全过程项目管理工作计划》，工作计划应经项目负责人审批后，付诸实施。

（5）《全过程项目管理工作计划》内容如下：

1）建设项目基本概况及管理目标。

2）全过程项目管理总体思路。

3）全过程项目管理组织机构及人员安排。

4）行政审批管理。

5）质量管理。

6）投资管理。

7）进度管理。

8）合同管理。

9）安全管理。

10）信息管理。

11）组织协调管理。

12）竣工验收管理。

13）工程资料管理。

（6）严格按照国家基本建设程序，协助建设单位履行建设项目行政审批手续，及时办理建设项目相关的批文和证照等文件，满足建设项目顺利实施的需要。

（7）按批准的建设规模、建设内容和建设标准实施全过程项目管理，对建设方案、工程规模、设计标准和使用功能等内容，可向建设单位提出合理化建议。

（8）若发现工程地质勘察文件或工程设计文件中，有不符合工程质量强制性标准规定的，或不符合工程设计合同约定的设计质量标准的，全过程工程咨询单位有权要求工程地质勘察和工程设计单位进行修改和更正。

（9）对工程地质勘察和工程设计中的技术问题，按照安全可靠和经济合理的原则，应向工程地质勘察和工程设计单位提出建议，如果提出的建议可能提高工程造价或延长计划工期，应事先征得建设单位的同意。

（10）在保证工程质量、满足工期和不增加工程投资的前提下，对建设项目施工组织设计和施工技术方案进行经济性审查，提出技术经济优化建议。

（11）建立完善的工程质量管理体系，协助建设单位建立健全工程质量管理体系，督促参建各方主体落实工程质量管理人员、机构和制度，确保参建各方主体的工程质量管理体系健全并有效运行。

（12）编制建设资金总体使用计划，结合建设项目阶段投资分解计划和工程进度计划，协助建设单位合理安排建设资金使用。

（13）根据工程总承包合同约定处理工程变更和索赔事宜，组织对工程总承包单位提交的工程竣工结算进行审核,协助建设单位编制工程竣工决算。

(14) 按照建设单位对工程进度要求或工程总承包合同约定的工期要求,制定建设项目总进度计划及阶段分解计划,报建设单位审定后,付诸实施。

(15) 督促工程总承包单位按照工程总承包合同的约定,编制和执行工程施工进度计划,并对施工进度计划执行情况,进行定期检查和分析。

(16) 严格落实工程进度计划管理,及时向建设单位上报年、季、月、周工程进度计划报告,若工程进度拖延,应及时查明原因报告建设单位,采取积极补救措施,以确保整个建设项目如期完成。

(17) 督促工程总承包单位加强安全文明施工管理,检查工程总承包单位安全文明施工措施费使用情况,协助建设单位定期或不定期组织安全文明施工联合检查,查出问题,督促整改。

(18) 协助建设单位组织工程竣工验收和移交,签订工程质量保修书,督促工程总承包单位履行质量保修书的义务。

(19) 负责协调各参建方之间的关系,并从维护建设单位利益出发,维持和改善周边相邻单位关系。

(20) 发现可能会影响工程质量、投资、工期和安全的事件时,及时向建设单位报告。

(21) 全过程项目管理必须坚持"持续改进"的原则,在建设项目实施过程中,不断完善项目管理制度和工作流程,优化资源配置,打造品质工程。

(22) 全过程项目管理服务程序如图 8-1 所示。

8.1.3 行政审批管理

根据相关法律法规规定,国有投资建设项目实行行政审批管理,在办理建设项目行政审批手续过程中,涉及投资管理、城市规划、国土资源、城市建设、环境保护和园林绿化等众多政府部门,需要准备诸多申报材料,有审批、核准、备案及评审等多种方式,建设单位要确保建设项目的申报程序是符合法律法规的规定,申报材料真实合法有效,建设内容按照经审批、核准和备案的具体意见实施。

1. 行政审批管理目标

全过程工程咨询单位集中统筹办理建设项目行政审批手续,按行政审批程序规范管理,减少违法违规行为发生,减少建设单位的责任风险。

2. 投资决策阶段

(1) 项目建议书批复

1) 政府投资管理部门对国有投资建设项目需要从投资决策的角度审批《项目建议书》,《项目建议书》由建设单位负责或委托工程咨询机构编制,主要对建设项目的实施理由、投资依据、建设内容、建设规模、投资匡算和建设资金来源渠道、原材料供应、水、电、气等配套条件,以及建设项目达到的经济效益和社会效益等内容进行研究和分析。

2) 办理《项目建议书》批复材料清单:

①《项目建议书批复申请书》。

②《项目建议书》。

8 运河湾公园项目工程建设全过程咨询

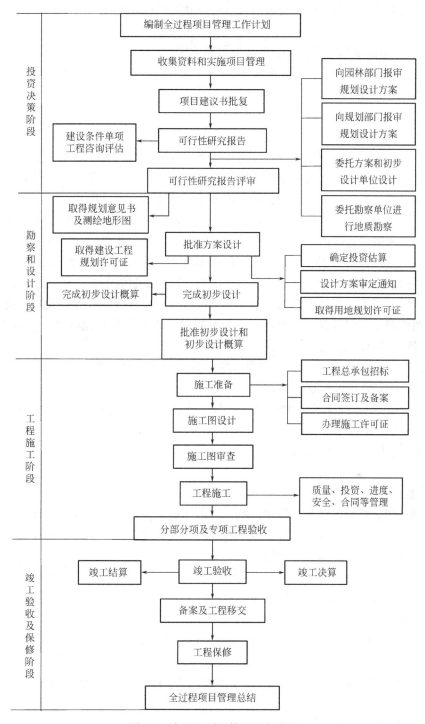

图 8-1 全过程项目管理服务流程

(2) 建设项目选址意见书

1)《建设项目选址意见书》核发是建设项目的用地选择和规划设计的主要依据，按控制性规划核发建设项目用地地块相关规划设计指标，建设单位应根据规划部门的规划设计要求选择建设方案，由市人民政府城市自然资源和规划行政主管部门核发《建设项目选址通知书》。

2）办理《建设项目选址意见书》核发材料清单：

①《建设项目选址意见书申请表》。

②《项目建议书》及批复文件。

③ 数字化地形图。

（3）《可行性研究报告》

1）《可行性研究报告》作为国有投资建设项目投资决策行政审批的重要依据，由建设单位负责或委托工程咨询机构编制，主要对建设项目的技术经济可行性、社会效益以及建设资金等建设条件落实情况，提供多种建设方案进行技术经济分析和比选，提出建设项目实施的必要性、可行性和合理性的综合论证意见。形成的申报材料按照投资管理权限和规定的程序，报投资主管部门或者其他有关部门审批、核准或备案。

2）纳入可行性研究的相关建设条件单项工程咨询，如：节能评估、防洪影响评价、环境影响评价、交通影响评估、水土保持方案等，单独编制的单项工程咨询评估报告应当与《可行性研究报告》相关内容保持一致，可以与《可行性研究报告》同时报批，也可以提交建设条件单项工程咨询评估报告及申报材料单独报批，及时完善建设行政审批手续，以确保建设项目的顺利进行。

3）办理可行性研究报告及建设条件单项工程咨询评估报告批复材料清单：

①《可行性研究报告批复申请书》。

②《建设条件单项工程咨询评估报告批复申请书》。

③《可行性研究报告》。

④《建设条件单项工程咨询评估报告》。

⑤《建设项目选址意见书》。

（4）建设用地规划许可

1）《建设用地规划许可证》是建设单位在向土地管理部门申请划拨土地前，经城乡规划行政主管部门确认建设项目位置和范围符合城乡规划的法律凭证，是建设单位用地的法律凭证，没有此凭证的用地属非法用地。

2）办理《建设用地规划许可证》的条件：

① 建设项目取得立项批复文件。

② 建设项目符合本地区城乡总体规划。

③ 取得《建设项目选址意见书》和国有土地主管部门对建设项目用地的预审意见或其他相关文件。

④ 建设项目涉及环保、水利、交通、文保等部门的，需提供各相关行政主管部门的书面意见。

3）办理建设用地规划许可材料清单：

①《建设用地规划许可证申请书》。

②《可行性研究报告》及批复。

③ 建设条件专项工程咨询评估报告及批复。

④《建设项目选址意见书》。

4)《建设用地规划许可证》《规划设计条件》及附图，有效期限一年。
(5) 国有建设用地划拨决定书
1) 土地使用权由政府以划拨方式获得的，需取得《国有建设用地划拨决定书》，缴纳土地补偿、安置等费用后，将该幅土地交付其使用。划拨土地使用权不需要使用者出钱购买土地使用权，而是经政府批准其无偿地、无年限限制地使用国有土地。
2) 办理国有建设用地划拨决定书材料清单：
①《建设用地规划许可证》。
②《可行性研究报告》及批复。
③《建设条件专项工程咨询评估报告》及批复。
④《建设项目选址意见书》。
⑤《地形图勘测报告》。
⑥ 项目法人身份证明和授权委托书。

3. 方案和初步设计阶段
(1) 方案设计审查意见
1) 方案设计必须由有相应工程设计资质的设计单位设计，必须能准确反映拟建建设项目四至关系及实际地形地貌现状图，报有关部门审查，并符合相关法律法规、规范标准和政策文件要求，符合规划设计条件、建设条件要求，满足消防、公共服务设施和市政公用设施设计要求。
2) 方案设计审查材料清单：
①《可行性研究报告》及批复。
②《规划设计条件》及附图。
③ 方案设计文本。
(2) 初步设计及初步设计概算审批
1) 征询规划、住建、财政、环保、国土、电力、水利等相关政府职能部门对初步设计及初步设计概算文件的意见，设计单位根据征询意见，修改和调整初步设计及初步设计概算文件，最终通过建设单位审核及有关建设主管部门审批程序。
2) 办理初步设计及概算审批材料清单：
①《初步设计及初步设计概算审批申请书》。
②《可行性研究报告》及批复。
③ 方案设计审查意见。
④ 初步设计图纸。
⑤ 初步设计概算。
(3) 建设工程规划许可
1)《建设工程规划许可证》是由自然资源和规划行政主管部门依法核发的，确认建设项目符合城市规划要求的法律凭证。在城市规划区内各类新建、改建、扩建、翻建建设项目，均需依法办理《建设工程规划许可证》。
2) 办理《建设工程规划许可证》材料清单：
①《建设工程规划许可证申请表》。
② 授权委托书。

③ 建设项目有关批准文件。
④《建设用地规划许可证》。
⑤《国有建设用地划拨决定书》。
⑥ 方案设计审查意见书。
⑦ 初步设计图纸。

4. 招标投标阶段

(1) 招标方案备案

1) 招标前，建设单位就拟采用的招标方式和招标组织形式，建设项目勘察、设计、施工、监理以及重要设备、材料等具体招标内容，编制《招标方案》。

2) 招标方案备案材料清单：

① 招标方案核准申请书及申报表。
②《招标方案》。
③ 建设项目批准（核准）的批复文件。
④ 建设单位的营业执照或其法人证书。

(2) 招标文件备案

1)《招标文件》是建设单位实施工程招标的纲领性文件，是建设项目实施工程招标的基本依据，是向潜在投标人提供参加投标所需要的一切情况，目的是通知潜在投标人有关招标内容和条件、合同条款及时间安排。

2) 招标文件备案材料清单：

①《项目建议书》批复文件。
②《建设工程规划许可证》。
③ 资金到位证明。
④《施工图审查合格证》。
⑤《招标文件》。

(3) 合同备案

1) 招标人和中标人应当自中标通知书发出之日起 30 日内，按照招标文件和投标文件内容订立书面合同，不得再行订立背离合同实质性内容的其他协议。订立书面合同 7 日内，中标人应当将合同送至工程所在地的县级以上地方人民政府建设行政主管部门备案。

2) 合同备案材料清单：

①《合同备案表》6 份。
② 合同原件 6 份。
③《中标通知书》1 份。
④《招标文件》原件 1 份。

5. 工程施工阶段

(1) 施工图审查

建设单位应当将施工图纸报送建设行政主管部门，由建设行政主管部门委托第三方具备有关审图资质的施工图审查机构，对施工图设计安全和强制性标准、规范执行等内容进行审查。审查合格的建设项目，审查机构向建设行政主管部门提交建设项目施工图审查报告，由建设行政主管部门向建设单位通报审查结果，并颁发《施工图审查合格证》。

建设项目施工图一经审查通过,不得擅自进行修改,如设计变更涉及安全和强制性标准、规范执行等内容,应重新审查。建设项目竣工验收时,有关部门应当按照审查通过的施工图进行验收。

(2) 建设工程施工许可

1) 建设工程施工许可是在建设项目开工前,建设单位应当按照有关法律法规的规定,向建设项目所在地县级以上人民政府建设行政主管部门,申请领取《建设工程施工许可证》。

2) 申请领取《建设工程施工许可证》具备条件如下:

① 已办理建筑工程用地批准手续。
② 在城市规划区内的建设项目,已取得建设工程规划许可证。
③ 施工现场"七通一平"已完成,需要拆迁的,其拆迁进度符合施工要求。
④ 已经确定建筑工程总承包单位和工程监理单位。
⑤ 有满足施工需要的施工图纸及技术资料。
⑥ 提供符合规定的施工组织设计,有保证工程质量和安全的具体措施。
⑦ 建设资金已落实。
⑧ 法律、行政法规规定的其他条件。

3) 办理《建设工程施工许可证》材料清单:

① 建筑项目用地批准文件。
②《建设工程规划许可证》。
③《施工图审查合格证》或承诺书。
④ 现场施工条件报告(附现场照片)。
⑤《工程总承包合同》。
⑥《工程监理合同》。
⑦《施工组织设计》。
⑧ 建设资金已落实文件。

6. 竣工验收和保修阶段

(1) 工程档案认可和报送

建设单位在组织竣工验收前,应当提请城建档案管理机构对建设项目档案进行预验收,预验收合格后,由城建档案管理机构出具工程档案认可文件。在取得工程档案认可文件后,建设单位方可组织工程竣工验收。在工程竣工验收后三个月内,建设单位应向城建档案馆报送一套符合档案管理规定的建设项目档案。

(2) 联合验收

1) 建设单位在建设项目具备所有法定验收条件后,申请工程竣工联合验收。联合验收牵头部门组织协调工程竣工联合验收工作,住建、规划、土地、档案等主管部门依照各自职责,联合开展专项验收或备案,联合完成相关竣工专业验收或备案。

2) 联合验收具备条件:

① 建设用地范围内的各项建设内容已按批准的规划要求全部完成。
② 按施工图纸和审批条件全部施工完毕。
③ 建设项目内配套设施按规划要求实施到位。

④ 施工场地已清理干净，建设用地的临时设施按规划要求已拆除完毕。

⑤ 实际用地范围、用地面积、土地用途等符合建设用地批准文件要求。

⑥ 建设单位组织建设项目各方责任主体完成了工程竣工验收工作，且验收合格。

⑦ 纸质档案按有关规范整理立卷。

⑧ 声像档案、电子档案符合有关技术规范。

⑨《工程竣工验收备案表》。

⑩《工程竣工验收报告》。

⑪《工程质量保修书》。

3）联合验收申报材料清单：

① 建设项目有关批准文件。

② 建设项目土地使用文件。

③《建设工程规划许可证》。

④《建设工程施工许可证》。

⑤《工程竣工联合验收告知承诺书》。

⑥《建设工程竣工测量成果报告书》。

⑦ 工程实测总平面图和竣工图纸。

⑧ 竣工档案验收自检报告。

⑨ 城建档案接收文件。

⑩ 单位工程质量竣工验收记录。

⑪《工程质量保修书》。

（3）工程验收备案

1）建设单位应当自建设项目竣工验收合格之日起 15 日内，将工程竣工验收报告和规划、园林、环保等部门出具的验收文件，报建设行政主管部门备案。

2）竣工验收备案程序：

① 建设单位向备案机关领取《房屋建设工程和市政基础设施工程竣工验收备案表》。

② 建设单位持加盖单位公章和项目负责人签名的《房屋建设工程和市政基础设施工程竣工验收备案表》一式四份及规定的材料，向备案机关备案。

③ 备案机关在收齐、验证备案材料后 15 个工作日内在《房屋建设工程和市政基础设施工程竣工验收备案表》上签署备案意见并盖章。

④ 备案表由建设单位、工程总承包单位、质量安全监督站和备案机关各持一份。

3）办理工程竣工验收备案材料清单：

①《工程竣工验收报告》。

②《建设工程施工许可证》。

③ 施工图设计文件审查意见。

④《工程质量评估报告》。

⑤ 工程地质勘察、设计质量检查报告。

⑥ 市政基础设施的有关质量检测和功能性试验资料。

⑦ 规划验收认可文件。

⑧ 消防验收文件或准许使用文件。

⑨ 环保验收文件或准许使用文件。
⑩《工程质量保修书》。
⑪ 其他文件。

7. 建设项目行政审批流程

建设项目行政审批流程，如图 8-2 所示。

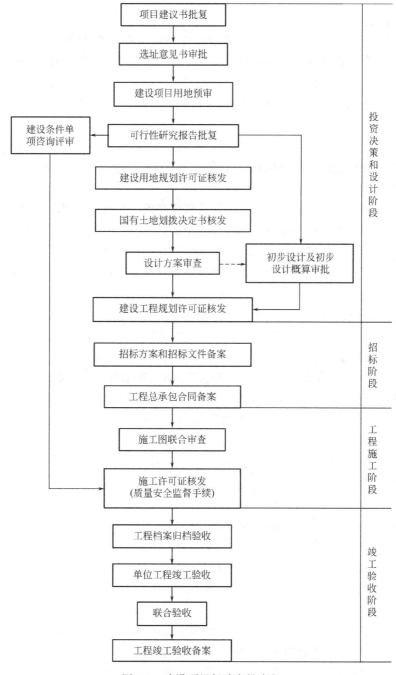

图 8-2　建设项目行政审批流程

8.1.4 质量管理

建设项目工程质量管理目标是最重要的,保证建设项目工程质量是参建各方的共同目标,必须让各参建单位都认识到其所做的每一项工作,都会对工程质量产生至关重要的影响。确定工程质量管理目标,制定工程质量管理计划,建立健全工程质量保证体系,严格执行质量管理制度,是确保工程质量目标实现的基本保证。

1. 质量控制目标

(1) 工程设计质量目标:符合建设单位对建设项目的功能需求、使用价值及投资意图,执行政府部门审批意见,满足现行的国家、地方、行业技术标准和设计规范的要求。

(2) 工程施工质量目标:重点控制材料和工序质量,符合现行建设工程施工质量验收标准及施工图纸要求,所有分部分项工程一次性通过验收合格率达到100%,工程竣工验收合格。

2. 投资决策阶段

(1) 协助建设单位确定建设项目总体质量管理目标,提出工程设计和施工质量目标,并论证其可操作性。

(2) 全面了解建设单位对实施建设项目的具体需求,协助建设单位对建设项目的功能需求、使用需求、质量需求等进行再分析和再论证。

(3) 做好收集和分析建设项目前期工程基础资料工作,确定工程质量管理目标。

(4) 对投资决策的项目管理和工程咨询服务进行策划、执行、监督和控制,保证建设项目投资决策质量。

(5) 重视设计质量管理,编制《方案和初步设计任务书》中的工程设计质量管理内容。

(6)《方案和初步设计任务书》中的设计质量管理内容:

1) 方案和初步设计的依据性文件要明确、清晰,基础资料要完整、准确。

2) 方案和初步设计依据性文件包括:

① 工程设计质量管理法律法规和标准规范。

② 建设项目有关批准文件。

③ 建设用地划拨决定书及规划红线图。

④ 规划部门给出的规划设计要求。

⑤ 其他工程设计质量的资料。

3) 工程设计质量原则与依据、详尽的功能需求与质量标准等要描述清晰和具体。

4) 明确建设项目的设计主题、文化内涵、地理特点、地域特性,整体风格与周围环境的协调,以及主要园林景观设计资源条件和标准要求。

5) 建设项目的规模及主要技术经济指标要求,包括用地红线、绿化率、市政道路和停车面积指标等。

6) 描述建设项目各部分的功能组成,要尽可能全面准确和描述详尽。

7) 明确建设项目各部分的功能区域所需要的使用面积大小和区域分配。

8) 提交设计成果文件质量要求,包括设计说明、设计图纸和其他过程评审等。

(7) 投资决策工程咨询成果文件质量,要满足建设项目开展行政审批事项要求。

3. 方案和初步设计阶段

（1）根据建设单位的需求，明确有关功能需求、质量标准、设计深度等工程设计质量管理要求。

（2）工程设计质量管理原则

1）工程设计应当与社会经济发展水平相适应，与经济、资源、技术、环境等制约因素相匹配，做到经济效益、社会效益和环境效益相统一。

2）工程设计应当按工程建设的基本程序实施，坚持先勘察、后设计、再施工的原则，力求做到适用、安全、美观、经济。

3）工程设计应符合设计标准规范的有关规定，计算内容要准确，文字说明要清楚，设计图纸要清晰，设计内容要具体，避免"错、漏、碰、缺"。

（3）工程设计质量管理任务

1）审查工程设计依据文件和基础资料的正确性和完整性。

2）协助建设单位编制设计招标文件或设计方案比选文件，组织设计招标或设计方案比选。

3）协助建设单位开展设计方案比选评审，审查设计方案的先进性和合理性，确定最佳设计方案。

4）督促设计单位完善设计质量管理体系，进行工程设计质量跟踪检查，控制工程设计质量。

5）组织工程设计成果文件的评定、验收、审查。

（4）通过市场调查、资格审查及实地考察等方式，对方案和初步设计单位进行考察，协助建设单位确定方案和初步设计单位。

（5）审查实际参与该建设项目的设计人员资格条件和业务能力，实施对设计质量管理的事前控制。

（6）方案设计质量管理要点：

1）制定方案设计任务书中有关设计质量标准要求。

2）审核设计方案是否满足建设单位的设计质量要求和标准。

3）审核设计方案是否满足城市规划及标准规范要求。

4）组织专家对设计方案进行评审。

5）在方案设计阶段进行设计组织协调，督促设计单位按合同约定质量标准完成方案设计工作。

6）从设计质量管理角度，对设计方案提出设备和材料选用合理化建议。

（7）初步设计质量管理要点：

1）审核初步设计是否满足建设单位的设计质量要求和标准。

2）组织专家对初步设计进行评审和分析论证。

3）审核各专业设计是否符合规范要求。

4）对重要的设计专业技术问题应组织专家分析论证，提出论证意见。

5）加强初步设计阶段设计组织协调工作，督促设计单位按合同约定设计质量要求完成初步设计工作。

（8）审核方案和初步设计成果文件是否符合建设单位的实际需求和设计质量标准。

(9) 在满足建设单位所需的功能和使用价值前提下,从经济性角度,提出设计优化建议。

(10) 审核方案和初步设计成果文件的设计质量是否符合有关设计规范和标准要求,审核重点是方案设计的合理性及初步设计的可实施性。

(11) 组织有关方面专家对方案和初步设计进行分析和论证,提出修改和调整的意见。

(12) 审核方案和初步设计是否有达到合同约定和标准规范要求的设计深度。

4. 招标投标阶段

(1) 编制招标文件中关于工程设计和施工的技术标准规范和工程质量标准要求。

(2) 复核投标文件中有关保证工程设计和施工质量部分技术措施和方案内容。

(3) 参与考察工程设计和施工中标单位的工程质量保证体系和质量管理措施。

(4) 拟定有关工程设计和施工质量责任的合同条款。

5. 工程施工阶段

(1) 完善施工前准备工作,制定施工现场工程质量管理制度、管理体系和管理流程。

(2) 按照政府及行业管理的有关规定,协助建设单位办理工程质量监督报批等有关手续。

(3) 工程施工质量管理原则:

1) 明确职责分工,落实工程质量岗位职责,保证施工质量达到标准规范的要求。

2) 明确建设单位的工程质量管理首要责任,落实全过程项目管理的工程质量管理责任,避免对工程总承包单位的多头指挥。

3) 体现出建设单位对工程质量的总体控制的协调管理功能及全过程项目管理的协助管理功能。

4) 明确工程施工质量控制目标,不触碰任何一条强制性条款规定,一次性全部验收合格,全面达到质量验收规范及合同约定的质量标准。

(4) 组织开工前的施工准备检查和施工环境调查,对所发现影响工程质量的重大外部因素,应及时报告建设单位,并制定相应的预防措施。

(5) 结合建设项目施工阶段工程质量管理的工作特点、工作流程、控制要点等,采取适当的管理方法和控制措施,有针对性地开展项目管理工作。

(6) 审核工程总承包单位技术管理体系和工程质量保证体系,落实项目管理组织结构中参建各方工程质量控制的任务和职责。

(7) 组织施工图纸会审和技术交底,减少施工过程工程变更、签证和索赔。

(8) 进行施工组织设计、施工技术方案和专项施工方案等经济性审查。

(9) 督促工程监理部控制进场原材料、构配件和设备等的工程质量。

(10) 参加检验批、分部和分项工程验收工作组织竣工预验收,协助建设单位组织工程竣工验收。

(11) 督促工程监理部落实工程质量保证资料的收集、整理和归档工作。

(12) 协助建设单位办理设计变更和技术变更,组织对变更技术核定和流程审查工作。

(13) 定期或不定期组织参建各方开展工程质量进行检查和核验,发现工程质量问题及时组织整改。

(14) 协助建设单位组织的参建各方参加建设项目工程质量事故调查和处理工作。

（15）在工程质量持续改进意识和改进方法等方面进行强化培训，坚持工程质量持续改进行动。

6. 竣工验收和保修阶段

（1）施工过程质量验收

施工质量验收分为四个层次：检验批、分项工程、分部工程、单位工程。其中检验批和分项工程是施工质量验收的基本单元，分部工程验收是建立在分项工程验收合格基础上，是在施工过程中完成工程质量验收。单位工程竣工验收是建立在分部工程验收合格基础上，是建设项目工程全部内容完成后的最终验收。

（2）竣工预验收

1）当全部工程完成后，工程总承包单位先进行自检，自检合格后，向工程监理部提交工程竣工报验单，由工程监理部组织竣工预验收。

2）竣工预验收工作，由总监理工程师组织各专业监理工程师对建设项目工程质量进行全面检查和验收，项目管理部参与预验收，并提出验收意见。

3）工程竣工预验收合格后，工程监理部向建设单位提交《工程质量评估报告》。

（3）竣工验收

1）协助建设单位审核各项竣工验收条件是否满足要求，包括竣工验收人员、工程竣工资料等条件。

2）联合城建档案馆进行工程档案资料的验收。

3）制定竣工验收计划，督促参建各方严格按工程竣工验收计划开展工作。

4）由建设单位成立验收小组，组织工程竣工验收，报送有关竣工验收资料及通知建设主管部门竣工验收时间，组织召开竣工验收会议。

（4）竣工备案

1）协助建设单位进行工程竣工备案。

2）单位工程质量竣工验收合格后，建设单位应在规定时间内将工程竣工验收报告及有关文件，报建设行政主管部门备案。

（5）竣工移交

1）协助建设单位进行工程实体和工程资料移交，办理书面移交手续。

2）工程竣工验收合格后，项目管理部应督促有关方按规定签订工程质量保修书，把双方的责任予以明确。

3）要求工程总承包单位制定切实可行的保修方案和回访计划，以便监督执行。

（6）工程保修

1）项目管理部对建设单位提出的工程质量缺陷进行检查和记录，督促工程总承包单位及时修复，对修复工程质量进行验收，验收合格后，予以签认。

2）在保修期限内，出现严重质量问题或严重影响使用功能的紧急抢修事故时，应督促工程总承包单位立即到达现场进行抢修。

3）参与对工程质量缺陷原因进行调查分析，确定责任归属，研究补救措施，并督促实施。

4）对非工程总承包单位原因而造成的工程质量缺陷，核实工程修复费用，并签署工程款支付申请，报建设单位审批支付。

5) 当承包商不履行保修义务或拖延履行保修义务时,应积极协助建设单位提供依据、证据等书面材料,并提出对工程总承包商的惩罚建议,供建设单位参考。

6) 在缺陷保修期阶段,安排专业技术人员进行定期回访,对工程使用情况和可能发生的保修期内容进行分析,以书面形式向建设单位报告。

7) 处理工程缺陷保修工作时,应委派专人在现场进行工程质量控制。

8) 在整个工程保修期结束后,安排专人检查工程保修情况,并将完整的工程保修期资料移交给建设单位。

7. 质量管理流程

质量管理流程,如图 8-3 所示。

8.1.5 投资管理

投资管理的首要任务是确定工程投资目标和制定工程投资计划,根据已批准的初步设计概算总额,确定建设项目的总投资控制目标,对工程投资目标进行分解,将总投资控制目标分解到各个分部分项工程上,采用跟踪、监督、对比、分析、预测等管理手段,严格控制工程变更、现场签证和费用索赔,将工程投资目标控制在批准的初步设计概算总额以内。

1. 投资控制目标

以合同约定的价款作为工程投资控制的基本目标,在建设单位设定的工程规模条件下,把建设项目投资目标控制在批准的初步设计概算总额以内。

2. 投资决策阶段

(1) 协助建设单位制定投资决策阶段建设项目总投资控制目标,并进行分析和论证。

(2) 进行投资管理目标风险分析。包括政府规划风险、社会环境风险、建设单位内部风险等,并制定相应预防和控制措施。

(3) 制定建设项目投资决策阶段投资管理的工作流程与工作制度,对投资管理的组织机构、任务分配和岗位职责做出策划。

(4) 合理确定工程设计投资限额,将《可行性研究报告》中的投资估算,作为建设项目投资管理的重要依据。

(5) 对总投资目标进行分解,对分解后建设项目主要技术经济指标分析和论证。

(6) 总投资目标分解工作内容如下:

1) 收集建设项目投资决策阶段投资估算资料。

2) 收集建设项目建设规划设计条件。

3) 收集类似建设项目投资管理资料,作为对标参考。

4) 对前期投资估算精度审查,偏差较大时调整建设规模或总投资,必要时调整功能需求、建设标准等。

5) 收集建设项目功能与使用要求、工程工期、施工季节、地质条件等投资估算初步指标。

6) 确定建设项目的工程内容组成及各个专业工程的投资控制目标。

(7) 编制《方案和初步设计任务书》中的投资管理内容:

1) 建设项目投资总目标值及内容构成。

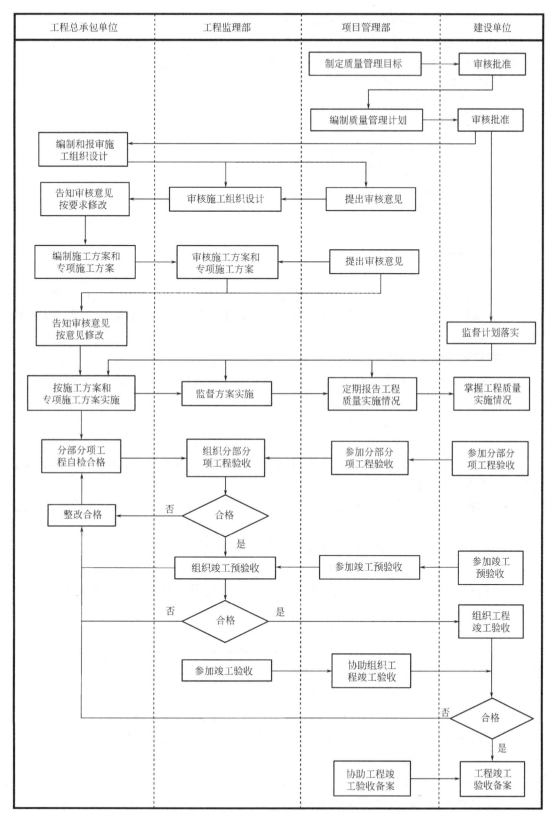

图 8-3 质量管理流程

2) 建设项目投资范围内的方案和初步设计的设计内容、设计深度等。

3) 方案和初步设计单位提交设计成果文件中的方案和初步设计概算的编制要求。

4) 建设单位对特殊功能的需求,及该分部分项的工程造价编制要求。

(8) 根据投资估算,编制建设资金总体、年度或阶段性建设资金使用计划。

(9) 编制建设资金使用计划内容如下:

1) 确定建设项目投资控制目标。

2) 制定建设项目投资目标分解计划。

3) 确定建设项目合同结构和模式。

4) 拟进行的合同预付款和进度款支付比例。

5) 建设项目总进度计划。

6) 需缴纳的建设配套费。

7) 需缴纳的税金和规费。

8) 建设单位建设资金来源及筹措情况。

(10) 根据建设项目进度计划和实际实施进展情况,编制阶段建设资金使用计划。

(11) 阶段建设资金使用计划应按照合同工程价款变化而进一步细化,详细编制到半年度、季度与月度的建设资金使用计划。

3. 方案和初步设计阶段

(1) 根据方案设计文件,审核方案设计概算,对方案设计提出工程投资评价意见。

(2) 方案设计投资评价意见如下:

1) 投资评价意见应当在通用的原则下,突出建设项目特殊性和准确性。

2) 审核方案设计概算,评价其是否符合设计任务书的要求。

3) 从安全和经济的角度,对方案设计和概算提出评价意见,需要时,可组织评审、专题论证等方式,征询相关专家的意见。

4) 审查方案设计概算是否能实事求是地反映方案设计的内容,审查方案设计概算的真实性。

5) 应用价值工程的方法,对使用功能和投资成本作适当修正和完善。

6) 可参照类似建设项目技术和经济数据,对方案设计进行技术和经济优化。

(3) 根据初步设计内容,审核建设项目初步设计概算,对初步设计概算提出审核意见。

(4) 初步设计概算审核意见内容如下:

1) 将初步设计概算作为建设项目投资管理的重要节点,是确定投资控制目标的基础。

2) 组织有关各方及有关专家,对初步设计和初步设计概算进行详细审核。

3) 对初步设计和初步设计概算文件逐项核实其准确性,并保证其合理性。

4) 根据审核意见进行修改和完善,经相关部门审批后作为投资管理的基准,初步设计概算不得超出方案设计投资概算。

(5) 初步设计概算控制措施如下:

1) 明确初步设计阶段投资限额和要求。

2) 组织对初步设计和初步设计概算进行技术和经济优化。

3) 进行多方案的技术和经济比选。

4) 对主要材料、设备等选用进行市场调查和询价。

(6) 编制和调整建设资金使用计划内容如下：

1) 根据初步设计概算确定建设项目投资控制目标。

2) 调整投资决策阶段编制的建设资金使用计划，并将其细分到年、季、月度建设资金使用计划中。

3) 在实施过程中，对工程价款支付明细进行整理和分析，不符合建设资金使用计划要求的，及时分析原因，采取相应对策。

4) 编制建设资金使用管理报告，及时报告建设单位，并调整建设资金使用计划。

(7) 审核初步设计图纸深度和质量，提高初步设计细化和准确程度，减少设计错误和遗漏。

(8) 避免因设计错误和遗漏，带到施工图设计阶段或施工阶段，既影响建设工期，又可能造成经济损失。

(9) 做好建设项目投资管理的动态控制，项目管理部应安排专人负责收集和整理工程投资相关数据。

(10) 定期对建设项目投资计划值和实际值，进行动态跟踪和分析比较，形成投资管理报表或经济分析报告，及时报建设单位。

4. 招标投标阶段

(1) 通过公开招标投标竞争过程，能更好地使建设项目的工程造价更加符合价值基础，进而更好地控制工程投资，是建设项目投资控制至关重要的方式。

(2) 加强市场信息调查、收集和整理，支持获取的建筑产品和管理服务具有竞争性。

(3) 复核工程量清单的编制质量，工程量清单是招标文件的重要组成部分，是投标单位进行投标报价和公平竞争的基础。

(4) 协助建设单位确定招标控制价，防止恶性竞争，避免低于成本价中标，最终给建设单位带来损失。

(5) 严格审查投标文件的承诺内容，实现"优中选优"，使建设项目投资管理目标的实现更有保障。

(6) 对投标文件符合性检查，对投标报价进行逐项检查与分析，检查每个投标报价的完整性，是否存在少报、漏报和严重不平衡报价现象。

(7) 重视招标文件中合同主要条款，因其是签订工程总承包合同的基本内容，是影响工程造价的非常重要的因素，直接影响工程投资的控制。

(8) 选择恰当合同形式，制定对投资控制有利的合同条款，合理分配合同双方的投资风险，从源头上采取工程投资控制措施。

(9) 优先采用示范或标准合同文本确定的协议书内容，在合同中明确约定涉及工程造价条款，如合同价款支付和结算方式、违约争议处理等。

(10) 采用保险和担保的风险控制措施，使风险得到适当转移、有效分散或合理规避，提高工程投资效果。

5. 工程施工阶段

(1) 确定施工阶段投资管理目标，并对投资管理目标进行详细的分析和论证。

(2) 编制施工阶段各年、季、月度建设资金使用计划,并控制其执行。

(3) 组织和参加重大施工方案的技术经济分析和论证会,并提出投资管理建议。

(4) 施工前,进行施工图纸交底和图纸会审,及时发现图纸设计的错误和不合理因素,减少施工过程中的工程变更及工程索赔。

(5) 组织对重要工程材料、设备、构配件等选用的技术标准和技术要求进行考察与调研。

(6) 在施工过程中应加强对设计变更、现场签证和费用索赔的事前控制。

(7) 按工程总承包合同条款的约定,审核和支付工程预付款和进度款。

(8) 协助建设单位解决索赔争议,按工程总承包合同约定,进行索赔管理工作,并提出处理建议与意见。

(9) 做好建设项目投资管理的动态控制,收集投资管理信息,定期进行投资计划值与实际值的比较。

(10) 若出现投资偏差,应分析投资偏差原因,采取纠偏措施,及时向建设单位报告。

(11) 建设项目结束后,编制投资管理分析报告,报建设单位审核。

6. 竣工验收和保修阶段

(1) 编制阶段建设资金使用计划,并监督其执行。

(2) 审核已支付工程款项及金额。

(3) 参与竣工结算审核:

1) 核查工程竣工结算资料完整程度。

2) 检查合同所规定的内容执行是否到位。

3) 复核工程量的计算是否准确、是否符合规范要求。

4) 对设计变更、现场签证、技术措施、材料代用等追加合同价款进行复核。

5) 核实规费与税金是否完全缴纳。

(4) 参与编制工程竣工决算。

(5) 编制工程投资管理总结报告。

7. 投资管理流程

投资管理流程,如图8-4所示。

8.1.6 进度管理

建设项目进度计划的安排和制定,是项目管理的重要内容之一,进度计划是项目管理开展进度管理的基本文件。从建设项目的前期洽谈到正式开工建设,再到工程竣工验收,都必须有完整的进度计划、进度实施、进度检查和进度改进等。建设项目进度的快慢,直接影响着建设单位的经济效益,必须对影响进度计划的因素尽快进行排查和处理。项目管理应在确保建设项目安全和质量的基础上,科学合理地安排工期,并跟踪、优化和不断调整进度计划,通过强化进度管理,确保进度目标的实现。

1. 进度管理目标

制定科学合理的工程进度管理计划,确保建设项目严格按合同约定及建设单位要求的工程进度计划实施,把工程设计期限和施工工期控制在合同约定的期限内,实现建设项目按期竣工验收和顺利交付使用的管理目标。

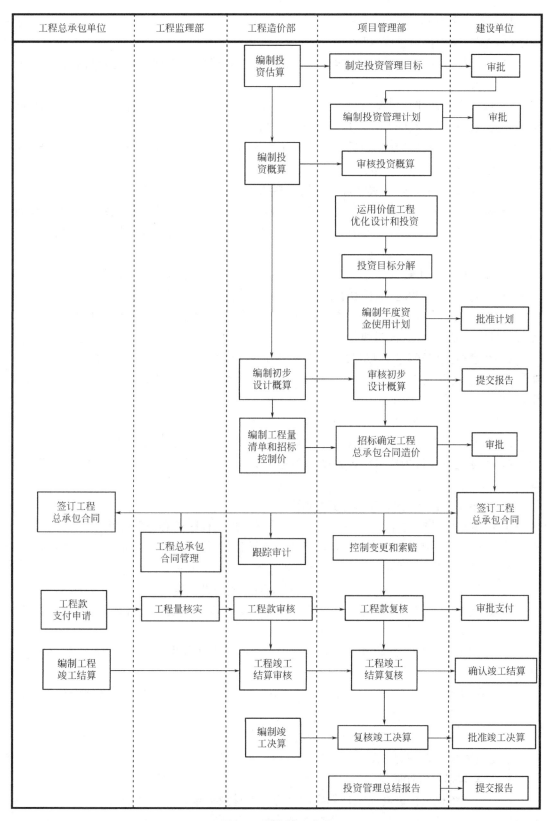

图 8-4 投资管理流程

2. 投资决策阶段

(1) 制定建设项目进度目标

1) 依据批准的《可行性研究报告》的进度要求，确定建设项目进度目标，并分析和论证其可行性。

2) 依据全面详细的建设项目基础资料，对工程进度目标进行分析和论证，必要时，组织有关项目管理方面的专家，进行综合分析和研判。

3) 依据建设项目进度控制目标，编制阶段实施进度计划，与建设项目进度控制目标保持一致。

(2) 编制建设项目阶段实施进度计划内容如下：

1) 根据建设项目技术复杂程度，参考工程设计周期规定及施工工期定额标准，结合类似建设项目设计周期和工期资料、招标投标程序时间、建设手续报批工作流程和时间等，制定建设项目阶段实施进度计划。

2) 以建设项目工程设计及施工为主线，编制阶段性实施进度计划，各阶段内容要具体清晰，为工程设计和施工阶段的工程进度管理提供有效依据。

3) 根据建设项目实施内容和资源供应状况，参考类似建设项目工程进度数据，估算各阶段进度计划的持续工作时间。

4) 在进行类似建设项目进度计划比较时，重点对施工环境、工作内容、工程规模、质量标准、报建手续审批难度、审批决策程序情况等影响工程进度的差异性，进行对比和修正。

(3) 编制《方案和初步设计任务书》中进度管理内容：

1) 参照工程设计周期标准规范，确定方案和初步设计的基准设计周期。

2) 根据建设项目的技术复杂程度，参考类似建设项目设计进度数据，确定基准设计周期。

3) 确定基准设计周期应考虑的时间因素有：

① 考虑招标投标过程、审批备案及处理质疑、投诉程序所必需的时间。

② 建设单位对中间设计成果的修改和确认时间，以及对设计成果的优化调整时间。

③ 方案和初步设计等报审批准、政府部门和有关单位审查和评审时间。

④ 由于建设单位发生一般变更、重大调整而造成的设计返工预留时间。

4) 编制方案和初步设计阶段设计任务书的各专业设计进度及设计成果文件交付的时间要求。

5) 编制方案和初步设计进度计划过程中，应分析各工作节点间的逻辑关系，确定关键线路。

6) 明确各阶段设计工作的时间节点，避免设计进度失控，且难以追究责任的情况发生。

(4) 编制完成的建设项目进度目标与阶段实施进度计划，经建设单位审批后，作为建设项目全过程项目管理的进度管理工作依据。

3. 方案和初步设计阶段

(1) 编制工程设计进度实施计划要明确方案设计及初步设计文件的提交时间、关键材料选用时间、设备选型和定型时间等阶段的设计时间要求。

（2）工程设计进度实施计划应与建设项目进度计划相协调，要充分考虑设计工作的内部逻辑关系、资源分配及外部约束等条件，并结合建设项目审批、工程地质勘察、招标采购等进度计划要求。

（3）审查方案和初步设计单位编制的设计进度计划的可行性，要充分体现除基本设计工作时间之外的沟通、评审、确认、修改及审查等时间。

（4）按方案和初步设计合同的约定，在工程设计工作开始前，审核设计单位提交的设计进度实施计划和出图计划，并及时确认和监督执行。

（5）做好方案和初步设计进度计划跟踪管理工作：

1）协调各专业设计进度能满足总体设计进度计划的要求，控制设计变更及其审查批准的时间。

2）在建设项目实施过程中，做好进度基准计划值和实际值的比较，对问题及原因进行分析，及时进行进度调整。

3）定期提交设计进度管理报告，设计进度出现较大偏差时，要及时报告给建设单位，根据偏离程度，及时协调各方采取有效的纠偏措施。

4）实施纠偏措施后未达到预期效果，影响后续设计、报审及施工计划时，应及时调整基准工程设计进度计划，并报建设单位审批后执行。

（6）为有效控制工程设计进度，协助建设单位在计划时间内对设计文件进行审核，并作出决策和确认。

（7）在计划时间内，及时做好方案优化比选、专家评审和专业咨询建议等决策和确认的准备工作。

（8）按工程设计进度计划的时间节点，组织设计成果的报审工作。

4. 工程施工阶段

（1）协助建设单位制定工程施工进度计划管理制度，明确工程进度管理的职责和分工，定岗定人，各负其责。

（2）建立以建设项目为核心的责、权、利考核体系，结合建设项目的具体特点，制定《施工阶段的进度绩效考核办法》，并进行考核和奖惩。

（3）结合建设项目施工阶段进度管理的特点，制定工作流程和管理要点，实施建设项目施工阶段进度控制的标准化管理工作。

（4）在工程开工前，严格按照《工程总承包（EPC）合同》的工期要求，编制工程施工进度网络计划，并对其科学性和合理性进行重点审查。

（5）根据建设项目实际情况，结合工程施工阶段进度计划，按照逐天、逐周、逐月、逐季、逐年的时间段，编制具体时间段施工计划和工作安排。

（6）检查施工人员、设备、物资配备，是否按施工组织设计配置到位，是否满足现场工程施工进度需求。

（7）根据施工进度计划和进展情况，督促工程总承包单位对生产要素进行优化组合，动态地对人员、设备、物资进行调度。

（8）通过工程例会和工程进度专题会议，制定及落实施工进度管理计划中的工作内容。

（9）做好各阶段和各工序开始施工前的准备工作，合理配备劳动力数量，加大流水作

(10) 实行工程进度节点奖罚制度，对关键工序与重要节点严格按照进度计划控制，确保各工序进度节点施工任务完成，确保进度时间节点实现。

(11) 在工程施工进度计划执行过程中，如发现未能按期完成进度计划的情况时，应及时分析原因，立即采取有效措施，确保工程施工进度计划实现。

5. 进度管理流程

进度管理流程，如图 8-5 所示。

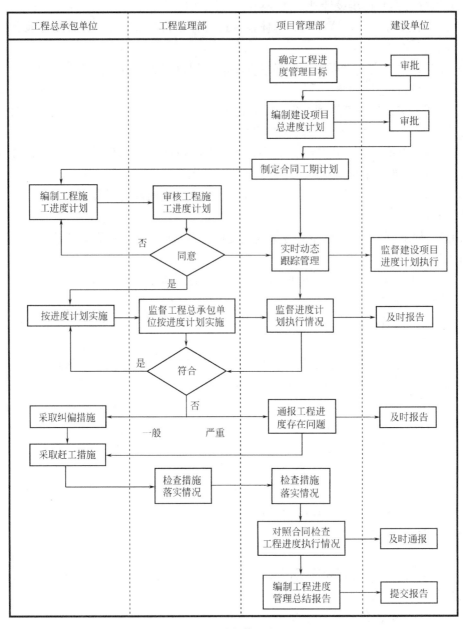

图 8-5　进度管理流程

8.1.7 合同管理

合同管理是项目管理的基本工作,因为建设项目所需的全部资源和管理服务,以及参建各方建造建筑产品或管理服务均是合同的履行过程和结果,均是以合同形式来取得。建设项目合同管理的复杂性不仅在于合同数量众多,还在于各个合同之间并非完全独立的,各个合同之间均存在关联性,存在着复杂的界面交叉关系,因此,合同管理是项目管理工作的重点内容。

1. 合同管理目标

保障合同依法订立,监控合同全面履行,使合同双方当事人的权利和义务得到全面执行。对合同履行过程中遇到的各种风险因素,进行分析和评价,采取有效预防措施,将风险消除或降低至可控范围内,全面实现合同约定的管理目标,确保建设项目顺利完成和交付。

2. 投资决策阶段

(1) 分析和论证建设项目实施的特点及环境,编制建设项目合同管理计划。
(2) 协助建设单位确定建设项目招标内容、发包模式、招标方式和合同框架。
(3) 依据各种合同类型,统一形成合同管理程序,确保合同完整性和准确性。
(4) 行业中约定俗成的内容,必须在合同条款中以书面化形式体现,避免产生歧义和纠纷。
(5) 进行合同风险分析,评估风险等级,制定相应防范对策。

3. 招标投标阶段

(1) 协助建设单位确定建设项目设计、施工等发包模式和招标方案,确定合同类型。
(2) 依据有关法律法规规定和建设项目特点,编制招标文件中的合同主要条款。
(3) 按招标投标有关规定,完成招标投标过程,协助建设单位确定中标单位。
(4) 优先选择标准或示范合同文本作为合同基础条款,协助建设单位拟定合同专用和特殊条款。
(5) 尊重招标文件中合同主要条款的规定,招标投标文件中实质性内容不得随意更改,不得违反公开招标的公正性及严肃性。
(6) 合同内容的完整性应在合同中得到体现,合同内容要全面、合同条款要完善、合同附件要齐全、补充协议要完整等,特别是对争议事项的处理要有明确的约定。
(7) 审核合同的完整性,是防止因合同审核疏忽,导致合同内容不全面,造成在合同实施过程中,产生费用索赔和合同纠纷。
(8) 审核合同的专业性,主要是建设工程承包合同变更的条款是否完整和具体,对误工索赔和工期索赔是否有明确约定等。
(9) 成立合同及法律方面专家在内的合同评审小组,对合同条款合法性、完备性、符合性等进行实质评审,对合同风险因素进行识别和评价。
(10) 参与合同的谈判和签订工作,协助建设单位完成合同备案。
(11) 开展招标后期管理,做好招标文件和合同内容的解释工作。

4. 方案和初步设计阶段

(1) 实施设计合同的动态管理,实施动态控制,确保合同的顺利履行。

(2) 设计合同动态管理内容如下:

1) 在设计合同签订后正式实施前,组织项目管理部人员熟悉合同内容,并进行设计合同的交底。

2) 在设计合同执行期间,采用跟踪管理的方法,建立设计合同执行情况台账。

3) 定期开展设计合同执行情况的检查与分析,及时向建设单位上报有关设计合同的管理分析报告。

4) 发现设计合同执行存在较大偏差时,分析偏差原因,采取相应纠偏措施,及时向建设单位报告。

(3) 协助建设单位处理设计合同履行中出现的问题:

1) 通过设计合同风险分析,及时发现可能产生的索赔风险,并提出设计合同风险分析报告,评价可能索赔的风险分级,制定风险防范措施。

2) 按设计合同约定,组织对设计交付成果的验收,包括不符合要求的设计成果的处理。

3) 当出现合同纠纷和争议时,协助双方协商解决,必要时,协助建设单位签订补充协议或变更协议,通过和解或调解方式,处理合同纠纷和争议。

(4) 设计合同履行结束后,编制设计合同管理总结报告,报建设单位。

(5) 编制设计合同管理总结报告内容:

1) 设计合同签订情况评价。

2) 设计合同执行情况评价。

3) 设计合同管理工作评价。

4) 对有重大影响的合同条款的评价。

5) 工作体会和过程改进建议。

5. 工程施工阶段

(1) 贯彻合同全面履约的原则,促进已签订的工程总承包合同得到全面高效的履行。

(2) 建立健全合同管理工作体系,制定合同管理计划,包括合同实施总体安排及保证体系等内容。

(3) 严格按合同管理程序进行操作,做好合同分析、合同签订、合同审查、合同授权、合同公证、合同备案、合同交底、合同履行等工作。

(4) 协助建设单位对已签订合同进行履约风险分析,预测合同履行中可能出现的风险,有效减少或规避合同签订和履行风险,制定有效措施,加以防范。

(5) 合同实施前,组织参建各方对合同的主要内容、工作流程、责任义务、主要风险、特殊问题、合同实施计划等内容,以书面与口头相结合的形式进行合同交底。

(6) 跟踪管理合同的履行,督促合同双方履行各自的法律责任和义务,保障合同中的各项内容顺利实现。

(7) 严格控制和管理合同变更,按规定程序处理合同变更事宜。

(8) 合同履行过程中的合同管理内容:

1) 进场合同交底,对合同当事方权利和义务进行必要提醒,是保证合同管理效率和效果的手段。

2) 建立合同管理台账和报表,定期向建设单位提交有关合同管理的报表和报告。

3）实施合同支付审核、合同变更审查、合同索赔复核管理。
4）定期对合同履行情况进行检查，发现问题，及时采取有效处理措施。
5）合同履行评价与合同管理总结报告。
（9）协助建设单位处理合同索赔与纠纷：
1）负责合同索赔管理工作，协助建设单位对收到的索赔报告进行审查和分析，收集反驳理由和证据，并提出反索赔报告。
2）调查和分析索赔事件的影响，复核索赔内容和价款，并向建设单位提出索赔报告的处理意见和建议。
3）应争取采用友好协商方式解决，避免通过仲裁及诉讼的方式解决。
（10）非合同事件的管理：
1）当出现无法预见或合同中没有约定的情形时，协助合同双方协商解决。
2）协助建设单位签订补充协议或者变更协议，处理非合同事件。
3）协助建设单位处理不符合合同要求的交付工程和未完事项。
4）非合同事件处理结束后，形成非合同事件的管理报告，报建设单位。
（11）编写合同管理总结报告：
1）对合同签订情况评价。
2）合同执行情况评价。
3）合同管理工作评价。
4）对招标有重大影响的合同条款的评价。
5）工作体会和过程改进建议。
（12）履行全过程项目管理的合同管理职能，提供必需的合同管理总结报告。

6. 竣工验收和保修阶段

（1）进行合同跟踪管理并提供合同管理报告。
（2）协助处理合同中的未完事项。
（3）监督保修内建设项目维修和保养工作。
（4）组织合同管理工作回访。

7. 合同管理流程

合同管理流程，如图 8-6 所示。

8.1.8 安全管理

建设项目安全管理包括制定安全计划、落实安全措施、检查安全状况和处理安全问题等。通过采取各种技术、组织、管理和经济等措施，加强工程设计安全管理，使最终交付产品充分满足有关安全和环保要求，确保建设项目在使用功能和工程质量上满足安全性、环保性要求。

在工程施工阶段，应建立健全安全管理组织体系，明确各级安全管理责任，严格遵守安全文明施工标准和规范规定，制定安全管理技术方案和措施，进行安全技术方案审核和交底，强化安全教育和培训，进行安全检查与整改，加强施工现场文明施工管理。建立安全应急管理机制，编制安全施工应急预案，并配备安全应急物资与设备，适时进行应急演练，坚持一切"以人为本"的安全管理基本原则，保障人身健康和财产安全。

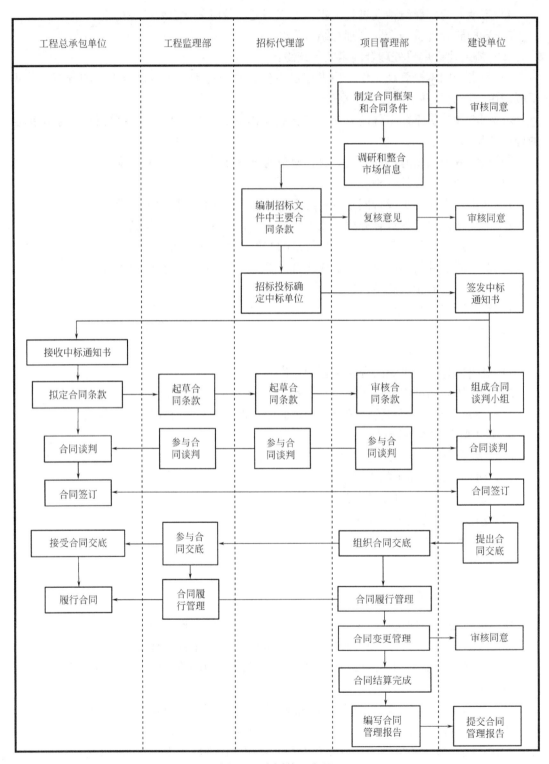

图 8-6 合同管理流程

1. 安全文明施工目标

严格按照安全生产和文明施工等法律法规和标准规范的规定进行项目管理，确保安全施工，杜绝死亡事故发生，杜绝重大安全事故、重大机械设备损坏责任事故和重大火灾事故，减少一般性安全事故的发生。确保文明施工，做到现场规范化管理，场容场貌达一流，达到市级安全文明标准化工地的标准。

2. 投资决策阶段

（1）根据建设项目特点、技术复杂程度及安全评价要求，制定工程设计和施工安全管理计划，明确安全管理目标。

（2）对建设项目用地选址的生态安全评价和有关使用需求进行有害因素分析。

（3）识别和分析危险因素和有害因素，确定危险因素和有害因素存在的部位和方式，对发生灾害事故的可能性和严重性，进行定性和定量分析。

（4）对可能存在的危险性及其可能产生的后果，进行综合评价和提前预测。

（5）根据可能导致的安全事故风险的大小，提出相应的安全对策和措施。

3. 方案和初步设计阶段

（1）根据有关安全技术定性或定量评价意见，提出消除或减弱危险和有害因素的技术方案和管理措施。

（2）加强对工程设计安全管理，对安全设施的设计进行安全合规性评价。

（3）必要时，组织有关专家召开安全设计评审会议，提出安全优化设计建议，结合评审意见对安全设计进行修改和完善，直至达到设计验收标准。

4. 工程施工阶段

（1）确定安全文明施工管理目标，建立安全文明施工保证体系，制定安全文明施工管理规章制度。

（2）根据有关安全管理的法律法规和管理规定，提醒建设单位应尽的法定安全责任和安全管理职责。

（3）严格执行安全文明施工管理有关法律法规、管理规定和标准规范，协助建设单位办理工程安全监督报批等有关手续。

（4）督促工程总承包单位认真贯彻"安全第一、预防为主、综合治理"的安全文明施工管理基本方针。

（5）督促检查工程总承包单位安全文明施工目标、措施及其相关规章制度的制定和落实。

（6）建立安全文明施工管理保证体系和安全文明施工责任保证体系，促进安全文明施工管理。

（7）审查施工方案或专项施工方案中安全施工技术措施，特别是对危大工程安全施工方案，要进行安全风险评估与预测。

（8）督促工程总承包单位必须按批准的施工方案组织实施，并进行检查和验收。

（9）严格执行工程建设强制性标准，制止违规施工作业，关键部位要采取可靠的安全防护措施。

（10）督促工程总承包单位对施工安全的重点环节，制定现场安全应急预案，参与审查安全应急预案的可行性和可操作性。

（11）督促工程总承包单位编制安全应急预案，定期组织安全应急事项演练，并记录演练过程。

（12）督促工程总承包单位做好逐级安全教育和培训，完善安全技术交底工作。

（13）督促工程总承包单位进行施工安全自查自纠工作，把事故隐患消灭在萌芽状态。

（14）参加施工现场例行和专项的安全检查工作，对检查中发现的存在问题，提出整改意见。

（15）根据安全检查情况，开具《安全隐患整改通知单》，要求工程总承包单位按"定人、定时、定措施"的"三定"形式落实整改，项目管理部跟踪复查。

（16）积极参加安全事故调查和处理，及时将调查和处理情况书面报告建设单位。

（17）发挥工程监理的现场安全文明施工管理职能，对工程总承包单位的现场安全文明施工管理工作，进行严格监督和检查。

（18）安全文明施工动态管理重点：

1）监督网络。建立文明施工监督网络，检查文明施工落实情况，建立健全文明施工保证体系。

2）制度约束。制定严格安全文明施工管理制度，约束施工现场管理人员和操作工人，禁止不利于职业健康安全和环境安全的行为发生。

3）技术管理。采用先进的安全技术和管理方法，降低或消除设备、材料和环境等不利于职业健康安全和环境的风险。

4）环境改善。改善环境的目的是创造能让员工和相关人员安心和专心工作的、社会公众能接受的环境。

5）三全管理。安全文明施工管理应实施全面、全过程、全员管理。

（19）履行全过程项目管理的安全管理职责，实现安全文明施工目标，提供安全管理总结报告。

5. 安全文明施工管理流程

安全文明施工管理流程，如图8-7所示。

8.1.9 信息管理

信息管理的主要任务是将收集到的建设项目有关信息，及时整理和传递给建设单位和相关单位，使建设项目各参建单位及时获取准确的工程信息，以便进行建设项目实施的协调决策，确保建设项目有序实施。

1. 信息管理目标

信息管理贯穿于建设项目实施的各个阶段，对建设项目实施过程中产生的文件和资料进行收集、整理、存储、传递和使用，达到建设项目信息的收集、整理、传递与工程进度同步目标。建立建设项目数字化协同信息管理平台，实施数字化信息管理，确保建设项目信息交流畅通、可靠、准确和高效。

2. 投资决策阶段

（1）制定投资决策阶段信息管理计划，建立健全项目信息管理体系，明确信息管理系统中有关人员的任务和岗位职责分工。

（2）编制投资决策阶段信息管理制度，制定信息管理的工作流程、工作制度、档案管

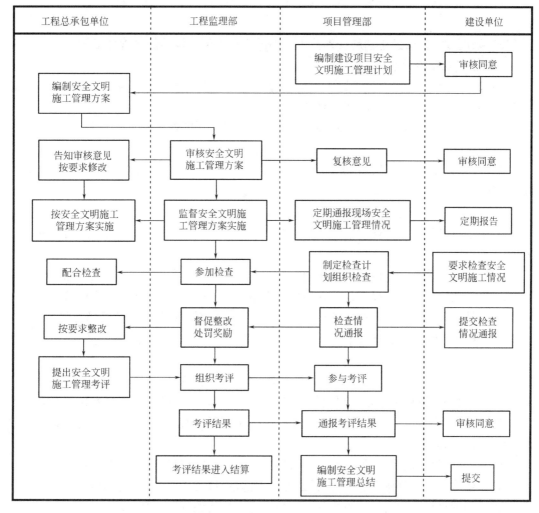

图 8-7 安全文明施工管理流程

理制度等。

(3) 做好各类与建设项目相关投资信息的收集、分类、加工、整理、储存和传递等工作。

(4) 收集与建设项目相关信息：

1) 市场方面：如市场人、材、机的价格信息，建设项目投入运行后社会反响和社会需求等。

2) 资源方面：如建设资金、人力、水、电、气供应情况等。

3) 自然环境：如城市交通、环境、气象、地质等。

4) 社会环境：政治环境，社会治安状况，当地法规、政策、教育等。

5) 技术配套：新技术、新设备、新工艺、新材料，专业配套能力等。

(5) 做好各类与建设项目相关投资信息的收集、分类、加工、整理、储存和传递等工作。

(6) 及时做好投资决策各个方面的信息沟通与使用，确保投资决策工作顺利完成。

(7) 检查信息管理和档案管理制度执行情况，确保工程信息的真实、准确、完整和安全。

(8) 采用数字化信息化辅助管理技术，辅助投资决策阶段的信息管理工作。

3. 方案和初步设计阶段

(1) 制定方案和初步设计阶段工程信息管理计划，建立健全项目信息管理体系，明确信息管理系统中有关人员的任务和岗位职责分工。

(2) 编制方案和初步设计阶段信息管理制度，制定信息管理的工作流程、工作制度、档案管理制度等。

(3) 做好各类与建设项目相关设计信息的收集、分类、加工、整理、储存、传递和利用等工作。

(4) 收集与建设项目相关信息：

1) 前期审批信息。如项目建议书及批复、可行性研究报告及批复、土地和规划审批文件等。

2) 当地自然信息。建设项目所在地有关交通、水文、气象、地质、环境等信息。

3) 当地政策信息。建设项目所在地投资政策、环保政策、政府服务和限制等。

4) 设计过程信息。设计进度计划、设计质量保证体系、设计合同执行情况等。

(5) 对方案和初步设计过程中产生的各类工程设计信息进行收集、整理、传递和归档。

(6) 设计阶段的工程信息收集应分类清晰，便于后期建设项目信息检索和传递。

(7) 及时向建设单位报告工程设计质量和进度信息，提供设计管理报表和工作报告。

(8) 协助建设单位及时审查设计单位提供的中间设计成果文件及最终设计成果文件等，并做好书面确认。

(9) 协助建设单位及时对设计要求、设计调整、设计资料等进行书面回复。

(10) 建立设计过程例会和专题会议制度，加强设计工作协调和信息沟通。

(11) 督促设计单位将设计阶段的工程技术资料进行整理和归档。

(12) 采用数字化信息化辅助管理技术，对工程设计阶段的进度、质量、合同、投资等进行辅助信息管理。

4. 招标投标阶段

(1) 制定招标投标阶段信息管理计划，建立建设项目信息管理体系，明确信息管理系统中有关人员的任务和岗位职责分工。

(2) 编制招标投标阶段信息管理制度，制定信息管理的工作流程、工作制度、档案管理制度等。

(3) 做好各类与建设项目相关招标投标信息的收集、分类、加工、整理、储存、传递和利用等工作。

(4) 收集与建设项目相关信息：

1) 前期审批文件。如立项文件、建设用地、征地拆迁、规划设计等文件。

2) 勘察设计文件。工程地质勘察报告、工程设计文件等。

3) 技术要求文件。建设项目技术、材料、设备、工艺、工期、质量、安全等要求的有关信息。

4) 标准规范文件。建设项目适用的规范、规程、标准,特别是强制性规范。

5) 招标政策文件。建设项目所在地有关招标投标规定、合同范本及特殊条款要求。

6) 招标过程文件。招标方案、资格预审文件、招标文件、投标文件、评标报告、审批备案、质疑、投诉、公示、公告等。

(5) 对招标投标过程中产生的各类工程信息进行收集、整理、传递和归档。

(6) 通过有效途径将招标信息及时发布,若其所发布的招标信息能够被更多的潜在投标单位所了解,则工程招标可选择性也就越大。

(7) 做到招标投标项目基本信息可以实时查询,便于对建设项目招标投标运行情况进行实时跟踪。

(8) 及时做好工程招标各个方面的信息沟通与传递,确保招标投标工作顺利完成。

(9) 招标投标资料档案应满足归档要求,实现全部资料归档、部分资料归档、欠缺资料动态催交、建设项目资料查询调用等管理要求。

(10) 全过程工程咨询单位应建立行业信息库、建设项目信息数据库、投标企业信息数据库和评委专家库等工程招标投标业务数据库,便于查询和使用。

5. 工程施工阶段

(1) 制定工程施工阶段信息管理计划,建立建设项目信息管理体系,明确信息管理系统中有关人员的任务和岗位职责分工。

(2) 编制工程施工阶段信息管理制度,制定信息管理的工作流程、工作制度、档案管理制度等。

(3) 做好各类与建设项目相关工程施工信息的收集、分类、加工、整理、储存、传递和利用等工作。

(4) 收集与建设项目相关信息:

1) 合同图纸。工程总承包合同及补充协议、洽谈记录、地质勘察报告、施工图纸、图纸交底和会审记录。

2) 环境信息。建设项目的建筑规划红线、地下管线、地上原有建筑物及周围建筑物、树木、河流、道路等,以及地形测量图及标桩等环境信息。

3) 气象信息。建设项目场地的气象数据,合同工期内气象的中长期趋势及同期历史数据,特别是气候对施工质量和进度影响较大的情况信息。

4) 技术方案。工程监理规划及实施细则,施工组织设计及专项技术方案,工程质量安全保证体系,安全文明施工措施,施工进度计划等。

5) 施工过程信息:

① 进场大型机械设备的规格型号、安拆记录、验收记录、检测记录、保修记录等。

② 进场材料、构配件的进场、加工、检测、保管、使用等。

③ 施工需要执行的国家和地方规范、规程、标准,施工合同执行情况。

④ 施工过程中的工程数据信息,如地基验槽及处理记录、工序间交接记录、隐蔽工程检查记录、分部分项工程验收记录等。

⑤ 技术核定单、图纸会审记录、洽谈记录、工程变更、现场签证、工程索赔及处理意见等。

(5) 统一协调和管理工程施工过程中产生的各类施工信息收集、整理、传递、使用和归档等工作，落实工程施工阶段信息管理的具体要求。

（6）及时整理工程信息资料，对建设项目的各类信息进行收集、整理和保存，并及时向建设单位提供其需要的工程信息。

（7）组织召开工程信息管理例会或各种专题会议，并形成会议纪要。

（8）制定统一工程信息格式和标准要求，保证全部工程档案资料格式和标准一致。

（9）按照建设工程文件归档整理规范组织、督促相关方完成工程档案归档工作。

（10）利用先进的信息管理技术，建立信息沟通平台及工程信息管理系统，方便工程信息的实时传送，实现现场人员及工作成效的实时监管。

（11）定期向建设单位提交各类经整理和分析的项目管理信息报表和分析报告。

（12）检查信息管理和档案管理制度执行情况，确保工程信息的真实、准确、完整和安全。

6. 竣工验收和保修阶段

（1）制定竣工验收和保修阶段信息管理计划，建立建设项目信息管理体系，明确信息管理系统中有关人员的任务和岗位职责分工。

（2）编制竣工验收和保修阶段信息管理制度，制定信息管理的工作流程、工作制度、档案管理制度等。

（3）做好各类与建设项目相关工程施工信息的收集、分类、加工、整理、储存、传递和利用等工作。

（4）统一协调、管理竣工验收和工程保修过程中产生的各类工程设计信息收集、整理、传递、使用和归档等，落实工程信息管理的具体要求。

（5）工程竣工验收前，会同各参建单位对工程资料进行专项验收。

（6）提请城建档案管理机构参与对工程档案进行预验收，预验收合格后，进行工程实体验收。

（7）按工程信息管理要求，各参建单位归档工程资料统一提交建设单位保管。

（8）建设单位根据工程档案管理规定，及时移交城建档案馆保存。

8.1.10 竣工验收管理

在建设项目竣工验收前，制定竣工验收工作计划，确定竣工验收组织、时间、要求等，成立专门竣工验收协调机制，统一处理竣工验收的协调和管理工作。组织进行竣工验收技术评审，对合同履约全面性、竣工验收技术资料完整性和工程实体质量进行审查。由于参与验收单位和人员众多，协调工作量大，必须有计划有组织实施，确保竣工验收一次通过。

1. 竣工验收管理目标

规范建设项目竣工验收管理，明确参建单位的职责分工，检验建设项目设计和施工的质量，促进建设项目顺利通过竣工验收，并顺利交付使用。

2. 竣工验收管理工作内容

（1）制定竣工验收工作计划。

（2）参与专项工程验收。

（3）组织工程竣工资料验收。

(4) 参加工程竣工预验收。
(5) 协助建设单位组织竣工验收。
(6) 协助工程竣工验收备案。
(7) 协助签订工程质量保修合同。
(8) 参与建设项目竣工移交。
(9) 监督工程质量保修方案的制定和实施。
(10) 落实工程质量保修责任和保修费用落实。
(11) 负责工程质量保修期结束后工程尾款支付审核。

3. 竣工验收管理要求

(1) 竣工验收条件：
1) 完成工程设计图纸和合同约定的全部内容。
2) 有完整的技术档案和施工管理资料。
3) 有工程使用的主要建筑材料、建筑构配件和设备的进场试验报告。
4) 有勘察、设计、施工、监理等单位分别签署的工程质量评估报告。
5) 有工程总承包单位签署的工程质量保修书。

(2) 竣工验收程序：
1) 组建竣工验收小组。由建设单位组织勘察、设计、施工、监理等单位和有关方面的技术专家，各个专业应配备齐全，按专业组成竣工验收小组。
2) 制定竣工验收方案。包括时间、地点、内容、程序、要求及验收组人员名单等。
3) 收集竣工验收资料。工程总承包单位和工程监理部各自负责整理、归档、组卷，在通过竣工验收后按规定装订成册。
4) 审查竣工验收资料。提请城建档案管理机构参与对工程档案资料进行预验收，预验收合格后，再进行工程实体验收。
5) 召开竣工验收会议。报送有关竣工验收资料并通知建设主管部门竣工验收时间，组织正式竣工验收会议。

(3) 专项工程验收：
1) 专项工程验收是以工程总承包合同为依据，确定专项工程验收的内容和标准。
2) 以各级建设行政主管部门的规定及行业规范为标准，对规划、道路、绿化、照明、智能化、海绵城市、给水排水、供电等专项工程进行验收。

(4) 竣工资料验收：
1) 工程资料应反映工程实际情况并应与工程进度同步形成、收集和整理，满足工程档案管理要求。
2) 技术档案和施工管理资料齐全完整，应真实、准确、有效，且具有可追溯性。
3) 竣工图要能如实反映建筑物本身的实际情况，为运行和维修管理工作提供方便。
4) 编制建设项目后期维修和使用说明。

4. 竣工验收

(1) 建设项目完工后，工程总承包单位应自行组织检查和评定合格后，向建设单位提交《工程竣工预验收申请表》。
(2) 工程监理按照工程总承包单位提交的《工程竣工预验收申请表》，组织工程竣工预验收。

(3) 审查竣工验收资料和检查工程实体，就存在的质量问题，提出书面整改意见，要求工程总承包单位限期整改。

(4) 工程总承包单位整改完毕，经检查合格后，编制《工程竣工验收报告》，提交工程监理部，由总监理工程师签署意见后，提交建设单位。

(5) 建设单位把工程技术资料送质量安全监督站审查，质量安全监督站在审查工程技术资料后，对该工程进行评价，并出具《建设工程施工安全评价书》。

(6) 建设单位接到《建设工程施工安全评价书》后，组织有关单位和人员，成立竣工验收小组，制定《工程质量验收计划书》。

(7) 建设单位在工程竣工验收前把《工程质量验收计划书》及竣工验收时间、地点、竣工验收小组名单以书面形式报监督站审核。

(8) 质量安全监督站审核同意后，建设单位根据《工程质量验收计划书》，组织工程竣工验收。

(9) 质量安全监督站对工程竣工验收的组织形式、实施验收程序、执行验收标准等情况，进行现场监督，并出具《建设工程质量验收意见书》。

(10) 建设项目工程质量验收合格，并取得《建设工程质量验收意见书》后，工程监理协助建设单位在规定的时间内将竣工验收报告和有关文件，报建设行政管理部门备案。

5. 竣工验收管理流程

竣工验收管理流程，如图 8-8 所示。

8.1.11 缺陷责任期管理

缺陷责任期是当工程保修期内出现质量缺陷时，工程总承包单位按照合同约定承担质量缺陷修复义务，并承担鉴定及维修费用，且建设单位预留质量保证金的期限，自工程通过竣工验收之日起计算，一般不超过两年，具体由发承包双方在合同中约定。如工程总承包单位不维修也不承担费用，建设单位可按合同约定扣除质量保证金，并由工程总承包单位承担违约责任。

1. 管理目标

在缺陷责任期内发生质量缺陷问题，应组织相关方确定工程质量缺陷责任和修复费用，监督质量缺陷的修复实施，协助建设单位处理缺陷责任期出现的修复质量和修复费用问题。

2. 管理原则

依据全过程工程咨询服务合同和缺陷责任期工作计划开展相关工作，处理发生的技术质量问题。

3. 管理内容

(1) 全过程工程咨询服务不应随着建设项目竣工验收而结束，应覆盖缺陷责任期，为建设项目的正常运行提供技术支持。

(2) 在建设项目移交建设单位后，应履行配合建设单位开展缺陷责任期工程咨询服务工作。

(3) 缺陷责任期工作内容：

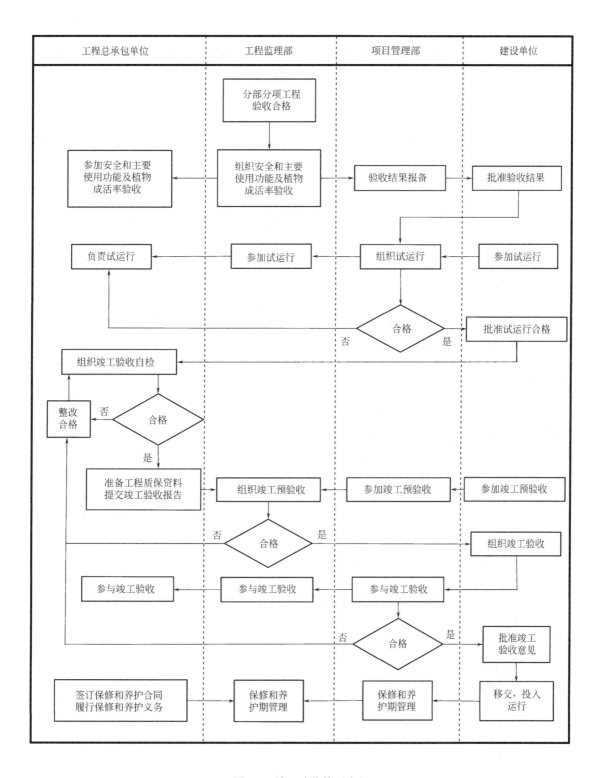

图 8-8 竣工验收管理流程

1)编制缺陷责任期工作计划,包括责任认定方法与程序、质量缺陷的施工组织方案的确认、修复费用认定方法等。

2)经常检查已交付工程,对工程交接时存在的质量缺陷及签发交付证书之后发生的质量缺陷情况进行记录,并要求工程总承包单位进行修复。

3)监督质量缺陷修复的实施。

4)组织质量缺陷修复质量验收。

5)审核工程总承包单位发出的缺陷责任期届满通知,核实工程总承包单位是否履行缺陷修复义务。

6)编制并组织会签缺陷责任终止证书。

(4)缺陷责任终止证书签发的必要条件:

1)确认工程总承包单位已按合同约定及工程监理指示完成全部剩余工作。

2)对全部剩余工作的质量予以认可。

3)收到工程总承包单位含有如下内容的申请:

① 剩余工作计划执行情况。

② 缺陷责任期内工程监理检查出并通知工程总承包单位修复质量缺陷的完成情况。

③ 竣工工程资料的完成情况。

(5)签发《缺陷责任终止证书》,最终结清工程款。

8.1.12 组织协调

在建设项目实施过程中,组织协调是项目管理中十分重要的工作内容,围绕实现建设项目管理目标,以合同管理为基础,组织协调各参建单位及相关单位全力配合,促进建设项目顺利实施,组织协调工作贯穿于项目管理全过程中,融汇在目标控制的工作程序之中,可以说,组织是管理的"推进器",协调是管理的"润滑剂"。

1. 组织协调目标

通过组织协调,能够使影响建设目标实现的相关各方有机配合、协同一致,促进建设项目管理目标的顺利实现。

2. 组织协调原则

(1)守法是组织协调第一原则。必须在法律法规规定范围内去做好组织协调工作。

(2)组织协调要维护公正原则。要站在为完成建设项目的立场上,按照合同的约定,公平合理地处理每一个争议和纠纷,维护参建各方的利益。

(3)组织协调与管理目标一致原则。在建设项目实施过程中,应该注意质量、工期、投资、安全的目标是否一致,不能脱离管理目标去协调。

(4)沟通是组织协调的基本原则。沟通是组织协调的有效手段之一,是组织协调活动顺利开展的保证。

3. 组织协调内容

(1)组织协调包括内部协调和外部协调,内部协调是为减少项目管理内部损耗,外部协调是给建设项目创造良好的外部环境。

(2)内部协调:

1)全过程项目管理单位要充分理解建设单位的建设意图和需求,加强与建设单位沟通和协调，争取支持和信任是取得建设项目成功的前提。

2）项目管理单位与工程总承包单位虽没有直接的合同关系，但也必须接受项目管理单位的管理、协调和监督，项目管理单位要与工程总承包单位保持直接有效沟通。

3）项目部内部的沟通过程中，项目负责人起着核心作用，要以激励项目管理人员的积极性为前提，合理分配工作，形成稳定的项目管理队伍。

4）做好建设项目实施过程中的工程信息搜集、整理、分析、使用与传递的组织协调工作，做到搜集有效、整理完整、分析全面、传递及时。

5）定期或不定期收集、汇总、上报各参建单位工作计划完成情况。

6）定期或不定期召开工作计划协调会，分析存在的问题，并汇总处理建议和解决方案，报建设单位审批后，组织实施。

7）协调建设项目各参建单位之间的关系，力争做到各参建单位间工作关系、信息接收的无缝隙，为工程的顺利实施打下良好基础。

（3）外部协调：

1）加强与各级政府以及政府各职能部门的联系，与这些职能部门建立畅通、有效的沟通机制。

2）与行业主管部门进行充分、有效的沟通协调，将直接影响项目建设各项目标的实现。

3）加强建设单位与政府各有关部门及外界社会资源之间的关系，有助于建设项目各项工程建设的行政审批手续的办理。

4）充分预测各种工程实施影响因素，针对这些因素及时与政府部门沟通。

5）安排专人负责协调工作以保持稳定的沟通渠道和良好的协调效果。

6）在确保合法性和遵守公共道德的基础上，公平、公正地处理工作关系，提高工作效率。

8.1.13 工程资料管理

工程资料管理是建设项目实施过程中的一项非常重要工作，是建设项目完整性的重要组成部分，是建设项目进行竣工验收的必备条件，也是建设项目竣工交付后检查、维修、管理、使用、改建和扩建等的重要依据资料，因此，工程资料管理也是项目管理的一项重要管理内容。

1. 工程资料管理目标

工程资料应根据工程进展及时收集和整理，工程资料要内容完整、格式标准、真实准确、字迹清楚、图面整洁、签章齐全。工程竣工验收前，必须按城市城建档案对工程资料的管理规定，完成工程资料的整理、组卷、自查和验收工作，为竣工验收提供必要条件。

2. 工程资料管理原则

（1）工程资料必须体现原始性、完整性、准确性、科学性的原则，不能弄虚作假。

（2）工程资料管理应与工程进展同步，真实地反映建设项目的进展情况。

（3）工程资料应建立统一的编码，用以表现资料的种类和特征，便于查找使用。

（4）应按照城市建设档案管理规定和工程资料管理规范的要求，进行编制。

3. 工程资料管理内容

（1）图纸资料。包括工程地质勘察报告、施工图纸、竣工图纸、施工过程中变更、补充、修改及深化的设计图纸，以及施工图纸中引用的标准图和图集等。

（2）合同资料。如招标文件、投标文件、合同文本等，合同订立及履行过程中产生的相关资料，工程款支付、竣工结算、竣工决算等工程造价资料。

（3）技术资料。如施工过程中的各种申请、报表、报告、指令、批准、签证、信函、会议纪要等，以及各种变更记录、监测报告、验收记录或其他相关的文件资料。

（4）收集与建设项目有关的重要活动、记载工程建设主要过程和现状、具有保存价值的各种载体文件均应收集齐全，并在整理立卷后归档。

4. 工程资料验收

（1）分类齐全、系统完整、内容真实，能准确地反映工程建设活动和工程实际情况。

（2）工程资料的形成和来源符合实际，签章手续完备。

（3）工程资料的材质、幅面、书写、绘图等要符合要求。

（4）工程资料档案已整理立卷，立卷符合规范规定。

（5）竣工图绘制方法、图式及规格等要符合专业技术要求，图面整洁，盖有竣工图章。

5. 工程资料收集

（1）项目管理部负责收集和整理投资决策阶段、勘察设计阶段、招标投标阶段的工程资料。

（2）监督各参建单位负责工程施工阶段和竣工验收阶段工程资料的收集、积累和整理。

（3）各参建单位应在竣工验收前将工程档案按合同规定的时间、套数移交给建设单位，并办理移交手续。

（4）停建、缓建工程的工程档案暂由建设单位保管。

6. 工程资料质量

（1）工程资料要字迹清楚、图样清晰、图表整洁、签字手续完备。

（2）需永久和长期保存的文件，不应用易褪色的材料书写或绘制。

（3）复印或打印文件及照片的字迹、线条和影像的清晰及牢固程度，应符合设计标定质量的要求。

（4）录音或录像文件应保证载体的有效性。

7. 工程资料归档

（1）各参建单位将工程资料整理和编目后，所形成的建设项目资料档案，交建设单位归档，归档文件应完整、成套、系统。

（2）电子文件的逻辑归档实时进行，物理归档应与纸质文件归档协调一致。

（3）建设项目通过竣工验收后，建设单位在 6 个月内向城市建设档案馆报送建设项目完整档案资料。

（4）工程资料归档具体文件，如表 8-2 所示。

运河湾公园项目工程资料归档汇总表 表8-2

序号	归档文件	提供(T)或保存(B)单位				
		建设单位	全过程工程咨询单位	工程总承包单位	方案和初步设计单位	城建档案馆
投资决策阶段文件						
1	项目建议书	T				B
2	项目建议书批复意见	T				B
3	可行性研究报告及附件	T				B
4	可行性研究报告审批意见	T				B
5	项目立项审查的会议纪要	T				B
6	专家审查建议文件	T				B
7	调查资料及评估研究材料	T				B
8	建设项目选址规划意见书	T				B
9	用地申请报告及建设用地批准书	T				B
10	拆迁安置方案和协议等	T				B
11	申报的规划设计条件和规划设计条件通知书	T				B
12	建设用地规划许可证、红线图及其附件	T				B
13	建设用地钉桩通知书	T				B
14	划拨土地测量成果报告	T				B
15	建设工程规划许可证、查验灰线报告及定位红线图	T				B
16	建设用地划拨文件	T				B
17	国有土地使用证	T				B
勘察和设计阶段文件						
1	工程地质勘察合同		T			B
2	工程地质勘察报告和地形图		T			B
3	水文地质勘察报告、自然条件、地震调查		T			B
4	方案设计文本及说明				T	B
5	方案设计审定通知书及审查意见				T	B
6	初步设计图纸和说明				T	B
7	初步设计概算及材料说明				T	B
8	有关单位(环保、交通、园林、市政等)设计批准文件				T	B
9	施工图及其说明			T		B
10	施工图初审意见、整改回复和综合审查意见			T		B
11	施工图审查合格证书			T		B
招标投标阶段文件						
1	全过程工程咨询服务招标投标文件和中标通知书	T				B
2	全过程工程咨询服务合同		T			B

续表

序号	归档文件	提供(T)或保存(B)单位				
		建设单位	全过程工程咨询单位	工程总承包单位	方案和初步设计单位	城建档案馆
3	方案和初步设计招标投标文件和中标通知书		T			B
4	方案和初步设计合同		T			B
5	工程总承包招标投标文件和中标通知书		T			B
6	工程总承包合同及备案表		T			B
施工准备阶段文件						
1	建设项目列入年度计划的申报文件		T			B
2	建设项目列入年度计划的批复文件或年度计划表		T			B
3	建设项目开工审查表		T			B
4	建设工程施工许可证	T				B
5	工程质量安全监督申请表和质量安全监督工作方案	T				B
6	建设单位项目部及项目负责人名单	T				B
7	全过程工程咨询服务项目部及项目负责人名单		T			B
8	工程总承包项目部及项目负责人名单			T		B
施工阶段工程监理文件						
1	工程监理委托合同					
①	工程监理规划		T			B
②	工程监理实施细则		T			B
③	工程监理月报及会议纪要		T			B
④	工程监理通知及联系函		T			B
2	进度控制					
①	工程开工审批表/开工令		T			B
②	工程暂停令/复工审批表		T			B
③	工程延期报告及审批意见		T			B
3	质量控制					
①	不合格工程通知及处理意见		T			B
②	整改合格验收单		T			B
③	质量事故报告及处理意见		T			B
④	工程质量评估报告		T			B
4	投资控制					
①	预付款报审与支付		T			B
②	进度款报审与支付		T			B
③	设计变更、洽谈费用报审与签认		T			B
④	工程竣工结算审核意见		T			B
5	分包资质					

续表

序号	归档文件	提供(T)或保存(B)单位				
		建设单位	全过程工程咨询单位	工程总承包单位	方案和初步设计单位	城建档案馆
①	分包单位资质材料		T			B
②	供货单位资质材料		T			B
③	试验单位资质材料		T			B
6	监理通知					
①	有关进度控制的监理通知		T			B
②	有关质量控制的监理通知		T			B
③	有关投资控制的监理通知		T			B
7	合同与其他事项管理					
①	费用索赔报告及审批		T			B
②	合同争议、违约报告及处理意见		T			B
③	合同变更材料		T			B
8	监理工作总结					
①	专题总结		T			B
②	月报总结		T			B
③	工程竣工总结		T			B
9	竣工移交证书		T			
市政工程施工文件							
1	施工准备					
①	施工组织设计			T		B
②	危大工程施工方案及专家论证意见			T		B
③	技术交底及图纸会审记录			T		B
④	合同交底记录			T		B
⑤	工程业务联系单			T		B
2	施工现场准备					
①	工程测量定位放线记录			T		B
②	工程测量定位放线复核记录			T		B
③	导线点水准点测量复核记录			T		B
④	工程轴线、定位桩、高程测量复核记录			T		B
⑤	施工安全措施			T		B
⑥	施工环保措施			T		B
⑦	应急预案及演练记录			T		B
3	设计变更、洽商记录					
①	设计变更通知单			T		B

续表

序号	归档文件	建设单位	全过程工程咨询单位	工程总承包单位	方案和初步设计单位	城建档案馆
②	技术核定通知单			T		B
③	工程签证单			T		B
④	洽商记录			T		B
4	施工原材料、成品、半成品、构配件、设备出厂质量合格证及试验报告					
①	主要材料试验汇总表			T		B
②	主要材料质量合格证书和出厂检(试)验报告及现场复试报告			T		B
③	见证取样的送检见证人委托书和备案书			T		B
5	施工试验记录					
①	填土路基强度试验等汇总表			T		B
②	道路压实度、强度试验记录			T		B
③	回填土路床压实度试验报告			T		B
④	土质最大干密度和最佳含水量试验报告			T		B
⑤	石灰类基层的标准击实试验报告			T		B
⑥	道路基层混合料压实度和强度试验报告			T		B
⑦	道路面层压实度和强度试验报告			T		B
⑧	工程材料选样送审记录			T		B
⑨	进场材料批次汇总记录			T		B
⑩	工程材料进场报验记录			T		B
6	施工记录					
①	隐蔽工程检查(验收)记录			T		B
②	高程控制记录			T		B
③	工程质量检查评定记录			T		B
④	工序工程质量评定记录			T		B
⑤	分项工程质量评定记录			T		B
⑥	分部工程质量评定记录			T		B
⑦	施工测温记录			T		B
⑧	安全和功能检测记录			T		B
7	功能性试验记录					
①	道路工程的弯沉试验记录			T		B
②	供电、供水、电讯、宽带网等试运行记录			T		B
③	桥梁工程动和静载试验记录			T		
④	无压力管道严密性试验记录			T		

续表

序号	归档文件	提供(T)或保存(B)单位				
		建设单位	全过程工程咨询单位	工程总承包单位	方案和初步设计单位	城建档案馆
⑤	压力管道强度试验、严密性试验、通球试验报告			T		
⑥	水池满水试验记录			T		
8	质量事故及处理记录					
①	工程质量事故报告			T		B
②	工程质量事故处理记录			T		B
9	竣工测量资料					
①	竣工测量记录及示意图			T		B
②	地下管线竣工测量记录			T		B
园林绿化工程施工文件						
1	施工准备					
①	施工组织设计			T		B
②	技术交底			T		B
③	图纸会审记录			T		B
④	工程业务联系单			T		B
2	施工现场准备					
①	工程定位测量资料			T		B
②	工程定位测量复核记录			T		B
③	水准点测量复核记录			T		B
④	定位桩、高程测量复核记录			T		B
⑤	施工安全措施			T		B
⑥	施工环保措施			T		B
⑦	应急预案及演练记录			T		B
3	设计变更、洽商记录					
①	设计变更通知单			T		B
②	技术核定通知单			T		B
③	工程签证单			T		B
④	洽商记录			T		B
4	质量合格证及试验报告					
①	园林植物进场检验记录			T		B
②	主要材料质量合格证书和出厂检(试)验报告及现场复试报告			T		B
③	见证取样的送检见证人委托书和备案书			T		B
5	施工试验记录					
①	有关材料试验记录			T		B

续表

序号		归档文件	提供(T)或保存(B)单位				
			建设单位	全过程工程咨询单位	工程总承包单位	方案和初步设计单位	城建档案馆
	②	工程材料选样送审记录			T		B
	③	进场材料批次汇总记录			T		B
	④	工程材料进场报验记录			T		B
	⑤	园林植物选样送审记录			T		B
	⑥	进场园林植物批次汇总记录			T		B
	⑦	园林植物进场报验记录			T		B
	⑧	土壤理化性质检测报告			T		B
	⑨	地表水理化性质检测报告					
	⑩	植物种子发芽试验记录			T		B
6		施工记录					
	①	隐蔽工程检查(验收)记录			T		B
	②	山石牢固性检查记录			T		B
	③	喷泉水景效果检查记录			T		B
	④	给水、排水、供电、亮化、智能化等系统调试记录			T		B
	⑤	工程质量检查评定记录			T		B
	⑥	工序工程质量评定记录			T		B
	⑦	部位工程质量评定记录			T		B
	⑧	分部工程质量评定记录			T		B
	⑨	景观效果观感质量检查记录			T		B
	⑩	新工艺、新材料施工记录			T		B
7		质量事故及处理记录					
	①	工程质量事故报告			T		B
	②	工程质量事故处理记录			T		B
8		竣工测量资料					
	①	工程竣工测量记录及示意图			T		B
	②	管网综合测量记录			T		B
工程竣工图							
1		市政基础设施工程竣工图					
	①	道路工程			T		B
	②	排水工程			T		B
	③	供水、电力、智能化等地下管线工程			T		B
2		园林绿化工程竣工图					
	①	绿化工程			T		B
	②	园林附属工程			T		B

续表

序号	归档文件	建设单位	全过程工程咨询单位	工程总承包单位	方案和初步设计单位	城建档案馆
③	供水、亮化、智能化等地下管线工程			T		B
竣工验收文件						
1	工程竣工总结					
①	工程概况表	T				B
②	建设单位工程竣工总结	T				B
③	工程总承包工程竣工总结			T		B
2	竣工验收记录					
①	工程竣工验收方案		T			B
②	工程竣工验收通知书		T			B
③	参加竣工验收组人员名单		T			B
④	工程设计单位质量检查意见				T	B
⑤	工程地质勘察质量检查意见		T			B
⑥	工程监理质量评估报告		T			B
⑦	工程质量评定表及报验单					B
⑧	规划、环保、绿化、市政等专项验收认可文件			T		B
⑨	竣工验收报告			T		B
⑩	竣工验收证明书			T		B
⑪	竣工验收备案表	T				B
⑫	工程质量保修书	T				B
3	财务文件					
①	工程竣工结算审核报告	T				B
②	工程竣工决算文件	T				B
③	财产总表和财产明细表	T				B
4	声像档案					
①	建设前原地形地貌	T				B
②	竣工新貌和验收实况		T			B
③	开竣工仪式		T			B
④	主要事故和事件		T			B
⑤	工程实施照片		T	T		B
5	电子档案					
①	光盘		T	T		B
②	磁盘		T	T		B

8.1.14 运河湾公园项目全过程项目管理重点和难点

项目管理的实质就是管理,全过程项目管理作为全过程工程咨询服务的重要内容之一,是受建设单位委托对建设项目实施全过程管理的过程,主要包括实施建设项目管理总体策划、完成总体思路和目标设计、探寻项目管理最优路径、营造参建各方管理协同环境、监控建设项目实施状态以及锁定主要问题与风险,并采取必要措施处置等。可以说,建设单位作为实施主体,其责任也正是管理责任,全过程工程咨询单位受托负责项目管理,需站在建设单位视角完成项目管理工作,而只有从建设单位视角去管理才具备全局性,才是相对独立的对其他各参建方的监管。

因此,必须充分发挥项目管理的"穿针引线"作用,但项目管理不是"代替"建设单位,而是"做强建设单位",是成为建设单位的"一份子""参谋部"和"作战部",扮演着统筹管理的角色。统筹管理是全过程工程咨询模式的最大特点,是将各个阶段、各个专业的工程咨询服务融合为一个有机整体,用决策指导设计、设计指导招标、招标指导施工、施工成果符合竣工验收标准要求、工程投资得到合理控制,实现创建品质工程的最佳服务效果。

1. 用规范管理促进工作质量

根据运河湾公园项目管理目标和技术特点,以及建设单位的实际需求,编制全过程工程咨询服务规划大纲和实施方案以及各专项工程咨询工作计划,明确界定各方管理工作边界及责任风险。对需要交叉配合共同完成的特殊工作节点,制定清晰工作流程图,明确规定工作路径与行动轨迹,做到操作流程清晰,工作路径合理,责任义务明确,奖励惩罚并行,为建设项目顺利实施奠定坚实基础。

针对运河湾公园项目的管理目标和特点,结合编制全过程工程咨询规划大纲和实施方案,有针对性地编制了项目管理工作计划,制定了招标管理制度、合同管理制度、设计变更制度、现场签证制度、工程款支付管理制度、工程进度管理制度、工程质量管理制度、安全文明施工管理制度和资料档案管理制度等专项管理制度,建立健全各项规章制度,以制度促进项目管理工作规范化和标准化,从而促进具体工作高质量完成。

2. 用设计管理促进价值创造

从全过程项目管理的层面来说,设计管理产生的价值是全系统、全过程、全方位的,是建设项目全寿命周期的价值体现。针对实现设计管理的整体价值创造,从以下几个方面探索实现路径。

(1)全需求集成。横向上要充分了解建设单位对建设项目的质量、进度、投资的目标需求。纵向上要通过分析可行性研究报告、规划设计条件、设计任务书等初步定义文件,收集有关各方的显性需求。通过确定建设标准、交付标准、运行标准等设计定义文件,积极呼应显性需求,同时识别出有关各方的隐性需求。结合《关注度分析表》和《功能需求清单》等,梳理出最契合相关方需求的设计方案,实现建设项目整体价值创造。

(2)全方位策划。在设计管理的整体管控方式上,要充分采用技术顾问、专家组评审、设计成果文件审查和验收等多种形式,来完善设计管控手段。在设计管理模式上,要结合建设项目特点和实施要求,采用方案和初步设计先行,施工图设计由工程总承包(EPC)负责,以全方位设计审查为抓手,以交付界面、设计工作界面的"渐进式"完善为依托,全方位实现设计成果和工程实体投资优、品质高、风险少的良好效果。

(3) 全专业联动。设计管理过程中,将各个专业设计有机、有序、有效地整合成一个完整的系统,是实现价值创造精准度的关键。在方案设计至施工图设计的过程中,要强化专业设计的前置,为整体设计出谋划策,各专业设计相互检查把控品质,确保设计成果更加合理。要强化专业设计界面的规划,厘清各专业设计界面间的联系,促进设计成果文件更加完整和规范。进一步细化各专业设计间接口,拟定《接口需求清单》及《接口提资实施计划》,并分阶段实施,推动全专业高效提资,实现全专业设计协同联动,保证全专业设计成果的完整性和一致性。

3. 用组织协调促进高效运行

充分发挥项目管理的组织协调职能,及时运用各种项目管理手段和管理指令,通过反复沟通来平衡和满足参建各方的利益,以达到建设项目目标的最优解。消除和制约建设项目实施过程中的各种不利因素,保障建设项目顺利推进。围绕项目管理目标及计划,落实各项指令,实施过程纠偏,充分利用专题会议、书面指令、口头沟通等方式,对每项工作任务执行过程中存在的问题或制约因素,做到及时发现、及时分析、及时采取有效措施予以处理。在采用协商和解或居中调解的方式都无法解决的情况下,则应当机立断采用行政裁决甚至采用法律手段来解决。

在运河湾公园项目实施过程中,项目管理部共签发《项目管理通知单》《项目管理联系单》等六十多份,召开项目管理专题会议、组织技术方案专家论证会议二十多次,多次外出考察苗木、石材等主要材料,撰写市场考察报告,提出考察建议。对施工现场出现问题及时促成双方和解和主持调解,充分发挥了项目管理部织协调职能,保障建设项目实施的高效运行。

4. 用目标管理促进工程品质

建设项目形成过程是一个从投资决策的技术经济分析、到行政审批手续报批和批准、到开工建设直到竣工验收合格的整个过程,对不同阶段、不同期间、不同专业的管理目标进行统筹管理与组织协调,是项目管理取得成功的重要保证,目标管理最终落脚点集中在工程实体形成过程中及形成工程实体的成果上。针对运河湾公园项目的质量、进度、投资的项目管理三大重要目标,采取以不同阶段、不同期间、不同专业为目标管理的节点,时时设定管理目标、层层分解管理目标、步步执行管理目标、全面落实建设项目目标管理,做到工作有任务、前行有方向、行动有制度、风险有防范是全过程项目管理的核心工作。

首先是做好工程质量目标管理。建设项目工程质量目标实现与否,是检验全过程工程咨询目标管理是否成功的唯一标准。建设项目工程质量的优劣,主要取决于工程总承包单位内部管理能力,还依赖于全过程工程咨询单位外部监管。通过协助建设单位采取公开招标投标的方式,择优选择综合实力强、诚实守信的工程总承包单位,让优质的工程总承包单位参与工程建设,是建设项目工程质量目标管理成功的前提条件。

在施工过程中,项目管理部通过建立工程质量保证体系,制定工程质量管理制度,严格工程质量管理流程。加强进场材料和设备质量管理,按照验收标准、技术规范和操作规程的规定,要求工程总承包单位加强对原材料的质量控制。加强工序质量管理,落实工序质量"三检"制度,加强各道工序交叉检查,对各分部分项工程进行全过程质量监督、检查和评定。加强建设项目工程验收管理,是衡量建设项目品质的关键依据,有利于对整个建设项目的建设内容和品质进行有效监管。结合建设项目施工阶段工程质量管理的工作特点、工作流程、控制要点等，确保工程质量管理目标的实现。

其次是做好工程投资目标管理。运河湾公园项目采用为工程总承包（EPC）固定总价合同模式。在只有方案和初步设计图而无施工图图纸情况下如何实现工程投资目标管理，将是投资控制目标管理的工作重点。项目管理通过优化方案和初步设计，编制详细《建设标准说明》，结合初步设计概算确定合理的招标控制价，确保建设项目投资目标实现。

以经批准的初步设计概算为投资控制目标，本着以估算控制概算、概算控制预算、预算控制招标投标控制价与竣工结算的原则，做到概算不超估算、预算不超概算、结算不超预算。各单项工程费用支付与合同约定的付款节点或形象进度同步协调，重点防止进度滞后、支付超前的现象发生。以限额设计、限额投资费用指标，促进实现不同阶段、不同专业成本的最优化，使全过程工程咨询转为向设计优化和管理优化产生效益的轨道上来。

方案和初步设计完成后，要编制能够反映当前市场实际情况的初步设计概算，报主管部门评审，根据评审后初步设计概算制定投资控制目标。加强对方案和初步设计的评审和优化管理，尤其注重设计标准、建设规模等方面的审查，确保方案和初步设计在满足质量、技术、功能要求的前提下，优化技术经济指标，有效降低工程投资。

做好方案和初步设计的优化工作，避免在后期施工过程中出现被动工程变更设计，影响工程进度和增加施工单位提出费用索赔机会。在园林景观、城市雕塑、亮化、智能化、海绵城市等专业工程的深化设计阶段，应根据初步设计概算确定各专业工程的合理设计限额，要求各专业工程设计单位严格执行。在建设项目施工过程中，始终注重工程变更管理，对于超出建设标准和合同范围，未取得建设单位批准的变更内容，应严格审查和控制。

在施工过程中，严格按照批准的建设规模、使用功能、质量标准和初步设计概算总额组织实施，严格控制施工图设计投资，加强工程变更和现场签证管理，如有改变工程投资控制范围的调整意见和重大设计变更，应提供工程投资增减情况分析报告，报建设单位审批后，方可组织实施，并根据经审批的工程投资增减情况分析报告中投资增减情况，按程序申报调整初步设计概算。

最后是做好工程进度目标管理。根据市政府下达的运河湾公园项目任务完成的目标，工程工期十分紧迫、任务相当繁重，工程进度目标是刚性的，只能提前不能拖后，给项目管理带来了很大难度。项目管理通过加大投资决策和工程设计阶段的工作协调力度，在方案和初步设计阶段开始就参与管理工作，提前介入，采取边设计、边审核、边优化、边概算，同步编制工程量清单和投标最高限价，制定《建设标准说明》，尽可能缩短招标投标周期。

努力缩短规划设计方案报批、方案设计报审、初步设计和初步设计概算评审、园林绿化设计报批等行政审批程序的周期，为后续初步设计、工程招标投标等提供时间条件。提前安排各项专业工程的深化设计，努力将园林景观、城市雕塑、亮化、智能化、海绵城市、供水、供电等各项专业工程的深化设计，在规定的时间节点前完成，为各项专业工程的实施提供时间条件。

提前做好工程总承包招标的准备工作，编制好招标文件和合同主要条款，通过公开招标投标方式，择优选择市场信誉好、经济实力强的工程总承包单位参与工程建设，为完成施工工期提供有利条件，加大工程施工协调力度，科学组织工程施工，有利于工程进度、质量和投资目标的实现。制定合理的进度总体计划，使各专项工作密切衔接，最大程度地缩短工作面闲置时间，是确保建设项目工程进度目标实现的必要条件。

实行工程进度动态控制。以动态管理，强化工程进度计划执行的监督，编制工程进度实施计划及人力资源和材料设备供应计划，定期向建设单位上报有关工程进度执行情况、存在问题及处理措施，定期组织召开工程例会，审核上期程完成情况，及时分析、协调、平衡和调整工程进度，确保合同工期的实现。

建设项目具有独特的、一次性的特点，这种特点会造成项目管理效果的不确定性，圆满完成一个高品质的建设项目，是项目管理的终极目标。项目管理必须具有统筹管理和运用知识、技能、工具、技术的能力，在规定的时间内，对建设项目独特的、有限的资源，作出全方位计划、组织、指导和控制，在工期、投资、安全和质量之间寻求最佳平衡点，一次性完成设定目标，达到或超过建设单位的需求和期望，实现建设单位利益的最大化。

5. 用合同管理促进目标实现

工程总承包（EPC）模式是一种建设项目组织实施的新型模式，作为一种与国际接轨的承包模式，能充分发挥工程总承包单位的技术和管理优势。在建设项目实施过程中，将技术、经济、管理等有机结合，从设计、采购、施工到竣工验收等整个过程，实现对工程造价有效控制，主要体现在建设项目实施过程中对项目的设计、标准、规模、功能、质量等提出要求，最终实现建设内容符合设计、建筑质量满足标准、建设功能达到要求、工程造价控制得当的管控目标。做到有计划地使用建设资金，合理地降低工程投资，提高工程总承包的经济效益和社会效益，促进工程总承包的健康快速发展，在工程实践中，工程总承包（EPC）模式，深受建设单位的青睐，突出优点有以下几点。

（1）权责界面单一，法律关系清晰，责任主体明确。在工程总承包（EPC）模式下，把设计、施工、采购等多个合同简化为一个工程总承包（EPC）合同，合同法律关系简单，合同主体的权利、义务和责任明确具体，工程总承包单位必须对最后交付建设项目承担百分之百的法律责任。

（2）沟通渠道更为直接。工程总承包（EPC）模式是集设计、采购、施工为一体的工程承包方式，专业化程度要求较高，把各专业能力较高的参建单位集合在一起，有助于减少沟通环节，提高工作效率和建设速度，实现工程进度目标。

（3）全系统整合，目标统一明确，各环节统筹优化。在工程总承包（EPC）模式下，由工程总承包单位负责建设项目的设计、采购和施工，在确保建设项目整体目标实现的同时，把优化设计、合理采购及安全文明施工有机地结合起来，从而保证工程质量，实现建设项目的整体目标，建设单位成为最大受益方。

（4）建设单位风险合理转移，工程总承包单位承担更多风险。在工程总承包（EPC）模式下，建设单位将包括经济风险、技术风险、外界风险和不能按期完成建设项目的风险等，全部都转嫁给了工程总承包单位。

（5）工程质量安全责任主体明确，建设单位的利益损害赔偿更有保障。在工程总承包（EPC）合同中，合同的相对方只有工程总承包单位一方，工程安全、质量责任主要由工程总承包单位来承担，工程总承包单位承担了设计、采购、施工的全部责任，即称单一责任,工程总承包单位是建设项目的第一责任人,建设项目工程质量安全的责任主体是明确的、具体的,而且是唯一的。

(6)投资效益确定:工程投资和工期相对固定,建设单位的投资效益更具确定性。工程总承包(EPC)合同通常使用固定总价合同,总价合同有利于控制建设资金投入,这就保证建设单位能够在建设初期就明确整个建设项目的最终投资、支付时间和支付金额。

(7)缩短工期为明显。工程总承包单位在建设项目投标阶段,即考虑设计和施工的衔接问题,制定合理的施工方案和进度计划。在工程施工过程中,工程总承包单位不用花时间去理解设计意图,只需在设计方向上提前做好材料采购计划、开展工程施工工作,加速建设项目各个环节的施工速度,总体上缩短工期。

(8)激励作用明显。在工程总承包(EPC)模式下,由于合同总价是固定的,工程总承包单位必须优化设计,把控设计造价获取利润空间,驱动工程总承包单位在合理范围内去优化设计,在施工过程中严格成本控制和精细化施工,从源头降低工程造价。

在工程总承包(EPC)模式下,建设项目的工程总承包合同的承包范围发生扩展,从单一施工扩展到设计、采购和施工,造成工程造价的控制基础条件发生变化。签订工程总承包(EPC)合同时,可能还没有施工图纸,更谈不上施工图纸审查。有的建设项目可能还处在可行性研究、方案设计或初步设计阶段,其图纸设计深度不够,技术参数描述还不全面,工程量还不能全部准确计算,没有详细技术参数的施工图纸,及无具体项目特征的工程量清单等决定工程造价的基本要素,如何控制工程总承包(EPC)模式的工程造价是一个重点和难点工作。

8.2 工程地质勘察咨询

8.2.1 工程地质勘察咨询服务清单

工程地质勘察咨询服务清单,如表 8-3 所示。

工程地质勘察咨询服务清单　　　　表 8-3

服务阶段	服务部门	服务内容	编制	复核	申报	备注
勘察设计阶段	勘察和设计部	(1)工程地质勘察管理		▲		全过程工程咨询单位分包项目
		(2)《工程地质勘察报告》编制	▲	▲		
		(3)《工程地质勘察报告》审查			▲	
		(4)完成后续技术服务工作		▲		
		(5)进行地形测绘并提供地形图		▲		

8.2.2 工程地质勘察管理要求

(1)全过程工程咨询单位根据服务合同的约定和建设单位的要求,编制工程地质勘察专项工作计划,跟踪落实计划执行情况,实施动态管理和考核评价。

(2)对工程地质勘察咨询服务和管理服务进行策划、执行、监督和控制,保证工程地质勘察质量。

(3) 建立由工程地质勘察单位及相关专业技术人员共同参与的协同管理工作机制，为建设单位提供优质的工程地质勘察管理服务。

(4) 根据工程地质勘察相关技术标准和规范，参照既有工程基础资料，结合拟建建设项目特点和工程设计需要，编制《工程地质勘察任务书》，报送建设单位审核同意后，组织实施。

(5) 编制《工程地质勘察任务书》的内容如下：
1) 建设项目基本概况。
2) 工程地质勘察范围及依据。
3) 工程地质勘察内容和技术要求。
4) 工程地质勘察须满足技术标准及规范要求。
5) 工程地质勘察成果文件编制及深度要求。
6) 提交工程地质勘察成果内容和时间。
7) 其他需要说明的内容。

(6) 全过程工程咨询单位不具备相应的工程地质勘察资质的，依据服务合同的约定或经建设单位同意，可择优确定工程地质勘察分包单位，签订《工程地质勘察分包合同》，并监督其组建专业的勘察工作团队。

(7) 审核工程地质勘察工作计划的合理性与有效性，是否满足工程地质勘察服务合同和任务书的规定和要求。

(8) 检查工程地质勘察现场及室内试验室主要岗位操作人员资格及所使用设备仪器的计量检定情况。

(9) 对工程地质勘察工作过程和工作质量进行监督和检查，对重要点位的勘察与测试进行现场监督，督促工程地质勘察单位按标准规范和操作规程开展工作。

(10) 对工程地质勘察单位提交的《工程地质勘察报告》进行审核和验收，必要时，可组织有关专家对各阶段的工程地质勘察成果文件进行技术论证或技术审查，并向建设单位提交《工程地质勘察成果评估报告》。

(11) 编制《工程地质勘察成果评估报告》的内容如下：
1) 工程地质勘察工作概况。
2) 工程地质勘察任务书完成情况。
3) 工程地质勘察报告的编制深度与标准规范要求的符合情况。
4) 存在问题及建议。
5) 工程地质评估结论。

(12) 在工程设计和施工过程中，若需要工程地质勘察报告中未涉及的工程地质勘察内容，应另行商定补勘要求和费用，签发补充勘察任务通知书。

(13) 组织工程地质勘察交底工作，由工程地质勘察单位对《工程地质勘察报告》做出解释和说明。

(14) 做好后期服务，参加各阶段与工程地质勘察有关的质量验收工作。

(15) 因工程地质勘察单位的原因，造成工程地质勘察成果文件不合格的，建设单位有权要求工程地质勘察单位采取补救措施，直至达到服务合同约定的质量标准，并承担相应责任。

(16) 在施工过程中，如因工程地质勘察单位的工作不全面、服务不到位等问题，造成现场地质情况或技术参数与工程地质勘察报告或测绘报告内容不符，引起设计变更造成工程量增加的，工程地质勘察单位须承担相应费用。

(17) 工程地质勘察的工作程序，如图 8-9 所示。

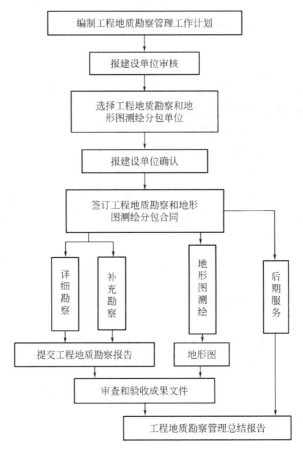

图 8-9 工程地质勘察管理流程

1) 编制工作计划：编制和确认工程地质勘察工作计划，报送建设单位审核。

2) 现场勘察：现场勘察和测量，遵守工程地质勘测作业的操作规程，采取措施保证各类管线、设施和周边建筑物、构筑物的安全。

3) 室内试验：室内试验作业，提供岩土技术参数，并应确定地基承载力和预测地基变形性状。

4) 编制成果文件：编制《工程地质勘察报告》成果文件。

5) 审核和验收：完成工程勘察成果企业内部校审和建设单位验收。

6) 提交成果文件：向建设单位提交《工程地质勘察报告》成果文件及附件。

(18) 工程地质勘察管理服务注意事项：

1) 监督建设项目现场可能出现的文物保护事项，必要时，及时向文物保护单位汇报，并督促工程地质勘察单位保护现场。

2）管理和控制工程地质勘察现场工作进度、工作质量和现场安全操作情况。

3）做好工程地质勘察与工程设计及工程施工的协调和配合。

（19）检查工程地质勘察单位技术档案管理情况，监督原始资料及时归档保存。

（20）协助建设单位完善有关工程地质勘察内容的工程竣工验收报告的备案。

（21）对工程地质勘察单位的合同履约情况进行考核和评价，形成评价报告，报建设单位。

8.2.3 工程地质勘察技术要求

（1）全过程工程咨询单位应根据《全过程工程咨询服务合同》的约定和建设单位的需求，为建设单位提供工程地质勘察（详细勘察）的工程咨询服务。

（2）负责收集工程地质勘察所需的有关技术资料，技术资料必须完整、准确和可靠。

（3）按法律法规和标准规范的强制性规定及服务合同的约定，实施工程地质勘察作业，包括室外作业、室内试验分析和《工程地质勘察报告》编制。

（4）工程地质勘察应查明场地和地基稳定性、各土层的地层结构、持力层和下卧层的分布规律和工程特性，提供各土层的物理力学性质指标等。

（5）查明场地地下水的分布埋藏特征及补给和排泄条件，提供地下水位及其变化幅度，判别地下水和地下水位以上土体对建筑材料的腐蚀性等级和对植物生长的影响情况。

（6）查明建设场地范围内有无不良地质作用，地下有无暗塘、暗浜及障碍物等对建设项目实施的不利条件，并提出防治建议。

（7）工程地质勘察应提供满足工程设计和工程施工所需的岩土参数等技术参数，并应确定地基承载力和预测地基变形性状。

（8）对建设场地和建筑地基的地震效应作出评价，并判别建筑场地类别。

（9）工程地质勘察成果文件的编制应符合法律法规、标准规范的强制性规定，满足服务合同和工程地质勘察任务书的要求。

（10）工程地质勘察成果文件必须保证工程质量和施工安全等方面的要求。

（11）根据有关法律法规和标准规范的规定，必须在工程地质勘察设计文件中，提出保障施工作业人员安全和预防施工安全事故的措施建议。

（12）工程地质勘察成果文件要资料齐全、内容完整、深度满足和真实准确，并满足建设工程规划、选址、设计、岩土治理和工程施工的需要。

（13）《工程地质勘察报告》及附件内容组成应完整，结论表述应正确清晰，并应满足工程地质勘察合同、工程地质勘察任务书及工程设计和施工的深度要求，确保工程地质勘察成果文件的科学性、真实性和准确性。

（14）编制《工程地质勘察报告》的内容如下：

1）建设项目基本情况和地质勘察要求。

2）工程地质勘察概述。

3）建设项目场地条件。

4）场地岩土工程条件。

5）地震效应描述。

6）岩土工程分析与评价。

7) 地基基础、基坑支护、工程降水、植被生长及不良地质作用防治建议。

（15）组织对工程地质勘察报告进行评审，需要时，可组织召开有关专家技术评审会，对《工程地质勘察报告》的合理性和经济性进行评审。

（16）协助建设单位完成工程地质勘察成果文件的审核、验收和报审工作。

8.2.4 地形图测绘技术要求

（1）全过程工程咨询单位应根据《全过程工程咨询服务合同》的约定和建设单位的要求，为建设单位提供地形图测绘的工程咨询服务工作。

（2）负责收集地形图测绘所需的有关技术资料，技术资料必须保证完整性、准确性和可靠性。

（3）按法律法规和标准规范的强制性规定，实施地形图测绘，包括室外数据采集、内业数据处理和地形图测绘成果文件编制。

（4）室外数据采集：

1) 加强对图根控制点的保护，图根控制点是直接供地形图测绘使用的基本依据。

2) 图根控制点的设置密度，应根据实地地形和地貌的复杂程度，结合地形图测绘的测量手段和作业方式等情况确定。

3) 图根控制点宜选在地势较高、视野开阔的地方设定对应标志，相邻点间必须通视。

4) 根据实地地形和地貌，结合目前测量设备及技术手段，在满足精度要求的前提下，选择本测区图根控制点的平面测量的方法。

5) 外业数据采集可采用极坐标法、GPS 或 RTK 进行现场作业，并在图根或图根控制点上设置站点。

（5）内业数据处理：

1) 地形图的测量采用全解析数字化成图，外业进行草图的绘制，内业成图。

2) 地形图中地物标注符号应参照现行地形图图式标准和地形图数字化要素及分层要求执行。

3) 地形地貌要素的表示方法和取舍，除符合现行国家图式规定外，还应考虑建设项目的技术特点，满足工程设计和施工对地形图的需要。

4) 地貌表示，调绘片上应正确表示地貌的形态、类别和分布特征。自然形态的地貌宜用等高线表示，崩塌残蚀地貌、坡、坎和其他特殊地貌应用相应的符号或用等高线配合符号表示。

5) 植被与土质，地类范围及种类需标注清楚，有成片且面积较大的林地要表示，并标注树种和平均树高。

（6）编制地形图测绘成果文件：

1) 测量仪器的鉴定书。

2) 图根控制测量观测手簿、计算手簿、成果表。

3) 实测点数据电子文件。

4) 地形图和分幅结合图。

5) 地形图测绘技术总结。

（7）组织对地形图测绘成果文件进行评审，需要时，可组织召开有关专家评审会，对地形图测绘成果文件的合理性进行评审。

（8）协助建设单位完成地形图测绘成果文件的验收和报审工作。

8.2.5 工程地质勘察资料要求

建设单位需向工程地质勘察单位提供资料，如表 8-4 所示。

建设单位向工程地质勘察单位提供资料表　　表 8-4

序号	工程地质勘察资料名称	份数	备注
1	建设项目建议书和批复文件	1	按合同
2	场地内地下埋藏物（包括地下管线、地下构筑物等）的资料及图纸	1	
3	工程地质勘察任务书（含对道路、给水排水、景观绿化、总图等专业的具体要求）	1	
4	建筑红线图	1	
5	当地规划部门的规划设计意见书	1	
6	方案设计确认单	1	
7	建设项目所在地地形图及区域位置图	1	
8	其他资料	1	

8.2.6 运河湾公园项目工程地质勘察重点和难点

工程地质勘察是为工程设计和施工做技术准备的基础性工作，工程设计与施工的优劣，很大程度上与提供的工程地质勘察报告的准确度和详尽程度有着直接关系，关系着建设项目的稳定性和耐久性。运河湾公园项目工程地质勘察的目的是调查场区地质条件，详细查明建设区内道路和桥梁地基土的工程地质条件，为工程设计和施工及不良地质现象的防治，提供基础建设资料。

运河湾公园项目的建设规划区域，原状是原运河堤路至京杭大运河水线的狭长区域，有面积大、坡度陡、线路长等特点。拟建场区域地貌单元属古河流冲积平原，地质条件较为复杂，地下水埋深较浅，不仅原始资料较少，而且不完全符合要求，部分地段还穿越建筑物密集的拆除区。针对以上问题的措施如下：

（1）根据工程地质勘察目的与任务，结合场地地质条件情况，本次工程地质勘察采用的主要方法为工程场地测绘、工程地质调查、工程钻探、原位测试（包括标准贯入试验、波速测试、静力触探试验）、室内土工试验等多种工程地质勘察方法的有机结合，辅以必要的井探、槽探或坑探等方法，查明场地地层的分布，尤其是各岩土层的埋深、厚度及空间分布规律。

（2）规划建设场地地区抗震设防烈度为 8 度，设计基本地震加速度值为 0.30g，设计地震分组为第二组，且邻近发震断裂带，属对建筑抗震不利的地段。主要通过标准贯入试验和波速测试方法，判别场地砂土液化指数，对场地砂土液化做出液化等级评价，预测地震效应，分析流砂与地震液化的可能性，且对相应地震现象做出评估。

（3）地下水埋深较浅，对路基的稳定性影响较大。流动的地下水会对路基填料造成冲刷，长期作用的结果就是路基内部出现空洞，地下水浸润路基，对路基填料造成侵蚀、翻浆等。故建议路基基础采用以压实后或部分换填后的②层粉质黏土夹粉土作拟建道路的路基持力层，处理完成后建议采用密实度法等方法检验处理效果，施工时，应注意避免土体遭水浸泡扰动。

(4) 地下水水质较好，浅层地下水是植物地下生境的重要组成要素之一，直接决定植物生境的质量，影响着地表植被的结构和功能特点。运河湾公园项目场地地下水补给来源主要为大气降水和地表水入渗，以自然蒸发为其主要排泄形式，地下水水质均为无色、无味、透明，地下水位随季节不同有升降变化。根据《地下水质量标准》GB/T 14848-2017，经勘察评价，综合评定为Ⅲ类水质，适用于集中式生活饮用水水源及工农业用水，地下水有利于地表植被的生长，对植物生长无侵害作用达到适应和满足植物生长的要求。

8.3 工程设计管理

8.3.1 工程设计管理服务清单

工程设计管理服务清单，如表8-5所示。

工程设计管理服务清单　　　　　　　　　　表8-5

服务阶段	项目部	服务内容	评审	复核	图审	参与	备注
勘察和设计	勘察和设计部	(1) 工程设计管理				▲	
		(2) 方案设计	▲				建设单位单独发包内容
		(3) 初步设计	▲				
		(4) 施工图设计	▲	▲	▲		工程总承包(EPC)合同内容
		(5) 优化设计				▲	
		(6) 设计成果评审	▲				

8.3.2 工程设计管理要求

(1) 全过程工程咨询单位应根据《全过程工程咨询服务合同》的约定，编制工程设计管理专项工作计划。

(2) 对工程设计管理进行策划、执行、监督和控制，跟踪落实执行情况，实施动态管理和考核评价，保证工程设计质量。

(3) 协调解决工程设计各系统的接口，保证工程设计进度和质量满足建设项目实施的要求。

(4) 建立由工程设计及相关人员共同参与的工程设计协同管理工作机制，为建设单位提供优质的工程设计管理服务。

(5) 根据工程设计标准和规范的规定，结合建设项目可行性研究报告及批复和建设单位的需求，编制《设计任务书》和《建设项目功能要求说明书》，报送建设单位审核批准后，提供给工程设计单位组织实施。

(6)《设计任务书》内容如下：

1) 建设项目基本概况。
2) 建设用地、环保、卫生、抗震等要求和依据资料。
3) 建设项目资源条件、原材料采购、供水、供电、运输、协作配套、公用设施落实情况。
4) 建设项目建设规模、建设内容及建设条件。
5) 建设项目建设功能及使用要求。
6) 区域文化特色和历史背景等要求。
7) 园林绿化和景观造型等要求。
8) 工程设计须满足技术标准及规范要求。
9) 工程设计质量、投资及进度要求。
10) 工程设计成果文件的设计深度、文件格式、出图数量和时间要求等。

(7) 根据《设计任务书》的要求，提供设计条件，明确各阶段设计任务界面划分。

(8) 协助建设单位组织设计方案比选活动，通过设计方案比选，优选设计方案及设计单位。

(9) 参与工程设计合同谈判及签订工作，进行合同分析，分析可能发生的工程设计索赔原因，并应制定防范对策。

(10) 检查各阶段工程设计进度计划执行情况，督促工程设计单位完成设计合同约定的工作内容和时间要求，按计划进度提交相应工程设计成果文件。

(11) 掌控工程设计进度情况，定期和不定期对设计单位从设计进度、设计质量和设计服务等进行动态考核，根据考核情况督促其改进和完善。

(12) 组织对工程设计成果文件进行评审，必要时，可组织召开专家评审会，对工程设计成果文件的合理性和经济性进行评审，并向工程设计单位提出设计优化建议。

(13) 根据现场环境调查情况，对设计方案进行适时的调整，使设计方案与现场真实环境相融合，确保设计方案的最优化。

(14) 对评审中发现的工程设计图纸出现的"缺""错""漏""碰"等问题进行汇总，督促设计单位进行修改和完善。

(15) 设计成果质量必须满足设计合同约定的质量目标与要求，达到设计标准和规范的规定。

(16) 审核设计单位编制的初步设计概算，并提出审核意见和建议。

(17) 审核工程设计单位提交的设计费用支付申请，签署复核意见后，报送建设单位审批。

(18) 工程设计索赔事件发生后，应协调处理设计延期、费用索赔等事宜。

(19) 协助建设单位向政府有关部门报审工程设计成果文件，并应根据政府有关部门审批意见，督促设计单位予以调整和完善。

(20) 协助建设单位办理施工图设计文件审查事宜，取得施工图审查合格证。

(21) 做好工程设计收尾管理，检查工程设计单位技术档案管理情况，监督原始资料及时归档保存。

(22) 工程竣工验收合格后，协助建设单位完成有关设计内容工程竣工验收报告和向建设主管部门备案。

工程设计协同工作机制流程，如图8-10所示。

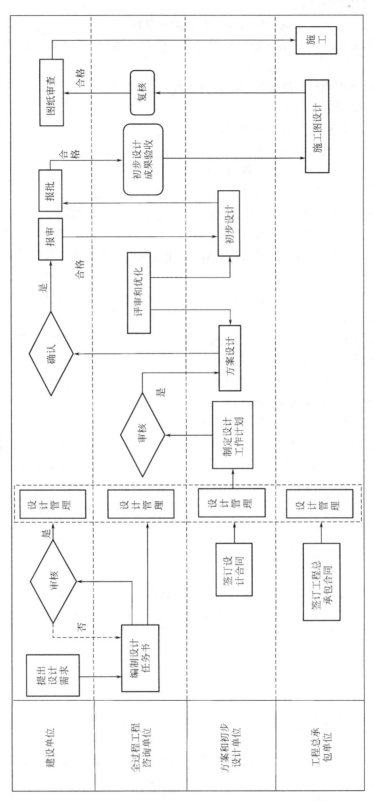

图 8-10 工程设计协同工作机制流程

(23) 对工程设计单位的合同履约情况进行考核和评价,形成评价报告,报建设单位。

8.3.3 方案设计技术要求

(1) 根据《工程设计合同》约定,结合《方案和初步设计任务书》内容和建设单位需求,开展方案设计工作。

(2) 有针对性地收集和掌握建设项目有关设计依据基础资料,是开展方案设计的重要环节,需特别注意方案设计依据资料的准确性和可靠性。

(3) 方案设计依据如下:
1) 工程设计有关法律法规及标准规范。
2) 建设项目投资决策阶段的工程咨询成果文件及批复意见。
3)《工程设计合同》。
4)《方案和初步工程设计任务书》。
5) 规划设计条件及设计案例等资料。

(4) 方案设计应依据已批复的总体规划设计成果和项目建议书批复要求。

(5) 方案设计应确定建设项目总体规划、建设范围、工程内容、设计标准和设计原则,将功能需求与总体建设规划相结合。

(6) 方案设计应体现设计理念,实现建设意图,方案设计成果文件是初步设计的依据。

(7) 方案设计应进行多方案比选,突出方案设计过程中的技术和经济比选,确保选定的设计方案能够满足工程投资控制要求。

(8) 通过技术和经济比选,确定建设项目主要技术方案及主要设备选型。

(9) 设计单位应根据《工程设计合同》及《方案和初步设计任务书》要求的质量和时间,向建设单位提交方案设计成果。

(10) 方案设计成果包括:
1) 方案设计依据。
2) 方案设计说明书。
3) 方案设计文本。
4) 效果图、实体模型或计算机虚拟模型。
5) 涉及建筑节能、环保等设计的,设计说明书中应有相应描述内容。
6) 方案设计概算。

(11) 方案设计成果应满足要求如下:
1) 应符合投资决策阶段工程咨询成果及有关批复意见的要求。
2) 可提供多种设计方案供建设单位比选。
3) 能据此进行初步设计。
4) 满足建设用土地征用洽谈需要。
5) 满足设备和材料采购的订货需求。
6) 满足编制方案设计概算需求。

(12) 方案设计工作流程,如图 8-11 所示。
1) 制定工作计划:根据建设单位的需求,确定方案设计的依据和范围,并编制方案

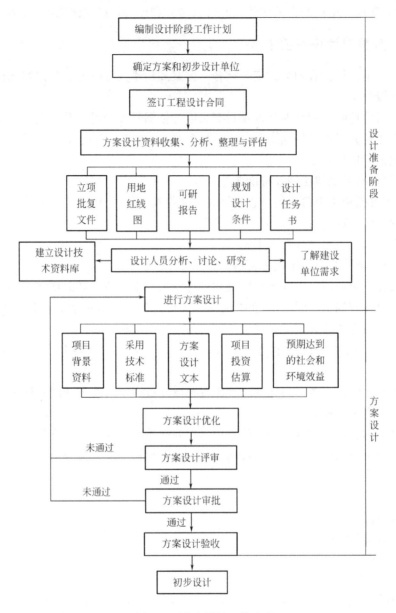

图 8-11 方案设计工作流程

设计进度计划。

2) 完成方案设计：完成方案设计文件，必要时向建设单位进行中期成果汇报。

3) 审核和验收：完成方案设计文件内部审核和建设单位验收。

4) 提交方案设计：向建设单位提交方案设计文件。

(13) 方案设计管理注意事项：

1) 以满足建设单位的功能需求为出发点。

2) 协助建设单位组织方案设计评选和优选，对总体方案设计提出建议。

3) 对设计方案进行评审和分析优化，在使用功能和工程投资等方面提出优化意见。

(14) 组织方案设计评审，需要时，可组织专家论证会对方案设计先进性和合理性，进行专题研究。

(15) 配合建设单位完成方案设计成果文件的验收、评审和报批手续。

8.3.4 初步设计技术要求

(1) 根据《工程设计合同》的约定，结合方案设计内容和建设单位需求，开展初步设计工作。

(2) 有针对性地收集和掌握有关初步设计依据设计基础资料，是开展初步设计的重要环节和依据，需特别注意依据设计资料的准确性和可靠性。

(3) 初步设计依据如下：

1) 工程设计有关法律法规和标准规范。

2) 投资决策阶段的工程咨询成果文件及有关批复意见。

3) 方案设计成果文件。

4)《工程地质勘察报告》。

5)《工程设计合同》。

6)《方案和初步工程设计任务书》。

7) 初步设计基础资料。

(4) 初步设计应在确定设计原则、设计标准和设计深度的基础上，明确建设规模，确定总平面布置，编制各专业主要设计方案和工艺流程。

(5) 初步设计应依据通过批准的方案设计成果及工程地质勘察报告，确定建设规模、技术方案和施工做法。

(6) 通过技术和经济优选，确定主要设备选型，并编制主要设备材料表及技术规格书。

(7) 初步设计应完成初步设计图纸，并应编制初步设计概算，初步设计概算不应超过可行性研究报告的投资估算总额。

(8) 设计单位应根据《工程设计合同》及《方案和初步设计任务书》要求的质量和时间，向建设单位提交初步设计成果文件。

(9) 初步设计的设计深度应满足政府部门或建设单位组织的审查和评审要求。

(10) 初步设计的设计深度应满足编制初步设计概算、设备采购、施工图设计和前期施工准备的需要。

(11) 初步设计成果主要包括：

1) 初步设计说明书。

2) 初步设计图纸。

3) 主要设备材料表及技术规格书。

4) 初步设计概算书。

5) 有关环保、安全、节能和抗震专篇。

(12) 协助建设单位完成对初步设计成果文件的审核和验收。

(13) 初步设计成果应满足下列要求：

1) 应符合已审定的投资决策阶段和设计方案有关批复文件的要求。

2) 能据以确定土地征用范围。

3) 能据以准备主要设备及材料。
4) 提供的工程初步设计概算能作为审批确定建设项目投资控制目标的依据。
5) 能据以进行施工图设计。
6) 能据以进行工程发包或招标。
7) 能据以进行工程施工准备。

(14) 初步设计工作流程，如图8-12所示。

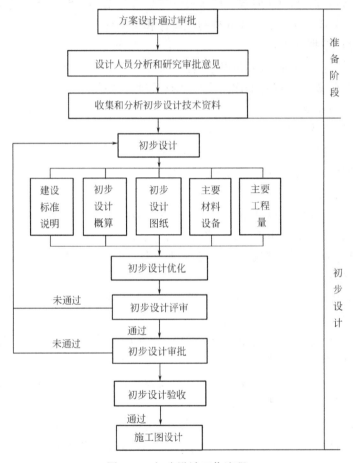

图8-12 初步设计工作流程

1) 制定工作计划：根据建设单位的需求，确定初步设计的依据和范围，并编制初步设计进度计划。

2) 完成初步设计：完成初步设计文件，必要时向建设单位进行中期成果汇报。

3) 审核和验收：完成初步设计文件审核和验收。

4) 提交初步设计：向建设单位提交初步设计文件。

(15) 初步设计阶段注意事项：

1) 初步设计的设计深度应满足《建筑工程设计文件编制深度规定》的要求。

2) 将建设规模、建设功能、建设标准、工程投资控制在批复后的可行性研究报告的范围内。

(16) 组织初步设计评审，需要时，可组织专家论证会，对初步勘察设计的先进性、合理性、经济性进行评审。

(17) 配合建设单位完成初步设计文件验收、评审和报批手续。

8.3.5 施工图设计技术要求

(1) 根据《工程总承包（EPC）合同》的约定内容和评审批复后的初步设计文件，结合建设单位的需求和《施工图设计任务书》要求，开展施工图设计。

(2) 有针对性地收集和掌握有关施工图设计依据的基础资料，是开展施工图设计的重要环节和依据，需特别注意施工图设计依据资料的准确性和可靠性。

(3) 在施工图设计开始前，要对设计基础资料进行充分研究，进行必要的补充，以提高施工图设计的合理性、经济性和科学性。

(4) 在熟悉和掌握建设项目的特点和环境条件情况下，依据设计标准规范，结合建设项目所在地的设计理念，设计习惯以及常用的建筑材料等进行施工图设计。

(5) 利用工程总承包单位的施工技术经验，确保施工图设计符合现场实际情况，便于工程施工开展。

(6) 施工图设计依据如下：

1) 工程设计有关法律法规和标准规范。
2) 已批准的初步设计成果及有关批复文件。
3)《工程地质勘察报告》。
4)《工程总承包（EPC）合同》。
5)《施工图设计任务书》。
6) 有关材料和设备技术资料。
7) 施工图设计相关资料。

(7) 施工图设计应依据审批后的初步设计文件，符合设计标准规范，响应设计合同及设计任务书的要求。

(8) 施工图设计应满足施工招标投标、材料订货、主要设备加工和现场施工安装的要求。

(9) 施工图设计应解决专业工程技术问题，绘制工程施工所需的细化和深化图纸，对重点部位或关键节点，还应编制基本施工做法和操作说明。

(10) 施工图设计应提出设备、材料的技术标准和技术文件，并注明其型号、规格、性能、数量等，满足设备材料采购、非标准设备制作和施工安装需要。

(11) 施工图设计的深度应满足建设单位组织的评审和施工图审查的需要。

(12) 施工图设计的深度应满足工程招标投标、材料订货、主要设备加工和现场施工的要求，并可据此进行工程质量验收和移交给建设单位。

(13) 组织施工图设计评审，对施工图设计文件的经济性、可实施性、安全性进行评审。

(14) 根据《工程总承包（EPC）合同》的约定及《工程设计任务书》要求的质量和时间，向建设单位提交施工图设计成果。

(15) 施工图设计成果主要包括：

1)所有专业设计图纸(含目录、施工说明、主要材料和设备表、苗木表等)。

2)各专业工程设计计算书。

3)计算机辅助设计软件及资料。

4)专业工程设计说明及图纸应有的设计内容。

(16)协助建设单位申报施工图审查,配合施工图审查机构对施工图设计文件审查。

(17)及时与施工图审查机构沟通,获得施工图审查意见,完善和修改施工图设计文件,尽快通过施工图审查,并取得施工图审查报告和审查合格证书。

(18)组织设计交底和图纸会审,进一步确定设计技术的合理性、设计内容的可施工性和主要材料的可获得性。

(19)设计单位应参加建设单位组织的设计交底和图纸会审会议,详细阐释施工图设计意图及施工中应注意的事项,并应澄清所提出的施工图纸存在问题。

(20)施工图设计成果应满足要求:

1)应符合投资决策阶段咨询成果文件要求。

2)能据此编制施工图预算和详细工程量清单。

3)能据此以安排材料、设备的采购和订货。

4)能据此进行施工和安装。

5)能据此进行工程质量验收。

(21)施工图设计工作流程,如图 8-13 所示。

1)制定工作计划:根据建设单位的需求,确定施工图设计的依据和范围,并编制施工图设计进度计划。

2)完成施工图设计:完成施工图设计文件,必要时向建设单位进行中期成果汇报。

3)审核和验收:完成施工图设计文件内部审核和建设单位验收,组织专业工程图纸会签,配合第三方对施工图进行审查。

4)提交施工图设计:向建设单位提交施工图设计文件。

(22)施工图设计阶段注意事项:

1)在施工图设计开始前完成工程地质勘察文件的审查工作。

2)确定设计合同约定的设计出图时间表和各阶段审批环节。

3)施工图设计文件的盖章、签署符合设计标准和规范的要求。

4)组织施工图设计文件的审查工作,并取得施工图审查合格证书。

(23)根据现场工程施工进展情况,派出设计代表在施工现场进行设计技术服务,发现现场施工技术问题,要及时分析和解决,保证工程顺利进行。

(24)驻场设计服务工作内容如下:

1)向建设单位、工程总承包单位介绍施工图设计内容,并解答提出的图纸存在问题。

2)处理施工图设计中遗漏及专业之间配合问题,核对施工图要求材料设备与到货材料设备技术资料是否吻合,必要时,提出设计变更通知单。

3)对提出材料代换或设计变更要求的,按程序签署设计变更通知单。

4)参与工程质量事故的分析和处理,根据工程设计标准规范,提出处理意见和建议。

5)参加主要分部工程验收和工程竣工验收并签署验收意见,处理与施工图设计有关的问题。

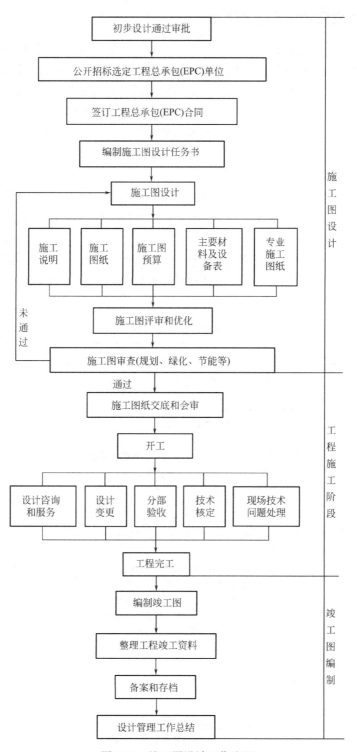

图 8-13 施工图设计工作流程

(25) 配合建设单位完成施工图设计成果文件的验收、评审和图纸审查手续。

8.3.6 工程设计评审技术要求

工程设计评审是对设计成果文件是否满足设计质量要求的综合评价，是为了防止工程设计出现不合理和不合格问题，确保工程设计成果文件满足工程设计合同的约定和标准规范的规定，是为保证工程设计成果质量而必须采用的一种验证方式，也是一种效果明显的设计质量验证方式。工程设计评审应在方案设计、初步设计和施工图设计的设计过程中进行，通常采用会议方式，参与工程设计相关人员参加，需要时，可单独组织召开设计专家评审会。

1. 方案设计评审技术要求

方案设计阶段是整个工程设计过程中的重要开端，方案设计中的总体规划、整体风格、主题元素、功能分区、平面组合、空间布局、生态环保理念等，直接影响着建设项目的规模、标准和投资，也对运行阶段的交通组织、工作环境、运行费用等产生比较大的影响。对方案设计进行评审，应依据建设项目的《可行性研究报告》和规划设计条件，体现设计理念，实现建设意图，并将方案设计成果文件作为初步设计的基础依据。方案设计评审要求，如表8-6所示。

方案设计评审要求　　　　　　　　　　　　表8-6

图纸	设计内容	评审要求
总平面设计	主题设计	(1)主题元素是否清晰和完整； (2)整体风格是否协调和统一
	空间设计	(1)景区空间序列是否清晰； (2)景区功能分区和动静分区是否合理； (3)景区功能空间的数量和面积是否满足需求； (4)景区、景点的分布和分级是否合理； (5)景观主题元素是否落实到各个景点； (6)景观节点位置设计是否合理； (7)景观节点设计内容表达是否清楚； (8)景观轴线、景观序列的组织与空间特性是否吻合，是否满足停留与游憩的功能性要求； (9)是否充分利用景观主题元素将地形、地貌、构筑物等有机地结合起来； (10)是否形成动与静、疏与密、高与低不同的景观空间感； (11)景区构筑物的数量、位置是否合理； (12)活动场地空间大小是否满足标准规范； (13)活动设施种类和数量是否满足
	交通设计	(1)路网结构是否清晰； (2)路网级别划分是否合理； (3)交通组织是否合理； (4)道路可达性是否满足； (5)公园路网与市政道路衔接是否协调一致； (6)出入口设置与规划设计条件是否合理一致； (7)出入口景观形象设计是否强调主题领域感和易识别性

续表

图纸	设计内容	评审要求
总平面设计	竖向设计	(1)有无充分利用现有地形地貌； (2)对特殊地形是否进行处理或利用； (3)有无较大土方调动； (4)微地形处理与现场或规划是否相符
总平面设计	种植设计	(1)是否符合当地自然条件； (2)是否符合植物生长环境； (3)是否符合生态要求； (4)是否符合生物安全要求； (5)是否明确乔、灌、草植物的位置和布置形态； (6)是否标明树种名称、种类和观赏形态
总平面设计	节点设计	(1)是否明确节点中各个空间、构筑物、小品、植物之间的关系； (2)是否明确节点中各功能区域和构筑物、小品的名称； (3)小品、构筑物的设计是否与整体景观风格统一； (4)小品、构筑物的设计是否在满足功能的基础上，尽量体现艺术性和舒适性
总平面设计	现状利用	(1)景观设计是否与现存老建筑物、大运河岸线、沿河建筑的风格相融合； (2)景观设计是否最大程度利用自然景观、原生植物、现存老建筑物和老树木； (3)周边有利资源与不利资源是否已作优化处理
效果图设计	鸟瞰图	(1)是否真实反映图纸设计内容； (2)是否明确景观各个区域的设计内容； (3)整体效果是否美观逼真
效果图设计	透视图	(1)是否能反映出局部景观的透视关系； (2)整体效果是否美观逼真
效果图设计	植物示例图片	(1)基调树种、骨干树、背景树等是否有示例图片； (2)植物造型、主要花坛等是否有示例图片； (3)图片中植物是否具有全貌和观赏点放大图片
效果图设计	实例图片	(1)景点图片是否能明确反映方案设计内容； (2)景点图片是否能达到建成后的真实效果
效果图设计	照明示例图片	(1)是否提供灯具选型示例和效果； (2)是否达到照明真实效果
效果图设计	雕塑及室外家具示例图片	(1)是否与整体风格相融合； (2)是否充分体现出设计的个性和品质
电气设计	照明设计	(1)照明设计是否满足功能和节能需求； (2)照明范围和层次是否明确
电气设计	弱电设计	(1)有无考虑发布屏、公告栏等摆放位置； (2)有无考虑监控布点位置； (3)是否与景观或构筑物一体设计
电气设计	音响设计	(1)音响控制范围是否合适； (2)是否避免造成声音污染

续表

图纸	设计内容	评审要求
给水排水设计	灌溉设计	(1)取水口位置是否合理； (2)自动喷灌设计的布置是否涵盖全部范围
	排水设计	(1)是否与市政管网衔接； (2)是否有足够容量接收地面汇水
标识标牌	标识标牌设计	标识标牌的样式和点位是否与景观紧密衔接
工程投资	方案设计概算	是否符合可行性研究报告的投资估算要求

2. 初步设计评审技术要求

初步设计阶段在整个工程设计过程中起到承上启下作用，初步设计是在已批准的方案设计基础上，从设计手法、建筑技术、材料选用、经济效益等方面采取技术措施，进一步细化和落实方案设计中的各种技术方案的可行性。依据已批准的方案设计成果及《工程地质勘察报告》，确定工程规模、技术方案、施工工艺和施工做法，初步设计文件的设计深度，应符合政府投资管理部门或建设单位组织对初步设计的先进性、合理性、经济性评审的技术要求，还应满足初步设计概算编审、招标文件编制、设备材料定购、施工图设计和前期施工准备的需要，是为施工图设计提供的基础依据。初步设计评审要求，如表8-7所示。

初步设计评审要求　　　　　　　表8-7

图纸	设计内容	评审要求
基本概况	场地概述	所属区域、场地条件、交通条件、植被状况、建设范围、工程规模和景区性质描述是否准确
	周边环境	是否利用周边可利用景观内容、地域特征和人文环境
景观设计说明	总平面图设计	(1)设计方案评审提出的调整意见是否得到落实； (2)设计方案的风格特点、主题元素和主要景点，在初步设计中是否突出体现； (3)景区道路设计与景观建筑出口相互关系是否合理
	竖向设计	(1)场地地表雨水是否得到充分收集和利用； (2)主要景点的高程处理方法是否得当
	种植设计	(1)对原有老树木、古树名木和其他植被是否充分加以充分保护和利用； (2)植物配置的设计形式是否科学合理； (3)树种的选择是否符合当地自然条件
	水景设计	(1)自然水系的利用方式是否合适； (2)人工水景的面积和形式是否满足景观需求
	小品设计	(1)小品立意是否明确； (2)小品功能是否满足
	铺装设计	(1)是否满足主要材料通用性和流通性； (2)是否符合工程投资控制要求

续表

图纸	设计内容	评审要求
景观设计说明	报批注意事项	(1)各种技术指标和图纸资料是否满足规划设计条件; (2)有关技术标准规范使用是否恰当和正确; (3)与政府审批要求是否相符。如:无障碍设计、水土保持、防洪影响等审查要素
给水排水专业说明	给水设计	(1)系统设计说明是否全面; (2)主要水源位置是否合适; (3)管材、接口、铺设与防腐是否符合规范
	排水设计	(1)设计排水系统和排水方式是否合理; (2)设计排水量是否满足使用要求; (3)设计排水量与综合管网预留量是否一致; (4)管材选用和铺设方式是否符合规范
电气专业说明	配电箱设计	(1)主电源位置是否合理; (2)供电电压等级是否符合区域电压等级要求; (3)用电量是否超过总配电箱预留用电量; (4)电器起动机控制方式是否便于管理
	亮化照明设计	亮化照明设计是否层次分明和丰富多样
	用电安全设计	(1)安全防护设施是否完备; (2)安全防护措施是否符合规范
景观专业图纸	总平面图	(1)各景区、景点、主要构筑物等标注是否明确; (2)公园路网系统是否完整、便捷; (3)人行步道系统是否符合人的行为习惯; (4)公园内交通组织是否合理; (5)公共空间的界面是否相对清晰; (6)各景区、景点衔接处是否有一定的导向性景观; (7)出入口形象设计是否有明显的主题性标识; (8)主要控制坐标标注是否齐全
	竖向设计图	(1)道路交叉点、边坡线等重要节点是否有标高控制; (2)重要景观构筑物和小品是否有标高控制; (3)景观水系、水池等是否有水面及池底标高控制; (4)地形和等高线是否设计合理
	种植平面图	(1)植物造景的空间组织是否合理; (2)常绿与落叶植物比、乔木与灌木植物比、阔叶与针叶植物比等是否符合景观质量与档次需求; (3)乔木、灌木、草坪的搭配比例是否合适; (4)绿化栽植设计是否有层次和季节变化; (5)绿化栽植配置是否合理; (6)绿化栽植品种和规格等是否符合要求; (7)不同空间对景观效果的植栽是否有相应变化; (8)苗木表中各植物规格及形态描述是否准确
	景观水景设计图	(1)自然水系的驳岸形式是否符合整体景观的需求; (2)水景的剖面层次是否丰富合理; (3)自然水源的保护措施是否合理; (4)各水景区的深度及安全防护措施是否符合规范;

续表

图纸	设计内容	评审要求
景观专业图纸	景观水景设计图	(5)水景结构、园林小品的基础及设备、设施的位置、标高与有关管线、窨井位置等是否有冲突； (6)水景效果中的驳岸、动静等处理手法是否可行； (7)水景水体的空间开合变化与水深、面积的控制的技术处理上是否合理、可行
	景观小品设计图	(1)小品样式、风格是否与整体景观相协调； (2)小品高度和厚度比例及细节尺寸是否符合审美要求； (3)小品材质是否符合整体风格及质量档次要求； (4)小品与电器设施的结合是否满足美观和功能需求
	亮化照明设计图	(1)路灯间距是否满足照明要求； (2)亮化灯光颜色、灯具布置及形式是否合理； (3)灯具和线路有无考虑节能要求； (4)灯具和线路是否有安全保护措施
	标识标牌设计图	(1)标识标牌的样式是否符合审美； (2)标识标牌点位是否考虑全面
	铺装设计图	(1)铺装材质、颜色与整体风格是否协调一致； (2)铺装样式是否简便易行和节省材料； (3)铺装尺寸、面层处理形式是否满足使用功能要求
给水排水专业图纸	平面布局	(1)给水排水的管道平面布置是否合理； (2)取水口及喷灌设施平面布置是否合理
	坐标及标高	(1)定位坐标是否准确； (2)标高控制是否准确； (3)排水方向及排水坡度是否合理
	给水排水管道	(1)是否对水景的给水排水系统进行设计； (2)标注管径是否满足给水排水功能需求
	阀门井、检查井等	(1)数量是否满足使用； (2)位置是否满足功能需求； (3)外形是否影响景观品质
电气专业图纸	平面布局	(1)电气系统平面布置是否合理； (2)电气线路走向是否距离最短
	电气线路	电缆型号标注是否准确
	重要控制点	是否符合后期管理要求
材料与设备	材料观感及档次	(1)材料是否符合满足使用功能； (2)材料是否满足规范标准与需求
	石材样板完整性	(1)是否有石材样板封样、展板； (2)是否有石材技术参数及产地说明书； (3)置石的选材、数量和摆放位置是否合适
	设施设备选型	是否有设施设备技术参数说明
	材料通用性	(1)材料是否能在当地市场易采购到； (2)能否满足工程实施的各方面需求

续表

图纸	设计内容	评审要求
雕塑小品家具	信息完整性	(1)雕塑小品、成品座椅等是否有图片或样板； (2)室外家具、灯具的布置是否合理； (3)是否有主要技术参数和产地说明书
植物	植物信息	(1)是否有植物的形态要求； (2)是否有植物的产地及技术说明
工程投资	初步设计概算合理性	(1)初步设计概算指标是否符合市场行情； (2)造价控制能否满足经济性、合理性要求

3. 施工图设计评审技术要求

施工图设计是整个工程设计过程中的一个关键阶段，是建设项目从工程设计转化为工程施工前的最后一道工序，是工程设计和工程施工开展的联系桥梁，是工程施工的主要依据。建设项目的适用性、可靠性、经济性及技术应用成功与否，取决于施工图设计质量的优劣。对施工图设计的技术经济性、施工可实施性、安全可靠性进行评审，是为满足施工招标投标、主要材料设备采购、成品和半成品加工、现场施工安装和工程质量验收提供基础依据。施工图设计评审要求，如表8-8所示。

施工图设计评审要求　　　　　表8-8

图纸	设计内容	评审要求
景观设计图	设计说明	(1)工程概况及设计依据等集中表达部分是否准确详实； (2)重要节点需特别说明的地方是否准确； (3)尺寸单位、比例、图例、施工方法是否准确； (4)设计图纸中未尽事宜有无重点说明
	总平面图	(1)总平面、构筑物的及道路中心线坐标是否明确； (2)景区、景点及空间内容标注是否明确； (3)园路尺寸与曲率是否准确； (4)园林小品位置、形式是否准确； (5)景观置石位置、材质和数量是否合适
	种植施工图	(1)乔木：植物代号、栽植点、行距、株距标注是否准确； (2)灌木及草本：植物代号、群栽位置和范围的标注是否准确； (3)植物与构筑物、道路以及管线的安全距离是否恰当； (4)原生植物与图纸设计有无矛盾； (5)植物竖向层次等各个界面的配置是否丰富合理； (6)不同季节的景观效果是否得到充分考虑； (7)不同生长习性的植物,栽植位置是否合理； (8)苗木品种是否适合本地生长； (9)苗木品种和规格采购有无困难； (10)苗木中常绿与落叶、针叶与阔叶及色彩搭配是否合理； (11)苗木的规格选择是否明确合理； (12)苗木表：图例、植物代号、苗木名称、规格和数量等是否准确； (13)喷灌系统能否满足绿化养护要求

续表

图纸	设计内容	评审要求
景观设计图	竖向设计图	(1)场地外的市政道路关键点标高是否正确； (2)场地内的施工坐标网和坐标值是否正确； (3)广场、道路等设计标高及原地面标高标注是否明确； (4)道路、排水沟的起点、变坡点、转折点和终点等的设计标高及关键点的原地面标高是否准确； (5)道路横向坡、纵坡距、纵坡向、平曲线要素、竖曲线半径及关键性等设计标高及地面排水方向设计是否合理； (6)地形、等高线设计是否合理
	室外木构架(件)	(1)木结构是否进行防腐、防蛀安全设计； (2)材质是否满足所处环境的使用要求； (3)耐久性的技术措施是否落实； (4)与建筑物、道路、地形的衔接是否自然； (5)设计定位和标高是否合理
	水景施工图	(1)水生观赏植物是否根据当地的气候特点及园林景观要求选择； (2)水生观赏植物的层次和搭配形式是否合理； (3)水景岸线处理是否讲究凹凸有形的"线"形艺术； (4)水景岸顶的高低错落与周边环境是否协调一致； (5)水景水体的水量损失有无蓄水及补水措施； (6)溢水和泄水有无尽量采用重力泄水； (7)水景是否考虑人身安全的设计防护措施
	标识标牌图	(1)标识标牌的样式是否符合审美； (2)样式和图案识别性、美观性是否与整体环境协调； (3)材质和色泽选择是否耐久； (4)摆放位置、方向和高度是否体现人性化设计； (5)标识上是否配置夜间照明； (6)安全警示标识是否醒目等
大样图纸	大样详图	(1)铺装材料选用颜色及做法是否明确； (2)不同类型和颜色装饰材料间的分界线是否明确； (3)种植池、驳岸或护坡、挡土墙等顶部和底部的设计标高是否与场地标高一致； (4)踏步和花坛的尺寸、标高、用料与做法是否齐全； (5)广场、道路等是否设置残疾人坡道； (6)残疾人坡道宽度、坡度及长度是否符合规范要求
专业图纸	给水排水	(1)总平面、构筑物及园内道路中心线的坐标值是否标注完整齐全； (2)管道重要节点的施工坐标值是否标注齐全； (3)给水排水管道的平面布置是否合理； (4)管线的定位尺寸或施工坐标值是否标注明确； (5)管线与建筑物的距离及管线之间间距是否符合规范； (6)管线接入点的位置及坐标是否明确； (7)水泵等是否选择操作方便,便于维护和检修的设备； (8)水景管道是否选用耐腐蚀的管材； (9)在可能发生沉降的部位是否采取技术措施保护

续表

图纸	设计内容	评审要求
专业图纸	亮化照明	(1)总平面中亮化设备及位置坐标值是否标注齐全; (2)电气线路的平面布置是否合理; (3)电气线路重要节点的施工坐标值是否标注齐全; (4)电气线路的定位尺寸或施工坐标值是否明确; (5)电气线路与建筑物距离及线路之间距是否符合规范规定; (6)电气线路选择满足用电量要求; (7)电气设备应保证有可靠的接地和漏电保护; (8)水下照明应采用安全电压
	主材	(1)有无石材样板封样、展板; (2)有无主材技术参数和产地说明书; (3)各种主材及设备是否合理选定; (4)假山、塑石的风格和体型与周围景观是否协调一致; (5)景石的选材、数量、摆放位置是否合理
	雕塑及小品样图	(1)雕塑及小品外观、体型、摆放位置和周围环境是否协调一致; (2)有无雕塑、小品、成品家具等有图片或样板; (3)有无产品技术参数和产地说明书
	植物	(1)有无植物的形态要求; (2)有无植物的产地及技术说明
	设施设备	(1)有无设施设备技术说明书; (2)有无设施设备技术资料、样式及图片
工程投资	施工图预算	是否超过初步设计概算

8.3.7 工程设计优化技术要求

工程设计优化是一个从假定、到分析、再到探索、最终实现工程设计成果最优的过程。设计优化的核心内容为探索过程,在满足各种假定条件的前提下,是否达到最优是工程设计优化最先对工程设计成果进行的分析和判断,如没能达到,就需要按照假定条件,进行再分析和探索,并修改和完善直至达到最优效果。

工程设计优化就是追求工程设计质量的进一步优质化、设计成果的进一步精细化以及设计投资的进一步合理化。工程设计优化是在工程设计的基本层面上,抛弃一些不合理的因素,找到更优的技术解决方案,使工程设计成果文件既符合建设单位的使用功能需求,又符合工程设计标准和规范的规定,同时还应满足工程设计的合理性、经济性和可靠性的要求,工程优化设计就是在多种可行性设计方案中,选择出相对质量最优质、投资最经济的设计方案,这是工程优化设计最主要的任务。

运河湾公园项目属于景观园林工程,景观园林工程是一种特殊的人文地理和自然景观,既要满足功能性需求,又要体现艺术价值,对人们心理和生理的影响都是起到积极作用的建设项目。因此,对园林景观进行科学合理和经济适用的设计规划是十分必要的,这样能更好地发挥出园林景观工程应有的经济、社会、生态等三种重要价值作用。在以园林景观为设计必要条件的基础上,把园林和建筑完美融合在一起,同时还要与以人为本、生态平衡、环保设计的理念相结合。重点做好以下几项工作：

（1）明确园林景观设计主题，凸显设计本土特色。明确设计主题，深入结合当地的自然环境和民族风情，合理规划设计内容，以凸显本土人文设计特色，加深人们对景观园林和特色景点的记忆，运用科学合理的处理方法，充分利用人文地理和自然文化，完善园林景观设计，优化和提升园林景观设计效果。

（2）明确园林景观设计效果，凸显设计整体特质。现代园林景观设计的最大特点是有效利用有限的空间，使空间环境设计的效果达到最优化，所以在园林景观设计过程中，应该加大对空间整体性的重视程度，确保各景区、景点等单元之间的衔接性，从而强化整体观赏效果，凸显园林景观设计自然、优雅的特质。除了要考虑各单元功能性要求外，还应注重其艺术规律和效果，将园林景观设计中的各要素进行有机融合，增强园林景观的表现力，营造优美、新颖、独特、舒适的观赏和休闲环境。同时还要实现局部景观设计与整体风格设计之间的协调性，结合整体风格设计规划局部造景效果，以提升园林景观的整体观赏价值，有效促进园林景观工程功效的发挥。

（3）明确园林景观设计理念，凸显设计生态平衡。园林景观工程设计是拉近人、自然及城市三者之间距离的重要载体，将生态理念融入园林景观工程设计理念中，能够加强人与自然之间的密切联系，促进生态理念和城市建设之间的协调发展，符合社会可持续发展的要求。在园林景观设计过程中，应注重生态技术和景观美学的有效结合，强化园林景观整体设计理念和景观效果。同时在生态景观设计中要考虑减少非可再生资源的浪费，保证整个生态系统的有机平衡。同时要有效提升现有资源利用率，通过废物利用的方式，实现降低能耗和节约成本，以合理使用新能源、新材料和新技术，防止环境污染的再产生。

（4）明确园林景观设计特色，凸显民族文化。民族传统文化是随着历史发展所流传下来的一种文化形式，其具有较强的适应性，应用在园林景观设计中，能够在提高美观性的同时，与人们内心产生共鸣，有效发挥园林景观建设的基本价值。在园林景观设计中，应对其想要凸显的民族文化内容进行深入调查和研究，了解和掌握区域民族文化特色，并深入地挖掘历史文化，找出其精髓之处，从而提升园林设计的特殊效果。

在方案设计阶段，要组织专家对方案设计进行设计优化，用科学的方法进行多方案的比选，确定好建设项目需求的设计方案和投资估算。在初步设计阶段，要对初步设计进行审查和优化，确定初步设计概算。在施工图设计阶段，要组织审查施工图设计成果，按行政审批要求进行图审和备案，为打造品质工程创造基础条件。

工程设计成果是否为最优的评判不尽相同，但是对于不同的专业在不同的建设项目上，设定的目标是一致的，那就是使工程设计成果最优、功能最好、质量最高、成本最低，这是优化设计所要解决的根本问题。所以说，设计优化就是在满足工程设计基本要求的众多设计方案中，选出最佳设计方案的设计方法。

工程设计优化流程，如图 8-14 所示。

8.3.8 运河湾公园项目工程设计阶段重点和难点

工程设计管理的核心任务就是通过综合采用技术、经济、组织、管理和合同等措施，对建设项目的预期目标进行有效的控制，即从设计质量、设计进度、工程投资等方面对工

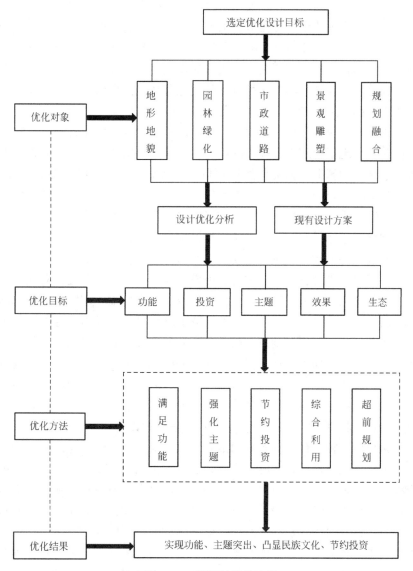

图 8-14 工程设计优化流程

程设计进行全过程、综合性管控。全过程工程咨询服务单位应根据建设单位的实际需求,结合建设项目的内容和特点,编制《工程设计任务书》,完成《建设单位关注度分析表》和《建设项目功能需求清单》等调查研究,梳理出最契合建设单位需求的设计方案,实现建设项目整体价值创造。同时要对工程设计成果文件进行评审和论证,以进一步优化工程设计成果,确保工程设计成果质量和深度满足标准规范规定。在工程设计评审过程中,采用价值工程的方法,在充分满足建设项目使用功能的条件下,进一步挖掘节约投资的潜力,为建设项目增值服务。

1. 加强 EPC 项目设计管理,创建品质工程

设计管理是工程总承包(EPC)项目的灵魂,是项目管理运行成功与否的关键环节,设计管理贯穿于整个建设项目全生命周期,影响建设项目的实施全过程。实施有效的设计管理措施，才能确保建设项目质量、安全、投资、进度等管理目标的实现。

（1）设计管理是实现建设单位需求的关键。设计阶段是建设项目工程投资控制的重点阶段。在工程设计过程中，建设项目的工程投资控制、基本功能需求、设计标准选择、设备材料选用等诸多因素，均密切相关，对实现建设项目工程投资目标有着决定性意义。尽可能地让建设项目所有参与方参与工程设计的优化和细化，提出合理化建议和意见，对设计方案优化和细化的改进，能为建设投资带来极大的经济效益，深受建设单位的青睐。

（2）设计管理是优化工程投资的根本。通过加强工程设计优化管理，加强对工程投资把控力，既可避免出现不合理工程投资的内容，又可避免出现不必要工程投资的浪费。以工程总承包合同条款为基准，以类似建设项目投资数据为参考，以历史商务数据为依托，精细化划分设计限额，合理切分各专业工程投资限额，实现工程设计对各阶段工程投资的动态管理，确保工程投资不失控。以设计方案比选、工程设计优化为手段，全方位考虑功能和价值比、工程投资运行和收益比，实现建设项目投资结构的进一步优化。

（3）设计管理是降低建造成本的保障。工程设计成果最终需通过工程施工得以实现。然而，在以往工程设计管理过程中，常常会因设计人员施工经验不足，对施工技术、施工程序、施工工艺和施工方法不太熟悉，致使工程设计与现场施工相脱节，造成施工难度加大和成本支出增加。工程总承包（EPC）是以施工设计图纸为载体，将施工措施、施工工艺、施工方法等图纸化，能将复杂技术简单化，有效实现降低成本和增加效益的效果。对工程设计成果深化和细化加工，在工程设计时就完成现场施工预演，能够持续减少乃至消除工程投资浪费，将建设单位隐形需求显性化、显性需求图纸化、图纸设计精细化，实现精细化工程建造，能够最大限度地满足建设单位的实际需求，实现一次成优。

（4）设计管理是控制风险的有效手段。不论是工程设计工作本身，还是项目管理团队、工程总承包单位、社会环境等各项内部和外部风险，都可能给建设项目带来难以估量的经济损失。因此，在建设项目实施过程中，通过逐步完善建设标准、运行标准、交付标准等基本定义文件的方式，与建设单位达成共识，可以有效消除建设项目实施过程和竣工交付风险。通过贯穿整个设计阶段的限额设计措施和优化设计、深化设计，能够有效化解"三超"风险。通过标准化、流程化设计管理，能够有效控制履约风险。

（5）设计管理是提升工程品质的基础。工程质量问题的产生，施工过程本身固然是一方面的因素，但其根源往往在于工程设计品质的不佳上。因此，以建设单位关注工程设计为导向，以实现建设项目功能为基准，通过在设计阶段梳理功能模块、把控系统选型，可以从系统上提升工程品质。从设计效果出发，从设计细节着手，将工程质量创优策划工作前置到设计阶段，将工程质量创优做法融于设计图纸，从细节上提升工程品质。同时，要以过往工程设计缺陷为戒，以巧艺匠心为引，通过工程设计管理和评审，严格把控工程设计质量，避免出现工程设计遗憾，从整体品质工程上提高设计品质，进而创建品质工程。

2. 运河湾公园项目内八处军事地堡设计方案经济比选

1959~1961年间，全县在运河岸边和城市周边地区建设军事地堡多处，在运河湾公园项目建设区域内现存八处军事地堡。

按地堡位置分为五类：市政道路边、广场草坪内、公园树林内、临近广场道路、重要节点位置。这些地堡属于军事设施，按有关规定是不可拆除和移动，如不采取相应措施，极有可能在公园运行过程中造成安全隐患，且影响景观效果。

工程总承包单位按建设单位要求，做出多个设计方案，按照地堡装饰形式，设计方案共分为：绿植覆盖、墙体彩绘、文化浮雕景墙、耐候钢景墙和塑石假山等五种。

方案一：绿植覆盖。在公园树林内的地堡，其外部采用绿植进行装饰隐藏。地堡四周可用木格栅加强爬藤植物的攀爬能力。

方案二：墙体彩绘。临近园路的地堡，可对地堡进行利用，外墙体彩绘新中国成立后的宣传海报相关图案。地堡作为军事设施，绘制相关的宣传图案，能让人铭记地堡使用时期的艰难岁月，充分体现红色文化。

方案三：文化浮雕景墙。临近园路的地堡，可在地堡四周设置景墙，结合宿迁和运河的漕运文化，对墙体进行彩绘或浮雕。

方案四：耐候钢景墙。在主要出入口、广场边等重要位置的地堡，为防止游客攀爬造成安全隐患，在地堡外部设置耐候钢墙体对地堡进行保护和遮挡，耐候钢板做镂空的图案，并在背后设置灯具，显著提高夜景效果。

方案五：塑石假山。在入口等关键位置的地堡，可在地堡外部设置塑石假山对地堡进行保护和遮挡，在假山上做小型跌水，并覆土种植植物，显示自然而大气的效果。

通过对以上五个地堡处理设计方案的比较，综合考虑到地堡和现场周围环境的融合度、景观效果、技术可行性和工程造价高低等因素。

采用方案一的绿植覆盖，将使地堡跟周围环境更加有机融合，不至于很突兀，景观效果也较好，且工程造价较低。

采用方案二的墙体彩绘，虽然工程造价较低，但和现场周围环境融合度较差，有点突兀。

采用方案三、四、五的景观效果较好，和现场周围环境融合度一般，且工程造价和后期维护费用较高。

经多方案比选，确定现场七处地堡使用设计方案一，即绿植覆盖，并在地堡出入口处局部采用景石进行遮挡。考虑到玻璃樽广场处的地堡在广场主要入口处，为了保持景区内的雕塑和现场景观保持一致，不至于影响整体效果，此处地堡采用耐候钢进行遮挡和绿植覆盖。

3. 优化和细化初步设计，以减少施工阶段可变因素

为加快建设项目设计周期，在初步设计进行的同时，即组织工程造价人员编制初步设计概算，初步设计完成即初步设计概算同时完成，交叉作业，同步进行，有效节约了大量时间，原定需两个月才能完成的初步设计、初步设计优化、初步设计概算等流程，采用全过程工程咨询服务模式，实际只用了一个月时间就完成了，工作效率比传统工程咨询服务模式提高了一倍。

为达到对方案设计进行技术和经济分析的真实效果，采用无人机航拍与现场人工测量相结合的方式，准确掌握现场地形地貌及岸线情况，为初步设计做足技术准备。在初步设计阶段，充分发挥全过程工程咨询服务的优势，采取初步设计分段审核方式，来提高工程咨询服务的工作效率，即每完成一个分部工程设计，就立刻组织相关人员进行评审，设计和评审同步进行，在此过程中，全过程工程咨询服务团队共提出优化和细化设计的修改建议200多条，其中80%以上被采纳。如：滨河大道路面结构建设标准，初步设计按城市主干道路面结构设计,经调研确定滨河大道是为完善周边道路的路网,方便居民出行的城市次干道,路面结构因此按城市次干道标准设计。

通过对初步设计进一步优化和细化,初步设计概算总额调整为 38654 万元(其中工程费用 26491 万元),比方案设计的投资估算工程费用减少了约 7%。

4. 加强工程设计评审,严格监控施工图设计

为加强工程设计评审,严格监控施工图设计,在运河湾公园项目上,全过程工程咨询服务团队专门成立勘察和设计部,负责对工程总承包单位设计的施工图进行复核、评审和设计变更管理,对施工图设计不符合初步设计和《项目建设标准说明》的内容,督促其必须按工程总承包合同要求进行修改和完善,在此过程中,共出具施工图纸设计修改和完善《联系单》十六份,对不符合合同要求的施工图设计内容,均进行了完善和改进。

强化方案设计、初步设计和施工图设计评审,严格施工图设计审查,是减少工程设计图纸中错、漏、碰、缺项的至关重要环节。在设计过程中,各专业设计人员与建设单位密切合作,不断征求建设单位意见,对在合同框架内且相对合理的意见要尽量采纳。这样做的目的,一是增加了相互的信任感,二是减少了在工程施工中建设单位提出的诸多技术问题。设计人员经常深入施工现场发现问题,并及时解决问题,问题越早发现,处理问题的成本越低,这样也有效减少了施工成本的支出。

在施工图设计过程中,严格按《工程总承包(EPC)合同》中约定的工程设计标准执行,特别注意各专业工程设计标准间的统一和匹配,要求设计人员和工程造价人员密切配合,为实现同一个功能优化,均进行多设计方案技术比较、经济分析和效果评价,择优选出技术先进、经济合理、安全可行、便于施工的设计方案。

8.4 工程招标代理

8.4.1 工程招标代理服务清单

工程招标代理服务清单,如表 8-9 所示。

工程招标代理服务清单　　　　　　表 8-9

服务阶段	项目部	招标内容	服务内容	编制	备案	负责	协助	备注
招标采购	招标代理部	(1)方案设计和初步设计; (2)工程总承包(EPC)	①收集招标资料			▲		
			②编制招标方案	▲	▲			
			③编制招标文件	▲	▲			
			④发布招标公告		▲			
			⑤发售招标文件			▲		
			⑥组织现场踏勘			▲		
			⑦组织答疑、澄清或修改			▲		
			⑧组织开标、评标、定标工作			▲		
			⑨协助编制评标、定标报告				▲	

续表

服务阶段	项目部	招标内容	服务内容	编制	备案	负责	协助	备注
招标采购	招标代理部	(1)方案设计和初步设计；(2)工程总承包(EPC)	⑩中标公示		▲	▲		
			⑪协助处理异议、质疑和投诉		▲		▲	
			⑫中标公告、发送中标通知书			▲		
			⑬编制招标投标情况书面报告	▲				
			⑭拟定合同条款	▲				
			⑮参与合同谈判和签订				▲	
			⑯合同备案		▲			

8.4.2 工程招标代理服务管理要求

（1）全过程工程咨询单位应按照《全过程工程咨询服务合同》的约定，制定招标工作计划和管理制度，确定招标代理的岗位责任和职责分工。

（2）依据有关招标采购法律、法规和规章的规定，组织开展招标采购活动，按招标投标程序的要求，完成招标采购有关招标文件的评审和备案手续。

（3）对招标采购咨询服务和管理服务进行策划、执行、监督和控制，保证建设项目的招标采购质量。

（4）做好招标采购组织、协调、审核和程序管理工作，接受建设单位和招标投标监管部门的监督和管理。

（5）为建设单位提供招标采购代理服务，建立参与招标采购相关人员的协同管理工作机制。

（6）有权拒绝违反招标采购法律、法规、规章以及监管部门文件规定的人为干预。

（7）对建设单位提出的某些不符合招标采购法律、法规或程序规定的资格条件和技术要求，招标代理应建议建设单位进行修改或调整。

（8）招标代理有义务向建设单位做好招标采购相关法律法规和标准规范规定的解释工作。

（9）按规定组织相关专业技术人员对《招标方案》和《招标文件》进行评审，完成企业内部三级复核，对招标文件和招标过程质量终身负责。

（10）对在招标代理服务过程中提出的招标方案、技术方案、业务数据、技术参数和技术经济分析等工程咨询成果结论负责。

（11）重视招标采购过程中的各种信息收集和管理，建立招标采购信息数据库。

（12）对选择有特殊要求的产品和服务供应商时，招标代理部应做好实地考察和评价工作，提交客观公正的考察及评价报告。

（13）针对招标采购实施过程中发生的重大变化，应及时调整招标方案，并报建设单位批准。

（14）在招标代理活动中，不得泄露依法应当保密的任何招标投标资料和信息。

（15）及时、准确、完整地将招标采购过程中所形成的咨询成果文件进行收集、整理和移交归档。

(16) 协助建设单位按规定完成招标采购需要的审批或备案事项。

(17) 招标采购的工作程序，如图 8-15 所示。

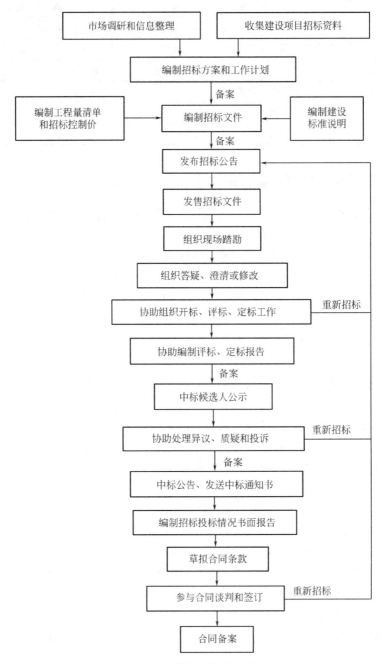

图 8-15 工程招标代理工作流程

1) 编制招标采购方案。

2) 提出投标资格要求和招标文件技术部分和商务部分（合同主要条款等）。

3) 负责招标过程中技术问题的澄清和答疑。

4）组织评审投标文件，推荐合格的中标候选人名单，供建设单位选定。

5）协助建设单位与中标单位进行合同谈判，协助签订合同。

(18) 组织工作回访，掌握建设单位对招标代理工作的满意度情况，持续改进服务质量。

8.4.3 编制《招标方案》技术要求

(1) 全过程工程咨询单位应依据相关法律法规、标准规范和政策文件规定，遵循有利于充分竞争、控制投资、满足建设项目进度要求及招标投标工作有序实施的原则，编制《招标方案》。

(2) 编制《招标方案》时，要充分考虑建设项目的类型、特点、规模及技术复杂程度、工程进度要求、建设单位参与程度、市场竞争状况、风险因素等。

(3) 及时向建设单位提出建设项目审批事项节点和时间要求，确保招标内容时间安排与建设项目的行政审批进程相协调。

(4) 根据建设单位需求及工程进度计划，结合建设资金到位和施工现场准备情况，制定招标进度计划。

(5) 针对不同类别的招标内容，要进行充分研究和科学分析，厘清《招标方案》编制重点，对可能出现的问题，制定有针对性的预防措施。

(6) 编制《招标方案》要点：

1）收集建设单位对拟建建设项目的需求信息，编制建设单位招标需求分析报告。

2）根据拟建建设项目类型、范围、规模和技术特点等，提出标段划分建议和意见。

3）拟定采用的招标方式、工程承发包方式、招标、评标和定标具体方法和细则。

4）选择适宜的合同种类、合同条件、合同界面和合同主要条款，明确界定各方责任和应承担的风险。

5）制定整个建设项目完整、分阶段或分专业招标策划方案和工作计划。

(7)《招标方案》主要内容如下：

1）建设项目概况。

2）招标范围、标段划分和投标资格。

3）招标顺序。

4）质量、造价、进度需求目标。

5）招标方式和方法。

6）工程发包模式与合同类型。

(8)《招标方案》审批通过后，由招标代理部制定《工程招标任务书》，经项目负责人批准后实施。

(9)《工程招标任务书》主要内容如下：

1）建设项目概况。

2）招标范围。

3）招标依据。

4）招标文件编制质量要求。

5）招标控制性指标。

6）招标时间进度计划等。

(10) 协助建设单位按规定完成工程招标方案的审批或备案事项。

8.4.4 编制《招标文件》技术要求

(1)《招标文件》应当根据《中华人民共和国招标投标法》《中华人民共和国招标投标法实施条例》和相关法规规定的要求，结合建设项目特点和建设单位的需求进行编制。

(2)《招标文件》应区分不同类别的招标内容和招标要求，进行详细的建设项目资料收集，在充分研究的基础上，有针对性地进行编制。

(3) 科学合理确定投标人资格审查的标准、投标报价要求、评标标准、评标方法、标段划分、工程工期和拟签订合同的主要条款等实质性内容。

(4) 编制《招标文件》原则：

1) 反映招标需求。《招标文件》应全面反映建设单位需求，这是编制《招标文件》的一个基本原则。

2) 表述全面准确。《招标文件》对拟招标内容的功能描述要到位、技术指标描述要准确、质量验收标准要明确、合同主要条款要全面。

3) 凸显公正合理。《招标文件》是具有法律效力的文件，招投双方均应严格遵守。建设单位提出的技术要求、商务条件的依据要充分，并切合实际。

4) 体现公平竞争。《招标文件》不能存有歧视性条款。载明的评标因素和评审方法，要做到科学合理。

5) 追求科学规范。《招标文件》的用词和用语要准确无误、表达清楚，以最规范的文字，把招标目的和要求描述得简洁有序、准确明了。

6) 维护公共利益。《招标文件》编制要注意维护建设单位的利益，更不得损害国家利益和社会公众利益。

(5) 编制《招标文件》要点：

1) 根据法律法规和文件的规定，编制《招标文件》，提出的各项技术标准应符合国家强制性标准，并满足建设单位需求。

2) 明确建设项目的建设地点、工程规模、资金来源、审批手续、招标范围和工程质量标准要求。

3) 合理划分标段，不得利用划分标段限制或者排斥潜在投标人，不得利用划分标段规避招标。

4) 对投标人资质条件、类似业绩、技术能力和企业信用的要求应公平合理，且符合有关规定。

5) 对投标项目负责人资格条件、类似业绩、专业能力等的要求应公平合理，且符合有关规定。

6) 明确建设项目每个标段的工程规模、技术标准、技术参数等。

7)《招标文件》中规定的实质性要求和条件，要用醒目的方式标明，明示提醒不满足其中任何一项实质性要求和条件的投标文件将被拒绝。

8) 明确规定评标标准、评标方法等所涉及全部评标因素，将所有评标因素具体量化，便于评标时定量评审。

9) 载明《招标文件》最短发售期,并规定编制投标文件的合理时间。
10) 根据建设项目具体情况,可以组织潜在投标人或自行踏勘施工现场。
11) 若组织踏勘施工现场,要在《招标文件》中载明踏勘现场的时间、地点和要求。
12) 要在《招标文件》中载明投标有效期,投标有效期从提交投标文件的截止日起算。
13) 要在《招标文件》中明确投标保证金的数额和有效期,以及提交与退还方式。
14) 要利用招标文件标准文本或示范文本,编制《招标文件》,以保证《招标文件》的编制质量。

(6)《招标文件》主要内容如下:
1) 招标公告(或投标邀请书)。
2) 投标人须知。
3) 评标办法。
4) 合同主要条款及格式。
5) 工程量清单。
6) 设计图纸及技术资料。
7) 技术标准和要求。
8) 投标文件格式。
9) 其他辅助资料。

(7)《招标文件》编制质量要求:
1) 在《招标文件》编制前,全过程工程咨询单位与建设单位要进行充分的沟通和交流,征询建设单位对建设项目招标的意见和建议,了解建设单位对建设项目招标的期望与具体招标需求。
2) 有责任对涉及招标投标法律、法规、流程与酌情而定的内容告知建设单位,以便在法规与程序许可的范围内与建设单位达成一致意见,做到最大程度地满足建设单位的需求。
3) 了解建设单位对工程造价、工期、质量等要求,以及建设单位对建设资金安排的想法。
4) 对当前招标投标市场的状况进行深入调查和研究,如:市场价格、工程质量及潜在投标人等情况,适时向建设单位提出建设性意见。
5) 根据建设单位审核后的反馈意见,对《招标文件》进行修改,修改后由单位技术负责人终审。
6) 为保证《招标文件》编制质量,要明确编制与审核等各级岗位工作人员职责,对《招标文件》进行严格的质量控制。

(8) 编制《招标文件》注意事项:
1) 不得以不合理的条件限制或者排斥潜在投标人,不得对潜在投标人实行歧视待遇。
2) 所有投标的资格条件审查因素和评分标准应详细、明确、集中列出。
3) 招标范围、内容和要求应描述清晰、准确、完整,尽可能减少重复。
4) 对招标、投标、开标、评标、定标的时限、流程、标准应设置地合规严谨。
5) 对评标过程中可能出现的无效标和扣(减)得分的情形,应清晰明示。

6）明确对出现严重不平衡报价、未满足招标文件规定的质量、工期、人员要求等情形时的处理方法。

（9）协助建设单位按规定完成工程招标文件的审批或备案事项。

8.4.5　招标投标过程管理

（1）全过程工程咨询单位应严格执行有关招标投标法律法规和政策文件规定的程序和内容，做到程序规范、内容严谨地组织招标过程管理工作。

（2）招标过程管理内容如下：

1）组织编制《资格预审文件》或《招标文件》，适时发布招标信息。

2）接收潜在投标人递交的投标文件，并按《招标文件》规定时间和地点召开并主持开标会议。

3）协助评标委员会完成投标文件评审，并按《招标文件》规定确定中标候选人并公示。

4）协助建设单位处理异议、质疑和投诉事宜。

5）协助建设单位按《招标文件》规定确定中标人，发布中标公告，发出中标通知书。

6）协助建设单位进行合同谈判和签订工作。

（3）招标过程管理注意事项：

1）必须在招标投标过程坚持公开、公平、公正和诚实信用的基本原则。

2）认真组织《招标文件》答疑，协助建设单位依法依规处理质疑，配合监管部门处理投诉。

3）严格按照《资格预审文件》及《招标文件》规定的标准，进行全部审查因素的资格审查。

4）严格按照《招标文件》设定的评标办法和评审因素进行评审和推荐中标候选人。

5）招标投标过程的各种时限要求，应符合招标投标法律法规的规定。

8.4.6　拟定合同条款

（1）全过程工程咨询单位应依据相关的法律法规和建设项目的特点，科学合理地拟定合同条款内容。

（2）拟定合同条款工作要点：

1）根据不同类型招标项目的特点，详尽地描述合同范围以及合同签约双方的权利和义务。

2）合理约定风险范围及合同价款调整的方法。

3）清晰地约定各类工程款的支付条件。

4）清晰地界定违约及索赔的处理方法。

（3）拟定合同条款注意事项：

1）拟定的合同条款应符合法律法规的规定和建设项目特点的原则。

2）拟定的合同条款应保证建设项目实施过程的系统性、协调性和可实施性。

3）专用合同条款应以行业示范或标准合同的通用条款为基础编制，合同的约定内容不得违反法律法规的强制性规定。

4) 明确"通用条款"不调整,"专用条款"可作出另行约定,但"专用条款"不得与"通用条款"强制性规定相抵触。

5) 对同一事项的约定,专用条款不得存在与招标文件或合同其他章节内容不一致的约定。

8.4.7 工程设计招标代理技术要求

(1) 全过程工程咨询单位应进行工程设计招标策划,制定招标方案和工作计划。

(2) 协助建设单位合理确定招标内容、划分设计标段和选择招标方式。

(3) 协助建设单位合理设定工程设计招标的投标人资质条件和项目负责人资格条件。

(4) 工程设计招标设有资格预审环节的,应组织工程设计投标资格预审。

(5) 协助建设单位优先选用工程设计合同示范文本和拟定合同主要条款。

(6) 发布招标公告或发出投标邀请书,同时出售工程设计招标文件。

(7) 接收潜在投标人递交的投标文件,并按招标文件规定的时间和地点召开并主持开标会议。

(8) 遵循"基于能力的选择"原则,组织评标委员会按照招标文件中确定的评标方法进行工程设计评审。

(9) 招标投标过程应合规严谨,严格按招标文件的评标办法和标准,择优确定中标人。

(10) 协助建设单位与拟中标设计单位进行合同谈判,并协助建设单位签订工程设计合同。

8.4.8 工程总承包招标代理技术要求

(1) 全过程工程咨询单位应进行工程总承包招标策划,制定招标方案和工作计划。

(2) 协助建设单位合理确定招标内容和划分标段,合理选择招标方式。

(3) 协助建设单位合理设定工程总承包招标的投标人资质条件和项目负责人资格条件。

(4) 工程总承包招标设有资格预审环节的,应组织工程总承包投标资格预审。

(5) 应按照工程量清单计价规范要求编制工程量清单,并应合理确定招标控制价及设定暂估价,避免在投标时出现严重不平衡报价和重大偏差。

(6) 协助建设单位选定工程总承包合同示范或标准文本作为合同文本,编制合同主要条款。

(7) 发布招标公告或发出投标邀请书,同时出售工程设计招标文件。

(8) 接收潜在投标人递交的投标文件,并按招标文件规定的时间和地点召开并主持开标会议。

(9) 组织评标委员会按照招标文件中确定的评标方法和评审因素进行评审,中标价不得低于成本价。

(10) 招标投标过程应合规严谨,严格按招标文件的评标办法和标准,择优确定中标人。

(11) 协助建设单位与拟中标工程总承包单位进行合同谈判,并协助建设单位签订工程总承包合同。

8.4.9 做好招标后期服务

（1）本着对建设单位负责的原则，为不断提高招标代理业务水平，招标代理工作应适当地延伸到工程施工与工程竣工结算阶段。

（2）《招标文件》的解释。《招标文件》作为有效的法律文书，根据产生纠纷实际情况，应积极地为纠纷双方解释《招标文件》相应条款内涵，并可能做出对建设单位有利的解释。

（3）合同条款的解释。在合同履行过程中，合同当事人会针对合同条款提出不同的解释或争议，招标代理要与建设单位积极配合，详细解释合同条款法律依据和目的，以及合同用词的含义，为合同当事人释疑，并提出解决双方争议的办法。

（4）解决工程施工过程中出现的问题。在工程施工过程中，合同当事人会对招标时提供的工程量清单或招标控制价提出疑问，招标代理要与建设单位积极配合，为合同当事人释疑，解答工程量清单及招标控制价的计算情况。

（5）施工现场回访。根据工程进展情况，组织专业技术人员进入工程施工现场进行回访，向建设单位和工程总承包单位的专业人员了解招标投标的效果，判断整个招标投标过程及招标文件的制定、合同文本的起草与实际工程施工的偏差，将回访中发现的问题，及时向建设单位反馈，并提出意见和整改措施。

（6）跟踪管理服务。定期或不定期跟踪建设项目实施动态，及时发现招标代理工作中的不足与缺陷，不失时机地进行更新和完善，并反馈到以后招标代理业务中。

（7）竣工结算审核服务。在建设项目竣工结算审核过程中，为竣工结算审核提供一切必要的招标投标文件资料，如招标文件、工程量清单和招标控制价、投标文件等，并按要求做好内容解释工作，为建设单位提供更加完善的招标后期服务。

8.4.10 运河湾公园项目招标投标阶段重点和难点

招标投标阶段是有效控制建设项目投资的重要阶段，也是非常重要的关键节点。招标投标活动的真谛就在于科学择优选定合适中标人并订立合同，订立合同是一切招标投标活动的终极目标，建设项目投资控制主要是基于合同的约束，是靠严格执行和全面履行合同来实现的，合同在建设项目未来实施过程中占据十分突出的位置，是建设项目进入实施阶段投资控制的最重要的依据。

1. 采用初步设计作为工程总承包招标依据

根据宿迁市政府要求，运河湾公园项目必须在400天内完成并开园，由于时间紧、任务重，原计划方案设计完成后即进行工程总承包（EPC）招标，但考虑到运河湾公园项目属市政公用和园林绿化工程，且其中园林绿化工程造价占工程总造价的75%，占比较大，园林绿化工程方案设计深度不够，不能准确描述工程项目特征，加之园林绿化工程中各种树种苗木、园路材质、雕塑小品等无标准规范和通用技术可用，难以编制描述准确的工程量清单和确定招标控制价，在实际施工过程中，也难以对建设项目进行投资控制，经深入分析研究，建设单位最终决定在完成初步设计后再进行工程总承包招标，把初步设计作为施工招标依据。

建设单位为赶进度、缩短建设周期，把初步设计图纸作为工程总承包招标的投标报价依据，在初步设计完成后，勘察和设计部、工程造价咨询部、项目管理部、工程监理部等专项部门，通过认真审核初步设计图纸，提出合理化建议，进行优化设计，编制《建设标准说明》，弥补初步设计深度的不足问题，并在此基础上合理确定初步设计概算，将初步设计概算作为工程投资的控制目标。编制《建设标准说明》作为招标文件的内容，也是将来工程总承包合同的重要内容之一。《建设标准说明》主要是对设备材料选用、质量标准选择、功能性需求、结构与艺术的有机结合等内容，进行细化描述。

由于初步设计的设计深度不够，这就要求设计人员与工程量清单编制人员全力配合，对于达不到工程量清单编制要求的设计条件给予补充完善，工程量清单编制人员也可以根据经验给设计人员提供合理化建议，避免工程量清单漏项、缺项。同时，在编制清单时，也可以运用一些技巧，弥补设计深度不够的缺陷。针对有些工程内容资料不全的问题，如土方类别，可以在项目特征中描述为综合考虑。也可以在编制说明内写清楚，让投标单位根据实践经验自行考虑报价。这样工程量清单既达到了涵盖了全部工作内容，又避免了竣工结算时工程总承包单位"钻空子"的现象。

2. 科学确定合同承包模式

运河湾公园项目采用工程总承包（EPC，即设计、采购、施工一体化）模式，工程总承包招标时只提供的初步设计图纸和《建设标准说明》，施工图设计由将来中标的工程总承包单位负责设计，在明确招标控制价的前提下，由工程总承包单位根据招标内容自主报价。

采用工程总承包（EPC）模式是深化建设项目组织实施方式改革的大势所趋。工程总承包制是国家大力推广的一种新型工程承发包模式，由工程总承包单位进行施工图设计，能充分发挥施工图设计在整个工程施工过程中的主导作用，不仅有利于实现设计、采购、施工等各阶段工作的深度融合和合理衔接，更有利于建设项目的工程设计不断优化。在强化工程总承包单位施工图设计责任的前提下，通过工程设计与工程造价的双重竞标，把"投资无底洞"消灭在工程招标投标之中。

运河湾公园项目工程总承包方可依据初步设计要求，在满足《建设标准说明》的前提下，自由组合、自由发挥，在合同约定的合理框架内，让工程总承包单位充分展示自身设计能力和优势，这样不仅能更好地实现建设项目预期目标，还能有效控制工程投资，既消除了传统承发包模式下建设单位承担全部变更风险导致投资失控的弊端，又有效激发了工程总承包单位进一步优化设计的热情。

3. 用固定价格控制重点工程

针对土方工程的工程量在后期施工过程中，可能出现较大变化，难以确定绝对准确的招标控制价。由于土方开挖回填、长距离调运和微地形整理等工程，在施工过程中工程量必然会发生变化，为防止投标人采用不平衡报价策略，在施工期间通过设计变更、工程签证等手段来增加工程量，加重建设项目投资控制难度。在确定招标控制价时，对后期可能出现较大工程量变化，且难以控制工程造价的分部分项工程，单独编制和设置独立招标控制价。

如：由于土方开挖回填、长距离调运和微地形整理等工程，在施工过程中实际工程量必然会发生变化，这也是工程总承包单位重点考虑变更签证的工程内容，为防止工程总承包单位无休止的要求变更和签证,对土方开挖回填、长距离调运和微地形整理等工程单独编制和设置单独固定价,在《招标文件》中,明确告知所有投标人此部分工程无论投标报价是多少,均视同以"包死价"包含在投标总价中,后期不得以任何理由要求调整,在签订工程总承包合同时是作为合同内容予以明确。

通过公开招标投标过程,运河湾公园项目的工程总承包(EPC)招标控制价设定为 25840 万元(工程费用)。中标单位的中标价(即合同价)为 19018.51 万元,比招标控制价下降了 26.4%,节约工程投资 6821.49 万元。

8.5 施工阶段工程监理

8.5.1 施工阶段工程监理服务清单

施工阶段工程监理服务清单,如表 8-10 所示。

施工阶段工程监理服务清单　　　　表 8-10

服务阶段	服务部门	服务内容	编制	负责	备注
施工阶段	工程监理部	(1)编制工程监理规划	▲		
		(2)编制工程监理实施细则	▲		
		(3)工程质量控制		▲	
		(4)工程投资控制		▲	
		(5)工程进度控制		▲	
		(6)合同管理		▲	
		(7)信息管理		▲	
		(8)履行建设工程安全生产管理法定职责		▲	
		(9)对工程建设相关方进行组织协调工作		▲	
		(10)工程监理资料管理		▲	

施工阶段工程监理技术要求如下:

(1) 根据《全过程工程咨询服务合同》约定,全过程工程咨询单位负责运河湾公园项目施工阶段工程监理,对建设项目实施全天候、全过程、全要素的跟踪监督。

(2) 对工程施工阶段的工程监理活动进行策划、执行、监督和控制,保证建设项目管理目标的实现。

(3) 为建设单位提供工程施工期间的工程监理服务,建立施工阶段各相关人共同参与的协同管控机制。

(4) 根据《全过程工程咨询服务合同》的约定及《建设工程监理规范》的规定,在施工现场派驻工程监理人员,成立工程监理部,实行总监理工程师负责制,明确工程监理岗位职责。

(5) 结合建设项目实际情况,明确施工阶段控制目标和管理体系,编制《工程监理规划》和《工程监理实施细则》，报建设单位审核后，付诸实施。

（6）编制《工程监理规划》应结合建设项目特点和实际情况，明确工程监理工作目标，确定工程监理工作制度、内容、程序、方法和措施。

（7）《工程监理实施细则》应符合《工程监理规划》的内容要求，且具有实际操作性。

（8）《工程监理实施细则》应明确巡视、旁站、检测、平行检验的工作计划和工程监理人员职责。

（9）遵循事前控制和主动控制的基本原则，严格执行工程监理标准规范和操作程序，制定工程监理工作方法和管理措施。

（10）协助建设单位组织图纸会审、设计交底、第一次工地会议、签发开工令等工作。

（11）施工准备阶段工程监理工作内容如下：

1）参加由建设单位主持召开的第一次工地会议（工地启动会议），进行工程监理工作内容交底。

2）总监理工程师应组织工程监理部人员熟悉工程设计文件，在设计技术交底前，对设计图纸中存在的问题通过建设单位向设计单位提出书面反馈意见。

3）参加由建设单位组织的设计技术交底会，形成设计技术交底会议纪要。

4）组织设计图纸会审和核对，对有关设计图纸存在的问题提出合理化建议。

5）组织参建各方参加工程质量和安全监督管理机构召开的政府质量和安全监督工作交底会。

6）建设项目开工前，检查工程总承包单位的复测技术资料，在施工过程中，复核工程定位、标高及垂直度等测量控制精度。

7）审查工程总承包单位报审的《建设项目施工组织设计》，对符合要求的，由总监理工程师签认，在报建设单位审核后，付诸实施。

8）审查工程总承包单位现场管理机构的质量管理体系、技术管理体系和质量保证体系，对能够保证建设项目施工质量的，予以确认。

9）审查工程总承包单位在施工现场的安全生产管理制度及组织管理机构，检查工程总承包单位主要管理人员和专职安全生产管理人员的配备情况。

10）审查工程总承包单位提供的现场试验室资质和条件，在相应报审文件中签署审查意见。

11）审查施工管理人员和特种作业人员上岗证等持证上岗情况。

12）核查主要大型施工机械设备生产许可、检测记录、安拆验收及准用文件。

13）审查工程总承包单位提交的施工方案及专项工程施工方案，重点审查其中的工程质量安全技术措施及与工程建设强制性标准的符合性。

14）审查建设项目的开工报告和开工条件，经建设单位批准后，对具备开工条件的，签发《开工令》。

（12）施工阶段工程监理工作内容如下：

1）工程监理部应依据《工程总承包（EPC）合同》和《建设工程监理规范》进行工程质量控制。

2）审查工程总承包单位报送的工程材料、构配件、设备等质量证明文件，并按规范要求对用于工程的材料、构配件等进行见证取样送检。

3)严格执行质量证明文件核查、外观质量检查和试验结果确认程序,避免不合格材料、构配件、设备进入施工现场,及在建设项目中使用。

4)采取巡视、检测、旁站和平行检验等监理方法,对建设项目质量和安全实施过程进行控制,并及时准确记录工程监理工作实施情况。

5)监督工程总承包单位执行施工图设计文件和工程建设标准,按照批准的施工组织设计、施工方案及专项施工方案组织施工。

6)组织对检验批、分项工程、分部工程及隐蔽工程进行质量验收,并在相应报验文件中签署验收意见。

7)加强质量安全监督和检查,发现工程质量和施工安全存在事故隐患,及时要求工程总承包单位整改,并报建设单位。

8)参与质量安全事故分析和处理,督促工程总承包单位及时处理。

9)以合同工期为工程进度控制目标,审查工程总承包单位提交的施工进度计划。

10)检查各个阶段的工程进度计划执行情况,通过监理例会、专题会议等形式,协调解决施工中影响工程进度的问题。

11)采用主动控制和动态控制的方法,注重全程跟踪监督和检查,使阶段性施工进度计划与建设项目进度计划目标协调一致。

12)若工程进度出现偏差时,督促工程总承包单位及时采取有效纠偏措施。

13)依据工程总承包合同条款实施合同管理,处理工程变更、工程延期、工期延误、工程索赔、合同争议及合同解除等事宜。

14)按工程总承包合同的约定,实施工程投资控制,结合工程造价计价规范规定,进行工程量计量,审核工程总承包单位的工程款支付申请。

15)根据相关法律法规和工程建设强制性标准,履行建设工程安全生产管理的监理职责。

16)审查工程总承包单位报送的工程预付款、工程进度款支付申请,提出审查意见和建议。

17)建立协调工作机制,做好施工过程中内部和外部的协调管理,通过监理例会、专题会议、工作联系单、情况交流等方法,协调工程总承包等各方关系。

18)对不合格或不称职的工程总承包单位现场管理人员,工程监理单位有义务及时向建设单位报告,提出撤换人员的建议。

(13)工程监理过程中注意事项:

1)当发现工程设计文件或技术方案不符合建设工程质量标准或合同约定的质量要求时,工程监理应向建设单位报告,并配合工程设计进行修正。

2)当发现工程总承包单位的质量、进度、投资、安全、合同、信息等管理行为与合同约定的标准或计划出现偏差时,工程监理应及时下达整改指令,对整改情况进行监督检查和结果验收,并向建设单位报告。

3)当出现工程总承包单位违反工程设计以及工程建设强制性标准规定,或存在重大质量问题和安全隐患时,工程监理应征得建设单位同意后,下发工程暂停令,在质量问题或安全隐患消除后,批准复工。

4)根据建设项目实际进度,及时采集施工过程中与工程质量、进度、安全、投资、合同、信息管理等相关的现场数据,并进行加工和整理。

5) 定期开展工程质量、进度、安全、投资、合同、信息管理等实际数据与计划数据的对比分析工作,定期向工程部报送阶段性的工程监理专项报告,根据对比偏差,提出相关改进建议。

(14) 根据合同履行和施工现场情况,报建设单位同意后,签发工程暂停令和复工令。

(15) 审查工程总承包单位提交的竣工验收申请,组织竣工预验收和专项工程验收。

(16) 编写《工程质量评估报告》,参加建设单位组织的工程竣工验收,签署竣工验收意见。

(17) 建立完善的工程监理资料管理制度,明确专职工程监理资料管理人员,及时、准确、完整地收集、整理、编制、传递、归档、保存工程监理资料。

(18) 工程监理部应充分利用信息化技术手段,管理工程监理文件资料,并按照有关档案管理的要求,进行工程监理文件资料建档和归档工作。

(19) 协助建设单位妥善处理质量保修期内有关缺陷修复事宜,完成工程施工阶段遗留问题的处理,以及缺陷责任期内的缺陷责任认定和修复。

(20) 对建设单位的满意度情况进行全过程跟踪分析,工程监理应组织定期回访。

(21) 施工阶段工程监理工作流程,如图 8-16 所示。

8.5.2 工程质量控制

1. 工程质量控制原则

(1) 以设计施工图纸为基础,以工程建设强制性标准、工程质量验收统一标准、行业规范和操作规程等为依据,监督工程总承包单位全面实现《工程总承包(EPC)合同》中约定的工程质量目标。

(2) 以事前控制和主动控制为重点,达到以预防为主的目的。在施工过程中,进行抽样检测和统计分析,动态控制工程质量,发现质量不稳定时,分析原因,采取措施。

(3) 督促工程总承包单位完善工程质量保证体系,落实工程质量管理措施,制定施工质量检查验收与施工质量评定考核制度,并有效发挥作用。

(4) 严格按照施工工艺技术标准规定的各道工序操作规程、规范要点、工作顺序及质量要求进行施工。

(5) 未经监理工程师审核合格的分包单位或供货单位,不得承担工程施工或供货任务。

(6) 主要材料、构配件及设备等未经监理工程师签字确认合格的,不得在工程上使用或安装。

(7) 上道工序未经监理工程师确认合格的,不得进行下一道工序的施工。

(8) 对建设项目的人、机、料、法、环(4M1E)等影响工程质量的因素,实施全方位管理和全要素控制,使工序质量的数据波动始终处于允许范围内。

(9) 以检验批质量保证分项工程质量,以分项工程质量保证分部工程质量,以分部工程质量保证单位工程质量。

2. 工程质量控制内容

(1) 全过程工程咨询单位应根据建设项目实际情况,分析工程质量控制的重点,协助

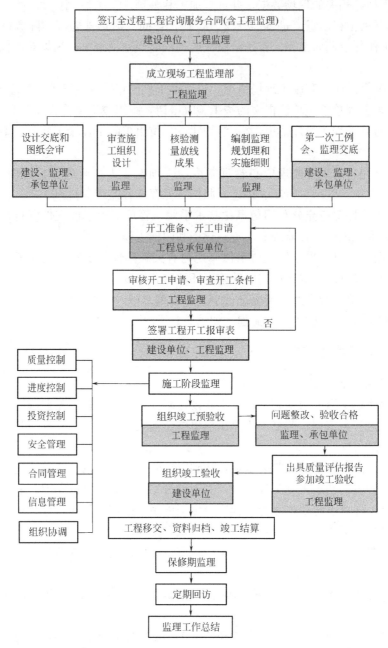

图 8-16 施工阶段工程监理工作流程

建设单位制定工程质量管理目标，编制《工程质量管理计划书》。

(2)《工程质量管理计划书》内容如下：

1）工程质量管理目标及分解。
2）工程质量管理体系和管理职责。
3）工程质量管理与协调程序。
4）工程质量控制点的设置与管理。

5）工程质量管理主要措施。

6）工程质量文件管理。

(3) 督促工程总承包单位建立健全施工现场的工程质量管理体系、管理机构和管理制度。

(4) 检查施工现场工程质量保证体系是否健全，工程质量技术措施是否落实，并督促其进一步完善。

(5) 审查施工现场质量管理体系和专职质量管理人员资格条件和人员配备情况。

(6) 审查工程总承包单位报审的施工组织设计或专项施工方案，编审程序符合相关规定，工程质量保证措施应符合有关标准要求的，予以签字确认。

(7) 对施工现场测量放线的成果及保护措施，进行检查和复核，对发现的问题要作出工程监理记录，并通知工程总承包单位及时纠正。

(8) 监督工程总承包单位执行施工图设计和工程建设标准，以及批准的施工组织设计、施工方案及专项施工方案组织施工。

(9) 复核为建设项目从事检测服务的试验室条件：

1）试验室的资质等级及试验范围。

2）法定计量部门对试验设备出具的计量检定证明。

3）试验室管理制度。

4）试验人员资格证书。

(10) 审查工程总承包单位报送的主要材料、构配件质量合格证明文件，并按规定对用于工程的材料、构配件进行见证取样送检和平行检验。

(11) 对不符合质量要求的工程材料和构配件，禁止进入施工现场和投入使用，对已进场的，清理退场。

(12) 对重要部位和关键工序要进行旁站监理，发现工程质量问题，要及时督促工程总承包单位整改，验收合格后，方可进行下一道工序施工。

(13) 对重要部位、主要环节、关键工序的施工质量，按有关工程质量验收规定进行检查确认。

(14) 实施经常性的工程施工质量巡视和检查，对工程的施工检查保证不漏检，对重点工程和技术复杂的工程应增加检查频率。

(15) 根据建设项目的特点、技术要求及工程监理规范的规定，对工程材料、施工工艺质量进行平行检验。

(16) 对工程总承包单位报验的检验批、分项工程、分部工程及隐蔽工程进行验收，对验收合格的应给予签认。

(17) 对验收不合格的工程应拒绝签认，同时应要求工程总承包单位在指定期限内整改完成，并重新报验，直至验收合格。

(18) 发现施工质量问题时，应立即书面通知工程总承包单位返工处理。对发生的重大工程质量事故，要参加事故分析会，督促工程总承包单位及时处理。

(19) 审查工程总承包单位提交的单位工程竣工验收报审表及竣工验收资料，组织对工程质保资料和工程实体质量进行竣工预验收，对存在的质量问题，要求工程总承包单位及时整改。

(20) 工程竣工预验收合格后,工程监理部应出具工程质量评估报告,报建设单位审核。

(21) 参加由建设单位组织的单位工程竣工验收,对验收中提出需整改的问题,应督促工程总承包单位及时整改直至合格。

(22) 根据《工程总承包(EPC)合同》的约定,工程总承包单位需对施工现场进行全面清理,直至监理工程师验收合格为止。

3. 工程质量控制方法

(1) 旁站

1) 旁站是指工程监理对重要部位或关键工序的施工质量进行现场监督的活动。

2) 根据建设项目类别和特点及有关标准规范的规定,明确工程监理旁站的重要部位和关键工序。

3) 在编制《工程监理实施细则》时,制定工程监理旁站实施方案,明确旁站的范围、内容、程序和旁站人员工作职责等。

4) 检查工程总承包单位在施工现场的工程质量管理人员到岗情况与特殊工种人员持证上岗情况。

5) 审查工程总承包单位是否按照验收标准、技术规范、操作规程和经审查确认后的设计施工图纸、施工组织设计组织施工。

6) 核查进场建筑材料、建筑构配件、机械设备等质量检验报告,并在现场监督工程总承包单位进行检验或委托具有资格的第三方进行复验。

7) 检查是否使用经检验合格的材料、构配件,机械设备是否配套或运行正常。

8) 在现场跟踪监督关键部位、关键工序的施工方案及工程建设强制性标准执行情况。

9) 做好旁站记录和工程监理日志,保存好旁站原始记录和工程资料。

(2) 检测

1) 开工前,工程监理部根据设计施工图纸以及建设项目特点,制订建设项目《工程质量检测计划》。

2)《工程质量检测计划》内容:

① 检测项目。

② 检测材料。

③ 检测频率。

④ 检测结果处理。

⑤ 检测制度。

⑥ 检测台账。

⑦ 检测资料归档等。

3) 由建设单位与有资质的检测机构签订委托检测合同,由工程监理部见证取样员实施见证取样和送样。

4) 见证取样和送检次数,按试验检测规程规定数量送检,工程的重要部位可以适当地增加见证取样频率,送检试样应在现场随机抽取。

5) 见证人员应在试样或其包装上作出标识、封志,标识和封志标明工程名称、取样部位、取样名称、样品数量、取样日期,并有取样人和见证人签字,取样人制作见证记录,见证记录应列入施工技术档案。

6)送检后,见证取样员应及时跟踪,督促检测机构及时出具检测报告,以指导现场施工。

7)当送检材料检测结果为不合格时,对不合格材料要实行封存,采取复试,复试仍不合格,通知工程总承包单位清理退场。

8)当工程质量出现不合格时,判断其严重程度,分析不合格原因。

9)若为质量问题,责成工程总承包单位编出质量问题调查报告并拿出处理方案,经建设单位认可,采取修补或返工等处理措施,直至达到合格为止。

10)工程监理文件资料管理人员应全面、妥善、真实记录工程材料的见证取样台账等。

(3)巡视

1)巡视是指工程监理人员对施工现场进行定期或不定期的检查活动,是工程监理人员针对施工现场情况进行的日常检查。

2)工程监理部应编制现场巡视工作方案、工作计划和工作制度等,明确巡视要点、巡视频率和巡视措施,制定现场巡视检查记录表。

3)工程监理日常巡视检查工作范围和内容主要是对施工现场的巡视、检查、检验、验收、实物计量与沟通协调等。

4)日常巡视检查时间要求:工程监理人员每日必须上午、下午各巡视检查一次,累计巡视检查时间不少于5个小时。

5)日常巡视检查的内容:

① 天气情况是否适宜施工作业,如不适宜施工作业,是否已采取相应措施。

② 是否按照技术标准、验收规范、操作规程和批准的设计施工图纸与施工组织设计施工。

③ 施工过程是否存在工程质量和安全隐患。

④ 是否使用经检测合格的材料、构配件和设备。

⑤ 工程总承包单位现场管理人员是否到位。

⑥ 施工操作人员的技术水平、作业条件是否满足施工工艺要求,特殊工种操作人员是否持证上岗。

6)在巡视检查中发现工程质量安全问题,应及时通知工程总承包单位采取相应处理措施。

7)对已采取相应处理措施的工程质量问题和安全生产事故隐患,检查工程总承包单位的整改落实情况,并反映在巡视检查记录表中。

(4)平行检验

1)平行检验是工程监理部在工程总承包单位对已完成检验批、分项、分部工程自检合格基础上,按有关规定对同一检验项目进行检验的活动。

2)工程监理部应建立平行检验制度,明确平行检验程序、方法、手段及结果处理,只有平行检验合格,方可签字认可。

3)编制符合建设项目特点的平行检验方案,明确平行检验的范围、内容、频率等。

4)当平行检验结果与工程总承包单位自检数据有较大偏差时,应共同重新检测或委托有资质的检测单位进行检测,找出偏差原因后,对相应检验批重新进行自检和平行检验,仍然不合格,应责成返工或退场。

5) 平行检验方法:

① 目测法:利用实践经验,采用"看、摸、敲、照"方法对检验对象实施检查。

② 量测法:利用量测工具,采用"靠、量、吊、套"方法,通过现场实测结果与标准规范比较来判断是否合格。

③ 试验法:通过工程现场试验或送样至试验室进行理化试验和无损试验,从而判断材料或半成品是否合格。

6) 平行检验的记录资料应单独整理、归档,作为建设项目竣工验收资料的重要组成部分。

4. 工程质量控制措施

(1) 组织措施

1) 严格落实建设单位、工程监理单位、工程总承包单位等工程质量控制主体责任。

2) 建立健全工程监理的工程质量控制组织机构,明确工程监理人员职责分工。

3) 制定工程质量控制和监督的管理制度与工作流程,并严格执行。

4) 协助建设单位和工程总承包单位完善施工现场工程质量保证体系。

(2) 技术措施

1) 督促工程总承包单位按建设项目特点,制定施工组织设计、施工方案及专项施工方案。

2) 严格执行事前、事中和事后控制的工程质量监督和检查制度。

3) 根据现场施工情况,采取固定频次和随机抽查的方式,加强对工程质量控制。

(3) 经济措施及合同措施

1) 严格按工程质量检查和验收标准验收,不符合合同约定工程质量标准要求的,拒绝签认、拒绝计量和拒绝支付工程款。

2) 达到建设单位特定工程质量目标要求的,按合同约定支付工程质量补偿金或奖金。

5. 工程质量控制程序

施工阶段工程质量控制流程,如图 8-17 所示。

8.5.3 工程进度控制

1. 工程进度控制原则

(1) 按照《工程总承包(EPC)合同》约定的施工工期目标,编制科学合理的工程施工进度计划,确保合同约定施工工期目标实现。

(2) 按建设项目实施过程或施工工期,结合标段划分、分部分项对工程施工进度计划进行逐级分解。

(3) 工程施工进度计划分解应在确保进度、质量和安全的前提下,依据现场各种资源的供应情况,遵循科学合理的施工顺序,保证工程进度实施的连续性和均衡性。

(4) 跟踪监督工程进度计划实施,及时掌握施工现场的实际工程进度情况。

(5) 采用动态管理的工程进度控制方法,确保关键线路作业优先,对工程进度实施主动控制。

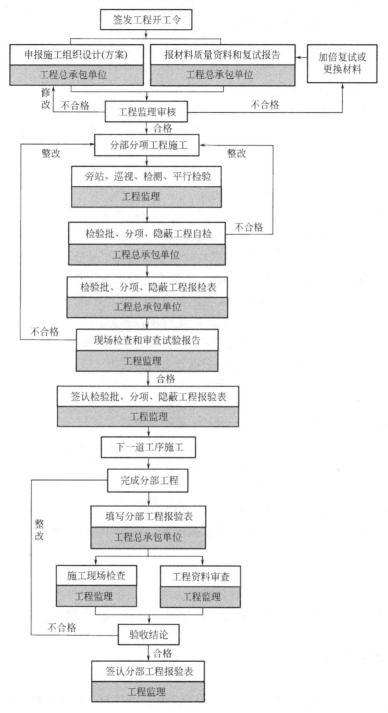

图 8-17 施工阶段工程质量控制流程

2. 工程进度控制内容

（1）全过程工程咨询单位应协助建设单位确定建设项目施工工期目标，对施工工期目标进行分析和论证，并制定建设项目工程进度管理计划。

(2) 工程监理部要对施工环境及现场条件进行调查和分析,弄清影响工程进度外部因素,向建设单位报告,并制定防范措施。

(3) 审核工程总承包单位提交的施工组织设计及施工进度计划,与建设项目总进度计划进行分析和比较,确定科学合理的关键线路,提出优化意见。

(4) 施工进度计划审查内容:

1) 施工进度计划应符合工程总承包合同中约定的施工工期目标。

2) 施工进度计划应符合建设单位提供的建设资金计划、施工场地准备、材料物资供应等施工条件。

3) 施工进度计划中的主要分部分项工程有无遗漏。

4) 施工顺序的安排应符合施工工艺要求。

5) 施工时间安排是否考虑当地气候和环境等可能遇到的特殊情况。

6) 施工人员、工程材料、施工机械等资源供应计划,是否满足施工进度计划的需要。

7) 施工进度安排是否合理,是否有造成建设单位违约而导致索赔产生的可能。

8) 根据建设项目开工条件的准备情况,选择合适时机下达开工令。

(5) 监督工程总承包单位严格按照工程总承包合同约定的施工工期目标及施工进度计划,结合建设单位下达的年度施工计划,组织建设项目施工。

(6) 及时检查和记载工程实际进度情况,如:每日形象进度的部位、完成实物的工程量、影响施工的因素、工期延误的原因和采取赶工的措施等。

(7) 按月(或周)向建设单位报告施工进度计划的执行情况和存在的主要问题。

(8) 定期召开工程进度协调会,协调解决建设项目审批手续办理、工程设计跟进、工程进度款支付、现场临时供水、供电等制约工期的因素。

(9) 对工程进度实施动态控制,及时检查和记录实际进度情况,将实际进度与计划进度进行比较,判断实际进度是否出现偏差。如发生偏差,及时分析延误原因,要求工程总承包单位采取赶工措施,并报建设单位审核。

(10) 若发现实际工程进度严重滞后,可能影响合同工期目标时,应签发工程监理通知单或召开工程进度专题会议,要求工程总承包单位采取调整进度措施,并督促工程总承包单位按调整后的工程进度计划实施。

(11) 及时向建设单位报告可能造成工期延误的风险事件及其原因,采取相应对策和有效措施,必要时提出调整工程进度计划措施的建议。

(12) 根据实际工程进度,及时修改和调整工程监理工作计划,以保证建设项目在合同工期内完工。

3. 工程进度控制措施

(1) 组织措施

1) 明确工程进度目标管理责任体系,制定工程进度控制工作职责和工作流程。

2) 建立工程进度计划审核制度,及工程进度计划实施过程中的检查和分析制度。

3) 建立工程进度报告制度及信息沟通平台,以日报、周报、月报等形式,及时传递工程进度信息。

4) 合理组织、分配和调动现场现有资源,确保资源平衡和进度平衡。

5) 改善外部配合条件及劳动条件,为建设项目的顺利实施创造良好的外部环境。

6)对影响进度目标实现的干扰和风险因素进行分析,采取相应预防措施。

(2)技术措施

1)利用网络技术,编制建设项目工程进度的网络计划,识别关键线路,确定建设项目施工工期目标。

2)优化施工组织设计,科学选择施工方案,优化关键路线上的作业时间,加快施工进度。

3)严格工程变更管理,对每项工程变更都要进行工期影响评估,严格控制因工程变更造成的工期延误。

4)督促工程总承包单位合理组织施工,尽可能压缩关键工序的作业时间,以确保实现工程进度目标。

(3)经济措施

1)协助建设单位制定和调整建设资金使用计划,按合同约定时间节点、支付条件、支付金额等支付工程进度款,确保工程进度按计划推进。

2)确保建设资金按计划到位,是实现进度计划的基本保障。

3)审查工程总承包单位提交的赶工计划和措施,审核赶工措施费用合理性,报建设单位审批。

4)将工程进度关键节点与承包合同经济奖罚条款相结合,奖罚分明。

5)采取工程进度款支付遵循进度复核和质量验收程序,提高工期提前奖励幅度水平等措施。

(4)合同措施

1)督促工程总承包单位及时完成施工准备工作,按合同约定的时间开工。

2)协助建设单位做好开工准备工作,防止承担补偿工期延误的责任。

3)按合同规定严格审批工程的临时延期和最终延期,保证合同工程进度目标的实现。

4)将分阶段工程进度目标写入合同违约条款,对阶段工期的提前或延后,给予相应的奖励或处罚。

5)制定合同工期目标应与建设项目整体进度目标协调一致。

4. 工程进度控制程序

施工阶段工程进度控制流程,如图 8-18 所示。

8.5.4 工程投资控制

1. 工程投资控制原则

(1)依据建设项目工程投资控制目标,在满足工程质量和工程进度的前提下,保障实际工程投资不超过设定工程投资控制目标。

(2)工程投资控制贯穿于建设项目的全过程,应从组织、技术、经济、合同与信息管理等多方面采取控制措施。

(3)按约履行原则,严格执行《工程总承包(EPC)合同》中所确定的合同总价、综合单价和工程款支付方式等条款。

(4)遵循"先质量,后计量"的原则,及时对已完成分部分项工程,进行工程质量验收和工程量计量,只有在工程质量验收合格后,方可予以工程量计量。

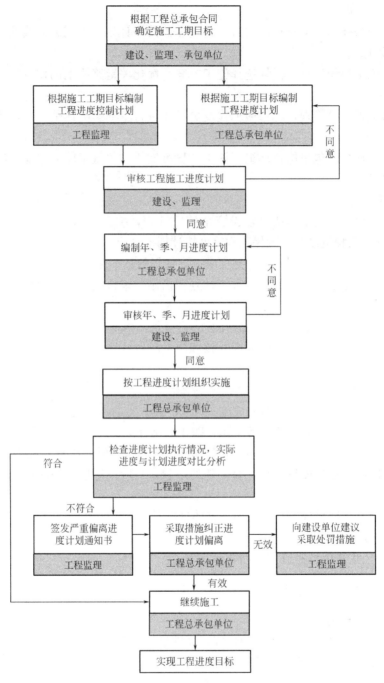

图 8-18 施工阶段工程进度控制流程

（5）采取"先协商、再确定"原则，处理有争议的工程量计量和工程款支付，若协商不成，则由全过程工程咨询单位与建设单位共同协商做出处理决定。

（6）按公平合理原则，处理由于工程变更和违约索赔引起的工程量和费用增减。

2. 工程投资控制内容

(1) 协助建设单位确定建设项目投资控制目标,并对建设项目投资控制目标进行分析和论证,制定工程投资控制工作计划。

(2) 熟悉并掌握《工程总承包(EPC)合同》中有关工程造价条款、工程设计文件和技术规范。

(3) 对合同工程造价条款进行风险分析,制定防范措施,对可能造成工程总承包单位索赔的因素,及时提醒建设单位注意。

(4) 通过对施工组织设计和施工方案经济性审核,使施工方案经济合理化。

(5) 审核工程总承包单位工程量申报表、工程变更价款、过程结算等,在核对工程量时,做到不超验、不漏验,保证报验签证的各项工程质量合格,且数量准确。

(6) 审核工程计量报告与合同价款支付申请时,应重点审核所涉及的增减工程变更金额和增减索赔金额。

(7) 对报验工程资料不全、与合同约定条款不符、未经工程质量验收合格的工程量不予计量,并拒绝支付该部分工程款。

(8) 建立工程量计量台账,每月向建设单位报送一次,每月与工程总承包单位核对和结算一次,核对结算后,工程结算资料报建设单位保存一份。

(9) 协调处理施工过程中出现的各种索赔与反索赔事件,收集相关资料,依据过程工程投资控制中形成的有效文件,公正地处理工程索赔事宜。

(10) 及时答复工程总承包单位提出的有关技术经济问题及工作配合要求,主动参与协调配合,避免违约和索赔事件的发生。

(11) 对工程变更方案应从工程造价、工程质量、工程技术和合同工期等方面审查其合理性,通过与参建单位充分协商,确定工程变更的价款。

(12) 严格控制工程签证,工程签证需经参建各方共同签字确认,对引起工期变动和工程造价较大变化的工程签证,应及时与建设单位沟通,经建设单位确认后,方才有效。

(13) 定期地进行工程投资费用支出统计分析,及时向建设单位报告工程投资动态变化情况,提出纠正工程投资偏离的合理方案和有效措施。

(14) 审核工程总承包单位提交的工程竣工结算书,在合同约定时间内完成竣工结算审核工作。

(15) 总结分析工程投资控制经验,形成《工程投资控制成果报告》,报送建设单位。

3. 工程投资控制措施

(1) 组织措施

1) 建立健全建设项目的工程投资控制机构,设置专人负责工程投资控制。

2) 落实工程投资控制责任,完善职责分工及有关工程投资控制制度。

(2) 技术措施

1) 根据批准的初步设计概算,确定建设项目的工程投资控制目标,按时间和工程部位编制目标分解计划。

2) 依据施工进度计划、施工合同等文件,协助建设单位编制年度投资计划及建设资金使用计划。

3) 妥善处理因不可抗力的风险因素所造成的施工现场经济损失。

4）运用动态控制原理，对工程投资目标分解值与工程投资实际值进行动态分析和比较，及时发现实际工程投资与计划工程投资的偏差，分析产生偏差原因，采取有效对策消除偏差。

(3) 经济措施

1）对工程总承包单位编制的施工组织设计和专项施工方案进行经济性审查。

2）对工程设计文件或施工方案提出合理化建议，并被采纳的，且实际产生工程投资节约的，按合同约定，予以奖励。

(4) 合同措施

1）工程造价咨询人员参与合同起草、修改、补充完善工作，分析有关条款对工程造价的影响的大小。

2）严格审查合同条款，对影响工程造价的条款提出修改参考意见。

3）减少因合同约定不明而产生索赔事件，正确处理索赔事宜。

4）按合同约定条款支付工程款，防止过早、过量地超合同约定支付。

4. 工程投资控制程序

施工阶段工程投资控制流程，如图8-19所示。

8.5.5 安全施工管理

1. 安全施工管理原则

(1) 管生产同时必须管安全。在施工生产过程中应把安全施工管理放在首位，必须以达到保护劳动者的安全与健康以及减少安全事故发生为目的。

(2) 坚持贯彻"安全第一、预防为主"的方针。针对施工安全的特点，采取科学有效的安全技术和管理措施，把安全事故消灭在萌芽状态，确保建设项目顺利实施。

(3) 坚持安全文明施工管理重在控制。采取定期和不定期的经常性施工现场安全文明检查，及时发现不安全因素，采取有效措施，消除隐患。

(4) 坚持"四全"，即全人员、全过程、全方位、全天候安全文明施工管理理念，确保安全文明施工无事故。

(5) 坚持动态管理理念。根据施工现场人多、面广、交叉作业的特点，有针对性地抓好安全文明施工动态管理。

(6) 坚持持续改进安全管理水平。不断总结施工安全管理的经验和教训，持续改进施工安全管理的方法和手段，促进安全施工管理水平上升到新的高度。

2. 安全施工管理内容

(1) 根据建设项目的具体情况，确定建设项目的施工安全管理目标，并督促相关参建单位具体落实。

(2) 将有关施工安全法律法规中关于安全管理的责任和有关事宜，告知参建各方。

(3) 督促工程总承包单位建立现场施工安全管理保证体系，制定施工安全管理制度和责任制。

(4) 推进现场安全文明施工管理信息系统建设，促进安全文明施工动态管理。

(5) 提倡运用智慧工地管理平台等现代化信息技术手段，对建设项目实施精准施工安全管理。

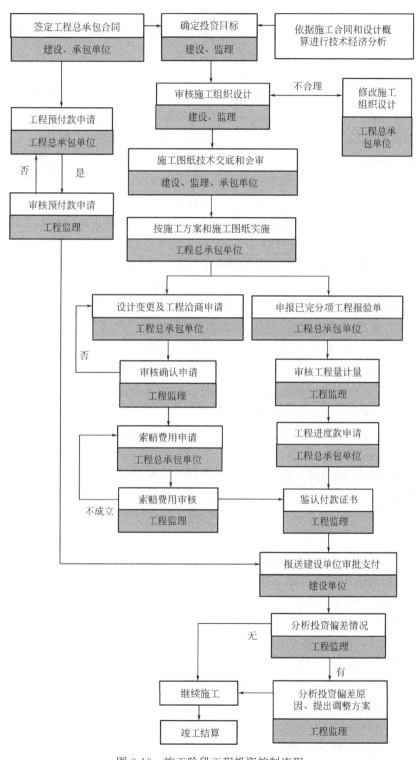

图 8-19 施工阶段工程投资控制流程

（6）监督工程总承包单位加强对施工安全的资源配置与费用投入，确保施工安全管理措施的落实。

（7）制订《施工安全管理工作计划书》，确定施工安全管理范围和重点管理对象，结合施工过程的实际情况，进行调整和完善。

（8）《施工安全管理计划书》内容如下：

1）针对建设项目危险源和不利因素进行辨识与评估，根据辨识与评估结果，制定相应对策和控制方案。

2）针对危险性较大的分部分项工程应编制施工安全管理专项方案。

3）对工程总承包单位施工现场安全管理、教育和培训等，提出具体要求。

4）对工程总承包单位制定现场施工安全方案和技术交底，提出具体要求。

5）定期对现场施工安全状况进行评价，发现问题，落实整改措施要求。

6）对工程总承包单位制定现场施工安全管理应急预案，落实定期演练要求。

（9）施工准备阶段安全管理内容

1）调查和了解施工现场及周边环境情况，审查工程总承包单位制定的毗邻建筑物和地下管线保护措施等专项方案。

2）在《工程监理实施细则》中，明确现场安全文明施工的工程监理范围和内容、工作程序和制度、管理手段和措施、人员配备和职责。

3）审查工程总承包单位《安全生产许可证》是否合法有效。

4）审查项目经理和专职安全员的安全生产考核合格证是否合法有效。

5）审查专职安全生产管理人员配备与到位人数是否符合相关规定。

6）审查特种作业人员的特种作业资格证书是否合法有效及人员到岗情况。

7）审查施工组织设计中的安全技术措施或专项安全施工方案是否符合工程建设强制性标准。

8）对危险性较大的分部分项工程，单独编制《危险性较大的专项工程施工方案》，并通过专家论证。

9）检查工程总承包单位安全生产规章制度、安全生产监管机构和责任人是否建立健全。

10）审查安全应急救援预案是否制定，是否按计划进行应急演练。

11）审查安全防护和文明施工措施费用的使用计划及落实情况。

（10）工程施工阶段安全文明施工管理内容

1）依据有关法律、法规和工程建设强制性标准，以及经审核同意的施工组织设计或专项施工方案组织，监督工程总承包单位施工过程。

2）对工程总承包单位编制的施工组织设计中的安全技术措施和专项施工方案进行审查，必须符合法律法规和工程建设强制性标准的规定。

3）对工程总承包单位上报的危险性较大的工程清单进行审查，并按规定进行公示，定期或不定期巡视检查危险性较大工程的施工作业情况。

4）建立危险源辨识和风险评价制度、施工安全隐患排查治理制度、经常性和专项安全检查制度。

5）检查工程总承包单位的施工现场安全管理规章制度执行情况和安全管理机构运转

情况。

6) 监督工程总承包单位严格落实安全生产三级教育制度,做好安全培训记录。

7) 做好安全技术交底和岗前安全操作交底,并做好安全交底记录。

8) 把易发生施工安全事故的高危作业和薄弱环节,作为工程监理的重点工作,采取旁站、巡视、跟踪检查和平行检验等手段,加强监督管理。

9) 对施工现场安全施工情况进行经常性安全巡视检查,监督工程总承包单位落实各项施工安全措施。

10) 在安全巡视检查过程中,发现有违规施工和存在安全事故重大隐患的,应当要求工程总承包单位立即整改。情况严重的,要下达工程暂停施工令,将安全巡视检查情况报告建设单位。

11) 对工程总承包单位拒不整改或不停止施工的,应立即向行业主管或安全监督部门报告。

12) 安全巡视检查内容如下:

① 施工安全管理制度和措施落实情况,安全生产管理人员到岗履职情况和特种作业人员持证情况。

② 施工组织设计中的安全技术措施和安全专项施工方案落实情况。

③ 重点检查危险性较大的分部分项工程是否按批准的安全专项方案组织施工。

④ 大型起重机械设备运行情况。

⑤ 施工现场临时用电情况。

⑥ 安全防护措施是否到位,有无"三违"行为。

⑦ 施工现场存在的重大安全隐患,按照工程监理的指令,落实整改情况。

13) 核查现场起重机械、整体提升脚手架、高大模板等安全设施的验收手续。

14) 检查施工现场各种安全标志和安全防护措施,是否符合工程建设强制性标准要求。

15) 按照安全防护和文明施工措施费使用计划表,检查其使用情况。

16) 检查施工现场设置的消防通道、消防水源、配备消防设施和灭火器材,并在现场入口处设置明显标志。

17) 按施工现场的防火规定,设置消防设施,安排灭火装置与隔离防火设施,严格动火审批规定。

18) 组织召开施工现场安全检查及安全专题会议,对施工现场安全标准化达标工地的考核评价。

19) 督促工程总承包单位进行现场安全情况自查工作,并应对工程总承包单位自查情况进行抽查,参加建设单位组织的安全生产专项检查。

20) 在定期召开的工地周例会上,将施工安全列入会议主要内容之一,评述现场施工安全现状和存在问题,提出整改要求,制定预防措施。

(11) 竣工收尾阶段

1) 工程竣工验收后,工程监理编写施工安全管理工作总结。

2) 将施工安全管理工作中的有关工程资料,按规定组卷归档。

3. 施工安全管理措施

1) 编制施工安全监理实施细则和安全管理制度,建立安全生产责任制度,明确专职安全监理人员和职责。

2) 督促检查工程总承包单位建立安全责任制度、安全管理制度和安全教育培训制度，落实安全责任。

3) 加强施工现场人员安全教育与训练，有效增强现场人员的安全生产意识，提高安全生产知识，有效防止人的不安全行为，减少人为失误。

4) 对高危作业的关键工序实施安全旁站监理，制定切实可行的旁站监理方案。

5) 经常性的安全检查是发现安全隐患的重要途径，是消除事故隐患和改善劳动条件的最重要方法。

6) 按施工安全作业标准和操作规程，规范各岗位、各工种的施工作业人员的行为，将控制人的不安全行为，作为防范安全事故发生的有效措施。

4. 施工安全管理程序

施工阶段安全管理流程，如图8-20所示。

8.5.6 合同管理

1. 合同管理原则

(1) 合同管理应以建设项目的顺利实施为出发点。在保证实现建设项目质量、进度、投资三大目标的前提下，顺利竣工验收合格，并投入运行。

(2) 合同签订程序合法合规。达到合同签订合法、程序规范、条款明确、内容具体、语无歧义的要求，有效减少合同纠纷的产生，确保合同顺利履行。

(3) 合同管理应以预防为主。应分析和研究合同履行过程中的各种可能风险因素，制定风险控制方法，采取对应的对策。

(4) 贯彻合同全面履约的原则。促进合同得到高效履行。将合同双方的权利和义务，纳入到合同管理的范围中，以合同为依据，享有权利，必须履行义务。

(5) 以最大限度保护合同当事人的合法利益为基础，实现双方共赢为目的。

2. 合同管理内容

(1) 全过程工程咨询单位负责合同管理工作，设立专人负责合同管理工作，防止无序管理和多头管理。

(2) 制定合同管理工作计划，建立健全合同管理工作制度和责任体系，严格按合同管理程序进行操作。

(3) 在合同履行过程中，要做好合同分析、合同审查、合同签订、合同备案、合同授权、合同公证、合同交底、合同履行等一系列合同管理工作。

(4) 协助建设单位对已签订合同进行履约风险分析，预测合同履行中可能出现的风险，有效减少或规避合同签订及履行的风险，制定有效措施加以防范。

(5) 合同履行前，组织合同双方当事人对合同的主要内容、主要风险、特殊问题、合同实施计划和合同实施责任分配等内容，进行合同交底。

(6) 工程分包

1) 审查工程总承包合同是否允许分包，分包的范围和工程部位是否可以进行分包，是否经建设单位批准。

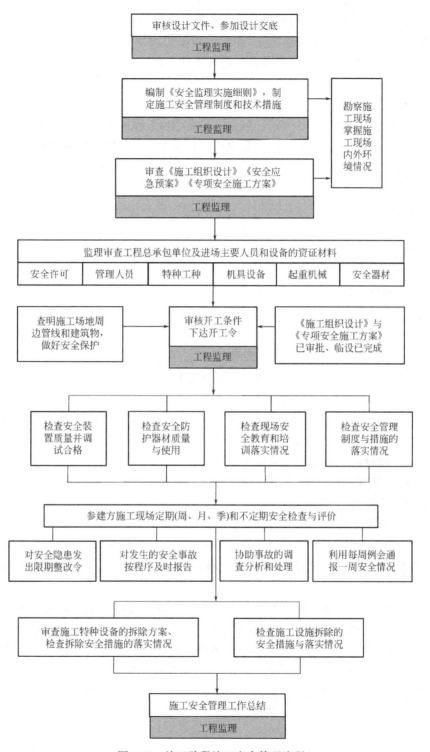

图 8-20 施工阶段施工安全管理流程

2）工程总承包单位选择分包单位时，原则上应采用招标投标的办法，鼓励与资质等级高、信誉良好、业绩优良的分包单位建立长期的合作关系。

3）审查《分包单位资质报审表》，重点分包单位必须具有完成该项工程任务的能力，具备与分包工程规模相适应的资格条件，各种证件齐全。

4）正确处理好总包和分包的关系，工程分包不排除工程总承包单位的连带责任。

（7）工程变更

1）工程变更可以由参建各方的任何一方提出，由工程监理单位按工程变更程序办理。

2）充分了解工程变更的原因，充分论证其必要性、可行性、经济性和安全性。

3）在确认工程变更可行情况下，报建设单位审核，需重新设计的，由建设单位送原设计单位设计。

4）如因工程总承包单位过失或设计单位的过失造成遗漏，而引起的工程变更，按其合同约定处理。

5）按规定程序严格审查申报的工程变更，确保内容和数据准确，并提出审查意见，报建设单位批准。

（8）工程暂停及复工

1）在签发工程暂停令时，应根据暂停工程的影响范围和程度，确定停工范围，按照合同约定签发。

2）发生下列情况之一，签发工程暂停令：

① 建设单位要求暂停施工或认为需要暂停施工的。

② 为了保证工程质量安全而需要进行暂停工处理的。

③ 施工中出现了质量安全事故或隐患，为了避免危及人身安全，认为有必要停工以消除隐患的。

④ 发现建筑材料、构配件或设备质量严重不合格的。

⑤ 工程总承包单位未经批准擅自施工的。

⑥ 拒绝工程监理监督管理的。

⑦ 发生了必须暂时停止施工的紧急事件的。

3）如非工程总承包单位原因导致工程暂停，工程监理在签发工程暂停令之前，应如实记录工程暂停发生的实际情况，就有关工期和费用等事宜，与工程总承包单位进行协商解决。

4）如是工程总承包单位原因导致工程暂停，工程监理在签发工程暂停令之前，应如实记录工程暂停发生的实际情况，就有关工期和费用等事宜，与建设单位进行协商解决。

5）经整改合格或引起暂停施工的原因消失，具备复工条件的，总监理工程师应立即签发复工令，指令工程总承包单位继续施工，并报建设单位批准。

6）在工程暂停施工期间，总监理工程师应会同有关各方按照合同的约定，处理因工程暂停引起的与工期、费用等有关的问题。

（9）工程延期

1）根据工程总承包合同的约定和工程开工条件具备情况，应选择合适时机下达开工令，不具备开工条件不能开工，避免出现工程延期。

2）当工程出现延期时，监理工程师应首先判断是工期延长还是工期延误，工程延误是承包单位责任的，不予延长，工期延长是非承包单位责任的，应予延长。

3) 由于出现工程变更、增加额外与附加工作、异常恶劣的气候条件、不可抗力事件等非承包单位原因的情况，造成工程不能按期完工，工程总承包单位可按合同约定申请工程延期。

4) 收到工程总承包单位的工程延期申请后，要组织有关工程监理人员做好工地实际情况调查和记录，提出审核意见，报建设单位审批。

5) 工程延期审批程序：工程延期事件发生→工程总承包单位提出意向通知→工程监理调查核实提出反馈意见→工程总承包单位最终详情报告→工程监理审核→建设单位审批延期。

6) 妥善处理工程延期事件，监理工程师应跟踪事件发生过程，与建设单位、工程总承包单位充分协商，最大限度减少工程延期的时间和损失。

(10) 工程索赔

1) 工程索赔是合同双方当事人在合同履行过程中，根据法律法规和合同约定的内容，对不应由自己承担的责任造成工期和费用损失的，向合同相对方提出赔偿或补偿要求的行为。

2) 为预防索赔事件发生，在制定方案、起草文件、下达指令、作出决定、答复请示、回复意见时，应注意文件资料的完备性、严密性和正确性。

3) 工程索赔的处理原则：公正合理、及时处置、尽可能协商、诚实信用。

4) 工程监理应公正合理地处理和解决索赔事件，让合同双方心悦诚服。

5) 明确索赔事件构成的要件，并形成索赔事件发生、过程和结果处理的完整、可追溯材料。

6) 分析导致索赔事件发生的原因，采取有效措施尽可能减少索赔的损失。

7) 工程索赔程序：工程总承包单位提交索赔意向书→工程监理单位调查核实→索赔事实成立→工程总承包单位递交索赔报告→工程监理单位审核→确定合理的补偿费用和工期→报建设单位批准。

8) 对合同履行过程要加强控制，减少工程索赔事件的发生。

(11) 双方违约

1) 以招标文件、投标文件、设计文件、合同文件和过程文件为依据，按过错原则，分清违约责任方。

2) 注意收集、跟踪、梳理违约的事实资料，作为调解、仲裁、诉讼的依据。

3) 客观公正处理违约损失补偿，协调好当事双方的合同关系。

4) 尽可能采用友好协商或第三方调解的方式，解决双方违约事宜。

(12) 争议解决

1) 合同争议有四种解决方式：和解、调解、仲裁、诉讼。

2) 通过充分沟通和协调，努力实现和解、调解方式予以解决争议。

3) 如双方和解、调解不成的，可依据合同提交仲裁或诉讼，工程监理应积极配合。

4) 充分利用工程监理作为合同执行见证人的身份，积极对合同双方进行协调，协商不成，监理工程师应进行调查取证，取得完整的旁证材料。

5) 工程监理应本着既要维护建设单位合法权益，又不能损害工程总承包单位利益的原则，公正公平地扮演好协调人的角色。

6）协助建设单位进行合同争议的解决、中止和解除等工作，并提供解决方案。

（13）合同终止后，全过程工程咨询单位应总结合同签订和执行过程中的经验教训，提交合同管理总结报告。

3. 合同管理措施

（1）事前预控。采取预先分析和调查的方法，对合同执行中可能出现的问题提前发出预警，防止偏离合同约定的事件发生。

（2）动态控制。根据合同履行情况，同步分析和总结存在问题，及时采取补救措施，实现合同管理的动态控制。

（3）及时纠偏。跟踪合同的履行情况，针对合同履行过程中出现的问题，通过发出《工程监理通知单》和《工程监理联系单》的形式，督促违约方及时纠正。

（4）充分协商。在处理合同纠纷过程中，要认真听取有关合同双方当事人的意见，与合同双方充分协商，严格按合同的约定，处理合同纠纷事项。

（5）争议调解。接到合同争议调解的书面要求后，要及时进行调查取证，了解合同争议的全部情况，及时与合同争议双方进行磋商，在此基础上，提出调解方案。

4. 合同管理程序

施工阶段合同管理流程，如图 8-21 所示。

8.5.7 信息管理

1. 信息管理原则

（1）标准化原则。工程信息分类统一、工程信息流程规范，力求做到格式化和标准化。

（2）定量化原则。工程信息应采用定量工具对有关数据进行分析和比较。

（3）时效性原则。工程信息应具有时效性，以保证工程信息能够及时服务于建设项目的决策。

（4）有效性原则。工程信息应进行适当加工和整理，保证工程信息对于决策支持的有效性。

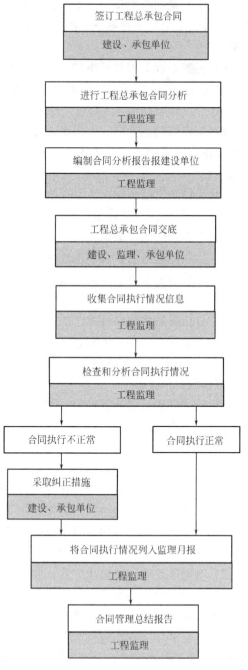

图 8-21 施工阶段合同管理流程

2. 信息管理内容

（1）全过程工程咨询单位应制定建设项目工程信息管理制度，建立管理体系和管理平台，及时、准确、全面地收集、加工、传递和利用工程信息。

（2）建立工程信息管理责任制，落实工程信息管理的责任，设专人负责工程信息管理工作。

（3）利用BIM、云计算、大数据、物联网等现代化信息技术，实现工程信息管理的先进性、高效性和协同性。

（4）信息收集

1) 施工前期信息：

① 投资决策阶段有关文件。

② 工程地质勘察和工程设计文件。

③ 招标投标文件。

④ 合同文件及有关工程资料。

2) 施工阶段信息：

① 施工现场信息。包括周边地下管线、建设用地上建筑和树木、地形测量图、规划红线图、工程地质勘察报告及标桩位置等信息。

② 工程总承包单位信息。包括施工现场项目部组成及进场人员情况、工程质量及安全保证体系、施工组织设计及专项施工方案、主要机械设备等信息。

③ 进度控制信息。包括工程进度计划、分部分项工程进度、已完成工程量、工程形象进度等信息。

④ 质量控制信息。包括工程材料质量、施工质量、工程质量事故处理及新技术应用等信息。

⑤ 投资控制信息，包括建设资金计划、工程款支付计划、工程款支付及工程结算等信息。

⑥ 合同管理信息。包括合同签订和合同交底、合同履行、合同变更、索赔处理等信息。

3) 竣工阶段信息：

① 在竣工验收前，工程监理单位应会同各参建单位，配合城建档案馆对工程竣工资料进行专项验收，验收合格后，方可组织工程实体竣工验收。

② 由工程总承包单位编制工程竣工资料，由监理工程师进行审查后，移交给建设单位保存。

③ 对工程竣工资料要按过程信息管理要求及时归档、移交城建档案馆。

（5）信息加工

1) 将所获得的过程信息资料，通过鉴别、合并、排序、汇总、计算等手段，生成不同形式的数据和信息，按需求提供给各参建方使用。

2) 科学的信息加工是优化工程监理服务、规范工程监理行为的重要手段。

（6）信息传递

1) 加工整理后的工程信息，要及时传递给需要使用的单位和人员。

2) 信息主要在工程监理部各监理人员之间传递，也需要在与参建单位及工程建设相关方面之间传递。

(7) 信息利用

将收集到的质量、投资、进度三大控制目标实际值与计划值进行对比分析,如发现有偏差,分析原因,采取有效措施进行纠正,实施最优控制。

3. 信息管理措施

(1) 主动收集建设项目的信息资料,建立信息管理台账,将收集的信息资料分类、编号、分发、立卷、归档等。

(2) 利用现代化通信技术,建立建设项目信息沟通平台,如:QQ、微信等交流平台,及时收集工程信息,确保建设项目顺利实施。

(3) 做好现场施工情况记录,将每天施工内容、投入人力和机械设备、工程进展、工程联系单、会议记录等内容以真实记载。

(4) 利用现代化管理手段,引入 BIM 软件,把设计、造价、监理、项目管理有效融为一体,实现无缝对接,确保工程监理成果电子化,便于随时远程调取,使工程监理工作具有可追溯性。

(5) 充分利用档案资料信息,来提高工程质量和经济效益,为建设单位提供优质的服务。

8.5.8 组织协调

1. 组织协调原则

(1) 尊重建设单位意图的原则。工程监理是受建设单位委托的,建设单位在工作过程中的决策和意见等也是工程监理协调工作的重要依据。

(2) 前瞻与超前的原则。工程监理应对建设项目实施中可能出现的风险因素提出处理意见,协调统一认识,对可能的不良后果采取预防措施。

(3) 秉持公正的原则。工程监理应客观公正地对待参建各方,以事实为依据,以法律和合同为准绳,维护参建各方的合法权益。

(4) 适度灵活的原则。灵活协调是要求在坚持原则的前提下,做到协调方法上适度灵活,只有这样才能使协调工作有效开展。

2. 组织协调内容

(1) 全过程工程咨询单位应根据建设项目特点,制定组织协调管理制度,进行有效的交流与沟通。

(2) 通过组织协调的制度建设和程序完善,来消除沟通障碍与冲突,提高工程监理的工作效率。

(3) 根据监理工作需要,搭建通用、高效、协同的交流平台,保障协调工作顺畅进行。

(4) 根据组织协调的内容和层级,选择合适的沟通方式,动态维护沟通渠道的顺畅性,做好沟通障碍管理。

(5) 内部协调

1) 工程监理部内部的协调:

① 协调工程监理部内部人际关系,人员配置要尽可能少而精,避免出现力不胜任和

忙闲不均的情况。

② 注意监理人员之间相互的工作支持和衔接，对工作中的矛盾，要及时调解消除，提高工作效率。

③ 明确划分各自的工作职责，对工程监理部中的每一个岗位，都要明确岗位目标和责任，明确岗位职权。

④ 制定比较完备的工程监理工作制度和工作流程。

⑤ 明确工程监理协调的方式、渠道和时间，提高工作效率，以保证建设项目目标的顺利实现。

⑥ 与单位及其他工程监理部之间保持密切联系，协调好如增派人员、借用仪器等需求关系，使工程监理部更好地开展工作。

2）与建设单位的协调：

① 掌握建设项目管理目标，了解建设单位的意图，全力维护建设单位的合法权益。

② 做好工程监理宣传工作，增进建设单位对工程监理的理解。

③ 尊重建设单位，处理重大事项及时向建设单位报告，征得建设单位同意，使其了解工程监理工作建设项目进展情况，并融入工程监理工作中来。

④ 坚持原则，按合同约定办事，灵活地应用工程监理协调工作的主动权。

⑤ 注意工作方式和方法，不能采用硬顶或对抗的方式解决问题，必要时可发联系单和备忘录。

3）与工程总承包单位的协调：

① 工程总承包单位是决定建设项目能否实现管理目标的重要角色，是组织协调的工作重点。

② 监督工程总承包单位严格履行工程总承包合同中约定的责任和义务，促进合同始终处于最佳履行状态。

③ 采用科学的工程进度和质量控制方法，协调工程进度和工程质量存在问题。如制定科学合理的控制流程和奖罚机制，组织现场协调调度会议等。

④ 工程监理需要在权限范围内，监督和检查工程总承包单位行为，及时作出协调和处理。

⑤ 对合同存在的争议，工程监理应站在公正的立场上，优先采用友好协商的方式解决，维护双方合法权益。

⑥ 注意信息传递的及时性和程序性，工作联系单、工程变更单等要按规定的程序进行传递。

4）与设计单位的协调：

① 尊重设计单位的意见，做到互相理解和密切配合，根据施工需要，邀请其进行现场技术指导。

② 在设计交底和图纸会审时，要理解和掌握设计意图、技术要求、施工难点等。

③ 将设计标准过高、设计遗漏、图纸差错等问题，在施工开始前予以解决。

④ 发现工程设计存在问题，积极提出建设性意见，按工作程序通过建设单位向设计单位提出，以免后期造成更大的经济损失。

⑤ 分部工程验收和工程竣工验收时，要邀请设计单位代表参加。

⑥ 在进行工程质量事故分析处理时，要认真听取设计单位的处理意见等。

（6）外部协调

1）与政府部门的协调。包括：合同备案和施工许可证核准、现场消防设施的配置得到消防部门检查认可、现场环境污染防治得到环保部门认可等，保证建设项目建设手续齐全，正常施工。

2）工程质量安全监督机构的交流和协调。加强与工程质量安全监督机构和监督负责人联系，尊重其监督职权，密切配合，顺利完成工程质量安全监督工作。

3）与资源供应部门的协调。包括：供电、供水、电信等，用以保证必要施工条件。

4）与社会团体、新闻媒介等的协调，用以争取良好社会环境的远外层关系的协调。

3. 组织协调措施

（1）会议协调

1）会议协调是工程监理工作中最常用的一种协调方法，包括第一次工地会议、监理例会、专题会议等。

2）参加由建设单位组织的第一次工地会议。明确监理工作方法、工作程序和工作制度，介绍监理工作目标和内容、监理人员分工和职责、监理工作程序和方法等。

3）定期召开监理例会，及时解决监理过程中出现的问题。

4）适时召开质量、投资、进度、安全等专题会议，专题研究和解决专项问题。

（2）交谈协调

1）交谈包括面对面交谈和电话、微信等形式交谈，保持与参建方交流畅通。

2）采用交谈方式予以协调沟通，及时了解工程参与者的反映和意见。

3）利用工程监理的监管手段，发现问题，首先发出口头指令。

（3）书面协调

1）如需要准确表达意见时，就需采用书面协调方法，如报告、指令、通知、联系单等，书面协调具有与合同同等的法律效力。

2）以书面形式向各方提供详细信息和情况通报的报告、信息和备忘录。

3）事后对会议纪要、交谈内容或口头指令的予以书面确认。

8.5.9 工程监理资料管理

1. 工程监理资料分类

施工阶段工程监理资料来源大致可以分为三大类。

第一类资料主要来源于建设单位，即建设项目的基本文件。主要包括：建设项目批准或批复文件、各类工程承包合同、招标投标文件、勘察和设计文件等。这些资料主要是原件，工程监理要及时收集并妥善保存。

第二类资料主要来自工程总承包单位报审的各类报表及附件。主要包括：工程质量、安全检测和验收以及工程进度、费用的审核和批准表格。这些资料由工程总承包单位提供，根据施工进度工程监理人员应及时签审归档。

第三类资料主要是施工现场在工程监理过程中，完成的各种工程监理资料。主要包括：工程监理规划、工程监理实施细则、旁站方案、安全监理方案、监理通知单、监理工作联系单、旁站记录、实测实量、会议纪要、监理月报、工程质量评估报告、专题报告、监理日记、监理工作总结等。

2. 工程监理资料管理要求

（1）全过程工程咨询单位应建立健全工程监理资料管理制度，安排专职或兼职的工程监理资料管理人员，做到责任明确。

（2）工程监理资料应反映工程实际和工程监理履职情况，与工程进度同步形成、收集和整理，采用信息技术进行工程监理资料管理。

（3）工程监理资料应真实、准确、完整、有效，且具有可追溯性，对工程监理资料的真实性负责。

（4）工程监理收集归档的文件资料应为原件，若为复印件，应加盖报送单位印章，并由经手人签字，注明日期和原件存放处。

（5）工程监理资料应符合地方或行业关于工程监理资料的相关规定，并满足工程档案管理的相关要求。

（6）及时搜集和整理工程监理资料，按档案管理的规定组卷，形成工程监理档案，在建设项目结束后，向有关单位移交。

3. 工程监理资料管理内容

（1）收集和整理要求如下：

1）工程监理资料收集由资料管理人员具体负责，各专业监理工程师负责审核和整理本专业的工程监理资料，按时交给资料管理人员整理。

2）收集归档的工程监理资料应为原件，若为复印件，应加盖报送单位印章，并由经手人签字，注明日期和原件存放处。

3）工程监理资料应与工程进度同步进行，及时进行收集、整理，防止资料遗失和损毁。

4）及时整理、分类汇总工程监理资料，并应按规定组卷，形成监理档案。

（2）工程监理资料应编目合理、归档有序、整理及时、存取方便、利于检索。

（3）工程监理资料应保存在固定地点，确保环境适宜，防止资料损坏和丢失。

（4）工程监理资料收发应由资料管理人员负责，并及时登记。

（5）验收与移交要求如下：

1）工程竣工验收前，对工程监理资料进行整理，按规定进行组卷和成册，并进行审查验收。

2）现场工程监理工作结束后，及时将建设项目工程监理资料档案送单位移交和保存，并与单位档案管理人员办理移交手续。

3）将移交建设单位的工程监理资料，以及列入城建档案馆接收范围的工程监理资料，需按合同约定的时间、套数移交给建设单位，并办理移交手续。

4）属于城建档案馆接收范围的工程监理资料档案，需由建设单位汇总，由城建档案管理部门对工程监理档案资料进行的预验收，配合建设单位向城建档案管理部门办理移交工作。

8.5.10 施工阶段工程监理工作重点和难点

1. 明确工程监理施工阶段管理责任

工程监理是为建设单位服务的，要对建设单位负责，对建设项目的质量、进度、投资、安全等管理目标进行控制，对参建各方之间的关系进行协调，监督工程承包合同履行，并维护参建各方的合法权益，保证建设项目顺利进行。在建设项目的施工过程中，为使工程投资得到节省、工程质量得到提升、项目管理水平得到提高，工程监理工作开展如何，成为项目管理成功的关键。

工程监理人员在进行监理工作时，必须要对工程信息进行搜集、管理及记录，对工程施工过程中的施工情况进行综合分析，发现偏离计划管理目标时，应立即采取有效措施，予以纠偏。工程质量好坏对社会发展以及人民生命财产安全有着极其重要的影响，而工程监理工作在提升建设项目工程质量方面可以发挥巨大的作用，因此，必须重视工程监理工作，明确工程监理人员的责任，尽力将工程监理工作做到最好，实现高质量的品质工程。

2. 加强工程总承包（EPC）投资管理

施工阶段是工程建设投资控制的难点，施工过程中各种可变因素繁多纷乱，且错综复杂，工程总承包单位总会找出各种理由，提出设计变更、现场签证和费用索赔，作为全过程工程咨询单位既要和工程总承包人面对面的较量，又要顶住来自建设单位及其他各方的干扰和压力，还要保证工程施工正常开展，工作难度之大可想而知。全过程工程咨询单位必须加强实施全过程的合同管理，始终把《工程总承包（EPC）合同》作为工程投资控制的重要依据，以批准的计划投资额和合同固定总价款作为项目的投资控制目标值，是施工阶段建设投资控制的工作重点。

全过程工程咨询单位必须按照《工程总承包（EPC）合同》的约定，加强施工图复核和设计变更管理，成立全过程工程咨询服务设计组，专门负责对工程总承包人设计的施工图进行复核和设计变更管理，对不符合合同约定的、不符合设计标准规范的、不符合初步设计的、不符合《建设标准说明》的内容，均须按合同要求进行调整。运河湾公园项目的施工图纸由工程总承包单位负责完成，凡是工程总承包单位负责施工图设计的内容发生设计变更的，均由工程总承包单位自行负责处理，不作设计变更。

只有建设单位提出的安全、环保和功能性的设计方案的变化，才能按设计变更处理。设计变更必须遵循"先洽后干，批后再干"的原则，避免产生不必要的纠纷，针对建设单位提出的设计变更需求，工程总承包单位必须提供三个以上的设计方案，对建设投资成本分析进行比较，由建设单位进行科学择优选择，严格按设计变更程序处理，按变更费用数额大小逐级上报审批后实施。

3. 加强园林绿化工程质量控制

运河湾公园项目属于园林景观工程，是以园林绿化和人文景观为主的建设项目，园林绿化工程是其重要内容之一，园林绿化工程既具有综合性、艺术性和独特性的特征，又具有内容多样化、复杂化和地域化的特性，还具有施工方法不一、质量要求不一、种植季节性强和受自然条件影响大的特点，因此是工程质量控制的难点之一。

在方案和初步设计阶段，为满足运河湾公园项目整体园林景观效果，要充分考虑建设项目所在地区的地理和气候条件，在植物配置上充分考虑植物多样性和季节性，设计一个高低搭配、起落有致、富有季相、色相变化,具有四季有色的全年景观。在景观设计方案中采用优质乔木和灌木,花卉和草坪尽力体现植物的多样性,注重深浅、进退、高低、疏密、大小的搭配,形成多色调、多层次、多形式的园林景观,完善园林绿化体系,采取点、线、面相结合的城市公园,力争打造一个环境优美的休闲景点。

在施工图设计阶段,控制苗木栽植的部位和周边地形关系,给苗木栽植提供一个良好的生长条件。在美化周边环境的同时,充分发挥利用植物排污、防尘、减噪的生态环保功能,创造一个空气洁净的优质环境,把运河湾公园项目打造成为环境优美、空气清新、景观别致的休闲场所。

进入施工阶段,按园林绿化标准规范规定,严格控制进场苗木的品种、规格和质量,尽可能地选择本土的优质树种和苗木,满足苗木成活对季节和环境的适应性要求。结合施工现场实际情况,调整施工进度计划和苗木进场计划,保证苗木在冬季或春季的最佳栽植季节栽植。苗木栽植前,要按照标准规范要求对栽植土进行取样检测,检测结果满足要求后,方可允许进行苗木栽植,对局部不适宜苗木栽植的土壤要进行换填,确保苗木成活率。苗木栽种、养护施工工艺和质量控制详见表8-11、表8-12。

苗木栽种施工工艺及质量控制要点 表8-11

序号	工艺流程	施工工艺	质量控制要点
苗木选定			
1	苗木选定	(1)根据整体设计绿化效果要求,要会同现场工程师、园林设计师、苗木采购人员,在苗木栽种前共同对所需苗木到苗圃基地进行选苗和定苗; (2)要选择长势良好、无病虫害、无机械损伤、树形端正、根须发达的优质苗木	(1)苗木选定; (2)进场前验收
2	进场前验收	(1)检查苗木的《林业植物检验检疫证书》,对未提供《林业植物检验检疫证书》的苗木,禁止进入施工现场和栽植; (2)苗木进场前,应通知监理工程师和建设单位进行苗木检查验收; (3)进场苗木的规格、树形和生长状态,均要符合合同约定和设计标准要求	
3	苗木挖掘和包装	(1)苗木挖掘和包装应符合现行行业标准《园林绿化木本苗》CJ/T 24—2018的规定; (2)植物绕杆绑扎从苗木根茎处开始至一级分叉,使用的草绳、麻布片不出现断开重叠	
4	苗木装运	在苗木装卸及运输过程中,应加强苗木保护,减少机械损伤	
乔木栽种			
1	施工准备	(1)苗木进场:根据工程进度计划和现场准备情况,确定进场苗木品种和数量; (2)苗木到场验收:对土球和树形完整度进行验收,已进场的不合格苗木清理出场; (3)种植方案:根据施工图设计效果和进场苗木的大小、品种和数量,配备相应的人员和机械,确保苗木进场后得到及时栽植; (4)土方造型:土方造型自然、流畅,土层中无任何建筑垃圾、无板结等; (5)种植土检查:检查种植土是否合格,种植土不合格的,需置换穴土,改良土壤理化性状,否则不许进行下道工序	(1)苗木进场验收; (2)苗木栽种土壤改良; (3)苗木支撑标准; (4)苗木修剪标准
2	定点放线	(1)采用坐标定位法、目测法、整形式(行列式)放线法等方法对乔木栽植位置定点; (2)种植穴、槽定点放线应符合设计图纸要求,位置必须准确,标记明显	

续表

序号	工艺流程	施工工艺	质量控制要点
3	种植穴开挖	(1)树穴开挖尺寸应比泥球略大,树穴半径应比土球半径大20cm,深度比泥球高度尺寸增加15cm; (2)栽种坑底部排水性能良好,底部形状为中间高两边低的反锅底形	(1)苗木进场验收; (2)苗木栽种土壤改良; (3)苗木支撑标准; (4)苗木修剪标准
4	枝条修剪	(1)根据苗木长势平衡原理,现场确定修剪程度; (2)用钢锯锯掉损伤的枝条,要求锯口平滑,修掉树干向内枝条; (3)修枝后,及时对伤口应刷伤口涂抹剂进行消毒和封闭,防止水分和养分流失,防止伤口腐烂	
5	土壤改良和透气处理	(1)苗木栽种时,将挖出地表土与有机复合肥按2:1比例拌和作为种植土; (2)向已开挖树穴回填一部分种植土并混入适量有机肥,将底土刮平; (3)用珍珠岩和腐质土对土壤改良,在回填前将其均匀地倒在种植土四周同种植土拌匀; (4)在回填种植土前,在土球四周设置透气孔或透气袋有助于乔木根部透气,提高存活率; (5)在苗木根部覆盖一层腐熟的肥料土,冬季起到保暖作用,也有利于苗木扎根成活	
6	苗木栽植	(1)用人工或吊车将乔木放入种植穴中; (2)种植时间极为重要,必须在当夜将苗木运至现场后,次日早晨6时前种植完成,8时前浇水完毕; (3)选择部分植株在其土球外侧约50cm处留置观察孔以检查植株根系生长情况,以便调整浇水次数; (4)用草绳包裹树干并进行叶面喷雾,减少叶面水分蒸发,维持苗木体内水分平衡	
7	调整观赏面	根据树形、结合现场情况,将树形最佳观赏面调整至最佳观赏面	
8	回填种植土	苗木点位确定后回填种植土,回填前需将包扎土球草绳清理	
9	浇定根水	(1)第一次浇定根水时,用根部浇灌液对植物进行灌根处理; (2)根据植物到场的质量情况可隔2~3天再用灌根液浇灌一次; (3)严格按规范要求施工,回填碎石和安放排气管,及时喷洒生根类和杀菌类药剂,有利于根系生长	
10	树木支撑	(1)及时进行苗木支撑,采用三角支撑与十字桩支撑的方法; (2)支撑固定的横撑杆与竖撑杆互相垂直,斜撑杆与地面相交的角度一致; (3)采用四角支撑,相同树径的乔木使用的支撑必须有统一的高度、统一的角度; (4)支撑使用的木杆的直径应均匀,且木杆的连接应使用麻绳绑扎,不能用钉子钉	
11	修枝整形	(1)苗木栽植完成后,再次进行修枝、整形; (2)及时对乔木进行营养液输入	
12	养护期	(1)按苗木养护标准进入养护; (2)对管养期内的苗木,经常检查苗木生长状况,督促工程总承包单位做好苗木养护	

续表

序号	工艺流程	施工工艺	质量控制要点
灌木栽种			
1	地形精平和定点放线	(1)按设计要求对场地进行微地形整理; (2)灌木的布置为不规则布置,用白灰划区域线,点位分布应避免放在一条直线上; (3)色带、花卉、地被等按区域画线,均匀布点; (4)灌木带宽度:单层灌木带宽度控制在1.5m左右	(1)灌木带宽度; (2)灌木带修剪; (3)灌草线标准
2	种植穴或槽开挖	(1)种植穴或槽的开挖大小,应根据苗木根系、土球直径和土壤情况而定; (2)种植穴或槽必须垂直下挖,上口下底相等	
3	栽植前修剪	(1)栽植前,枯枝、病虫枝应予以剪除; (2)枝条茂密的大灌木,可适当疏枝	
4	栽植后修剪	(1)灌木带修剪应根据设计图纸要求,修剪成弧形或整形的绿篱; (2)成片栽植的灌木丛,修剪时应形成中间高四周低或前面低后面高的丛形; (3)多品种栽植的灌木丛,修剪时应突出主栽品种,并留出适当生长空间; (4)造型灌木修剪应保持外形轮廓清楚和外缘枝叶紧密	
5	灌草线梳理	(1)灌草线标准:宽和深10cm的V形沟; (2)灌草线必须圆润、流畅; (3)如清理后灌木有露土的,需补种苗木等措施	
6	苗木养护	(1)植定后24小时内必须浇上第一次定根水; (2)根据苗木栽种季节,适时进行苗木养护工作	
草坪铺设			
1	场地初平	(1)草坪铺设前地形塑造及碾压; (2)用机械对场地进行初平; (3)清除场地30cm深以内的石块、建筑垃圾等	(1)微地形整理; (2)草坪铺设; (3)铺设后平整
2	场地精平	(1)人工对场地进行精平; (2)对场地整形造坡,进行第一次碾压平整	
3	土壤改良及碾压	(1)铺腐质土、河沙等对土壤进行改良; (2)用木条擀平铺河沙后的土壤; (3)用碾压机(或木板制作的简易拍打工具)进行第二次碾压	
4	施肥促长	为保证草坪的后续长势良好,可适当撒些复合肥,适量洒水养护	
5	草坪铺种	铺种时采用拉线控制,保持草坪的平、整、齐,草皮间不留缝	
6	铺种后碾压	进行第三次碾压、拍打和平整,使沙土层与草皮充分接触(采用滚筒或木板制作简易工具)	
7	草坪养护	草坪铺设完成后,应根据不同季节特点,采取不同养护措施	

苗木养护施工工艺及质量控制要点　　　　　　　表 8-12

工艺流程		养护标准	质量控制要点
1	修剪整形	(1)乔木每年修剪一次,常绿树种在春季修剪、落叶树种在秋季修剪,枯枝、病虫枝及时修剪,保持树形整齐优美,冠形丰满; (2)绿篱、整形植物:凡有整形要求的植物应在嫩枝抽出 15cm 内进行修剪,绿篱修剪应确保平整,轮廓清晰,层次分明; (3)剪后的断枝随时拿下,集中清运处理; (4)保持周边环境美观和整洁	(1)合理灌溉; (2)增施基肥; (3)修剪与整形; (4)防治病虫害; (5)抗旱防寒
2	病虫害防治	(1)病虫害以预防为主,春夏季是病虫害的多发期,提前制定病虫害防治计划; (2)施药后的剩余物及包装应及时回收,不能随意放置或抛弃,工作场所保持整洁; (3)发现病虫害及时喷药以防止病虫扩大蔓延,不得影响观瞻和景观效果	
3	补栽补种	(1)确定已死亡的苗木品种及数量,分析死亡原因,并制定补栽补种计划,根据季节特点,进行补栽补种; (2)暴风雨后及时检查新栽树木是否倒斜,如有情况及时处理,最长处理时间不超过 12 小时	
4	清除杂草	(1)花台、绿篱、造型植物中以及乔、灌木下无杂草、无枯枝败叶、绿地中无超过直径 15cm 的石块; (2)植物中的杂草应连根拔除。每平方米植物内的杂草量不超过 8 株; (3)及时清理观叶植物、地被植物等叶片上的枯黄叶,不得影响观瞻; (4)加强现场巡视,做好垃圾清运和保洁工作	
5	施肥促长	(1)在植物栽植三月后,根据植物生长周期施以不同的肥料; (2)正常每年施全价肥料氮、磷、钾不少于 4 次,以保证植物生长良好,无黄瘦现象; (3)施用有机肥需充分腐熟,施肥时间一般在傍晚或阴雨天	
6	浇水抗旱	(1)在夏季要做好浇水抗旱工作。根据植物生长特点和需要及时浇透水,保证乔、灌木叶面舒展、有光泽,无缩水现象; (2)新栽乔、灌木注意勤浇水; (3)盆栽植物无积水现象	
7	保成活率	(1)根据苗木生长情况及时做好修枝、施肥、浇水、防治病虫害及冬季涂白、裹杆等养护工作; (2)为保证苗木的成活率,工程总承包单位应安排专业的园林绿化技术人员负责管养	

9 运河湾公园项目专项工程咨询

9.1 全过程工程造价咨询

全过程工程造价咨询是全过程工程咨询服务的重要组成部分，是全过程工程咨询单位接受建设单位委托，运用工程造价咨询的知识和技术，为寻求解决建设项目各个阶段工程造价管理的最佳途径，为建设项目工程投资控制提供从建设项目投资决策到竣工结决算全过程的各阶段、各专业工程造价咨询服务，减少分阶段、分专业工程造价咨询的工作界面和协调难度，有效节约投资和降低费用，实现全过程工程造价咨询的价值创造。

9.1.1 全过程工程造价咨询服务清单

全过程工程造价咨询服务清单，如表 9-1 所示。

全过程工程造价咨询服务清单　　　　　　　　　　　　表 9-1

服务部门	服务阶段	服务内容	编制	审核	备注
工程造价	投资决策	(1)编制工程投资策划方案	▲		
		(2)编制投资估算	▲		
		(3)建设方案经济比选	▲		
		(4)建设项目经济分析和评价	▲		
		(5)编制建设资金使用计划	▲		
	方案和初步设计	(1)编制设计任务书中工程造价控制内容	▲		
		(2)编制方案设计概算	▲		
		(3)编制初步设计概算	▲		
		(4)编制优化设计工程造价咨询报告	▲		
	施工招标投标	(1)招标策划中工程投资控制内容	▲		
		(2)编制《建设标准说明》	▲		
		(3)编制初步工程量清单	▲		
		(4)编制招标控制价	▲		
		(5)拟定合同价格的主要条款	▲		
		(6)复核投标文件报价内容		▲	
		(7)编制施工阶段建设资金使用计划	▲		
	工程施工	(1)监控施工图设计的工程投资控制	▲		
		(2)施工组织设计和施工方案经济性审查		▲	

续表

服务部门	服务阶段	服务内容	编制	审核	备注
工程造价	工程施工	(3)隐蔽工程跟踪管理		▲	
		(4)工程量计量		▲	
		(5)工程进度款支付审核		▲	
		(6)主要材料设备询价与核价管理		▲	
		(7)审核工程变更、签证和索赔		▲	
		(8)过程结算审核		▲	
		(9)《工程总承包(EPC)合同》的工程造价管理		▲	
		(10)工程造价动态管理	▲		
	竣工和保修	(1)竣工结算审核		▲	
		(2)竣工决算编制	▲		
		(3)保修期修复费用审核		▲	

9.1.2 全过程工程造价咨询服务目标

严格按《工程总承包（EPC）合同》的约定内容，采取有效的工程造价控制方法和措施，全力为建设单位节约工程投资，把维护建设单位利益作为第一出发点，强化参建各方协调配合，合理调配资源，减少人为因素造成的损失，确保建设项目实际投资不超过经批准的初步设计概算，实现工程投资管理目标。

9.1.3 全过程工程造价咨询服务技术要求

（1）全过程工程咨询单位开展工程造价咨询活动，应当遵循独立、客观、公正、诚实信用的原则，不得损害社会公共利益和他人的合法权益。

（2）根据《全过程工程咨询服务合同》的约定，为建设单位提供覆盖建设项目投资决策、方案和初步设计、招标投标、工程施工、竣工和保修等阶段的全过程工程造价咨询服务。

（3）根据工程造价咨询服务内容，结合建设项目的特点，进行全过程工程造价咨询服务策划，制定工程造价咨询工作计划。

（4）针对实施过程中发生的重大变化，及时对工程造价的工作计划进行调整。

（5）为建设单位提供工程造价咨询的管理服务，建立工程造价咨询各相关人共同参与的协同管理工作机制。

（6）依据服务合同和岗位职责及分工，对工程造价咨询管理服务进行策划、执行、监督和控制，保证工程造价咨询服务质量。

（7）工程造价咨询基本原则如下：

1）以目标控制为理念。根据建设项目投资控制目标，结合不同实施阶段的工程进展情况将投资控制目标逐步分解细化和明确，实现工程投资全过程的目标控制。

2）以工程设计阶段为重点。以影响工程造价75%在以上工程设计阶段为工程投资管理重点，合理有效地控制工程投资。

3) 以主动控制方法为基础。提前采取主动管理办法和手段，发现工程投资偏差时，及时采取纠偏措施。

4) 以动态管理控制为前提。通过主动跟踪、动态控制、动态结算、重点预防等措施，做好工程投资控制和建设资金使用管理。

5) 以技术与经济相结合为手段。技术与经济相结合是控制工程投资最有效的手段，将投资控制渗透到各项工程技术措施中，在经济合理的基础上，力求让技术更先进。

6) 以多级审核为保障。建立工程咨询质量审核控制体系，必须经过多级审核，方可出具成果文件，多级审核应认真仔细，证据资料齐全有效，具备可复查性。

7) 以准确高效为目标。工程造价咨询过程中的各项工程造价计算应准确、清晰、合规，同时应保持较高的工作效率，以适应招标采购、成本核算、工期进度等方面的要求。

(8) 工程造价咨询任务

1) 依据国家有关法律法规、标准规范和政策文件的规定，实施以工程造价咨询为核心的投资控制。

2) 工程造价咨询单位必须熟悉所有合同内容、承包范围、计价原则等，并随时掌握工程投资的变化情况。

3) 实现整个建设项目工程造价有效控制与调整，缩小工程投资偏差，控制工程投资风险。

4) 协助建设单位进行工程投资的合理筹措与投入使用，确保工程投资目标的实现。

5) 工程造价咨询成果文件的内容、格式、深度、精度等，符合服务合同的约定和标准规范的规定。

(9) 根据工程造价咨询内容和要求，结合建设项目的特点，有针对性地收集和掌握有关工程造价依据。

(10) 工程造价咨询依据如下：

1) 相关法律、法规、规章及政策性文件。

2) 工程建设标准及工程计价标准规范。

3) 投资决策阶段的有关评估报告及批复文件。

4) 工程地质勘察报告和工程设计文件。

5) 招标投标文件及答疑、投标文件和中标通知书。

6)《工程总承包（EPC）合同》及补充协议。

7) 工程变更、现场签证及工程索赔报告等。

8)《全过程工程咨询服务合同》。

9) 建设单位对工程造价咨询的需求。

(11) 同一建设项目所采用的计价依据必须保持完全一致，确保工程造价依据的准确性和可靠性。

(12) 在满足工程质量和进度的前提下，始终将工程造价的变化保持在受控状态，保障实际工程造价不超过控制目标。

(13) 对建设项目工程造价实施全过程跟踪审计，进行过程结算及竣工结算审核，为建设单位科学合理使用建设资金，提供技术支持与服务。

(14) 对建设项目在实施过程中出现的重大、关键性的工程造价疑难问题，应组织有关专家或第三方工程咨询机构，进行专题讨论和研究，提出解决方案与意见。

（15）在投资决策阶段，编制建设项目投资估算及经济分析和评价报告，确定建设项目投资控制目标，计算依据要可靠，计算方法要科学。

（16）在方案和初步设计阶段，编制建设项目方案和初步设计概算，进行设计方案经济比选，通过不同设计方案的工程造价比较和分析，为设计方案优化提出建议。

（17）协助建设单位通过方案比选、优化设计和限额设计等价值分析手段，进行工程造价主动分析与控制。

（18）通过技术经济指标分析，确定合理可行的建设标准和工程投资数额，确保建设项目技术方案在更加经济合理的前提下，凸显技术先进。

（19）在招标投标阶段，编制建设标准说明、编制初步工程量清单、编制招标控制价、复核投标文件报价内容、拟定工程总承包合同中有关工程造价的条款，协助建设单位洽谈和签订《工程总承包（EPC）合同》。

（20）在施工阶段，根据《工程总承包（EPC）合同》的约定及工程进度计划的要求，编制阶段性建设资金使用计划，审核合同工程款支付申请。

（21）按规定程序进行工程变更、签证和索赔的管理，进行工程造价控制的动态管理，提交全过程工程造价咨询管理报表和工程投资预警报告。

（22）在工程竣工和保修阶段，审核工程竣工结算报告、审核保修期保修费用和编制工程竣工决算报告，配合有关审计部门完成工程竣工决算审计工作。

（23）依据工程竣工结算管理规定，结合建设项目实施情况以及合同的约定，组织工程竣工结算审核。

（24）编制建设项目竣工决算和竣工决算说明书，及时上报建设单位审核。

（25）在建设项目保修期内，对于工程总承包单位未能及时履行保修义务，由建设单位另行委托其他单位修复的工程，应按修复施工当时、当地市场价格，予以审核修复费用，相关修复费用从建设项目质量保修金中扣除。

（26）定期汇总建设项目工程投资完成情况及建设资金支付数额，编制《工程投资和工程造价控制报告》，及时报送建设单位审核。

（27）《工程投资和工程造价控制报告》内容如下：

1）比较：在建设项目实施过程中，定期或不定期收集和整理工程投资和工程造价数据，按照实施方案中明确的工程投资控制方式，将计划值与实际值逐项进行比较分析，确定工程实际投资是否超支或落后。

2）分析：在比较的基础上，对比较的结果进行详细分析，以确定出现工程投资偏差的严重性和关联性，查明工程投资偏差的产生原因。

3）预测：根据建设项目实施情况，对可能发生的重大变更进行预测和影响分析，分阶段预测整个建设项目到全部完成时的工程投资总额，及时提出应对意见和建议。

4）纠偏：当建设项目实际投资出现偏差时，应根据建设项目具体情况，进行偏差分析，预测可能产生的不利结果，采取针对性的纠偏措施，使工程投资偏差尽可能缩小在允许误差范围内。

5）检查：对建设项目实施过程进行跟踪检查，及时了解建设项目实际进展状况，以及采取纠偏措施的执行情况和效果。

（28）协助建设单位完成工程造价咨询的相关审批、核准或备案事项。

（29）对建设项目工程造价管理工作的执行情况，进行全过程监督和控制。

（30）对建设单位的满意度情况进行全过程跟踪分析，并做好工程造价咨询服务回访工作：

1）在全过程工程造价咨询服务完成后，全过程工程咨询单位要组织有关人员适时对建设单位进行回访，了解工程造价咨询服务情况。

2）回访对象主要是建设单位，必要时，可将使用工程造价咨询成果文件的相关参建单位，列为回访对象。

3）听取建设单位对工程造价咨询服务质量和服务成果的评价及改进意见。

4）及时总结工程造价咨询服务工作中存在的问题和经验教训，将存在问题纳入质量改进计划，提出相应的持续改进措施。

5）回访时，要填写《工程造价咨询征询意见回访记录表》，真实记录工程造价咨询成果及过程服务工作产生的成效及存在的问题，并收集建设单位对工程造价咨询服务质量的评价意见。

6）《工程造价咨询征询意见回访记录表》的内容：

① 工程造价咨询实施方案及专业技术人员配备。

② 工程造价咨询人员服务态度、工作进度和工作效率。

③ 工程造价咨询人员职业纪律和职业道德。

④ 工程造价咨询人员专业能力和技术水平。

⑤ 工程造价咨询人员表达方式、协调水平和沟通能力。

⑥ 工程造价咨询人员执行相关执业规程和工作制度。

⑦ 工程造价咨询成果文件及技术文件质量。

⑧ 工程造价咨询服务合同履行情况。

⑨ 工程造价咨询服务实际达到的目标和效果。

7）服务回访工作完成后，根据《工程造价咨询征询意见回访记录表》，归纳分析工程造价咨询服务的优缺点和经验教训。

8）将存在的问题纳入工程造价咨询质量改进目标，提出相应的解决措施与方法。

9）制订有针对性的工程造价咨询业务人员知识培训与能力提高计划，促进工程造价咨询服务质量和水平提高，服务成效得到持续不断的加强。

（31）全过程工程造价咨询服务流程，如图9-1所示。

9.1.4 全过程工程造价咨询管理要求

1. 组织管理

（1）全过程工程咨询单位必须对全过程工程造价咨询工作实施有效的组织管理，健全组织构架，明确岗位分工。

（2）根据建设项目的工程造价咨询服务内容、项目特点、规模大小、技术复杂程度等因素，组建工程造价部，做到专业配套齐全、人员配备满足业务的需求。

（3）全过程工程造价咨询服务内容包含驻场服务，驻场服务的专职工程造价咨询人员要到建设单位指定地点驻场工作。

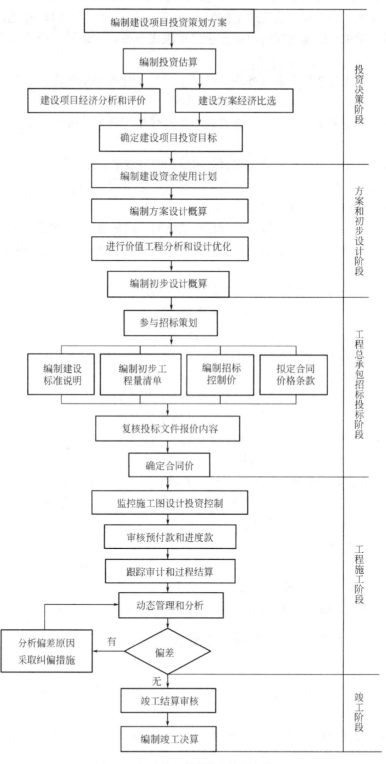

图 9-1 全过程工程造价咨询服务流程

（4）建立完善的工程造价咨询质量管理体系和质量管理流程，把管理目标分解到各项技术和管理过程中，明确工程造价咨询人员目标责任。

（5）根据《全过程工程咨询服务合同》的约定和相关规定，结合建设项目自身特点，编制《全过程工程造价咨询工作计划》。

（6）《全过程工程造价咨询工作计划》内容如下：

① 建设项目基本概况。
② 全过程工程造价咨询业务范围。
③ 工程造价确定与控制的总体思路。
④ 工程造价部组织架构及人员安排。
⑤ 组织管理。
⑥ 进度管理。
⑦ 质量管理。
⑧ 合同管理。
⑨ 信息管理。
⑩ 资料管理。
⑪ 重点和难点分析。
⑫ 服务回访等。

（7）在工程造价控制中，为建设单位提供技术性咨询管理意见，按照"造价咨询、分期报告、迅速反馈、及时纠正"的原则，定期或不定期地提出工程造价咨询意见或建议，出具书面的工程造价分析报告和总结报告。

（8）跟踪检查和全程记录建设项目工程造价控制过程，发现实施过程投资出现的偏差，及时采取有效措施。

（9）解决实施过程中发生的问题，降低工程投资，提高投资效益，避免投资失误，减少经济损失。

2. 进度管理

（1）全过程工程咨询单位应按照《全过程工程咨询服务合同》的约定和建设单位的需求，结合规划大纲和实施方案，编制全过程工程造价咨询进度计划。

（2）工程造价咨询进度计划应满足建设项目总体进度要求，并与建设项目总体进度协调一致。

（3）编制工程造价咨询进度计划应出具工程造价咨询成果文件，应有合理的工作周期。

（4）工程造价咨询成果文件的提交时间与建设项目总体进度计划保持一致。

（5）成立工程造价咨询专业服务团队，配备满足业务要求各专业工程造价咨询人员，落实咨询进度计划监督和考核，按进度计划完成阶段任务。

（6）按合同约定或工作计划的服务进度和交付成果要求，向建设单位提交工程造价咨询成果文件。

（7）若工程咨询服务进度产生或预计产生进度偏差时，工程造价咨询单位应及时向建设单位提交修订的进度计划，并附相关措施和资料。

（8）保持与有关各方密切配合和协作，加强信息沟通协调，消除影响进度因素，确保实现进度目标。

3. 质量管理

(1) 全过程工程咨询单位应针对工程造价咨询业务的特点,建立完善的内部质量管理体系,通过业务质量控制、业务流程管理、企业标准制定等措施,保证工程造价咨询质量。

(2) 建立完善的编制、复核、审核、审定和批准的工作程序和制度,明确岗位分工和责任,加强全过程工程造价咨询质量控制。

(3) 严格执行企业工程造价咨询质量管理制度,在工程造价咨询成果文件编制完成后,需经"一校""三审"后,方可出具工程造价咨询报告,确保出具的成果文件质量符合标准规范的要求。

(4) "一校"为编制人自校。编制人应对所收集的工程量计量、计价基础资料和依据的全面性、真实性和适用性负责。编制人完成工程造价咨询成果文件后,要对成果文件进行自校,并对成果文件的质量负责。

(5) "一审"为专项负责人审核。专项负责人主要审核工程造价咨询成果文件的完整性、有效性与合规性。审核编制人使用工程量计量、计价基础资料和编制依据的全面性、真实性和适用性。完善工程造价咨询成果文件及工作过程文件,对整个工程造价咨询项目的质量负责。

(6) "二审"为项目负责人审核。项目负责人审核工程造价咨询成果文件的完整性、有效性与合规性。审核使用工程量计量、计价基础资料和编制依据全面性、真实性和适用性。进行工程造价的合理性分析,对成果文件的质量进行整体控制。

(7) "三审"为单位技术负责人审定。单位技术负责人对提交的工程造价咨询成果文件及相关依据资料,进行有效性和合理性审核,并签署最终审定意见。对出具的工程造价咨询成果文件的质量承担最终审核责任。

(8) 出具的工程造价咨询成果文件应符合现行国家和行业标准规范规定。

(9) 定期和不定期地对其工程造价咨询工作情况进行服务回访,听取建设单位及有关方的评价意见。

(10) 根据服务回访评价意见,结合单位质量保证体系,总结经验教训,进行持续改进。

4. 信息管理

(1) 按照服务合同约定及工作职责,做好工程造价咨询相关文件资料的收集与整理工作。

(2) 按工作流程,对已完成的该阶段工程造价咨询成果文件和工程信息资料进行梳理和分析,应用于下一阶段工程造价确定和控制工作。

(3) 利用计算机和互联网信息技术建立全过程工程造价咨询信息管理平台。

(4) 督促各参建单位将项目相关信息资料及时录入建设项目信息管理平台。

(5) 收集和整理各阶段工程造价咨询成果文件及所涉及的工程造价信息资料,利用信息技术转换为电子数据,便于应用和保存。

5. 资料管理

(1) 按工程造价咨询档案管理的规定,建立档案收集、整理、保存及档案管理人员守则等档案管理制度。

(2) 归档文件资料包括工程造价咨询成果文件、过程文件和其他技术文件。

(3) 制定工程造价咨询业务过程中所借阅和使用的各类可追溯性资料的文件目录。

(4) 记录工程造价咨询档案的接收、借阅和送还情况。

(5) 全过程工程造价咨询服务范围及成果文件汇总，如表9-2所示。

全过程工程造价咨询服务范围及成果文件汇总　　　　表9-2

服务阶段	服务内容	服务范围	成果文件	提交时间
投资决策	(1)编制工程投资策划方案	☑编制 □审核	工程投资策划方案	满足工程进度按合同约定和建设单位要求提供
	(2)编制投资估算	☑编制 □审核	投资估算	
	(3)建设方案经济比选	☑编制 □审核	设计方案经济比选报告	
	(4)经济分析和评价	☑编制 □审核	经济分析和评价报告	
	(5)编制资金使用计划	☑编制 □审核	资金使用计划	
方案和初步设计	(1)编制设计任务书中工程造价控制内容	☑编制 □审核	设计任务书	
	(2)编制方案设计概算	☑编制 □审核	方案设计概算	
	(3)编制初步设计概算	☑编制 □审核	初步设计概算	
	(4)编制优化设计工程造价咨询报告	☑编制 □审核	优化设计工程造价咨询报告	
施工招标	(1)招标策划的工程投资内容	☑编制 □审核	招标方案	
	(2)编制建设标准说明	☑编制 □审核	建设标准说明	
	(3)编制初步工程量清单	☑编制 □审核	初步工程量清单	
	(4)编制招标控制价	☑编制 □审核	招标控制价	
	(5)复核投标文件报价内容	□编制 ☑审核	投标文件复核报告	
	(6)拟定合同工程造价条款	☑编制 □审核	合同文本	
工程施工	(1)编制施工阶段建设资金使用计划	☑编制 □审核	施工阶段建设资金使用计划	
	(2)监控施工图设计的投资控制	□编制 ☑审核	工程投资监控记录	
	(3)施工组织设计和施工方案经济性审查	□编制 ☑审核	施工组织设计和施工方案经济性审查意见	
	(4)隐蔽工程跟踪管理	□编制 ☑审核	隐蔽工程跟踪记录	
	(5)工程量计量	□编制 ☑审核	工程量计量单	
	(6)工程进度款支付审核	□编制 ☑审核	工程进度款支付审核单	
	(7)主要材料设备询价与核价管理	□编制 ☑审核	主要材料设备询价与核价单	
	(8)审核工程变更、签证和索赔	□编制 ☑审核	工程变更、签证和索赔审核单	
	(9)过程结算审核	□编制 ☑审核	过程结算审定单及报告	
	(10)工程总承包合同工程造价管理	☑编制 □审核	工程总承包合同工程造价管理报告	
	(11)工程造价动态管理	☑编制 □审核	工程造价动态管理报告	
竣工及保修	(1)工程竣工结算审核	□编制 ☑审核	竣工结算审定单及报告	
	(2)竣工决算编制	☑编制 □审核	竣工决算报告	
	(3)保修期修复费用审核	□编制 ☑审核	保修期修复费用审核单	

9.1.5 全过程工程造价咨询服务内容

1. 投资决策阶段

(1) 工作重点

1) 编制工程投资策划方案。
2) 编制可行性研究报告中的投资估算。
3) 建设方案经济比选。
4) 建设项目经济分析和评价。
5) 编制建设资金使用计划。

(2) 工作要求

1) 全过程工程咨询单位应遵照法律法规和标准规范,并结合建设项目所在地的经济社会发展情况,开展投资决策阶段工程造价咨询活动。

2) 通过对市场情况调查和分析,制定建设项目工程投资策划方案。

3) 依据《全过程工程咨询服务合同》的约定,与建设单位充分沟通,掌握其真实需求。

4) 结合建设项目技术特点和类似建设项目的工程投资资料信息,编制可行性研究报告中的投资估算,合理确定建设项目的投资控制目标。

5) 分析和论证建设项目的投资目标,提出建设投资和工程造价控制建议与优化方案。

6) 收集和掌握建设项目相关技术资料,协助建设单位进行前期投资决策论证和技术分析。

7) 开展建设项目经济评价和分析,既要满足技术先进,又要经济合理。

8) 为建设单位提供建设项目建议书、可行性研究报告、建设方案经济比选、建设资金使用计划等工程造价咨询服务,协助建设单位制定工程投资控制计划。

(3) 工作程序

投资决策阶段工程造价咨询,如图 9-2 所示。

(4) 编制工程投资策划方案

1) 工程投资策划是工程造价咨询的重要前提和基础,目的是为投资决策提供依据。
2) 调查和分析建设项目所在地的市场价格行情和主要材料供应情况。
3) 对建设项目所在地的社会环境和周边地理环境进行综合考察。
4) 对可能遇到的潜在投资风险进行预测和分析,提出有效应对措施。
5) 按投资估算内容对建设项目的主要经济指标进行研究分析。
6) 对建设项目投资计划、目标和组织管理模式进行策划。
7) 确定建设项目融资和投资方案,制定工程投资控制策略。
8) 编制《工程投资策划方案》,报建设单位审核确认。

(5) 编制投资估算

1) 投资估算发生在项目建议书和可行性研究阶段。是依据建设项目规划方案,对可能发生的工程费用、工程建设其他费用、预备费用和建设期利息进行计算。

2) 投资估算主要用于确定建设项目投资规模和融资方案选择,供投资决策参考。

3) 投资估算的编制依据、编制内容、编制方法、计价依据、成果文件的格式和质量

9 运河湾公园项目专项工程咨询

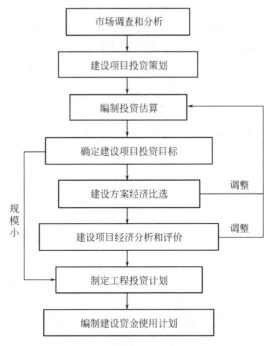

图 9-2 投资决策阶段工程造价咨询流程

要求等，要符合现行标准规范的规定。

4）投资估算编制的工程内容要全面、计算过程要合理、费用构成要完整。

5）投资估算编制深度必须满足建设项目的不同阶段对工程投资控制的要求。

6）投资估算编制的精度随建设项目投资决策不同阶段有不同要求，即项目建议书阶段精度在30%以内、可行性研究阶段精度在10%以内。

7）在相同口径条件下，投资估算精度应能满足控制初步设计概算的要求。

8）收集拟建建设项目及类似建设项目的相关技术资料，为确定投资估算作参考。

9）了解建设项目周边环境状况、市政配套、地形地貌、工程地质等条件，作为投资估算编制依据。

10）落实建设用地使用权获取的性质，根据不同情况，确定土地购置或补偿费用。

11）落实配套建设费、建设管理费等与建设项目相关的费用，参照建设项目所在地收费标准计算。

12）基本预备费应以建设项目的工程费用和工程建设其他费用之和为计算基数，根据工程设计深度不同选取一定比例进行估算。

13）投资估算中相关技术经济指标和主要消耗量指标应作为建设项目投资控制的基本依据。

14）投资估算经评审后批复，作为编制初步设计概算的控制性指标。

(6) 建设方案经济比选

1）根据建设方案经济比选的目的，制定建设方案经济比选指标体系，指标体系应包括技术层面、经济层面和社会层面等。

2）在了解建设单位对建设方案经济比选具体要求的基础上，结合建设项目的环境因素和初步筛选的建设方案,确定科学合理的经济评价指标。

3)依据建设项目特点和类别不同,按不同比选层面分成若干比选因素,结合指标重要程度设置主要指标和辅助指标,选择主要指标进行重点分析和比较。

4)建设方案经济比选应以建设项目的使用功能、工程规模、建设标准、设计寿命、质量要求、投资性质等基本要素。

5)在满足建设方案要求和投资控制的前提下,进行建设方案经济比选,择优选出最先进科学、技术可行、安全可靠、经济合理的建设方案。

6)通过对建设方案经济评价指标分析计算,计算出各项经济评价指标值及对应技术参数,排列出建设方案的优劣次序。

7)对不同建设方案中拟采用材料和设备进行工程造价测算和对比分析,提出改进建议。

8)对不同建设方案或同一建设方案的不同建设标准,编制相对应的投资估算,进行工程造价测算和经济对比分析,优选出最佳建设方案。

9)运用价值工程进行建设方案比选

① 运用价值工程原理,采用科学合理的分析方法对建设方案进行技术经济比选,选择技术上可行、经济上合理的建设方案。

② 以功能需求为出发点,对建设方案进行功能和成本分析,在满足功能要求的前提下,降低成本,完善建设方案,以实现技术与经济的完美统一。

③ 对建设规模、建设标准及设计寿命基本相同的非经营性的、使用功能单一的建设项目,应优先选择工程造价或工程造价指标较低的建设方案,对建设方案的技术经济指标提出改进建议。

④ 对不同建设方案的功能和成本进行分析时,应综合选取价值系数较高的建设方案,并对降低的冗余功能和成本效果进行分析,提出改进建议。

⑤ 应兼顾建设项目近期与远期的功能要求和建设规模,实现建设项目可持续发展。

10)根据多方案经济评价,结合类似建设项目的技术经济指标,编写《建设方案经济比选分析报告》。

11)《设计方案经济比选分析报告》内容如下:

① 参与经济比选分析的建设方案概况。

② 经济比选分析的依据、范围和内容。

③ 经济比选分析的比选方法与评价指标体系。

④ 多方案经济比选分析及技术参数对比表。

⑤ 类似建设项目经济比选分析及技术参数对比表。

⑥ 经济比选的分析结果与合理化建议。

12)编制完成《建设方案经济比选分析报告》,及时报建设单位审核。

13)及时整理、归档、保存建设方案经济比选分析与建设方案优化文件资料。

(7)建设项目经济分析和评价

1)建设项目经济分析和评价的编制依据、编制方法、成果文件的格式和质量要求,必须符合《建设项目经济分析和评价方法和参数》的要求。

2)建设项目经济评价是可行性研究的重要组成部分,内容包括国民经济评价和财务评价。

3) 建设项目是为社会提供公共服务的，重点是国民经济评价，因此要以取得社会效益为主。

4) 对影响建设项目的各种经济因素，进行深度调查研究，通过多指标的计算对比。

5) 对建设项目的经济合理性、财务可行性及抗风险能力作出全面的分析与评价，为建设项目投资决策提供重要依据。

6) 对于建设项目经济评价的深度应满足建设项目投资决策阶段的需求。

7) 编制完成《建设项目经济分析和评价报告》，及时报建设单位审核。

（8）编制建设资金使用总计划

1) 编制建设资金使用计划，是为了满足工程投资控制和建设资金使用要求。

2) 收集建设项目招标采购和实施进度计划。

3) 了解建设资金落实情况和资金来源。

4) 根据建设项目实施进度，按年度编制建设资金使用计划。

5) 建设资金使用计划与工程投资计划和目标保持一致。

6) 编制完成《建设项目建设资金使用计划》，及时报建设单位审核确认。

7) 依据《建设项目建设资金使用计划》，编制阶段性建设资金使用计划。

2. 方案和初步设计阶段

（1）工作重点

1) 编制《设计任务书》中的工程造价控制内容。

2) 编制方案设计概算。

3) 编制初步设计概算。

4) 编制优化设计工程造价咨询报告。

（2）工作要求

1) 方案和初步设计阶段是分析和处理工程技术和经济分析的关键环节，也是工程造价控制的重要节点。

2) 通过限额设计、价值工程分析、多方案经济评价和优化设计等手段，来有效控制工程投资。

3) 取得《可行性研究报告》批复后，编制《方案和初步工程设计任务书》，即开展方案和初步设计阶段的工程造价咨询工作。

4) 制订方案和初步设计阶段工程投资控制的管理制度、管理责任、工作流程、工作方法。

5) 根据方案和初步设计组织实施需求，配备人、财、物等相应资源。

6) 协助建设单位组织对方案和初步设计概算进行审查，参与限额设计，确定工程投资控制目标。

7) 在审查初步设计概算时，若发现原已批准的投资估算有部分内容不能满足建设项目的需求，则应对初步设计概算进行工程投资优化调整，力求达到既满足建设项目需求，确保初步设计概算不得突破投资估算。

8) 在方案和初步设计过程中，对工程投资计划值与实际值进行跟踪管理、动态控制和比较分析。

9) 根据工程投资控制的变化情况，适时调整建设项目投资计划目标。

(3) 工作程序

方案和初步设计阶段工程造价咨询流程，如图9-3所示。

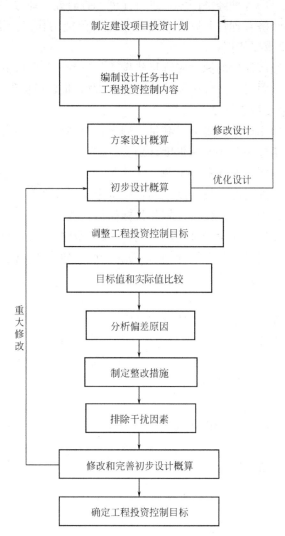

图9-3 方案和初步设计阶段工程造价咨询流程

(4) 编制《设计任务书》中的工程造价控制内容

1) 建设项目投资目标和内容构成，以及分部分项工程造价的控制要求。

2) 建设项目投资范围内方案和初步设计内容和初步设计概算的编制深度。

3) 确定方案和初步设计单位设计成果文件中方案和初步设计概算的编制要求。

4) 确定建设单位对建设项目某些特殊功能及工程造价的控制需求。

(5) 编制方案设计概算

1) 方案设计概算编制依据、编制方法、成果文件的格式和质量要求，必须符合现行的《建设项目方案设计概算编审规程》要求。

2) 根据建设项目设计概算基础资料，结合建设项目方案设计的内容和特点，编制方案设计概算。

3）方案设计概算编制办法常采用概算定额、概算指标、价格指数等。

4）利用类似建设项目的技术经济指标和参数，结合当地市场价格情况，参照有关部门发布的价格指数、汇率、税率等参数，分别编制不同方案设计的概算。

5）对不同的方案设计内容及使用材料，进行成本对比和测算，向方案设计人员提出投资控制意见和建议。

6）对影响工程造价变动的因素进行敏感性分析，分析市场的变动因素。

7）详细调查物价上涨因素和市场供求情况对工程造价的影响，确保方案设计概算的编制质量。

8）减少方案设计概算的计算误差，应能满足控制初步设计概算要求。

（6）编制初步设计概算

1）初步设计概算的编制依据、编制方法、成果文件的格式和编制质量要求，必须符合现行的《建设项目初步设计概算编审规程》要求。

2）以初步设计图纸为依据，结合建设项目初步设计的内容和技术特点，参照概算指标、概算定额及规定计费标准，编制初步设计概算。

3）编制初步设计概算准备工作

① 收集建设项目可行性研究报告及批复、类似建设项目技术经济指标等有关资料。

② 掌握拟建建设项目所在地自然条件、施工条件和社会条件等基本情况。

③ 熟悉建设项目的工程地质勘察报告和初步设计文件，掌握建设项目的建设范围和标准等。

④ 详细分析初步设计概算与投资估算、方案设计概算的费用组成，如发现存在偏差，在编制初步设计概算时应予以修正。

⑤ 如初步设计概算值超过投资估算，必须修改初步设计或重新立项审批。

4）编制初步设计概算内容

① 初步设计概算是初步设计文件的重要组成部分，初步设计概算包括建设项目从项目立项到竣工验收的全部投入建设资金。

② 根据初步设计图纸计算各分部分项工程量，参照概算定额和类似建设项目的分部分项工程造价及市场价格，确定分部分项工程造价。

③ 拟定常规的施工组织设计，列出拟采取的专项施工措施项目，按照概算定额或根据类似建设项目专项措施费的比例确定专项措施项目费用。

④ 根据建设用地的性质及所需付出的土地征用费、土地使用补偿费、拆除拆迁费等，均应符合国家、省、市政府的现行规定。

⑤ 参照建设项目所在地的工程地质勘察和工程设计，以及有关技术咨询服务的编制、评审、审查等收费标准，参考市场价计入。

⑥ 城市基础设施、市政公用、社会公益等配套设施建设费，应按照建设项目所在地收费标准，据实计入。

⑦ 建设管理费应参照建设项目相关的收费标准，参照市场价计入。

⑧ 预备费应以建设项目的工程费用和工程建设其他费用之和为基数，选取一定比例计入。

⑨ 各项规费和税金按照建设项目所在地收费标准，据实计入。

5) 根据初步设计文件编制深度要求，完成初步设计概算的编制，并与工程设计单位协调，最终调整并确定初步设计概算。

6) 依据已批准的建设项目投资估算，结合初步设计的内容和深度，将初步设计概算控制在已经批准的投资估算范围内。

7) 协助建设单位将编制完成的初步设计概算报送投资主管部门或者有关的行政主管部门审查。

8) 配合投资主管部门组织相关部门及专家，对初步设计概算进行评审和审查。

9) 根据评审意见，进行修改和完善，完成初步设计概算评审工作。

10) 协助建设单位完成初步设计概算的批复，批复的设计概算是建设项目的投资控制目标。

11) 将初步设计概算值分解到各分部分项工程中，作为各分部分项工程造价控制目标。

12) 初步设计概算批准后不得任意修改或调整，如需修改或调整，必须经原批准部门重新审批。

13) 根据批准的初步设计概算和实施计划，调整建设项目投资计划，编制建设资金使用计划。

14) 及时整理、归档和保存初步设计概算及审查评审文件。

(7) 编制优化设计工程造价咨询报告

1) 通过技术比较、经济分析和效益评价，力求达到技术先进与经济合理的和谐统一。

2) 方案和初步设计优化要结合工程质量、投资、工期、安全和环保等五大目标，进行全面最佳匹配分析，力求达到整体目标全面最优。

3) 采用科学合理的经济评价指标体系和分析方法，对方案和初步设计进行技术和经济优化，提交《优化设计工程造价咨询报告》。

4) 优化设计经济评价指标体系内容如下：

① 价值指标，即建设项目功能指标。

② 反映创造使用价值所消耗的社会劳动消耗量指标。

③ 主要价格指标。

④ 其他指标。

5) 《优化设计工程造价咨询报告》内容如下：

① 优化设计的依据。

② 优化设计的范围及内容。

③ 优化设计采用的技术方法。

④ 优化设计后技术和经济指标对比分析。

⑤ 结论与建议。

6) 编制《优化设计工程造价咨询报告》注意事项：

① 配合建设单位科学合理地确定建设标准，采用完整统一的技术和经济评价指标体系，进行全面对比和分析，确定优化设计的范围和内容。

② 参照类似建设项目的技术经济指标，提出切实可行的优化设计方案建议，并积极与建设单位及设计单位商讨和落实。

③ 通过不同方案的工程造价进行详细的测算、对比和分析，在满足设计要求和投资

控制的前提下，优化出最安全、最经济、最合理的设计方案。

④ 对设计方案的优化，可采用价值工程和全寿命周期成本的分析方法。

7）根据经济比选和优化设计后的设计成果，调整初步设计概算。若超过投资限额时，应向建设单位提出修改设计或建设标准的建议，同时修正工程投资至投资限额以内。

8）及时整理、归档和保存方案与初步设计方案技术经济多方案比选与设计优化相关资料。

3. 工程总承包招标阶段

（1）工作内容

1）招标策划工程投资控制内容。

2）编制建设标准说明。

3）编制初步工程量清单。

4）编制招标控制价。

5）复核投标文件报价内容。

6）拟定合同价格的主要条款。

（2）工作要求

1）按照招标投标相关法律法规和政策文件规定，遵循公开、公平、公正和诚实守信原则，在《全过程工程咨询服务合同》赋予权限范围内，提供工程招标代理服务。

2）制定招标管理框架、管理制度、招标流程和招标方式，管控招标投标实施过程。

3）根据建设项目特点和建设单位需求，进行招标策划工程投资控制内容，制定《招标方案》。

4）参与招标文件编制，明确工程造价控制措施和经济责任，减少索赔发生的可能。

5）编制建设标准说明、初步工程量清单、招标控制价等，编制深度和质量要求，必须符合计价标准和行业规范的规定。

6）协助建设单位对中标候选人投标报价进行研究和分析，分析投标报价水平、不平衡报价应用、报价费率、材料设备选用等，形成《投标报价复核和分析报告》，供建设单位确定中标单位和合同谈判时参考使用。

7）协助建设单位确定合同范围、合同价款及合同价款调整的内容。

8）拟定合同有关工程造价控制和处罚条款，参与合同谈判和签订等工作。

（3）工作程序

工程总承包招标阶段工程造价咨询流程，如图9-4所示。

（4）招标策划工程投资控制内容

1）招标策划应遵循有利于工程造价充分竞争、控制工程投资目的、满足工程进度的要求和招标投标工作有序进行为原则。

2）招标策划应根据建设项目建设资金性质和来源、建设项目内容和特点、工程设计和工程施工进度安排，为建设单位提供科学合理的《招标方案》。

3）《招标方案》主要内容：

① 招标标段的划分。

② 发包模式和资格审查方式。

③ 计价模式的选择。

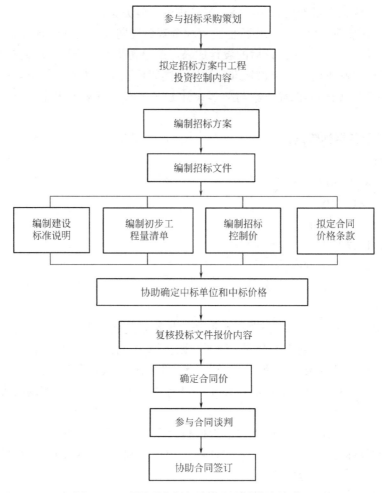

图 9-4 工程总承包招标阶段工程造价咨询流程

④ 评标方法的选择。

⑤ 评标因素和指标的设计。

⑥ 主要设备材料品牌的建议。

⑦ 合同形式的确定。

⑧ 承包范围的界定。

⑨ 合同文本的选用等。

4）在《招标文件》中明确统一投标报价格式和要求，便于评标时对各投标单位的报价进行对比和分析，有利于事中和事后进行工程造价控制。

5）根据建设项目的工程类别不同、建设规模大小、建设资金状况、技术复杂程度等内容，结合市场竞争激烈程度，进行招标风险分析和风险管理策划，制定风险防范措施，有效消除或减小风险对招标的影响。

（5）编制建设标准说明

1）针对没有施工图纸的工程招标项目，且将来施工图是由工程总承包单位完成的，为了防止在施工图设计时降低设计标准，编制《建设标准说明》。

2)《建设标准说明》主要是对建设项目的设备材料选用、设计标准选择、使用功能性需求、景观与艺术的有机结合等内容进行细化描述。

3)《建设标准说明》主要是对初步设计中的分部分项工程的技术标准和质量要求，加以更为细化的说明。

4)《建设标准说明》主要是对设备和材料技术参数、质量标准和推荐品牌（三个以上）供选择，对主要苗木品种和规格等提出具体要求。

5) 编制《建设标准说明》作为招标文件的内容，统一施工图设计标准和投标报价的基础。

6)《建设标准说明》是签订《工程总承包（EPC）合同》的重要组成部分。

（6）编制初步工程量清单

1) 工程总承包招标是以初步设计文件为投标报价基础的，因初步设计文件没有达到施工图设计深度要求，部分项目特征无法准确描述，只能编制初步工程量清单作为投标报价的参考。

2) 收集及熟悉建设项目工程地质勘察资料、初步设计文件、招标文件、标准规范等技术资料。

3) 通过现场踏勘，熟悉施工地点现场自然条件、施工条件、周边条件，结合招标内容和建设项目特点，拟定常规的施工组织设计和施工技术方案。

4) 初步工程量清单亦应依据工程量清单计价规范编制，编制范围及编制内容、计量与计价的依据及原则要求，应与《招标文件》的报价要求保持一致。

5) 如遇现行计价规范未规定的工程项目，可按补充项目进行编制。

6) 合理设置暂估价项目，避免产生严重不平衡报价和重大报价偏差。

7) 在招标过程中，配合招标代理做好《招标文件》答疑和解释工作。

8) 做好招标后期跟踪管理服务，及时解答有关各方提出关于工程量清单的疑问。

（7）编制招标控制价

1) 常规招标控制价是根据施工图及有关计价规范和定额计算的，是对招标建设项目设定的最高工程造价。

2) 招标控制价编制原则：

① 遵循市场形成价格的原则。招标控制价应客观反映市场真实价格，不得随意提高或降低。

② 按照风险合理分担原则。在编制招标控制价时，应充分考虑招标风险发生的概率，对工程量和工程造价的影响，应在招标控制价中予以体现。

③ 执行完全一致性原则。招标控制价计价依据、计价标准、计价内容与招标文件中的规定要完全一致。

3) 招标控制价编制依据：

① 工程地质勘察报告。

② 招标文件。

③ 施工图纸和工程技术文件。

④ 计价标准规范和配套文件。

⑤ 工程造价信息和市场价格信息。

4) 制定合理的工期计划，结合招标时主要材料和设备的市场价格，及建设项目所在地劳动力市场价格，编制招标控制价。

5) 招标控制价应按照工程量清单给出的工程量和项目特征描述进行计价，要力求计价精确无误，不得随意变更或增减。

6) 将招标控制价与经批准的初步设计概算进行对比和分析，若出现实质性偏差时，应告知建设单位对招标控制价进行相应调整。

7) 做好招标后期跟踪管理服务，及时解答有关各方提出关于招标控制价的疑问。

（8）复核投标文件报价内容

1) 初步分析各投标人的投标报价总体情况，列明各投标报价存在的虚报、遗漏或算术错误，判断其偏差性质，检查投标报价的完整性。

2) 对主要工程量偏差较大和综合单价明显背离市场平均水平的部分价格，编制偏高或偏低投标报价对比分析表，作为重点内容进行分析。

3) 分析投标报价中的人工单价、主要材料和设备单价、机械台班单价、主要材料消耗量、机械消耗量、人工消耗量、管理费率、利润率和税率等的合理性。

4) 分析分部分项工程量清单综合单价构成的合理性，判断并列出非合理报价和严重不平衡报价。

5) 对于措施项目清单报价可按其合价或主要单项费用分析合理性与完整性。

6) 审核投标文件是否满足《招标文件》和设计图纸的技术要求。

7) 审查措施费项目清单是否跟施工组织设计和施工方案相配套。

8) 提出各投标人投标报价的复核和评价意见，出具《投标报价复核和分析报告》，供建设单位在确定中标单位时参考。

（9）拟定合同工程造价条款

1) 协助建设单位优先选定和使用标准或示范合同文本，拟定合同工程造价控制主要条款。

2) 合同工程造价控制主要条款：

① 工程量计量程序、时间和方法。

② 新增项目和新增材料的单价确定原则。

③ 设计变更、现场签证、工程索赔的审批程序和要求。

④ 工程进度款的支付方式、节点和比例。

⑤ 施工期间缩短和延长工期相应的奖惩措施。

⑥ 过程结算审核的程序和时限。

⑦ 竣工结算审核的程序和时限。

⑧ 质量保证金扣除比例和返还。

⑨ 违约责任及违约责任的赔偿方式和索赔时效。

3) 考虑设备材料的品牌、品质与价格的关联度，在合同中约定材料设备的供应与结算方法。

4) 明确计价方式及风险分担方式，合理设定合同范围及界面，明确各方权利和义务。

5) 严格按中标价格签约，保持中标单位商务报价与合同价的一致性，确保招标投标的严肃性和公正性。

6) 协助建设单位与工程总承包（EPC）单位进行合同价格谈判。

7) 严格合同管理程序，避免由于合同未明确或不严密等原因，而造成工程造价失控或扯皮现象。

8) 做到合同条款定义清楚准确，双方工程责任的界限清晰、工程造价计算完整、费用计算依据明确，具有实际可操作性。

4. 工程施工阶段

（1）工作内容

1) 编制施工阶段建设资金使用计划。
2) 监控施工图设计投资控制。
3) 审查施工组织设计和施工方案的经济性。
4) 隐蔽工程跟踪管理。
5) 工程量计量。
6) 工程进度款支付审核。
7) 主要材料设备询价与核价管理。
8) 工程变更管理。
9) 现场签证管理。
10) 工程索赔管理。
11) 过程结算审核。
12) 工程总承包合同工程造价管理。
13) 工程造价动态管理。

（2）工作要求

1) 制定建设项目施工阶段工程造价咨询管理制度，明确管理程序和管理责任。

2) 编制施工阶段工程造价咨询的工作计划，确定各专业的工程造价控制重点。

3) 对工程投资控制目标进行分解，分解为各分部分项工程投资控制目标。

4) 根据《工程总承包（EPC）合同》中有关工程造价的约定，调整工程投资控制目标，完善施工阶段建设资金使用计划。

5) 做好施工阶段的工程造价跟踪管理，对工程造价进行跟踪、分析、纠偏、调控等动态管理。

6) 定期向建设单位报告施工阶段工程造价变化和工程款支付情况，及存在问题和应对措施建议。

7) 监控施工图设计投资控制，防止违反合同约定和降低设计标准。

8) 从控制工程投资的角度审查施工组织设计和施工方案的经济合理性，选择技术上可行、经济上合理的施工方案进行施工。

9) 参与重大专项施工方案的技术经济审查和论证，提出优化建议。

10) 负责对施工单位上报的每月（期）完成工作量月报进行审核，并提供当月（期）付款建议书。

11) 加强施工过程中设计变更、现场签证和工程索赔的管理，严格按合同的约定和程序，及时处理好工程变更、现场签证和工程索赔事宜。

12) 根据合同履行过程中工程投资的变动情况，定期或不定期对投资计划值与实际值进行动态分析和比较，必要时调整工程投资计划目标。

13) 分阶段对已完成的分部、分项或单位工程进行过程结算审核，汇总过程结算内容，作为最后工程竣工结算基本依据。

14) 提供材料设备的询价和核价建议，涉及人工、材料、机械等工程造价控制服务。

15) 建立建设项目的合同管理台账，编制工程投资目标值动态对比表，实施全程动态合同监管。

16) 对施工阶段工程造价管理进行风险分析和技术经济指标分析，形成《工程造价动态管理分析报告》，供建设单位作为工程投资决策参考。

（3）工作程序

工程施工阶段工程造价咨询流程，如图 9-5 所示。

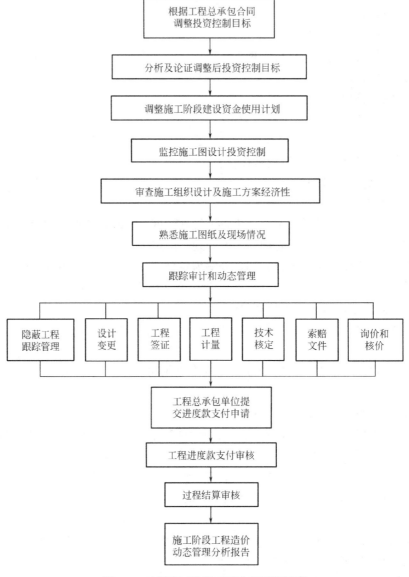

图 9-5　工程施工阶段工程造价咨询流程

(4) 调整施工阶段建设资金使用计划

1) 根据合同价款的约定及建设项目实施计划,调整建设项目施工阶段建设资金使用计划。

2) 施工阶段建设资金使用计划应与工程进度计划、过程结算时间及节点、工程款支付时间及节点、竣工结算时间和最终结清时间保持一致。

3) 遵循由粗到细、由远及近、逐期调整的原则,调整施工阶段建设资金使用计划,满足施工阶段建设资金使用和工程投资控制的要求。

4) 协助建设单位合理安排建设资金使用计划,分阶段提前告知建设单位建设资金使用计划内容,并落实建设资金来源,严格按计划办理。

5) 加强建设资金使用管理,要保证工程建设有足够的资金,不至于因建设资金不足或提供不及时而影响工程建设进度。

6) 编制施工阶段建设资金使用计划注意事项:

① 建设资金使用计划应根据建设项目进度计划,参照初步设计概算或投资控制目标编制,并结合已签署的《工程总承包(EPC)合同》约定,适时作出调整和更新。

② 与投资决策阶段编制的建设资金使用计划相比较,如存在较大偏差,则应分析产生偏差原因,并向建设单位提出调整建议。

③ 当期建设资金使用计划中,对于可相对准确预期的近期资金流,可采用按月计算周期为单位,对于中远期的资金流可适当增加以季计算周期为单位。

④ 当合同价款与工程投资控制目标出现较大偏差时,应及时调整建设资金使用计划。

⑤ 根据建设项目施工组织设计调整和建设单位建设资金状况,适时调整建设项目资金使用计划。

(5) 监控施工图设计投资控制

1) 工程总承包(EPC)单位应在批准的初步设计和初步设计概算范围内,进行施工图设计。

2) 施工图设计必须满足《工程总承包(EPC)合同》《建设标准说明》和工程设计标准规范的规定。

3) 督促工程总承包单位按建设项目的技术特点和建设单位的要求,按时完成施工图设计文件,并对完成的施工图设计文件进行初步复核。

4) 按施工图设计文件的出图计划,及时审核施工图分部分项工程投资情况。

5) 与初步设计概算进行比较,及时发现可能突破投资控制目标的分部分项工程,并作出相应修正或调整。

6) 根据施工图图纸,细化分部分项工程投资控制目标值,为施工阶段的工程投资控制做好准备。

7) 施工图设计文件完成后,组织专业技术人员进行复核,查找设计中存在的不足和错误,及时调整和修改施工图设计文件。

8) 尽量减少边设计、边施工、边变更的情况发生,因施工图纸设计缺陷产生的费用索赔,工程总承包单位承担全部责任。

9) 对施工图纸设计中工程造价出现的疑问,应及时与工程总承包单位沟通,直至问题解决。

10) 分析施工图设计中存在的工程投资风险,制定风险管理措施,编制施工图设计的投资风险管理报告。

11) 参加施工图纸交底和图纸会审,在确保施工图设计进度和质量,满足建设项目的需要的前提下,提出有利于工程造价控制的合理化建议。

12) 在施工过程中,如发生设计变更,应及时进行工程造价分析和对比,向建设单位提供设计变更的工程投资偏差分析,提供投资决策依据。

13) 若发现与建设项目有关的城市规划和周边环境等发生变化,需进行重大设计变更的,应提出技术和经济变更方案,及时报建设单位批准。

(6) 施工组织设计及施工方案经济性审查

1) 对施工组织设计进行评估,审查有无因施工组织设计问题而增加工程造价内容,对施工进度、工艺、方案提出合理化建议,进一步优化施工组织设计。

2) 对施工组织设计中施工方案及施工工艺进行经济分析,审查无因施工方案和施工工艺问题直接影响工程造价的内容。

3) 在保证工程质量和工程进度要求的前提下,对施工方案及施工工艺提出合理化建议,进一步优化施工组织设计,可有效降低工程造价和控制工程投资。

4) 协助建设单位组织经济和技术专家对重大施工方案进行经济性审查,做好经济和技术论证及优化。

5) 对多种可能的施工方案进行技术优化和比选,选择最经济合理和科学可行的施工方案,作为最终实施的施工方案。

6) 在保证施工方案技术可行和安全可靠的前提下,运用现代成本管理理念,协助建设单位择优选经济合理、技术先进的方案。

7) 对应用于建设项目中的新技术、新工艺、新材料、新设备等,要进行事前工程造价测算,比较其性价比,尽可能地减少工程造价增加。

(7) 隐蔽工程跟踪管理

1) 对重点部位和隐蔽工程的施工过程要进行工程造价跟踪管理,做好现场记录,隐蔽工程隐蔽前,需经工程造价咨询部核验后方可隐蔽。

2) 对重点部位和隐蔽工程涉及工程造价影响较大的部位,要进行施工现场直观的影像记录和书面隐蔽记录,以备事后工程造价审核时查证。

3) 重点查看施工方案和施工工序是否严格按照设计图纸、规范及标准实施,有关隐蔽工程的签证内容是否属实,工程量计量是否正确。

4) 重点查看工程竣工结算审核时容易产生分歧的隐蔽工程。如土方回填、预埋工程和排水管道等所用材料,是否与施工图纸和标准规范要求一致。

5) 隐蔽工程的工程量应在完成经质量验收合格后,在工程隐蔽前计量确定。

6) 在隐蔽工程掩蔽前,应提醒建设单位通知参建单位及时、准确、完整地确认隐蔽工程的工程量。

7) 隐蔽工程完成并经工程质量验收合格后,进行现场工程量测量,并经参建各方书面确认,避免发生工程隐蔽后,对工程量确认产生分歧。

8) 对新发生的工程项目单价,必须在隐蔽工程实施前洽谈确定,减少争议,以利于工程造价控制。

(8) 工程量计量

1) 收集与熟悉施工图纸、设计变更、工程签证及洽商、经审批的施工组织设计及各种专项施工方案、工程索赔报告等工程量计量资料。

2) 根据《工程总承包（EPC）合同》中有关工程量计量的约定，审核工程量计量申请报告，重点审核所涉及工程变更及工程索赔的工程量。

3) 进行实地工程量计量和核对已完成实际工程量时，要做到不超验、不漏验、不重验，保证所报验的各分部、分项工程质量合格。

4) 对报验资料不全的、与合同约定不符的、未经工程质量验收合格的工程量，一律不予计量。

5) 根据工程量计量管理制度和合同约定，向建设单位提交《工程量计量审核报告》。

6) 工程量结果确认后，按工程总承包合同约定，组织完成过程结算审核，并出具过程结算审核报告。

7) 按合同计算工程总承包单位每期应得的中期款额，出具工程款支付意见。

8) 在合同工程量清单的基础上，结合现场实际的工作量进行中期付款审核，避免因工程总承包单位虚报工作量而发生超前支付的可能。

9) 建立健全工程量计量台账，每月与工程总承包单位核对结算一次已完成工程量，工程量核对结算完成后，要向建设单位提交分期结算单。

10) 工程量计量流程，如图9-6所示。

(9) 合同工程款支付审核

1) 根据《工程总承包（EPC）合同》中有关合同工程款支付节点和时间的约定，审核工程款支付申请。

2) 根据《工程总承包（EPC）合同》的约定，确定本期应付合同工程款金额，并向建设单位提交合同工程价款支付审核意见。

3) 合同工程款支付审核内容如下：

① 合同工程总价款。

② 期初累计已完成的合同工程款及其占总价款比例。

③ 期末累计已支付的合同工程款及其占总价款比例。

④ 本期合计完成的合同工程款及其占总价款比例。

⑤ 本期合计应扣减的金额及其占总价款比例。

⑥ 本期实际应支付的合同工程款及其占总价款比例。

⑦ 其他说明及建议。

4) 建立合同工程款支付台账，定期编制《合同工程款审核和支付情况表》，报建设单位审核。

5)《合同工程款审核和支付情况表》内容如下：

① 当前累计已付合同工程款金额。

② 当前累计已付合同工程款比例。

③ 未付合同工程款余额。

④ 未付合同工程款比例。

⑤ 预计剩余合同工程款金额。

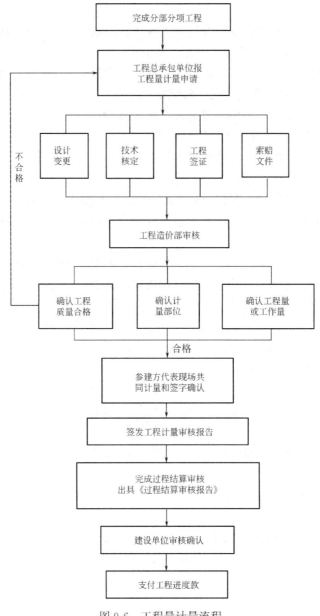

图 9-6 工程量计量流程

⑥ 预计工程总用款与合同工程款的差值。

⑦ 产生较大或重大偏差的原因分析等。

6) 若发生了严重工期延误事件，按合同约定，在各期工程款支付金额中体现工期延误扣款金额。

7) 及时提示建设单位按照合同约定的支付时间、支付比例、支付程序和支付方式，向工程总承包单位支付合同预付款或工程进度款。

8) 工程进度款支付审核流程，如图 9-7 所示。

(10) 主要材料设备询价与核价

1) 负责主要材料设备、新型材料设备及专业工程等市场价格的询价与核价工作，通

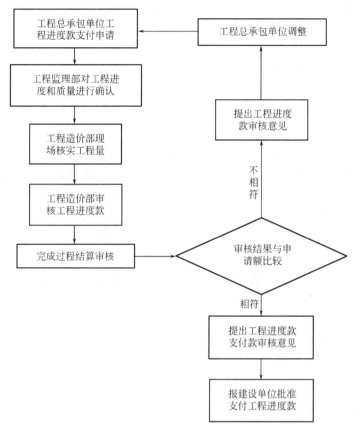

图 9-7 工程进度款支付审核流程

过市场调查获取的价格信息,出具相应的价格咨询报告。

2) 对建设项目中拟采购和使用的主要材料设备,应提前告知建设单位,以便于留出充裕的时间进行材料设备询价和核价工作,保证建设项目顺利实施。

3) 对招标采购材料和设备,应通过对三家及以上同等档次并符合要求的材料和设备供货商进行询价和比价,提供询价与核价审核意见。

4) 对非招标采购材料设备,进行市场询价和比价工作,提供有关材料设备市场价格信息,协助建设单位进行采购谈判和确认材料设备价格。

5) 在建设单位确认的材料、品牌、厂家、型号、材料等级的基础上,确定询价与核价的方式,进行市场价格调查,提供材料设备价格建议。

6) 对新材料、新技术、新工艺的应用性能和价格等,应进行市场调查和跟踪记录。

7) 对特殊材料和工艺的施工费用进行测算,为建设单位作出决策提供参考意见。

8) 对因工程变更引起已标价工程量清单项目、工程数量变化、专业工程暂估价、材料设备暂定价等进行询价或核价。

9) 完成询价或核价工作,编写市场价格调查记录,出具询价或核价报告。

(11) 工程变更

1) 工程变更是确保工程设计和施工质量,完善工程设计和施工技术,纠正工程设计错误或不足,满足现场条件变化而进行的设计和技术修正工作。

2) 工程变更应以书面方式发出,工程监理负责协调,工程总承包单位按工程变更要求组织实施。

3) 工程变更原则如下:

① 确属原工程设计不能保证质量、设计遗漏和设计错误、设计与现场施工条件不符,无法施工非改不可的。

② 工程变更的内容不应变动太大,应确保在技术上可行,经济上合理。

③ 工程变更的施工工艺不宜太复杂,对工程进度和工程投资不产生较大影响。

④ 工程变更的内容不能影响建设项目使用功能和降低工程质量标准。

⑤ 对工程变更的内容应做好详细记录,详细说明原工程设计和技术情况、工程设计和技术变更的原因和内容,以及工程变更对其他专业工程的影响。

⑥ 如因工程变更而增减的工程造价,应严格按工程投资控制的审批程序办理。

4) 制定适合建设项目特点的工程变更管理流程和方法,明确分工,尽可能减少管理界面。

5) 分析工程变更对工程造价的影响,从多方案变更中优选出技术可行、经济合理的工程变更方案。

6) 工程变更原因如下:

① 修改技术工艺和技术参数。

② 增减工程内容。

③ 改变使用功能。

④ 设计错误或遗漏。

⑤ 提出合理化建议。

⑥ 施工中产生错误。

⑦ 拟使用材料品种改变。

⑧ 施工现场条件发生变化。

⑨ 工程地质勘察资料不准确引起的修改。

7) 工程变更内容如下:

① 取消合同中任何一项工作,但被取消的工作不能转由发包人或其他人实施。

② 改变合同中任何一项工作的质量或其他特性。

③ 改变合同工程的基线、标高、位置或尺寸。

④ 改变合同中任何一项工作的施工时间或改变已批准的施工工艺或顺序。

⑤ 为完成工程需要追加的额外工作。

8) 按合同约定对工程变更进行审核,当合同未约定或约定不明时,应按有关规定执行。

9) 组织审查工程变更申请,对工程变更费用及工期影响做出评估,提出审查意见。

10) 对工程变更的工程造价进行测算及审核,组织建设单位和工程总承包单位共同协商一致,确定工程变更工程造价,按规定程序办理工程变更手续。

11) 只有参建单位的项目负责人是其合法的授权委托人,其签字或授权签字才具备合法性。

12) 由于在初步设计时难以考虑或不可预见的原因导致的工程变更,提出工程变更意见,报建设单位审核。

13）对工程变更进行分析和论证，协助建设单位审核工程变更的真实性和合理性。

14）工程变更审核要点：

① 合法性审核。审核工程变更内容确实不属于合同内工作范畴、不与其他已有变更内容重复、不属于因工程总承包单位自身原因造成的工程变更。

② 真实性审核。审核有关工程变更工程量、材料价格是否符合市场实际行情。

③ 程序性审核。审核是否存在"先实施、后变更、再签字"的现象，是否按规定程序办理，工程变更的审批手续是否齐全。

④ 合理性审核。审核涉及工程造价和工期变化的工程变更，是否进行工程造价合理性和工期影响评价。

15）由于施工图设计失误的设计变更，导致费用增加，增加费用由工程总承包单位承担。

16）由于工程总承包单位施工管理不善或为弥补施工造成的错误和不足而补充设计，从而导致的工程变更，由此造成的增加费用由工程总承包单位承担。

17）在工程变更确认前，由工程总承包单位发起工程变更费用申请，工程造价咨询给出工程变更费用审核意见，最终由建设单位审核确定。

18）根据工程总承包合同的约定，对有效的工程变更进行审核，计算工程变更引起的工程造价变化，并计入当期工程进度款。

19）认为工程变更签署不明或有疑义时，可要求相关单位予以澄清。

20）工程变更应"一事一议"，既要严禁通过拆分工程变更规避监管，也要严禁将不同原因的工程变更视为同一个工程变更事项发起洽商。

21）工程变更和签证流程，如图9-8所示。

（12）工程签证

1）工程签证是指除施工图纸所确定的工程内容以外，在施工现场实际发生的工程量，应按合同约定予以计量和支付的内容。

2）工程签证内容：

① 零星用工。

② 零星工程。

③ 临时设施增补项目。

④ 隐蔽工程签证。

⑤ 窝工，非承包单位原因停工造成的人员、机械的经济损失。

⑥ 议价材料价格的认价单。

⑦ 停水、停电签证，非承包单位原因停工造成的工期延误。

3）按工程总承包合同约定，对工程签证进行审核，当合同未约定或约定不明确时，应按有关规定执行。

4）严格执行工程签证的管理制度和管理程序，明确有关人员的职权和分工，确保工程签证的真实准确，杜绝不实及虚假工程签证的发生。

5）只有各参建单位的项目负责人是其单位合法的授权委托人，其签字或授权签字才具备合法性。

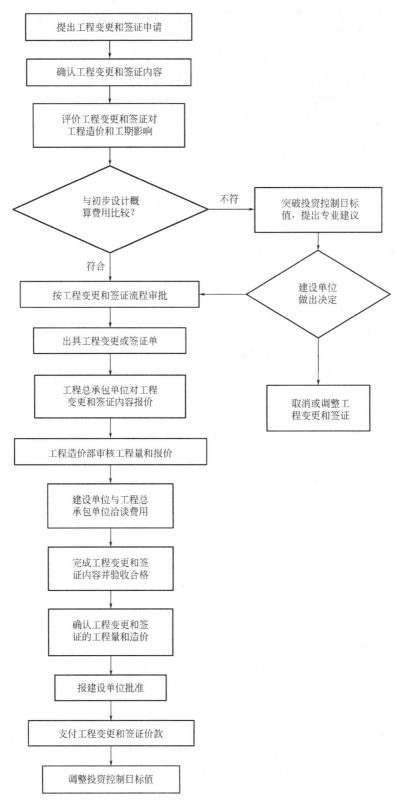

图 9-8 工程变更和签证流程

6）审查工程总承包单位提出的工程签证申请，对工程签证费用及工期影响做出评估，提出审查意见。

7）工程签证审核要点：

① 合法性审核。书面工程签证应由甲方、乙方和工程监理三方代表现场核实并签字确认，工程签证内容应与原始测量记录、影像资料内容一致。

② 真实性审核。审核工程签证内容确实不属于合同内工作范畴、不与其他已有签证内容重复、不属于因工程总承包单位自身原因造成的工程签证。

③ 程序性审核。审核是否存在"先实施、后签证、再办理"的现象，是否按规定程序办理，工程签证的审批手续是否齐全。

④ 合理性审核。审核涉及工程造价和工期变化的工程签证，是否进行工程造价合理性和工期影响评价。

8）在工程签证确认前，对其可能引起的费用和工期变化，提出合理建议。

9）组织建设单位和工程总承包单位共同协商，确定工程签证费用及工期变化，对工程签证的价款进行测算，按规定程序办理工程签证单。

10）根据工程总承包合同的约定，对真实有效的工程签证进行工程造价审核，计算工程签证引起的工程造价变化，并计入当期工程进度款。

11）强调办理工程签证的及时性，工程签证的内容描述要客观准确。

12）工程签证资料要齐全有效，杜绝签注"情况属实"之类的马虎字眼。

13）工程变更和签证流程，如图9-8所示。

（13）工程索赔

1）工程索赔是指在合同履行过程中，合同当事人一方因非己方原因而造成损失，按合同约定应当由对方承担责任，从而向对方提出补偿的要求。

2）根据对合同条款分析和管理经验，预测可能出现的索赔事件，制定预防措施。

3）对可能出现的索赔事件向建设单位提出索赔或反索赔的建议，保障建设单位权益不受侵害。

4）收到工程索赔申请报告后，应依据合同处理工程索赔的约定，在合同约定的时间内予以审核。

5）工程索赔的审核应遵循以下原则：

① 审核索赔事项的时效性和有效性。

② 审核索赔理由的真实性和正当性。

③ 审核索赔资料的全面性和完整性。

④ 审核索赔依据的关联性和因果性。

⑤ 审核索赔工期和费用计算的准确性。

6）收集与索赔有关的工程资料，审查工程总承包单位提出索赔申请内容，对工程索赔造成的工程造价及工期影响进行评价。

7）对工程索赔的费用和工期进行测算及审核，在与建设单位和工程总承包单位协商一致后，在合同约定的期限内，签发费用索赔报审表，并报建设单位批准。

8）对工程索赔费用和工期审核后，应在签证单上签署意见或出具索赔审核报告。

9）索赔审核报告内容如下：

① 索赔事项和要求。
② 审核范围和依据。
③ 审核引证的相关合同条款。
④ 索赔费用审核计算方法。
⑤ 索赔费用和工期审核详细计算过程。

10) 分析导致工程索赔产生的原因,提前做好预测和评估,并采取防范措施,通过对合同条款的精细化管理,防止引起工程索赔的干扰事件发生。

11) 对已发生的干扰事件应及时采取措施,以有效降低影响和损失,避免或减少索赔。

12) 参与工程索赔的处理过程,审查工程索赔报告,反驳工程总承包单位不合理的索赔要求或索赔要求中不合理部分。

13) 建议建设单位接受合理的索赔要求,协助双方尽可能地协调处理,使工程索赔得到圆满解决。

14) 对工程索赔事项的审核要点:
① 对已经发生的索赔事项,要及时做好记录,收集证据,力争将索赔损失降至最低。
② 对因工程总承包单位的过错而引起的工程质量缺陷、工期延误等造成损失的,应及时搜集工程资料,固定索赔证据,提出反索赔报告。
③ 对可能引起索赔的事项进行重点跟踪,及时提供相关工程咨询建议,以力求避免索赔事件的发生。

15) 工程索赔处理流程,如图 9-9 所示。

(14) 过程结算

1) 过程结算也称分段结算,是指在建设项目实施过程中,发包承包双方依据工程总承包合同的约定,对工程结算周期内完成的工程内容,开展工程质量验收、合同价款计算、确认及支付工程款的计价活动。

2) 过程结算原则上是将分阶段完成,且通过工程质量验收合格的工程内容,同步完成工程款结算审核和支付,即把工程竣工结算审核和支付工程款活动,分解到合同约定的工程施工形象进度的节点之中。

3) 根据建设项目的特点、施工周期、标段划分、分部、分项和分专业工程等形象进度分段结算。

4) 按施工形象进度节点的划分,确定过程结算节点,做到与工程进度款支付节点相衔接。

5) 确定过程结算节点:
① 工程规模较大的,以单位工程、分部分项工程完成后,作为过程结算节点。
② 工程划分标段的,以划分标段工程内容完成后,作为工程施工过程结算节点。
③ 分部分项工程规模较大的,以完成分部分项工程节点或时间节点,作为过程结算节点。
④ 相对独立的专业工程,以完成工程功能内容或专业工程作为过程结算节点。

6) 根据过程结算节点的工程量与工程进度款支付情况,会同建设单位办理工程过程结算,并出具过程结算审核报告。

9 运河湾公园项目专项工程咨询

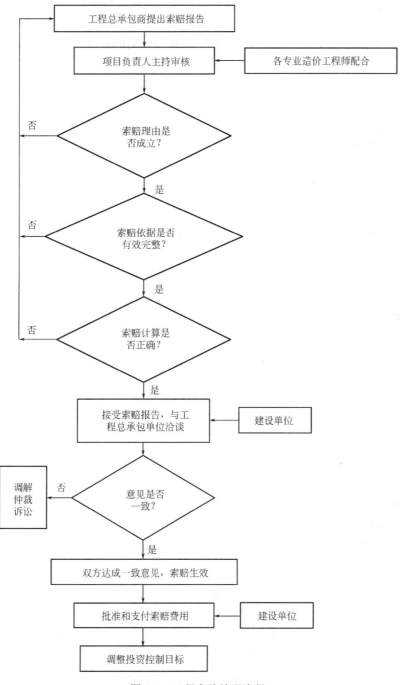

图 9-9 工程索赔处理流程

7) 通过过程结算，分析引起工程价款调整的原因，及时发现实施过程中存在的问题与不足，并采取补救措施，把工程投资控制在批准的范围内。

8) 过程结算审核出具的成果文件是工程竣工结算审核内容的重要组成部分，竣工结算时，原则上不再对已完成过程结算部分进行重复审核。

9) 建设项目全部完成，经竣工验收合格后，工程总承包单位提交包括过程结算在内的工程竣工结算报告。

10) 建设单位应按照工程总承包合同约定的程序、时间进行审核和确认，出具工程结算审核报告。

(15) 工程总承包合同造价管理

1) 做好合同交底工作，以书面与口头结合的形式，对影响建设项目工程造价的主要合同条款等内容，向工程总承包单位进行合同交底。

2) 合同交底内容如下：

① 工程造价：合同价款、计价方式、调价依据及方式。

② 风险分担：风险范围、风险系数。

③ 合同工期：工期顺延条件、工期提前和延误的奖罚。

④ 工程款支付：工程预付款的支付要求、进度款支付节点和支付周期、申请和审核时间、代扣款方式、履约保证金形式和返还及增值税发票等。

⑤ 影响工程造价因素：工程变更、工程签证、工程索赔的审批流程及要求。

⑥ 过程结算：结算方式、节点和要求。

⑦ 竣工结算：结算方式、时间和要求。

⑧ 合同工程款结清流程和要求。

3) 建立合同定期检查和沟通机制，检查合同的执行和落实情况，对合同履约情况实施动态管理。

4) 建立合同管理台账及时掌握影响工程造价及工期变化的相关信息。

5) 按合同约定对工程索赔进行评估，及时告知建设单位，尽快解决合同纠纷，保障合同顺利履行。

6) 当建设项目合同终止时，协助建设单位进行合同终止谈判，并进行终止结算。

(16) 工程造价动态管理

1) 市场价格的浮动是工程造价动态管理的最主要因素，及时掌握各种材料的现行价格，采用合同约定的材料价差调整方法进行调价，以达到对工程造价的动态管理。

2) 收集涉及建设项目投资的人工、材料、机械的市场价格动态信息及有关计价标准规范和政策文件。

3) 加强与建设项目参建各方的联系与沟通，及时准确掌握影响建设项目工程造价动态变化的信息。

4) 对可能发生的重大工程变更，及时做出对工程造价影响的分析和预测，将可能导致工程造价发生重大变化的情况，及时告知建设单位。

5) 对建设项目的工程造价进行动态管理，按期向建设单位提交《工程造价动态管理报告》。

6) 《工程造价动态管理报告》内容如下：

① 建设项目批准初步设计概算金额。

② 建设项目投资控制目标值。

③ 已签订合同名称、编号和合同价款。

④ 本期前累计已发生的工程变更和签证工程造价。

⑤ 本期前累计已支付的工程款数额及占合同价款比例。
⑥ 本期前累计工程造价与批准设计概算的差值。
⑦ 主要偏差情况及产生偏差的原因分析。
⑧ 合同约定的市场价格波动对工程造价的影响分析。

7) 编制《工程造价动态管理报告》周期，通常以月度、季度、半年度、年度为单位，及时报送建设单位。

5. 工程竣工阶段

(1) 工作内容：
1) 竣工结算审核。
2) 竣工决算编制。
3) 保修期修复费用审核。
4) 工程款最终结清。

(2) 工作要求：
1) 根据服务合同约定、工程进度情况和建设单位要求，编制工程竣工阶段工程造价咨询工作计划。
2) 组织工程竣工结算审核，编制工程竣工结算审核报告，并进行工程技术经济指标分析。
3) 进行建设项目投资计划值与实际值的比较，编制《工程投资和造价控制报告》。
4) 编制工程竣工决算报告，报送相关主管部门审查或备案，配合工程竣工决算审计工作。
5) 审核缺陷责任期的修复费用，协助建设单位最终结清工程款。

(3) 竣工结算审核
1) 竣工结算发生在工程竣工验收阶段，是在建设项目全部施工内容已完成，工程质量经验收合格后，对其实际的工程造价进行审核与结清。
2) 根据服务合同约定、工程进度情况和建设单位要求，编制工程竣工结算审核工作计划。
3) 在建设项目确定竣工验收合格或交付使用后，工程总承包单位提交竣工结算书及有关资料。
4) 根据工程总承包合同约定和有关标准规范规定，对工程竣工结算进行审核。
5) 工程竣工结算审核的依据、方法、成果文件格式和质量要求，应符合合同约定和标准规范规定。
6) 依据有关法律法规、标准规范、计量规则、计价定额及工程竣工结算资料，进行竣工结算审核。
7) 工程竣工结算审核提供资料如下：
① 批准文件：建设项目可行性研究报告及批复文件、初步设计概算及批准文件。
② 招标文件：招标文件、初步设计图纸、技术标准、建设标准说明、招标答疑和修改记录、初步工程量清单和招标控制价。
③ 投标文件：中标通知书、投标文件（含详细报价内容）、技术标的施工组织设计等。
④ 合同文件：工程总承包合同、会议纪要、洽谈记录、补充合同或补充协议书等。

⑤ 设计文件：初步设计图纸、施工图纸、设计变更图纸、设计变更签证单、技术核定单、设计交底记录、图纸会审记录、工程竣工图纸等。

⑥ 施工文件：开工报告、经批准的施工组织设计和专项施工方案、工程签证、施工记录、隐蔽工程验收资料、工程联系单、工期延期或延误联系单、会议纪要、工程竣工验收单、工程质量创优和标化工地评定文件等。

⑦ 材料设备文件：进场主要材料和设备的采购合同、验收和检验记录。应包含材料设备的名称、规格、型号、厂家、单位、发票及购买合同等有效凭证等。

⑧ 结算文件：工程量计算书、工程竣工结算书及计算明细，并提供电子版文件。

⑨ 其他文件：安全文明施工措施费考评表、工期和质量奖励费计取证明材料等。

⑩ 与工程竣工结算的有关资料。

8）通过现场实地踏勘、工程量复核和工程造价计算，对已完成的工程量计量、工程要素价格、计价依据及规费计算等进行核实和确定。

9）工程变更和现场签证的工程造价审核，应以工程总承包合同的约定为基本依据，按规定程序办理，按实际发生工程量计算工程造价。

10）采用固定总价合同的，工程竣工结算审核应在合同总价基础上，对合同约定可调整的变化内容及针对超过合同约定范围的风险因素调整的审核。

11）工程竣工结算审核要点：

① 竣工结算的内容是否真实、完整、合法，是否与合同约定的工程内容完全一致。

② 竣工结算的价款是否真实、准确，有关主要材料设备价格、取费标准、执行的计价文件和选用的定额版本是否合理、合规。

③ 工程变更和现场签证内容是否真实，有关项目增减、工程量计算、综合单价、取费标准是否准确，是否存在重复计费情况。

④ 工程总承包单位是否在规定（或合同约定）的时间内提供完整的工程竣工结算资料，是否发生迟报、漏报、补报事项，有关审批手续是否完善。

12）核对工程量。是否完成合同约定的全部工程量直接关系到合同工程造价，核对工程量是审核工程竣工结算的重要内容。

13）核对工程量注意事项：

① 核对工程量应按照竣工图计算的工程量与按照施工图计算的工程量是否一致。

② 现场核对实际完成工程量与工程竣工结算工程量是否一致。

③ 核对工程量计算公式与计价规范的工程量计算规则是否一致。

④ 审核有无虚报、瞒报工程竣工结算内容的情形。

⑤ 审查有无重复计算工程量的情形。

14）审核增减工程内容。工程变更和现场签证等增减工程内容，与现场情况是否完全一致，提供的工程变更和现场签证资料是否合法有效。

15）审核综合单价。审查竣工结算工程内容与实际实施工程内容是否完全一致，按照合同约定的换算方法，换算单价或市场价是否合理。

16）审核取费标准。工程取费标准要按合同约定和建设项目所在地的工程类别标准计算，重点审核取费标准是否符合当地有关政策规定。

17）在工程竣工结算审核过程中，如发现竣工图纸、工程变更、现场签证等与实际事实不符的，应建议发承包双方进行书面澄清，并据实进行调整，同时应将相关问题写入竣工结算审核报告。

18）对合同未明确或未约定事宜、需要澄清的疑问等，可召开工程竣工结算审核专题会议，组织有关各方进行充分协商，解决分歧或争议，会议纪要经参会各方签署之后，可作为工程竣工结算的依据。

19）出具的工程竣工结算审核报告应由建设单位、工程总承包单位、工程造价咨询单位等相关方共同签署确认，作为工程款结算和支付的依据。

20）工程竣工结算审核流程如下：

① 接收工程总承包单位提交的竣工结算审核资料，收集和整理与有关的工程竣工结算审核依据资料。

② 对送审工程竣工结算资料的完整性和合规性审查，对工程竣工结算资料中的存在问题，提出书面整改意见及补充要求。

③ 熟悉建设项目施工图纸和竣工图纸、工程总承包合同内容、工程量计算规则等工程竣工结算依据资料。

④ 采用按图计量、按规计价、按标计费等，进行计量和计价审核，完成工程竣工结算初步成果。

⑤ 通过现场踏勘核实、实地测量复查、书面澄清问题等审核方法，了解现场和过程情况，弥补工程竣工结算资料的缺陷和不足。

⑥ 出具工程竣工结算审核初审意见稿及明细表，在征求建设单位意见后，进行修改和调整。

⑦ 与工程总承包单位对量、价、费等逐项进行核对，对无异议内容进行确认。

⑧ 针对分歧和争议问题与相关各方交换意见，必要时，召开工程竣工结算审核专题会议，组织各方进行协商，解决分歧或争议。

⑨ 相关各方参加工程竣工结算审核专题会议，澄清分歧或争议问题，提出补充的依据性资料和必要的弥补性措施，形成各方意见一致的会议纪要。

⑩ 按会议纪要内容，结合补充的依据性资料，对工程竣工结算进行调整。

⑪ 组织合同双方当事人针对工程竣工结算审核过程中的分歧交换意见，协商处理。

⑫ 通过协商达成一致意见后，建设单位、工程总承包单位和工程造价咨询单位等三方在《工程竣工结算核定单》签字确认。

工程竣工结算审核流程，如图 9-10 所示。

⑬ 编制并出具《工程竣工结算审核报告》。

⑭ 对工程竣工结算资料和过程资料进行收集和整理，按档案管理规定和立卷规则，汇总组卷、编号、装订成册，统一管理。

21）工程竣工结算审核应在合同约定时间内完成，出具《工程竣工结算审核报告》，并协助建设单位履行工程竣工结算报有关部门审计工作。

22）在工程竣工结算审核的基础上，将有关工程造价资料及分析结果汇总，并建立专业工程数据库，为后续工程提供参考。

23）会同全过程工程咨询各部门，总结本建设项目工程造价控制过程中存在的经验和教训，提出工作改进方案，提高工程造价咨询质量的管理水平。

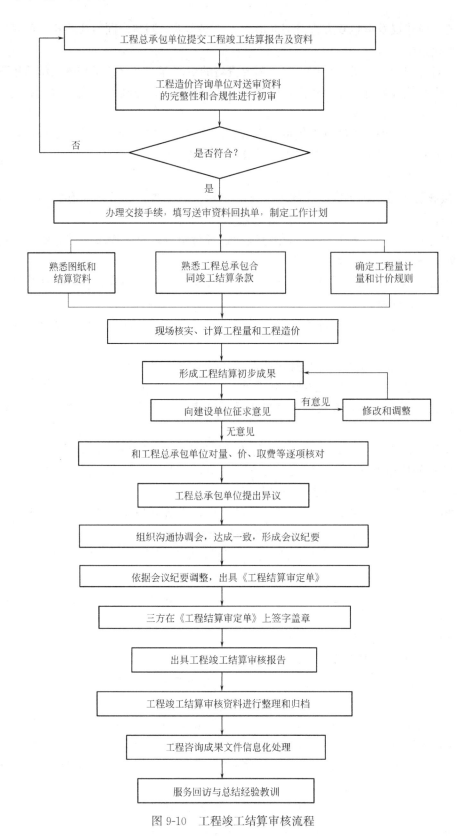

图 9-10 工程竣工结算审核流程

(4) 竣工决算编制:

1) 竣工决算是在建设项目全部完成并通过竣工验收合格后,建设单位对整个建设项目从筹建到竣工交付的实际工程投资,所做的财务汇总。

2) 竣工决算编制应遵循合法性、全面性和有效性的基本原则,确保竣工决算文件的完整性、逻辑性、真实性和准确性。

3) 竣工决算的编制依据、编制方法、成果文件的格式和质量要求,应符合现行的建设项目工程竣工决算编制规范的要求。

4) 竣工决算应综合反映已竣工验收的建设项目,从筹建开始至竣工交付使用为止的全部工程建设费用、投资效果以及新增资产价值。

5) 竣工决算是由竣工财务决算说明书、竣工财务决算报表、工程竣工图和工程竣工造价对比分析表等四部分内容组成。

6) 建设项目竣工决算编制条件:

① 经批准的初步设计所确定的工程内容已全部完成。

② 建设项目工程竣工结算已完成。

③ 收尾工程投资和预留费用不超过规定的比例。

④ 涉及法律诉讼和工程质量纠纷的事项已处理完毕。

⑤ 其他影响工程竣工决算编制的重大问题已解决。

7) 收集和整理有关工程竣工决算依据资料:

① 项目建议书、可行性研究报告及批复文件。

② 初步设计文件和初步设计概算书及批复文件。

③ 施工图设计文件及施工图审查意见。

④ 设计交底和图纸会审资料。

⑤ 工程总承包合同及洽谈文件。

⑥ 设计变更、现场签证及工程索赔文件。

⑦ 主要材料和设备调价文件及记录。

⑧ 工程竣工验收档案资料。

⑨《工程竣工结算审核报告》。

⑩ 财务结算及批复文件等相关资料。

8) 编制工程竣工决算工作内容:

① 对合同台账和会计账簿进行全面梳理,核实建设项目真实投资数额。

② 对移交的财产物资进行盘点和核实,全面清查和清理账务和债务,盘点固定资产,结算工程价款。

③ 移交固定资产必须达到合同约定的质量验收标准,并按规定办理固定资产移交,移交手续要齐全。

④ 清理与建设项目有关的债权和债务,按照合同约定的比例预留工程质量保修金,并进行账务处理。

⑤ 对各阶段工程投资和建设资金使用与建设资金使用计划进行核对,核实建设资金来源和使用情况。

⑥ 建设资金要专账核算和专款专用,账务核算要规范、准确和全面,核查有无挤占

和挪用、超进度和比例支付等违规情况。

⑦ 竣工决算报表反映的数据和情况要真实、准确和全面，应与竣工结算审核、有关合同的金额相一致。

⑧ 竣工决算报告应在建设项目竣工验收或交付使用后，在规定的时间内完成。

9）填写工程竣工决算报表，编写工程竣工决算说明书，出具《建设项目竣工决算报告》。

10）上报《建设项目竣工决算报告》，协助建设单位配合有关部门对工程竣工决算审计核查工作。

（5）保修期修复费用审核

1）在工程保修期内，对于承包人未能及时履行保修义务，而由建设单位另行委托其他单位修复的工程，按修复当时、当地的市场价格予以审核。

2）审核的相关修复费用由发承包双方确认后在工程质量保证金中扣除。

3）协助建设单位做好工程质量保证金管理、使用和返还。

4）协助建设单位核算工程款支付情况并签发《工程款最终结清证书》。

（6）工程款最终结清

工程款最终结清流程，如图 9-11 所示。

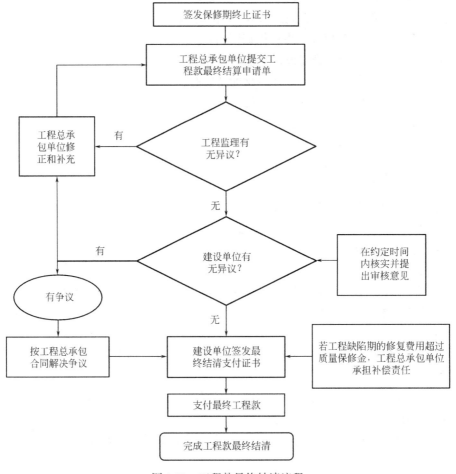

图 9-11　工程款最终结清流程

9.1.6 运河湾公园项目工程造价咨询的重点和难点

1. 工程总承包（EPC）模式的工程造价控制

运河湾公园项目的工程总承包（EPC）招标是以初步设计图纸为投标报价基础的，采用的合同模式是工程总承包（EPC）模式，合同类型为固定总价合同。由于初步设计文件设计深度不够，技术参数描述还不全面，还不足以编制准确的工程量清单和确定招标控制价，而且施工图设计将来是由中标的工程总承包单位完成，给确定招标控制价带来很多困难。因此要重点做好以下几项工作：

（1）在前期策划阶段，前期策划要能够体现工程总承包（EPC）合同管理的特点，在编制项目建议书和可行性研究报告时，就要明确建设项目工程投资控制目标，防止到工程设计阶段再改变功能、调整规模、修改标准等，造成大规模修改《可行性研究报告》内容，这样会失去了投资控制的依据，导致投资估算无法控制初步设计概算，初步设计概算不能控制招标控制价。

（2）在初步设计阶段，细化和优化初步设计，减少后期施工图设计可变因素。施工图设计是联系建设单位的需求和工程施工现场的桥梁，对于工程总承包（EPC）项目来说，建设单位要做的是对建设项目规划定位、功能定义、投资目标和建设标准等确定，对实现建设项目价值具有重大影响和作用。因此，初步设计阶段是建设项目投资控制的重点，在设计过程中工程投资控制与设备材料选用、设计标准选择、使用功能性需求、景观与艺术的有机结合等因素，是密切相关的，对实现工程投资目标有着决定性的意义。

在初步设计阶段，尽可能让建设项目的所有参建方全员参与初步设计细化优化，提出合理化建议，对初步设计方案进行多轮细化优化设计。在设计管理过程中，可应用价值工程和限额设计的管理技术和方法，对建设项目投资实施有效控制，从技术和经济的角度合理规划，选择科学合理的设计方案，一般情况下，经济合理性与技术先进性有矛盾时，要在满足使用功能的前提下，尽可能降低工程投资，为建设单位带来最大经济效益。

在初步设计阶段，充分发挥全过程工程咨询单位的技术优势，采取初步设计分段审核方式，即每完成一个分部或专业工程设计，就立刻组织相关人员进行审核，设计和审核同步进行，细化和优化同时开展。在运河湾公园项目初步设计过程中，全过程工程咨询服务单位共提出细化优化设计的修改建议意见 200 多条，其中有 80% 以上建议意见被采纳，如：滨河大道路面结构建设标准问题，初步设计按城市主干道路面结构设计，经调研确定滨河大道是为完善周边道路路网，方便居民出行的城市次干道，路面结构按城市次干道标准设计，既满足使用功能，又节约了工程投资。

（3）在工程总承包招标阶段，应根据建设项目的技术特点和建设单位的需求，确定招标要求和编制《招标文件》，列明建设项目的目标、范围、施工图设计和其他技术标准，包括对建设项目的内容、范围、规模、标准、功能、质量、安全、节约能源、生态环境保护、工期、验收等的明确要求，提供工程地质勘察资料及可行性研究报告、方案设计文件和初步设计文件等。

运河湾公园项目虽然初步设计已经完成，但初步设计文件设计深度不够，由于施工图设计将来是由工程总承包单位完成，为了防止在施工图设计时降低标准，全过程工程咨询服务单位在初步设计的基础上编制了《建设标准说明》，作为招标文件的重要内容，从严确定招标控制价。

《建设标准说明》是作为将来建设项目《工程总承包（EPC）合同》的重要内容之一，其主要是对设备材料选用、设计标准选择、功能性需求、结构与艺术的有机结合等内容进行细化描述，主要是对初步设计中的46个分部分项工程使用的技术标准和要求加以更为细化的说明，对主要设备材料推荐品牌（三个以上）供选择，对主要苗木品种和规格提出要求。

招标文件中提供的初步工程量清单仅作投标报价参考，投标单位要根据招标文件所提供方案的初步设计图纸以及工程资料，自行踏勘现场后，自行计算各分部分项工程量、各项措施项目清单，结合单位本身的情况，编制投标报价，合同的固定价格应当在充分竞争的基础上合理确定。

招标文件的主要合同条款中列入对工程总承包单位提出的合理化建议，只要采纳即给予奖励。工程总承包单位对建设单位提供的初步设计图纸、技术标准要求等，提出了可能降低建设投资、缩短工期或提高工程经济效益的合理化建议，工程总承包单位提出的合理化建议若被采纳并构成实际变更的，并使建设单位获得建设投资降低、工期缩短等实际利益，均按照工程总承包合同专用条款中的约定，给予了一定奖励。

（4）在工程施工阶段，审查施工组织设计和施工技术方案经济性，做到既技术可行又经济合理。施工组织设计不仅是组织施工、指导生产的文件，更是工程造价控制的重要内容。施工技术方案的确定，更直接影响着工程造价的变化，在保证工程质量和满足工程工期要求的前提下，优化施工组织设计和施工技术方案是控制和降低工程造价的重要措施。

在编制施工组织设计时，要体现先进的劳动生产率，努力减少施工工序的间歇时间，缩短某些工序的工日和降低材料消耗量。选择技术上可行、经济上合理的施工技术方案，优化施工组织设计，达到施工组织设计技术与经济效益相统一。因此，一个好的施工组织设计对节省投资、控制造价起到非常大的作用。

在选择施工技术方案时，要本着经济适用的原则，综合考虑工程规模、工程类别、技术复杂程度、施工现场条件等因素，从主要材料、施工工艺、施工组织等多方面来综合考虑，要根据其是否做到技术先进、是否适应工程规模、是否满足经济合理、是否达到安全可靠的标准进行选择，优选出最合理、最经济的施工方案。只有建设项目施工方案合理、可控，工程造价才能达到合理、可控，才有可能降低工程造价和节约工程投资。

在工程施工过程中采用过程结算，实施全过程工程造价跟踪审计，工程造价跟踪审计人员必须深入施工现场，对照施工图纸、施工合同和施工标准察看施工情况，收集工程施工过程有关真实资料，及时掌握施工现场进展动态，为过程结算和竣工结算审核提供依据，并做好必要的准备工作。过程结算即在建设项目施工过程中，发承包双方依据《工程总承包（EPC）合同》的约定，对合同约定结算周期内已完成的工程内容（包括现场签证、工程变更、工程索赔等）开展工程价款计算、调整、审核、确认及支付等的活动，即在分部、分项工程质量验收合格后，原则上应同步完成工程价款结算，以在施工过程中分阶段进行工程款结算的方式，将最后竣工结算工作前置到工程施工过程中，既可大大节省工程竣工结算编制和审核的时间，又可避免竣工结算时容易产生争议的难题，还能极大提高工程总承包单位加速施工的积极性。

2. 固定总价合同的工程造价控制

随着工程总承包（EPC）组织管理模式的大量应用，固定总价合同作为工程总承包合同类型的一种，正在被广泛地应用于建设项目之中。固定总价合同中所谓的"固定"，是指工程总承包合同价款一经约定，除建设单位原因引起的增减工程量和重大设计变更费用、市场价格变动引起的调差费用、不可预见费、索赔费用等之外，一律不得调整。所谓总价，是指完成合同约定范围内工程量，以及为完成该工程量而实施的全部工作的工程总价款。

固定总价合同招标最重要、最基础前提是精细化的工程定义文件，是固定总价合同招标的核心，这是对建设单位和全过程工程咨询单位综合管理能力的考验。所谓工程定义文件，就是对建设单位建设意图的全面描述，其主要包括：设计图纸、工程量清单、产品说明书、招标文件，其中，全过程工程咨询单位必须负责编制工程量清单、材料说明书、招标文件，设计单位须按照全过程工程咨询单位的要求，编制设计文件。

在固定总价合同履行过程中，若产生工程变更，则合同单价仅作为定价参考，每次工程变更的价格计入合同总价，结算价＝所有工程变更和现场签证价格＋合同总价。由此可以看出，对于工程总承包模式下工程结算的重点不再是工程量和工程单价，而是建设项目使用功能是否实现，原来合同约定的目的是否达到。

运河湾公园项目采用固定总价合同，在工程总承包招标时，仅提供初步设计图纸和《建设标准说明》等技术文件，施工图设计是工程总承包合同内容之一，将来由工程总承包单位完成，在明确招标控制价前提下，由投标人根据招标工程内容自主报价。由于初步设计的设计深度不够，没有达到指导施工、安装和验收的要求，且项目特征还不能完全准确描述，工程量还不能精确计算，没有达到准确编制工程量清单和招标控制价的要求，为了降低施工过程中工程投资的控制难度，分散建设项目投资风险，确定采用固定总价合同。在固定总价合同约定的合理框架内，让工程总承包人能够充分展示自身设计优势，不仅能更好地实现建设目标，还能有效控制工程造价，减少传统承发包模式下建设单位承担全部变更风险导致工程投资失控的弊端。

3. 主要材料价格的审查与管理

（1）主要材料价格跟踪审查原则

1）招标文件中对主要苗木没有明确产地和质量的要求，但苗木单价工程总承包单位已有报价的，在苗木进场使用前，由工程总承包单位提供三个以上苗木基地，建设单位现场代表、监理工程师和有关人员应共同对"产地、质量、规格、单价"进行现场勘验核实，确定使用苗木的供应基地，并对其实际使用的苗木产地和质量等情况进行详细的记录和取证。

2）招标文件中没有确定规格的苗木及材料暂估价格表中的苗木价格，按建设单位要求的规格、产地和质量，进行市场询价，包括电话咨询及产地现场咨询等方式，对其价格进行确定。

3）工程总承包单位自行采购且未提供规格、产地的，由跟踪审计根据苗木产地和规格进行市场询价，对苗木价格进行取证、记录。

4）主要材料价格波动调差原则，遵循计价规范有关物价变化的规定，严格控制。

（2）主要材料价格的跟踪审查方法

由于运河湾公园项目的园林绿化工程量占比相当大，需种植大量的苗木，苗木品种好几百种，不同品种、规格、产地的实际市场价格千差万别，同时，树形美观、绿化效果和成活风险等因素也会对苗木价格产生影响，故在发布的信息指导价中也难以获得实际的市场价格信息。对此，建设单位、全过程工程造价咨询单位、工程总承包单位应共同组织市场询价，寻求最接近实际的价格。

1）调查材料价格信息的方法：网络调查、电话调查、市场查询、当事人调查等。

2）取得价格信息资料后，对价格信息资料集中进行整理分析、平衡、过滤，从而获取最接近客观实际并符合本工程情况的价格。

3）材料价格的取定，应综合考虑影响价格的因素及市场询价与实际购买价格可能存在的差异。

4）参考其他价格信息。取定材料价格时还应综合考虑下面几种价格资料：

① 参考信息指导价。信息指导价对于土建、安装、市政工程常见材料价格具有相当重要的指导意义。

② 参考经验信息。此类信息需要参考经验丰富的工程造价专业人员实践经验，对于常见的材料价格确定有一定的参考价值，但对要求较为具体的材料可能存在较大偏差的，应慎重取舍。

③ 参考其他建设项目中同类材料价格信息。在同期实施的建设项目，已审定建设项目中所取定的材料价格，可作为建设项目材料价格取定参照，甚至可以直接采用。

9.2 全过程风险管理

在建设项目全生命周期内，风险是无处不在、无时不有的，由于风险存在的客观性和普遍性，我们只能通过风险管理来降低风险发生的概率，减少风险造成的损失，而不能从根本上完全消除风险。风险管理是指通过风险识别、风险分析和风险评价的方法，去了解建设项目实施过程中存在的各种风险因素，采取各种风险应对措施、管理方法和技术手段，对风险因素实行有效的管理，妥善处理风险事件造成的不利后果，以最少成本有效降低或消除风险，保证建设项目目标的顺利实现。

9.2.1 风险管理服务清单

风险管理服务清单，如表 9-3 所示。

风险管理服务清单　　　　　　表 9-3

服务阶段	服务部门	服务内容	编制	负责	备注
全过程	项目管理	(1)制定风险管理计划	▲		
		(2)风险识别		▲	
		(3)风险分析		▲	
		(4)风险评价		▲	
		(5)风险控制		▲	
		(6)风险管理措施			

9.2.2 风险管理目标

把建设项目有可能存在的风险及造成的不良影响减至最低,以最小的风险管理成本,获得最大的安全保障,实现建设单位利益最大化。

9.2.3 风险管理要求

(1) 全过程工程咨询单位应根据建设项目特点,协助建设单位在建设项目的全过程与各个阶段,从投资、进度、质量、安全、技术等不同角度,对涉及社会、经济、环保、公共卫生等诸多风险要素进行管理。

(2) 建立风险管理体系,明确各相关责任人对建设项目风险管理的责任,指导和控制与风险有关的活动。

(3) 制定科学的建设项目全过程风险管理制度,确定风险管理的职责,为建设项目的风险管理提供行动指南。

(4) 对建设项目全生命周期进行风险管理策划,编制风险管理计划,制定风险识别、风险分析、风险评价、风险控制策略,为建设项目的风险管理提供行动指南。

(5) 风险管理流程,如图9-12所示。

9.2.4 制定风险管理计划

(1) 根据建设项目的特点和建设单位的要求,制定《全过程风险管理计划》。
(2)《全过程风险管理计划》内容如下:
1) 风险管理目标。
2) 风险管理范围。
3) 风险管理环境。
4) 风险管理标准。
5) 风险管理架构。
6) 风险评估方法及适用情况。
7) 风险管理程序。
8) 风险处置方案。
9) 风险监测审查方案。
10) 明确风险记录报告制度。
(3) 制定的《全过程风险管理计划》应经建设单位批准后实施。

9.2.5 风险识别

(1) 风险识别就是寻找潜在的风险因素,并对每个风险因素特征进行描述。
(2) 识别建设项目实施过程中存在哪些潜在的风险因素和可能发生的风险事件,这些因素会引起什么风险,会造成多大的后果。
(3) 识别风险是风险管理最重要的基础。

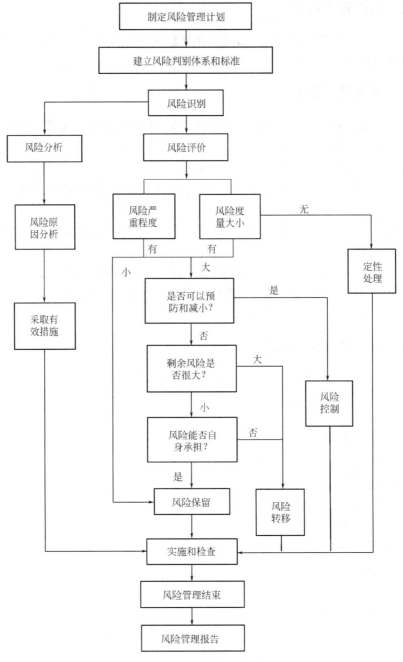

图 9-12 风险管理流程

9.2.6 风险分析

(1) 风险分析就是在风险识别的基础上,进一步对建设项目中风险因素的具体定性研究过程。

(2) 采取科学方法辨别出风险因素权重大小,综合考虑风险事件可能发生的概率和引起损失的后果。

(3) 对于不同权重的风险因素,给予不同程度的重视程度。

9.2.7 风险评价

(1) 风险评价在风险识别和分析的基础上,建立相应风险的评价系统模型,定量估算出各种风险因素发生的概率及损失的大小。

(2) 对风险因素进行排序,为如何处置这些风险因素提供科学的依据。

9.2.8 风险控制

风险控制采取各种有效措施和管理方法,消除或减少风险事件发生的可能性,降低风险事件发生时造成的经济损失。

9.2.9 风险管理措施

(1) 风险回避

风险回避就是在考虑到风险造成的损失可能很大时,应主动放弃或终止该建设项目继续实施,以有效避免造成更大损失的一种风险处置方式,这是一种最彻底的风险处置方式,同时也是一种消极的风险处置方式。因为,在采取回避风险这种方式的同时,也失去了建设项目实施可能带来的经济利益。

(2) 损失控制

损失控制就是最大限度地降低风险发生的概率,同时尽可能减小损失幅度,而采取有效的风险处置措施,对风险损失控制能有效减少建设项目由于风险事件而造成的损失,是一种最积极、最有效的风险处置方式。风险损失控制计划有风险预防计划、灾难应对计划和灾后恢复计划。

1) 风险预防计划

① 根据风险因素的特性,采取有效预防措施使其发生的概率降至接近于零,预防风险因素的产生,或减少已存在的风险因素。

② 防止已存在的风险因素再释放能量,或改善风险因素的空间分布,从而限制其释放能量的速度。

③ 在时间和空间上,把各种风险因素与可能遭受损害的人、财、物隔离开来。

④ 通过人为设置的物理障碍,将各种风险因素与可能遭受损害的人、财、物隔离开来。

⑤ 调整工作计划,避开风险因素。

⑥ 改变风险因素的基本性质。

⑦ 做好救护受损人、物的预防准备。

⑧ 制订科学合理技术标准和操作规程,减少错误作业造成不必要的损失。

2) 灾难应对计划

① 制定应急预案,适时进行应急演练,预防损失扩大。

② 有序安全撤离人员,救援与处理伤亡人员。

③ 控制事态发展,减少对财产和环境的破坏。

④ 尽快恢复正常施工状态。

3) 灾后恢复（建设）计划

① 调整施工组织设计和施工进度计划。

② 统计损失，进行保险索赔。

(3) 风险保留

预计处理风险的成本大于承担风险的投入，或预计损失小、概率小的风险，留给自己承担。风险保留类型：

1) 主动保留。主动保留是指在对建设项目风险进行识别、分析和评价的基础上，明确风险的性质及后果，认为承担这些风险比处置更有利。

2) 被动保留。被动保留指未能准确识别和评估风险因素及难以预测风险后果的情况下，被迫采取承担风险后果的处置方式。

(4) 风险转移

对风险发生概率较小，但损失较大的风险因素，通过保险或合同担保的方式将责任转移，保险和担保是风险转移的最有效、最常用的方法。风险转移方法有：

1) 保险风险转移。投保保险是最重要的风险转移方式，是指通过购买保险的办法，将风险转移给保险公司或保险机构。

2) 非保险风险转移。是指通过保险以外的其他手段将风险转移出去，如提供担保、银行保函等，风险本身并没有减少，只是风险承担者发生了变化。

9.2.10 建设项目全过程风险管理

1. 投资决策阶段风险管理

(1) 项目建议书

《项目建议书》作为国有投资建设项目立项批复的重要依据，必须对建设项目实施必要性和重要性进行充分的论证，初步选定建设项目，初步预测工程投资规模，初步识别主要风险因素和初步分析风险影响程度。

《项目建议书》的主要风险有：投资意向与国家产业政策和企业发展战略脱节；项目建议书内容不合规、不完整；建设项目投资性质、功能用途模糊；拟建规模、工程质量标准不明确、建设项目投资估算和进度安排不协调等。

主要管控措施如下：

1) 明确建设项目投资分析、编制和评审《项目建议书》的职责分工。

2) 全面熟悉建设项目所在行业和地区投资政策的规定，结合建设条件和经济环境的变化趋势，客观分析投资机会，确定工程投资意向。

3) 明确编制项目建议书的主要内容、格式和要求，对工程质量标准、工程投资规模和实施进度计划等进行充分分析论证，做到协调平衡。

4) 对项目建议书进行集体审议，必要时，可以成立专家组或委托专业评估机构进行评审。

(2) 可行性研究

进行建设项目投资的可行性研究，编制《可行性研究报告》是建设项目投资决策综合性咨询的核心内容，主要是分析和研究影响建设项目落地、实施、运行的各种影响因素，重点论证建设项目投资的可行性,并将其作为国有投资建设项目投资决策审批的重要依据和前提条件。

《可行性研究报告》的主要风险有:缺乏可行性研究或可行性研究流于形式,导致投资决策不当,难以达到预期效果;可行性研究的深度达不到标准的要求,不能为建设项目投资决策提供充分可靠的决策依据。

主要管控措施如下:

1)根据国家和行业有关规定以及建设单位需求,确定编制可行性研究报告的内容、格式和要求。

2)委托专业评估机构进行可行性研究,确保可行性研究科学、准确和公正。

3)做到投资、质量和进度控制的有机统一,与技术先进性和经济可行性的有机结合。

2. 招标投标阶段风险管理

招标投标阶段作为开启一个建设项目的重要过程,高质量的招标投标管理需要涉及多个层面,并会受到各类复杂因素的影响而变得风险性较高。

招标投标阶段主要风险有:招标无方案、准备不充分;招标信息不完全透明;招标文件不规范;资格审查标准不准确;废标标准不清晰等。

主要管控措施如下:

1)选择服务能力和管理水平较高的招标代理单位,提高办事效率,按时合法完成招标工作。

2)招标前制定好详细的《招标方案》,根据建设项目规模和特点,选择恰当的招标方式和规则。

3)做好年度、月度、季度招标计划,提前与相关单位沟通协调,保证招标投标工作有序地开展。

4)加强招标公告审查管理,使招标公告内容更严密,并在规定媒介公开发布。

5)《招标文件》设置的资格条件必须是招标项目的必备条件,且针对性强,要严谨的资格审查程序,保障资格审查的科学合理和公平公正。

6)招标文件中避免使用一些意思含糊的语句,重要条款描述要具体全面,逐条明确,清晰列出。

7)对废标条件描述要准确清晰,废标决定必须严格按照有关招标规定执行,做到慎重和准确。

3. 工程设计阶段的风险管理

(1)方案设计和初步设计

方案设计是整个设计构思基本形成的阶段,初步设计是最终成果的前身,设计人员根据《方案和初步设计任务书》的要求,运用自己掌握的知识和经验,选择合理的技术系统,合理构思满足建设单位设计需求。

方案设计和初步设计阶段主要的设计方案风险有:设计单位不符合资质要求;方案设计和初步设计未进行多方案比选;设计人员对相关资料研究不透彻,初步设计出现较大疏漏;初步设计深度不足,造成施工组织不周密和存在质量安全隐患等。

主要管控措施如下:

1)建设单位应当引入竞争机制,采用公开招标或方案比选方式,择优确定符合工程设计条件要求的方案和初步设计单位。

2) 在拟定工程设计服务合同条款时，要细化设计单位的权利和义务，明确设计单位对建设项目方案和初步设计的合理性和整体性负责。

3) 建设单位应当向设计单位提供方案和初步设计所需的详细的基础资料，并进行有效的技术经济交流，避免因基础资料不完整，造成设计保守、投资失控等问题。

4) 建立严格的方案和初步设计审查制度，在设计审查中，技术方案是审查的核心和重点，重大技术方案必须进行技术经济分析比较、多方案比选。

5) 重点审查方案和初步设计的工程规模是否与可行性研究报告、工程设计任务书相一致，有无超规模和超标准的设计问题。

（2）施工图设计

施工图设计是工程设计的一个阶段，主要工作是关于施工图的设计及制作，以及通过设计好的施工图纸，把建设单位的意图和全部设计结果表达出来，作为工程施工安装和验收的基本依据，是工程设计和施工开展的桥梁。

施工图设计阶段主要风险有：施工图设计与后续工程施工未有效衔接，导致技术方案未得到有效落实，影响工程质量，或造成工程变更，发生重大经济损失。

主要管控措施如下：

1) 严格遵守施工图设计审查制度，重点审查施工图设计深度能否满足工程施工及设备安装要求，以及施工图设计质量是否符合标准规范的规定。

2) 落实施工图设计交底和会审制度，及时发现图纸设计的错误和不合理因素，减少施工过程中的工程变更及工程索赔。

3) 制定设计变更管理制度和管理程序，严格按合同约定审核工程变更。

4) 设计单位应当提供现场技术服务，避免设计与施工相脱节的现象发生，及时解决施工技术问题。

5) 引入全过程工程咨询服务，对施工图设计进行全程监督，提高施工图设计质量。

4. 工程总承包合同风险管理

（1）合同签订

通过公开招标投标确定中标人后，即转入合同洽谈和签约阶段，该阶段是合同风险管理过程极其重要的阶段。建设单位应当在规定期限内同中标人订立书面合同，双方不得另行订立背离招标文件实质性内容的其他协议。

合同签订主要风险有：合同条款不完整、不严谨；"黑白"合同；单方要求过于苛刻等。

主要管控措施如下：

1) 合同均应选用标准文本或示范文本，专用条款内容填写规范和清楚，列明质量、进度、投资、安全等各项具体标准。

2) 招标投标文件和施工图纸等合同的重要附件，与合同具有同等法律效力，不能缺失。

3) 根据建设项目的内容和特点，选择匹配的合同计价类型，降低工程投资的合同风险。

4) 将合同双方的责权利关系全面表达清楚，行业中约定俗成的内容，必须在合同条款中以书面化形式予以体现,避免产生歧义和纠纷。

5)保持合同内容的公正性及严肃性,不得单方随意更改招标文件中确定的合同实质性内容,不得超出常规提出过于苛刻的合同条款。

6)双方合同洽谈的结果、做出的决定,以及对方的承诺,均应写入合同,或双方签署文字意见才算确定。

(2)合同履行

合同履行是合同规定义务的执行,是合同的履行行为,即完成合同约定工程内容的全过程。表现为当事人执行合同义务的行为,当合同义务执行完毕时,合同也就履行完毕。

合同履行主要风险有:政策风险、技术风险、环境风险、政治社会风险、市场经济风险、组织协调风险等。

主要管控措施如下:

1)建设单位应当制定工程合同管理制度,明确各部门在合同管理和履行中的职责,严格按照合同行使权力和履行义务。

2)严格履行合同约定的义务,如发生偏差,应及时以书面形式报告向对方反映。如发生合同变更,在不影响工程进度和质量前提下,签订补充协议。

3)遵循风险分担的原则,合同的责任和权力应是平衡的,双方均应承担相应的风险责任,通过责任分配提高合同履行责任心和积极性。

4)实施行之有效的控制手段对工程质量、进度、投资等进行严格控制,避免因工期延误、工程质量问题、材料设备浪费带来的投资风险。

5)加强履约过程的动态管理,定期或不定期检查合同执行情况,采取技术上、经济上和管理上的措施,制定相应对策,降低风险损失。

6)注重工程索赔资料的收集和整理,掌握工程索赔策略。在工程承包合同履行过程中,工程索赔是否成立很大程度上取决于工程索赔证据资料的收集。

7)建立健全合同履行情况记录台账,记录合同实施的实际履行情况,并随时督促合同双方当事人,及时履行其合同义务。

8)坚持以"平等互利"为原则,依法签订和完善合同条款内容,将严格合同履约管理作为风险管理的基本途径。

5. 施工阶段风险管理

(1)投资、质量、进度和安全风险管控措施

按合同约定的投资、质量、进度和安全管理目标组织实施,采用科学规范的项目管理措施,保证建设项目的投资、质量、进度和安全目标等全面实现。

施工阶段主要风险有:盲目赶工期,导致工程质量低劣,造成增加工程投资;质量和安全监管不到位,存在重大质量安全隐患。

主要管控措施如下:

1)投资风险管控:

① 根据合同约定和建设单位需求,实施建设项目投资风险管理,对涉及的投资风险因素进行分析研究,并提出合理化风险管理建议。

② 采取提高工程造价咨询人员业务能力、风险意识、法律意识、职业操守等措施,防范技术服务风险和职业道德风险。

③ 建立建设项目投资风险管理协调机制，跟踪和协调工程投资中出现的风险。

④ 识别和明确可能造成工程投资风险的事件和原因，通过协商和沟通的方法，采取积极有效的处理措施，积累抵抗工程投资风险的经验。

2) 进度风险管控：

① 建立健全项目工程进度保证和控制体系，明确相关程序、要求和责任。

② 严格按合同约定的工期要求组织实施，不得随意压缩合同的约定工期。

③ 应根据建设项目和施工现场的实际情况，编制详细的分阶段或分项工程进度计划，与人力、资金、材料、设备等资源的供应计划相协调一致，严格按照工程进度计划组织实施。

④ 定期对工程进度执行情况进行统计、分析和对比，当实际进度与计划进度不符时，应及时报告建设单位，并采取管控措施。

3) 质量风险管控：

① 建立健全工程质量管理体系和管理制度，明确工程质量管理责任。

② 列出工程质量控制点，重点控制对象为：人的行为、关键过程、关键操作、材料性能和质量、施工技术参数等对工程质量产生重大影响的因素。

③ 严格控制进场材料设备质量，对工程重点部位及其施工工序进行全过程的质量检查和检验。

④ 对所有部位及工序进行全面检查和验收，发现工程质量不符合验收标准要求的，立即返工整改，直至符合验收标准为止。

4) 安全风险管控：

① 设立安全生产管理机构，配备专职安全员，制定安全生产、文明施工管理制度，细化安全防范措施。

② 按照法律、法规和工程建设强制性标准加强施工安全管理，明确管理责任。

③ 加强定期和不定期施工安全检查，发现不符合安全生产法律法规、强制性标准和操作规程规定的问题，及时采取积极有效整改措施。

④ 在施工安全监督过程中，发现存在安全事故隐患的，应当要求工程总承包单位立即整改；情况严重的，应当要求工程总承包单位暂时停止施工，并及时报告建设单位。

(2) 工程变更管控

在建设项目实施过程中，由于某些情况发生变化，根据工程施工需要，按照工程总合同约定的程序，对原施工图设计或批准的施工方案进行修改。

工程变更主要风险有：现场控制不当，工程变更频繁，导致投资增加和工期延误。

工程变更管控如下：

1) 严格工程变更审批制度，控制工程变更，确需变更的，要按照规定程序办理变更手续，减少因工程变更造成的经济损失。

2) 工程变更获得批准后，应尽快落实变更设计和施工，在规定期限内落实变更指令。

3) 对工程变更价款的支付实施更为严格的审批制度，工程变更资料要齐全。

(3) 工程价款结算管控

工程价款结算是施工期间的一项重要内容，是指工程总承包商在工程施工过程中，依据工程总承包合同中关于付款条款的规定和已完成的工程量，并按照规定程序向建设单位申请支付工程价款的一项经济活动。

工程价款结算主要风险有：建设资金使用管理混乱、建设资金落实不到位，导致工程进度延误或停工。

工程价款结算管控如下：

1) 建立完善的工程价款结算制度，明确工作流程和职责权限划分，并切实遵照执行。
2) 建设资金筹集和使用应与工程进度协调一致，根据工程进度编制建设资金使用计划，作为工程价款结算的重要依据。
3) 准确掌握工程进度，确保财务报表能够准确、全面地反映资产价值。
4) 根据合同约定，按照规定的审批权限和程序办理工程价款结算。
5) 施工过程中，如果建设项目实际成本突破了初步设计概算，应及时分析产生原因，采取有效措施按程序予以处理。

6. 竣工验收阶段风险管理

竣工验收是指建设项目工程内容全部完成后，由建设单位组织勘察、设计、施工、监理单位以及工程质量监督部门等，对该建设项目是否符合规划设计要求以及工程施工和设备安装质量，进行全面检验的过程。

竣工验收阶段主要风险有：竣工验收不规范，质量检验把关不严，可能导致工程存在重大质量隐患。

竣工验收管控如下：

1) 建设单位应当建立健全竣工验收各项管理制度，明确竣工验收的条件、标准、程序、组织管理和责任追究等措施。
2) 建设项目竣工验收必须履行法律法规规定的程序，至少应经过工程总承包单位初检、工程监理预验收和建设单位组织正式竣工验收等三个基本程序。
3) 正式竣工验收时，应当组成竣工验收小组，也可让相关专家进行评审，共同参加竣工验收。
4) 及时收集和整理建设项目各个阶段、各个专业的工程管理资料，建立建设项目竣工资料档案，需报政府有关部门备案的，应当及时备案。

风险管理是项目管理的基本内容，是在风险成本降低与风险收益之间进行权衡并决定采取何种措施的过程。建设项目一般都具有规模比较大、周期比较长、投资数额高、涉及面较广等特点。因此，不可避免地受诸如社会、自然等不可抗力与不可预见事件的风险因素影响，所以签订明确风险管理权利和义务的合同就尤为重要，且工程总承包合同既是项目管理的法律文件，也是建设项目全面风险管理的主要依据。项目管理者必须具有强烈的风险意识，要从合同的全过程来识别和分析存在的风险因素，就需要依靠经验丰富的项目管理人员来完成。识别合同管理中存在的哪些风险因素，并且对风险的来源和风险产生的影响准确分析和评价，预测风险影响大小，采取有效措施减少或消除风险。

风险存在于建设项目全生命周期的各个阶段，风险的存在是不容被忽视的问题，否则极有可能导致灾难性的后果传递到下一阶段，成为极高的残余风险或者又衍生出新的风险。存在风险、残留风险和衍生风险都具有很强的相关性。因此，需要采用系统化的风险管理技术，进行科学性和系统性的风险管理，实施以风险管理为核心的项目管理，实施有效合理的最低风险原则，从建设项目组织管理架构、工程设计管理、工程承包模式和运行管理模式等各个方面，从不同角度实施建设项目全过程、全方位、系统化的风险管理，防止和减少风险对实现建设项目目标影响。

9.2.11 运河湾公园项目风险管理重点和难点

运河湾公园项目的工程总承包招标是以初步设计图纸为投标报价基础，采用的合同模式是工程总承包（EPC）合同模式，合同类型为固定总价合同。由于初步设计文件设计深度不够，技术参数描述还不全面，还不足以编制准确的工程量清单和确定招标控制价，而且施工图设计将来是由工程总承包单位完成，给确定招标控制价带来很多困难。

运河湾公园项目虽然初步设计已经完成，但初步设计文件的设计深度不够，由于施工图设计将来是由工程总承包人完成，为了防止施工图设计时降低标准，我们在初步设计的基础上编制了《建设标准说明》，作为招标文件的内容，从严确定招标控制价，《建设标准说明》是作为将来建设项目工程总承包合同的重要内容之一，其主要是对设备材料选用、设计标准选择、功能性需求、结构与艺术的有机结合等内容细化描述，主要是对初步设计中的46个分部分项工程使用的技术标准和要求，加以更为细化的说明，对主要设备材料推荐品牌（三个以上）供选择，对主要苗木品种和规格提出要求。

运河湾公园项目合同类型采用固定总价合同。在实施工程总承包招标时，仅提供方案设计、初步设计图纸和《建设标准说明》等技术文件，施工图设计是《工程总承包（EPC）合同》内容之一，将来由工程总承包单位完成，在明确招标控制价前提下，由投标人根据招标文件要求自主报价。

由于初步设计的设计深度不够，没有达到指导施工、安装和验收的要求，且项目特征还不能完全准确描述，工程量还不能精确计算，没有达到准确编制工程量清单和招标控制价的要求，为了降低施工过程中工程投资控制难度，分散建设项目投资风险，确定采用固定总价合同。在固定总价合同约定的合理框架内，让工程总承包人能够充分展示自身设计优势，不仅能更好地实现建设目标，还能有效控制工程造价，减少传统承发包模式下建设单位承担全部变更风险导致工程投资失控的弊端。

9.3 海绵城市设计管理

海绵城市是新一代城市雨洪管理概念，是指城市能够像海绵一样，在适应环境变化和应对雨水带来的自然灾害等方面具有良好的弹性，也可称之为"水弹性城市"。建设现代海绵城市，统筹发挥自然生态功能和人工干预功能，有效控制雨水径流，实现自然积存、自然渗透、自然净化的城市发展方式，有利于修复城市水生态、涵养水资源，增强城市防涝能力，扩大公共产品有效投资，提高新型城镇化质量，促进人与自然和谐发展。

海绵城市建设应遵循生态优先等原则，将自然途径与人工措施相结合，在确保城市排水防涝安全的前提下，最大限度地实现雨水在城市区域的积存、渗透和净化，促进雨水资源的利用和生态环境保护，是推动绿色建筑建设，低碳城市发展，智慧城市形成的创新举措，是新时代特色背景下现代绿色新技术与社会、环境、人文等多种因素下的有机结合。从为自然生态系统服务出发，通过跨尺度构建水生态基础设施，并结合多类具体技术，建设水生态城市基础设施，是海绵城市的价值核心。

9.3.1 海绵城市设计管理服务清单

海绵城市设计管理服务清单,如表 9-4 所示。

海绵城市设计管理服务清单 表 9-4

服务范围	服务内容	评审	报批	参与	备注
其他服务	海绵城市设计管理	▲	▲		建设单位单独发包设计项目

9.3.2 海绵城市设计管理内容

(1) 明确建设项目海绵城市的建设目标、策略和路径,确定将海绵城市理念融入规划设计的具体要求。

(2) 强调优先利用植草沟、雨水花园、下沉式绿地等"绿色"措施来组织排水,以"慢排缓释"和"源头分散"控制为海绵城市设计理念。

(3) 根据建设项目自身特色,因地制宜地编制海绵城市建设详细规划或实施方案。

(4) 复核海绵城市设计采用工程技术措施推演径流控制是否达到规划目标。

(5) 海绵城市设计单位应单独编制《海绵城市专项设计说明专篇》,提交到规划主管部门,确保审查通过。

(6) 协助建设单位根据行业主管部门对海绵城市的具体要求申报办理有关建设手续。

9.3.3 海绵城市设计总体技术要求

(1) 海绵城市设计目的是使城市能够像海绵一样,在适应环境变化和应对自然灾害方面具有良好的"弹性",下雨时下垫面能有效地吸水、蓄水、渗水、净水,需要时又可适当的将蓄存的水"释放"并加以利用。

(2) 海绵城市建设包括"渗、滞、蓄、净、用、排"等多种技术措施,涵盖低影响开发雨水系统、城市雨水管渠系统及超标雨水径流排放系统。

(3) 海绵城市设计应综合考虑地区排水防涝、水污染防治和雨水利用的需求,并以内涝防治与面源污染削减为主、雨水资源化利用为辅。

(4) 各类建设项目技术措施之间应有效协同,尽可能多预留城市绿地空间,增加可渗透地面,蓄积雨水宜就地回收利用。

(5) 海绵城市的规划设计应与建设项目总平面布置、竖向设计、园林绿化、配套建筑、给水排水管网、区域道路、投资经济等相关专业设计相互配合、相互协调,实现综合效益最大化。

(6) 海绵城市规划设计目标应包括年径流总量控制目标、面源污染物控制目标、峰值流量控制目标、内涝防治目标和雨水资源化利用目标。

(7) 海绵城市规划设计宜开展水生态、水环境、水安全、水资源等方面的专题研究,提出合理的目标取值。

9.3.4 滨河大道道路海绵性设计技术要求

(1) 道路海绵性设计内容包括道路高程设计、绿化带设计、道路横断面设计、道路海绵设施与常规排水系统衔接设计。

(2) 当道路车行道径流雨水排入道路红线内、外绿地时，应设置沉淀池（井）、弃流井（管）等，对进入绿地内的初期雨水进行预处理或弃流，以减缓初期雨水对绿地环境及设施的影响。

(3) 道路海绵体选择应以因地制宜、经济有效、方便易行为原则，在满足城市道路基本功能的前提下，达到相关规划提出的控制目标与指标要求。

(4) 道路径流雨水应通过有组织的汇流与转输，经截污、沉淀等预处理后，引入道路绿化带（外绿地）内，并通过设置在绿地内的雨水渗透、储存、调节等为主要功能的海绵体进行处理。

(5) 道路海绵性设计应遵循以下流程：

1) 进行建设项目场地现状及设计条件分析。

2) 确定建设项目控制规划目标及指标要求。

3) 进行海绵体方案设计、技术选择与设施平面布置。

4) 道路汇水区雨水分析，海绵体水文和水力计算及土壤分析。

5) 建设项目海绵体设施规模确定。

6) 道路横断面竖向设计，绿化带内竖向设计。

7) 建设项目海绵城市设计方案比选、技术经济分析。

(6) 道路设计应优化道路横坡坡向、路面与绿化带及周边绿地的竖向关系等，便于路面径流雨水汇入设施。

(7) 道路路面设计，不同路面结构交接带及道路外侧宜设置绿化带，便于海绵设施布置及路面雨水收集排放。

(8) 道路设计车行道、人行道横坡应优先考虑坡向海绵体绿化带，人行道应采用透水铺装。

(9) 根据建设项目总体布置、水文地质等特点，选用道路海绵体，参照选用如下：

1) 渗透设施：

① 透水砖铺装。

② 下沉绿地。

③ 生态树池。

④ 渗井等。

2) 储存设施：

① 雨水湿地。

② 湿塘等。

3) 调节设施：调节池。

4) 转输设施：

① 植草沟。

② 渗管、渗渠等。

5) 截污净化设施：植被缓冲带。

(10) 道路路面雨水首先汇入道路红线内绿化带，一般采用路缘石开口，排至下沉式绿地、植草沟等。

(11) 人行道雨水通过表面径流、透水铺装排至下沉式绿地、渗管等。

(12) 道路绿化带内海绵体应采取必要的防渗技术措施，防止径流雨水下渗，减少对道路路面及路基的强度和稳定性造成破坏。

(13) 海绵体应通过溢流排放系统与城市雨水管渠系统相衔接，保证上下游排水系统的顺畅。

9.3.5 运河湾公园项目绿地海绵性设计技术要求

(1) 公园绿地海绵性设计措施，选择以入渗和减排峰为主，以调蓄和净化为辅。

(2) 公园绿地海绵性设计流程如下：

1) 依据上位规划明确建设项目的海绵性控制指标。
2) 对用地范围内的现状进行分析。
3) 根据海绵性控制指标，确定公园绿地内海绵措施的规模和雨水利用总量。
4) 因地制宜，选用适宜的海绵设施，确定其建设形式和布局。
5) 根据海绵设施的内容和规模，复核海绵性指标。

公园绿地海绵性设计流程，如图 9-13 所示。

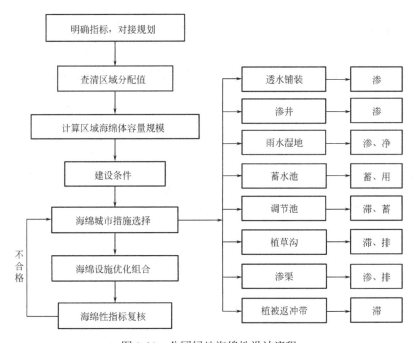

图 9-13 公园绿地海绵性设计流程

(3) 公园绿地的海绵措施及设施

1) 透水铺装

① 公园绿地内的硬化地面应采用透水铺装入渗，根据土基透水性，可采用半透水和全透水铺装结构。

② 公园绿地中的轻型荷载园路、广场用地和停车场等可采用透水铺装，人行步道必须采用透水铺装。

③ 公园绿地透水铺装率不应低于 55%，非透水铺装周边应设有收水系统或渗井。

2）渗井、渗渠

① 公园绿地内的径流雨水污染较轻微，雨水井全部采用渗井形式。

② 通过地表、渗井多层次立体渗透，达到加快地表水渗入和吸收的作用。

3）雨水湿地

① 公园绿地内的水体应具有雨水调蓄和水质净化功能。

② 水体周边应根据水流方向、速度和冲刷强度，合理设置生态驳岸，缓坡入水的生态驳岸坡度不大于 12%。

③ 水体周边植物应结合区域污染源种类，选择具有特定净化功能的植物。

④ 绿地内景观水体的补水水源，应通过植草沟、生物滞留措施等对径流雨水进行预处理。

4）蓄水池、调节池

① 无地表调蓄水体且径流污染较小的城市绿地，可设置蓄水池。

② 根据区域降雨、地表径流系数、地形条件、周边雨水排放系统等因素，确定调蓄池的容积。

5）植草沟

沿硬化地面布置的植草沟，以汇水型植草沟为主。

6）植被缓冲带

公园绿地内临水区域绿地与水面高差较小，植被缓冲带宜采用低坡绿地的形式，以减缓地表径流。

参考文献

[1] 尹贻林,杨红雄. 中国工程咨询业及专业人士制度研究[M]. 天津:天津大学出版社,2006.

[2] 乌云娜. 项目管理策划[M]. 北京:电子工业出版社,2006.

[3] 陈金海,陈曼文,杨远哲,等. 建设项目全过程工程咨询指南[M]. 北京:中国建筑工业出版社,2018.

[4] 杨卫东,敖永杰,翁晓红,等. 全过程工程咨询实践指南[M]. 北京:中国建筑工业出版社,2018.

[5] 皮德江. 全过程工程咨询内容解读和项目实践[M]. 北京:中国建筑工业出版社,2019.

[6] 中国建设监理协会. 建设工程监理概论[M]. 北京:中国建筑工业出版社,2021.